经济新视野
New Economic Horizons

会展与县域产业发展：以福建为例

秦敬云　著

厦门大学出版社　国家一级出版社
XIAMEN UNIVERSITY PRESS　全国百佳图书出版单位

图书在版编目（CIP）数据

会展与县域产业发展：以福建为例 / 秦敬云著. --
厦门：厦门大学出版社，2024.1
（经济新视野）
ISBN 978-7-5615-9056-0

Ⅰ．①会… Ⅱ．①秦… Ⅲ．①展览会-产业发展-关
系-县级经济-区域经济发展-研究-福建 Ⅳ.
①G245②F127.57

中国版本图书馆CIP数据核字(2023)第130537号

责任编辑　施建岚
责任校对　杨木梅
美术编辑　李嘉彬
技术编辑　朱　楷

出版发行　厦门大学出版社
社　　　址　厦门市软件园二期望海路39号
邮政编码　361008
总　　　机　0592-2181111　0592-2181406(传真)
营销中心　0592-2184458　0592-2181365
网　　　址　http://www.xmupress.com
邮　　　箱　xmup@xmupress.com
印　　　刷　广东虎彩云印刷有限公司

开本　720 mm×1 000 mm　1/16
印张　23.25
插页　2
字数　421 千字
版次　2024 年 1 月第 1 版
印次　2024 年 1 月第 1 次印刷
定价　78.00 元

厦门大学出版社
微信二维码

厦门大学出版社
微博二维码

前　言

　　福建被认为是位于珠三角和长三角之间的经济洼地,这体现在三个方面。一是从经济规模看,2021 年,广东省珠三角的地区生产总值 10.64 万亿元,是福建省地区生产总值 4.88 万亿元的 2.18 倍;珠三角仅广州(2.82 万亿元)和深圳(3.07 万亿元)的地区生产总值之和就比福建省地区生产总值多 1.01 万亿元。长三角的江苏、浙江和上海的地区生产总值分别为 11.64 万亿元、7.35 万亿元和 4.32 万亿元,总和达到 23.31 万亿元,是福建省地区生产总值的 4.78 倍;而传统意义的长三角地区①生产总值达到 19.59 万亿元,是福建省的 4.01 倍。二是从城市发展状况看,珠三角有广州和深圳两个人口超千万、地区生产总值超 2 万亿元,并且能够在区域经济发展中产生较强辐射带动力的特大城市;长三角则有在全球经济中心城市中占有重要地位、人口超 2 000 万、地区生产总值超 4 万亿元、能够对长三角与长江经济带乃至全国经济发展产生巨大影响力的上海,以及人口接近或超过千万、地区生产总值超 1.5 万亿元、能够在区域经济发展中承担次级中心城市职能发挥辐射带动作用的苏州、南京、杭州、宁波②等四个城市;而在福建,市区人口超过 500 万人的

---

① 传统意义的长三角地区指上海和江苏、浙江各 8 个地市构成的区域,包括上海,江苏省南京、无锡、常州、苏州、南通、扬州、镇江、泰州,浙江省杭州、宁波、湖州、嘉兴、绍兴、舟山、台州、金华。而《长江三角洲区域一体化发展规划纲要》的规划范围包括上海市、江苏省、浙江省、安徽省全域(面积 35.8 万平方千米)。

② 宁波 2021 年地区生产总值 1.46 万亿元,2022 年达到 1.57 万亿元。参见:宁波市统计局,国家统计局宁波调查队.2022 年宁波经济承压奋进回稳向好[EB/OL].(2023-01-19)[2023-02-02].http://tjj.ningbo.gov.cn/art/2023/1/19/art_1229042910_58917907.html.

城市仅有厦门①，地区生产总值超万亿的仅有福州和泉州（2021年分别为11 324.48亿元、11 304.17亿元），且福州和泉州都存在周边县市强而市辖区偏弱②因而无法充分发挥中心城市作用的问题。三是从国家经济发展战略地位角度看，珠三角与香港特区和澳门特区共建粤港澳大湾区，进一步强化了其作为向世界各国展示我国对外开放政策重要窗口的地位与作用；长三角在纳入安徽全省后，作为我国经济总量最大、经济集约化程度较高的跨行政经济区域，在增强我国全球经济竞争力中占有重要的地位。从福建来看，虽然作为"海丝"核心区对"一带一路"倡议的实施具有重要的作用，作为对台前沿阵地对落实国家对台政策、促进祖国完全统一发挥了巨大的作用，但都是国家政策层面的；从经济发展层面，其在国家的战略地位上与珠三角和长三角则相去甚远。因此，无论是从地区经济规模角度，还是从城市发展、国家经济发展中的战略地位的角度看，福建省无论是与广东省、长三角三省，还是与珠三角地区、长三角地区相比，都处于经济洼地。

但福建有其自身的优势，特别是在县域经济发展方面。首先，福建人均地区生产总值在全国位居前列。2021年，福建省人均地区生产总值11.69万元，虽然低于上海的17.36万元、江苏的13.70万元，但高于浙江的11.30万元、广东的9.83万元。其次，福建的县域经济发展独具特色，包括晋江的鞋业，石狮的服装产业，德化的陶瓷产业，南安的石材产业，惠安的雕刻艺术品产业，漳州各县域的花卉产业，东部沿海县市的海洋产业，从安溪到武夷山再到福鼎、福安的茶产业，福建省西部县市的红色产业，沙县的小吃产业，古田的食用菌产业，霞浦的大黄鱼产业，永泰的特色农业，仙游的红木家具

① 依据2020年第七次人口普查关于人口数据的统计方法，计算城市人口的时候，只计算市辖区的人口，而市辖县级市、县的人口不计入城市人口。因此，按照福建省2022年各市的统计年鉴，2021年厦门人口为528万，福州415.6万（包含鼓楼区、台江区、晋安区、仓山区、马尾区和长乐区），泉州176.3万（包含鲤城区、丰泽区、洛江区和泉港区）。
② 2021年，福州市辖区人口只有415.60万人，地区生产总值只有6 898.57亿元，分别只占福州全市的49.36%和60.92%；泉州市辖区人口只有176.30万人，地区生产总值2 503.42亿元（甚至低于晋江市的2 986.41亿元），分别只占泉州全市的19.92%和22.15%。

和茶叶,平潭的隧道工程产业,等等,都已经发展成为带动各县域经济发展的重要支柱产业。而晋江的制鞋业、石狮的服装业、武夷山的茶产业更是在全国相关行业中占有极为重要的地位。

在福建各县域产业发展的带动下,福建各县域单位经济发展水平较高。除市辖区外,福建现有福清市、晋江市、石狮市、南安市、惠安县等县域地区生产总值超过1 000亿元,以及闽侯县、连江县、仙游县、安溪县、永春县、漳浦县、福安市等县域地区生产总值超过500亿元;人均地区生产总值方面,福建有22个县域人均地区生产总值超过10万元,其中石狮市达到15.6万元,是福建全省平均值的1.33倍。在2023年的中国百强县排名中,晋江市排名第5,福清市排名第14,南安市排名第22,惠安县排名第27,石狮市排名第32,闽侯县排名第53。

与福建县域经济发展相伴随的是各县市对会展的高度重视,多个县市自20世纪90年代已开始举办促进相关产业发展的展会,如漳州的海峡两岸花卉博览会,南安水头国际石材博览会,晋江国际鞋业(体育产业)博览会,石狮的海峡两岸纺织服装博览会,惠安雕刻艺术品博览会,两岸(三明)林业博览会,德化陶瓷博览会暨茶具文化节,沙县小吃旅游文化节,武夷山的海峡两岸茶叶博览会,仙游的红木家具精品博览会,平潭的海洋旅游与休闲运动博览会,安溪的海峡两岸茶机具博览会,以及最近几年开始举办的针对县域产业发展(福州市以连江为代表的各县市渔业产业发展)的福州渔博会、菌博会(以福州市古田县为代表的食用菌产业),等等。这些展会的举办,都与当地的县域产业发展密切相关,因而也对福建各县域经济的发展产生了重要的促进作用。

会展近年来在我国呈高速发展趋势。国内正式提出会展产业在1998—1999年。由于国外专家认为会展产业对相关产业具有1∶9的拉动作用,会展不仅能带来巨大的经济效益,更重要的是还能带来巨大的社会效益。因此,会展产业受到很多地区和城市的重视。习近平总书记于2018年6月上合组织青岛峰会后在对青岛的考察中提出的"办好一次会，搞活一座城"的理念，更加提升了会展在现代城市经济、产业经济发展中的地位。因此，福建省在诸多城市、县域举办的，以县域产业为对象的展会，是与当前经济、产业发展总体趋势相一致的。

然而，尽管福建总体经济发展水平较高，人均地区生产总值在全国仅次于北京、上海、江苏，位居全国第4，但省内的一些中小城市，尤其是县城与福州、厦门、泉州等大中城市的经济发展水平相比仍然有较大的差距。2021年，福建省包含市辖区的83个县域单位，人均地区生产总值最高的福州市鼓楼区达到了35.18万元，是最低的漳州云霄县5.75万元的6.12倍。包括福州市鼓楼区在内的12个人均地区生产总值超过15万元的县域单位中，只有石狮市和闽清县不是市辖区，而人均地区生产总值低于8万元的19个县域中，除莆田市仙游县和厦门市同安区之外，均为闽北、闽西、闽西南等福建经济发展水平较为落后的地区。

县域经济在我国经济可持续发展中占有重要的地位，县城在我国的城镇化进程中发挥着重要的作用。县域经济是我国经济体系的基本单元，也是行政等级体系中的重要环节。县域经济的主体是农村、农业和农民，农业经济是县域经济的重要支柱。以全国总人口和国内生产总值（GDP）减去所有地级市市辖区的人口和地区生产总值加总，以测算县域人口和地区生产总值，则2020年我国县域总人口为6.97亿人，占全国总人口的49.36%；县域地区生产总值388 798.2亿元，占全国GDP的38.27%，可见县域经济在我国经济发展中占据重要的地位。只有县域经济发展了，农业的基础地位才能巩固，农民收入才能提高，农村社会才能稳定。而从县城在我国城镇化进程中的作用来看，党的十八届三中全会通过的《中共中央关于全面深化改革若干重大问题的决定》以及后来召开的中央城镇化工作会议，提出了走新型城镇化道路的目标与具体任务，明确要推动大中小城市和小城镇协调发展，实行全面放开建制镇和小城市落户限制，有序放开中等城市落户限制，合理确定大城市落户条件，严格控制特大城市人口规模的人口管理方针。而在《中共中央关于制定国民经济和社会发展第十四个五年规划和二〇三五年远景目标的建议》中，提出要"推进以县城为重要载体的城镇化建设"，进一步明确了县城在我国未来城镇化建设中的关键作用。

因此，研究福建的县域经济发展问题，探索会展对县域产业发展的作用，对于福建县域经济的发展具有重要的意义，对于全国县域经济的发展也具有重要的借鉴作用。但遗憾的是，迄今为止并没有看到多少开展会展与县域经济发展方面研究的相关文献。本书是在这方面的尝试。

本书涉及的产业领域较为广泛。在第四章以案例形式、第五章到第九章以专题形式分析了福建省的 11 个展会及与之对应的 11 个县域产业发展问题，其中既有制鞋业、服装产业等现代工业产业，也有渔业、茶产业等涉农产业，还有沙县小吃等服务性产业。要在一本书里面探讨多个产业领域，本身就较为困难。加之笔者对福建省县域经济发展问题的认识可能存在不足，以及研究能力的限制，本书难免存在一些不足之处，衷心希望同行专家、各级领导、其他区域经济工作者及诸位读者提出宝贵意见，以便进一步修改和完善。

本书可作为高等院校经济类专业、管理类专业、会展类专业、旅游专业的教学科研人员研究会展与县域产业发展问题的参考书，也可供各级政府会展行业主管部门、农业农村经济管理部门、各地各层级相关职能部门的工作人员制定相关政策时作为决策咨询参考。

目　录

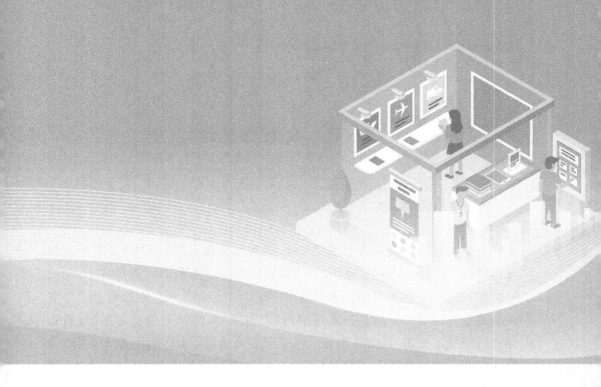

第一章　我国会展业发展现状与趋势

第一节　会展及其分类

一、会展的概念

会展的概念有狭义和广义之分。狭义的会展是把"会展"二字拆开研究，即"会"与"展"，"会"是会议，"展"是展览会。在不断的实践过程中，会展的概念和范围也在不断地扩大和延伸，从而形成了广义会展的概念。广义的会展是在特定的时间和空间范围内，通过策划、组织与管理等手段，有目标地围绕特定主题，以信息沟通或商品交易为目的，利用展示、交易、沟通等形式而开展的社会活动，是会议、展览、大型活动等集体性商业或非商业活动的简称。会展在国际上通常表述为 MICE。其中，M(meeting)是会议，主要指公司会议；I(incentive tour)为奖励旅游，专指以激励、奖励特定对象为目的而进行的旅游活动；C(convention)是大型会议，主要指协会、社团组织的会议；而 E(exhibition 或 events)则为展览会、节事活动。

尽管从会展的概念来看，会展包括公司会议、奖励旅游、大型会议和展览会或节事活动，但无论是业界还是学界，一般意义上的会展，大多指展览会，并将展览会作为各地促进自身产业或经济社会发展的重要活动来组织策划。

二、会展的分类

现代会展主要由会议、奖励旅游、展览和节事活动四大部分组成。

1.会议(meeting & convention)

会议的种类很多，按照不同的标准有不同的会议形式。

(1)按照会议举办主体可以分为协会会议、公司会议和非营利性机构会议。其中协会会议是由具有共同兴趣和利益的专业人员或机构参与，如国际大会及会议协会(ICCA)、国际展览管理者协会(IAEM)、国际饭店协会

（IHA），以及我国的中国记者会、中国作家协会、中国外商投资企业协会等。公司会议是为企业的发展目标、策略及各项指标等举行的各种会议，比如公司董事会、销售会、管理会议、人员培训会议、股东会议、公关会议及奖励会议等。非营利性机构会议包括政府机构会议、工会组织和政治团体会议以及宗教组织会议等。

（2）按会议的内容可以分为商务型会议、度假型会议、展销会议、文化交流会议、专业学术会议、政治性会议、培训会议等。其中商务型会议是指公司和企业因业务和管理工作需要而参加的会议；度假型会议是指企业单位带有度假休闲性质的会议，以增进员工之间的了解，增强企业自身的凝聚力；展销会议主要是由参加商品展销会、交易会和展览会的各类与会者召开的会议，一般同时举办招待会、报告会、谈判会和签字仪式等活动；文化交流会议通常是指民间和政府组织组成的跨区域性文化学习交流活动，专业学术会议通常是由专家学者参加的会议，如专业学术报告会、专家评审会等；政治性会议是指国际政治组织、国家或地方政府为某一政治议题而召开的各种会议；培训会议是对某些专业人员进行有关业务知识方面的技能训练或理论培训的会议。

（3）按会议的组织形式可以分为年会、代表会议、论坛、专题学术讨论会、讨论会、座谈会等形式。其中年会是指同一团体举办的年度资讯及政策商讨会议；代表会议是指某些群体定期或不定期召开的由正式代表参加、以某一特定主题而展开讨论的会议；论坛是指为了对有共同兴趣的某一或某些主题而举办的进行公开讨论的研讨会；专题学术讨论会通常由某一领域的专家集会，就某一特定主题加以讨论并做出建议的会议；讨论会则旨在交流知识、技能以及对问题的见解；座谈会一般由一小群专家针对专门课题提出其观点再进行讨论的会议。

（4）按照会议的规模，即参加会议人数的多少可分为小型会议、中型会议、大型会议及特大型会议。其中小型会议出席人数少则几人，多则十几人，但不超过100人；中型会议出席人数为100～1 000人；大型会议出席人数为1 000～10 000人；特大型会议人数在10 000人以上。

（5）按照与会代表主要来自国内还是国外可分为国内会议和国际会议。其中国内会议是指来自国外的与会者人数占出席会议总人数的比例达不到国际会议标准的会议。国际会议是来自不同国家的人们所参加的会议，国际大会及会议协会(ICCA)规定国际会议的标准是至少有50个参加者，成员至少来自3个国家。由于国际会议在提升举办地形象、促进当地市政建设和经济发展等方面所起的巨大作用，世界上各个国家都在积极争取承办国际会议，平均每一个国际会议的申办国家都在10个以上。

2.奖励旅游(incentive tour)

奖励旅游不是一般意义上的旅游活动，而是带有明确商业目的的旅游活动。在活动内容安排上，奖励旅游除了进行观光游览和娱乐休闲等消遣性活动外，还包括企业会议、展览和业务考察等商务性活动。

奖励旅游也有很多类型。按目的划分的奖励旅游包括慰劳型，其目的主要是慰劳和感谢对公司业绩成长有功的人员，旅游活动安排以高档次的休闲、娱乐等消遣性活动项目为主；团队建设型，其目的主要是促进企业员工之间，企业与供应商、经销商、客户等的感情交流，增强团队氛围和协作能力，旅游过程中注重安排参与性强的集体活动项目；商务型，其目的主要是与实现企业特定的业务或管理目标紧密联系，如推介新产品、增加产品销售量、支持经销商促销、改善服务质量、增强士气，与企业业务融为一体，公司会议、展销会、业务考察等项目在旅游过程中占据主导地位。按活动模式划分有传统型，即它有一整套程式化和有组织的活动项目，如在旅游中安排颁奖典礼、主题晚宴或晚会、赠送赋予象征意义的礼物，体现奖励旅游参加者的身价或产生美好回忆；参与型，即让奖励旅游者通过与社会和自然界的接触，感受人与社会、人与自然的和谐，有助于唤起他们的责任感。

3.展览(exhibition)

展览，从字面上分析，可以理解为有"展"有"览"的活动，即把物品陈列起来让人参观。展览的类型丰富多彩。在我国，对于各种展览形式一般冠以不同的称呼，如展览会、展示会、展销会、交易会、投资洽谈会、博览会等。

展览也可以按照不同的标准划分为不同的类型。按展览的性质可划分为交流信息、洽谈业务、品牌宣传与展示的贸易展，直接销售产品与服务的消费展；按展览的内容可划分包括全行业或数个行业的综合展，仅包括某一行业或某一产品的专业展；按展览所涉及的地域范围可划分为"境外参展商不低于全部参展商的10％，或者境外观众不低于全部观众的5％的"国际展、不满足国际展标准的国内展,而国内展又可分为全国展、区域展和地方展;按展览面积规模可分为小型展览会(单个展览面积在 6 000 平方米以下)、中型展览会(6 000～12 000 平方米)、大型展览会(超过 1 2000 平方米);按专业展会的等级可划分为 A 级、B 级、C 级、D 级;按展览方式可划分为现实展览会和虚拟展览会,虚拟展览会也就是网上展览会或称在线展览会;按展览时间可划分为定期展、不定期展和常年展,定期举办的展览会有一年两次展、单年展、双年展等,不定期举办的展览会则是随机举办的。

4.节事(event)

"节事"有"事件、活动、节庆"等多方面含义,是能对人们产生吸引,并有可能被用来规划开发成消费对象的各种节庆活动和特殊事件的总称。节事涉及范围广泛,按照活动的属性可将节事划分为以传统节日为主题的节事活动,以"商品产品和物产特产"为主题的节事活动,以"文化"为主题的节事活动,以"民俗风情"为主题的节事活动,以"自然景观"为主题的节事活动,以"宗教"为主题的节庆活动,以及大型体育赛事,大型娱乐文化活动,综合性节事活动等。

第二节　会展的发展历程

一、世界会展的发展历程

1.萌芽期(原始社会末年至 1640 年)

原始社会后期的新石器时代,人类社会完成了第一次大分工,分工促进了生产的发展,出现了剩余产品,从而导致了物物交换。在物物交换时期,货币及商人都尚未出现,因而这种物物交换还不具备商业的特征。但是,物物交换却具备了会展最基本的形式——展览的最基本形式特征"摆"和"看",包含了展览的基本原理,即通过"展"和"览"达到交换的目的。但是,由于当时的交换还是偶然的,时间和地点还不固定,也没有有组织的交换场所和形式,因此,物物交换的形式虽是一种会展形式,但是只能作为会展的原始形式。

商品经济在社会分工和私有制的基础上不断发展起来，集市作为一种商品交易的场所和手段也得到了迅速的发展。从历史上看，欧洲的集市具有十分悠久的历史，是现代展览业的源头，欧洲集市源于古希腊的交换、买卖奴隶的市场，一般一年或两年一次。公元前710年举办的法国圣丹尼集市是欧洲大陆文字记载最早的集市。14世纪以后，集市的作用逐渐变小，批发商的兴起和工业的迅速发展使得生产者为了寻求大批销售货物的机会，便于批发商选择订购产品，纷纷采用提供样品和图片的方式进行贸易。这样，集市逐渐演变为样品博览会和展览会。

2.发展期（1641—1945年）

1640年以后，人类进入资本主义时代，商品经济逐渐上升为占统治地位的经济形式，早期的会展形式也开始发生根本的变化。因此，以1667年法国艺术展览会、1851年英国万国工业博览会和1896年首届现代奥林匹克运动会为标志，会展进入了适应现代经济社会发展需要的重要发展时期。

（1）1667年法国艺术展览会。1667年，法国举办了第一个艺术展览会。该展览会是在法国国王路易十四的倡导下举办的，主要展示法国皇家美术学院会员的作品。展览有四个特点：一是把过去在家庭内展示的绘画，放到巴黎卢浮宫阿波罗展厅里展示；二是这个展览把艺术品的展示从一般商品的展示独立出来，成为一个专业展览会；三是改变过去组织松散的状况，由有关人员统一规划，进行系统的组织；四是与以往传统集市相比，这是一个纯展示性质的展览会，不以商品交换为目的。艺术品的陈列、布置也摆脱了过去的简单摆放，开始考虑展示的艺术效果，从而考虑展示的艺术性，艺术展示成为这个展览主要的交流手段，这些特点使其在展览发展史上留下重要印记。

法国艺术展览会驱动了后来一系列的艺术展。意大利一年一度的官方美术展在威尼斯圣罗切教堂外面举办；1760年，英格兰美术协会也举办了官方美术展。有些艺术家则在自己的工作室中举办小型展览，以展示近期作品。1855年，库尔贝在官方举办的世博会旁，举办了"写实主义、库尔贝，他的40件作品展览"。1874年4月，印象派画家在巴黎举办了一个题为"画家、雕塑家和版画家等无名艺术家展览会"。1895年出现了一种新颖的展览形式,这就是威尼斯双年展,展出了世界各地的美术作品。

(2)1851 年英国万国工业博览会。1851 年 5 月 1 日,英国在伦敦海德公园举办的"万国工业博览会"是第一个发展到国际规模的工业博览会,也是第一届世界博览会。博览会历时 5 个多月,参展商达 17 000 家,其中 50%为英国的参展商,50%来自世界其他 40 个国家,吸引了 6 039 195 名参观者。

万国工业博览会是第一届真正意义上的世界博览会,为以后的世界博览会绘出了蓝图。由此,诞生了一系列世界性的博览会,如表 1-1 所示。

表 1-1 1945 年以前主要的世界博览会

年份/年	举办国	城市	名称	类型	主题
1851	英国	伦敦	万国工业博览会	专业	万国工业产品博览会
1855	法国	巴黎	巴黎世界博览会	综合	农业、工业和艺术
1862	英国	伦敦	伦敦世界博览会	综合	农业、工业和艺术
1867	法国	巴黎	第二届巴黎世界博览会	综合	劳动的历史
1873	奥地利	维也纳	维也纳世界博览会	综合	纪念皇帝弗朗茨·约瑟夫一世执政 25 周年
1876	美国	费城	美国独立百年博览会	综合	庆祝美国独立百年
1878	法国	巴黎	第三届巴黎世界博览会	综合	农业、工业和艺术
1883	荷兰	阿姆斯特丹	阿姆斯特丹国际博览会	综合	—
1889	法国	巴黎	第四届巴黎世界博览会	综合	
1893	美国	芝加哥	芝加哥哥伦布纪念博览会	综合	庆祝哥伦布发现新大陆 400 周年
1900	法国	巴黎	第五届巴黎世界博览会	综合	世纪回顾
1904	美国	圣路易斯	圣路易斯百年纪念博览会	综合	成立百年
1908	英国	伦敦	伦敦世界博览会	综合	展现英法帝国成就
1915	美国	旧金山	巴拿马太平洋博览会	综合	庆祝巴拿马运河通航
1925	法国	巴黎	巴黎国际装饰美术博览会	专业	宣扬"文艺新风尚"
1926	美国	费城	建国 150 周年世界博览会	综合	纪念美国建国 150 年,建 10 万人体育馆
1933	美国	芝加哥	芝加哥万国博览会	综合	进步的世纪

续表

年份/年	举办国	城市	名称	类型	主题
1935	比利时	布鲁塞尔	布鲁塞尔世界博览会	综合	通过竞争获取和平
1937	法国	巴黎	巴黎艺术世界博览会	专业	现代世界艺术和技术
1939	美国	旧金山	旧金山世界博览会	综合	建设明天的世界

资料来源:整理自网络收集资料。

(3)1896年第一届奥林匹克运动会。1896年,第一届现代奥运会在希腊雅典举行,来自13个国家的300余名运动员参加了比赛,除了促进人的生理、心理和社会道德全面发展,沟通各国人民之间的相互了解,在全世界普及奥林匹克主义,维护世界和平的意义外,还极大地促进了世界体育运动的发展,之后则诞生了夏季残疾人奥林匹克运动会、冬季奥林匹克运动会、冬季残疾人奥林匹克运动会、夏季青年奥林匹克运动会、冬季青年奥林匹克运动会、世界夏季特殊奥林匹克运动会、世界冬季特殊奥林匹克运动会、夏季聋人奥林匹克运动会、冬季聋人奥林匹克运动会,以及各大洲、各次区域、各国乃至各国内各省(州)等多层次的运动会。

3.成熟期(1946年至今)

第二次世界大战结束后,一批因战争而停办的会展活动重整旗鼓,为世界复苏注入了勃勃生机。当时世界著名的"米兰博览会""莱比锡博览会""巴黎博览会"被誉为连接各国贸易的三大桥梁。进入20世纪90年代后,以信息技术为核心的新一轮科技革命,又推动世界会展业朝着信息化和高科技化方向发展。部分世界性博览会如表1-2所示。

表1-2 20世纪50年代以来世界部分博览会概况

年份/年	举办国	城市	名称	类型	主题
1958	比利时	布鲁塞尔	布鲁塞尔世界博览会	综合	科学、文明和人性
1960	荷兰	鹿特丹	国际园艺博览会	园艺	唤起对人类与自然相容共生
1962	美国	西雅图	西雅图21世纪博览会	专业	太空时代的人类
1964	美国	纽约	纽约世界博览会	综合	通过理解走向和平
1969	法国	巴黎	巴黎国际花草博览会	园艺	—

续表

年份/年	举办国	城市	名称	类型	主题
1970	日本	大阪	日本万国博览会	综合	人类的进步与和谐
1971	匈牙利	布达佩斯	世界狩猎博览会	专业	狩猎对人与艺术的影响
1972	荷兰	阿姆斯特丹	芙萝莉雅蝶园艺博览会	园艺	—
1975	日本	冲绳	冲绳世界海洋博览会	专业	海洋,未来的希望
1982	美国	诺克斯维尔	世界能源博览会	专业	能源推动世界
1984	美国	新奥尔良	路易斯安那世界博览会	专业	河流的世界,水乃生命之源
1986	加拿大	温哥华	温哥华世界运输博览会	专业	世界通联,世界脉动
1990	日本	大阪	大阪万国花卉博览会	园艺	花与绿——人类与自然
1993	韩国	大田	大田世界博览会	专业	挑战新的发展之路
1997	加拿大	魁北克	1997国际花卉博览会	园艺	—
1998	葡萄牙	里斯本	里斯本博览会	专业	海洋,未来的资产
1999	中国	昆明	世界园艺博览会	园艺	人与自然——迈向21世纪
2005	日本	爱知	爱知县地球博览会	专业	自然的睿智
2008	西班牙	萨拉戈萨	萨拉戈萨世界博览会	专业	水与可持续发展
2010	中国	上海	上海世界博览会	综合	城市,让生活更美好
2017	哈萨克斯坦	阿斯塔纳	阿斯塔纳世界博览会	专业	未来的能源
2019	中国	北京	世界园艺博览会	园艺	绿色生活　美丽家园
2021	中国	扬州	世界园艺博览会	园艺	绿色城市,健康生活

资料来源:整理自网络收集资料。

二、世界会展发展现状

1.展馆情况

据国际展览产业协会(UFI)统计,到2022年,全世界共有1 358个展览场馆,其中欧洲有495个,亚太地区有316个,北美洲有380个,中南美洲、中东和非洲分别有111个和56个。展厅面积达到4 060万平方米,其中欧洲为1 580万平方米,占39%;亚太地区1 300万平方米,占32%;北美洲830万平方米，占20%；中南美洲、中东和非洲分别占5%和4%。全球展馆中，超过10万平方米的展馆有73个，占全部展馆数量的5%；小于2万平方米的小展馆则占60%。从各地区的平均展馆面积来看，亚太地区展馆的平均展厅面积达到了41 139平方米，远大于欧洲（31 919平方米）、中东和非洲（25 854平方米）、北美（21 842平方米）和中南美洲（18 112平方米）。[①] 全球顶级展馆中，中国上海国家会议中心展厅面积达到了404 400平方米，排名第1；深圳的世界会展中心展厅面积也达到了40万平方米，位居第2；而后，汉诺威、法兰克福、莫斯科、米兰的会展中心分列第3位至第6位，展厅面积依次为39.24万平方米、37.21万平方米、36.61万平方米和34.50万平方米；中国的广州进出口交易会琶洲展馆（广州国际会议展览中心）和昆明滇池会展中心位列第7和第8，展馆面积分别为33.80万平方米和31.00万平方米。除此之外，其他展馆面积均未超过30万平方米。而在展馆面积的国别分布上，中国的213个展馆，总面积达到了1 021.67万平方米，占世界25.20%，位居第1。其次为美国、德国、意大利，分别为17.1%、7.8%和5.8%。[②]

2.展会情况

从展会活动来看，2019年，全世界超过180个国家办展面积达到1.47亿平方米，约是全世界展馆面积的3.5倍。也就是说，世界上的每个展馆在2019年平均举办3.5次展会。由展会的参观者、参展商（exhibitors）和其他与展会相关的直接支出达1 407亿美元。2019年世界展会活动的相关数据参见表1-3。

从表1-3中的数据可知，全球的展会活动主要集中在北美、欧洲和亚太地区，而中南美洲、中东和非洲的展会活动则较少。结合前面关于世界各地区展馆地图分布看，尽管亚太地区的展馆面积最多、单个展厅的面积也最大，但展厅销售面积却只有1/4左右，而北美和欧洲的展厅销售面积则均接

---

① 原文中的数据截取自"2022版《世界会展场馆地图》"，亚太、欧洲和北美的平均面积与实际计算略有差异，已做修改。但中东和非洲、中南美洲因其未公布展厅总面积，只有并不十分精确的百分比，因此难以据此计算平均展馆面积。如果按照展厅面积占比计算，中南美洲为18 288平方米，中东和非洲为29 000平方米。

② 会展参考.UFI发布2022版《世界会展场馆地图》[EB/OL].（2022-02-09）[2023-01-13].https://exhibition.ccpit.org/articles/392.

近 1/3,分别为 33.1% 和 31.7%。而从展会活动的直接支出来看,北美和欧洲分别占 43.4% 和 31.8%,二者相加超过了 3/4,而亚太地区则只有 1/5 左右。在展会观众和参展商方面,北美、欧洲和亚太地区比较接近,分别占展会观众的 31.8%、26.2% 和 25.4%,以及参展商的 28.2%、34.1% 和 28.0%。

表 1-3　2019 年全球展会活动的相关数据

地区	全球	北美	欧洲	亚太地区	中南美洲	中东	非洲
展厅销售面积/百万平方米	146.6	48.6	46.5	37.2	10.2	3.1	1
直接支出/亿美元	1 407	610	448	287	41	15	6
展厅面积销售占比/%	100	33.1	31.7	25.4	7	2.1	0.7
直接支出占比/%	100	43.4	31.8	20.4	2.9	1.1	0.4
观众/百万人	352.66	112	92.34	89.7	49.97	6.5	2.15
参展商/百万人	4.75	1.34	1.63	1.34	0.29	0.13	0.04
观众占比/%	100	31.8	26.2	25.4	14.2	1.8	0.6
参展商占比/%	100	28.2	34.1	28	6	2.7	0.9

资料来源:UFI(the Global Association of the Exhibition Industry).Global economic impact of exhibitions,2022 edition[EB/OL].(2022-08-06)[2023-01-14].http:www.ufi.org/research.

3.全球展会的经济影响

如表 1-4 所示,2019 年,全球展会活动在产生 1 407 亿美元的直接支出外,做出了 823 亿美元的 GDP 直接贡献,创造了 140.3 万个就业岗位。而加上间接影响,则产生 3 345 亿美元的总产出,贡献了 2 007 亿美元的 GDP,以及 340 万个就业岗位,展会活动对相关产业的带动系数达到了 2.38。此外,无论是直接产出或总产出,还是对 GDP 的直接贡献或间接贡献以及创造的直接就业岗位或总就业岗位,北美、欧洲和亚太地区都占据绝对的主导地位,北美地区更是每一项均占 40% 以上。

表 1-4　2019 年展会活动的经济影响数据

地区	展会产出/亿欧元		GDP 贡献/亿欧元		就业岗位/万个	
	直接产出	总产出	直接贡献	总贡献	直接就业	总就业
全球	1 407	3343.8	823	2 007.8	140.3	343.9
北美	610	1 427.8	378	904.8	56.1	135.2
欧洲	448	1 050.4	233	570.0	35.0	95.9
亚太地区	287	732.4	176	453.5	39.4	90.6
中南美洲	41	92.9	25	59.4	7.4	16.6
中东	15	29.1	8	13.4	1.5	3.3
非洲	6	11.2	3	6.7	0.9	2.0

资料来源：UFI(the Global Association of the Exhibition Industry).Global economic impact of exhibitions,2022 edition[EB/OL].(2022-08-06)[2023-01-14].http：www.ufi.org/research.

注：因该报告中公布的总产出和 GDP 总贡献数据为欧元计价,在依据该报告中相关数据折算出美元对欧元的汇率(0.8930)后,计算出各地区以美元为计价单位的总产出和 GDP 总贡献数据与全球的总值有微小的差距。

4.新冠疫情对会展业的影响暨会展业的恢复[①]

始于 2020 年初的新冠疫情,给全球会展业带来了巨大的打击。一是会展企业营业收入方面。据 UFI 测算,2020 年 4 月到 2020 年 8 月,一半以上的会展企业没有举办任何会展活动;2020 年全球会展业的营业收入只有 2019 年的 28%。其中中南美洲、中东和非洲地区的会展企业营业收入下降最为厉害,分别只有 2019 年营业收入的 23% 和 24%。亚太地区的会展企业 2020 年的营业收入也只有 2019 年的 27%,欧洲为 32%,北美地区为 36%。2021 年上半年只有正常年份营业收入的 32%～37%,全年只有正常年份营业收入的 55%～60%。2019—2021 年各地区会展企业营业收入变化趋势如图 1-1 所示。以 2019 年为 100%,则 2020 年和 2021 年,全球会展业的营业收入分别只有 2019 年的 30% 和 60% 左右。其中,欧洲、北美、亚太地区的

---

① 本部分内容数据来源：UFI.UFI Global Barometer provides 2020 results and 2021 perspectives for the exhibition industry[EB/OL].(2021-1-26)[2023-01-14].https://www.ufi.org/mediarelease/ufi-global-barometer-provides-2020-results-and-2021-perspectives-for-the-exhibition-industry/.

情况与全球整体相似,中南美洲、中东和非洲 2020 年和 2021 年营业收入下降幅度更大。受新冠疫情的影响,2020 年亚太地区和欧洲会展企业中,亏损的企业占 47％,而 50％的北美会展企业、58％的中东和非洲会展企业、64％的中南美洲会展企业也亏损。

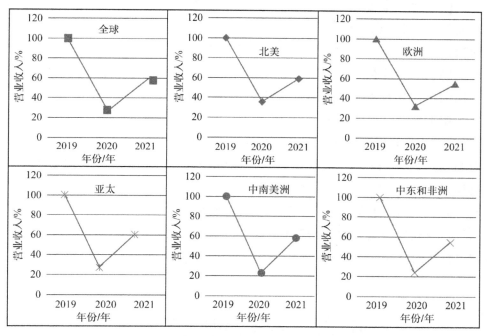

图 1-1　2019—2021 年全球及各地区会展企业营业收入变动趋势

资料来源:依据 UFI 发布的相关数据整理制作。

　　二是会展企业的运营方面。2020 年,54％的会展企业不得不削减雇佣人员,其中多数企业的雇员减少量超过 25％。裁员比例最高的是中东和非洲地区的会展企业,高达 73％;北美地区其次,为 61％;中南美洲、欧洲和亚太地区则分别为 56％、52％和 49％。10％的会展企业考虑,如果在因新冠疫情导致的会展企业停摆持续一段时间,将不得不永久性地停止公司运营。其中北美和亚太地区会展企业关停率最低,分别为 5％和 6％,中南美洲、欧洲分别为 10％和 14％,而中东和非洲的会展企业则有 17％考虑永久关停企业运营。此外,还有 26％的欧洲会展企业和 40％的亚太地区会展企业表示将会因新冠疫情而调整会展业务。

三是新冠疫情下各国加大了对会展企业的政策支持。为了克服新冠疫情对会展业造成的不利影响，各国都对会展企业给予了多种支持政策或措施。财政支持方面，欧洲54％的会展企业获得了财政支持，亚太地区为53％，中南美洲为35％，北美、中东和非洲分别为31％和13％。

四是会展业的未来发展趋势。64％的会展企业因为新冠疫情而提升了对面对面展会（face-to-face events）重要性的认识。并且，全球会展行业迅速回温，行业韧性凸显。根据2022年7月UFI统计数据，2022年上半年没有恢复展会业务的企业比例从1月的29％降至6月的8％，正常开展业务的企业比例从1月的30％上升至6月的68％。从营收来看，预计2022年全球会展企业平均营收将恢复至2019年73％的水平，且在2023年上半年有望恢复至2019年87％的水平；大约50％的企业2022年营收有望恢复至2019年的50％～75％，约38％的企业2022年营收恢复至2019年75％以上水平。具体来看，2022年英国会展企业营收恢复至2019年营收水平的89％，意大利、韩国、日本、中国大陆、中国香港分别恢复至86％、82％、80％、57％、34％。受新冠疫情影响，全球有240万个全职会展工作岗位受到影响。根据AMR的预测，全球会展规模将在2024年恢复至2019年97％的水平。

第三节　我国会展发展状况

一、我国会展发展历史

1.古代时期（原始社会末期至1840年）

在我国，作为早期展览会雏形的集市，大约形成于公元前11世纪的商、周时期，并在唐宋以后得到了蓬勃发展。集市在我国不同时期和地区，有多种形式和名称，如集、市、墟、场等。

除了城乡各有特色的集市外，还有一种城乡并存的定期集市——庙会。在我国，庙会在唐朝已流行，明、清盛行。最初，在宗教节日，因有许多人聚集在寺庙及祭祖场所求神拜佛，一些小生产者、商贩便借此机会兜售香火、供品等产品。后来,逐渐百货云集,成为比一般集市规模更大、货物更多的大型集市。由于这样的集市是因宗教事件并在宗教场所产生、发展起来,所以一般称为庙会,也称为庙市。

2.近代时期(1841—1949 年)

1841 年,清朝政府在西方的炮舰下被迫打开门户,中国人开始尝试着与外部世界接触。当时,参加世界博览会就是我国早期参与国际性活动的重要形式,也是近代中国会展活动的发端。1851 年,中国商人徐荣村和一些在中国经商的外国人将丝绸、茶叶、中药材等一些中国传统的出口商品运往英国,以私人身份参加了首届世界博览会。1876 年,中国政府第一次派代表以国家身份参加费城世界博览会。

3.现代时期(1950 年至今)

(1)起步阶段(1950—1978 年)。1951 年 3 月,我国组织代表团首次参加了莱比锡春季博览会,这标志着新中国会展业发展的开端。

党的十一届三中全会以后,我国会展业迎来了大变革和大发展时期。1978 年,中国贸促会在北京农业展览馆举办了新中国成立以来的第一个国际性展览会——"十二国农业机械展览会",标志着中国展览业开始向国际展览过渡,也是我国展览国际化的开端。

(2)变革阶段(1979 年至 20 世纪 90 年代末)。在这一阶段,我国会展业完成了从计划经济体制向市场经济体制的转变,并实现了与国际通行的展览业规范相衔接。1982 年,我国参加了在美国田纳西州诺克斯维尔市举行的世界能源博览会,这是我国时隔 56 年重返世博会的舞台。此后,我国连续参加了历届世博会。世博会成为我国展示综合实力、经济发展和科技进步以及未来发展前景的重要窗口。2002 年 12 月 3 日,中国上海成功申办世界博览会,是中国赢得 2008 年奥运会主办权后,又一次赢得有"经济奥运会"之称的世界博览会,标志着我国会展业进入了新的发展阶段。

(3)快速发展阶段(2005 年之后)。这一阶段,中国展览业快速成长为全球展览大国。我国会展业在组织程度、管理模式等方面取得重大突破,主要表现在积极参与国际会展组织,学习和借鉴先进的管理经验,会展主办主体形成多元化格局,会展形成定期化。

二、我国促进会展发展的政策演进

虽然会展在我国已经有了较长的发展历程，但真正将其作为促进地方乃至全国经济发展方式，则是 2000 年之后，尤其是 2010 年之后的事。

第一份包含我国促进会展业发展措施的政策性文件是 2007 年出台的《国务院关于加快发展服务业的若干意见》（国发〔2007〕号），在"大力优化服务业发展结构"的内容中提到，"要规范发展法律咨询、会计审计、工程咨询、认证认可、信用评估、广告会展等商务服务业"，在提出要规范发展会展业的同时，也将其定位为商务服务业。而后，2009 年出台的《文化产业振兴规划》中，将会展业归属为文化产业，其中提出，国家重点推进的文化产业包括文化创意、影视制作、出版发行、印刷复制、广告、演艺娱乐、文化会展、数字内容和动漫等领域，加大扶持力度，完善产业政策，实现跨越式发展。总的来看，到 2009 年，我国对于会展业发展的重视程度虽然在提升，也已经成功举办了奥运会等国际性大型会展活动，但仍然将会展业归属于其他行业的类别，带有产业附属发展的性质。

2011 年《关于"十二五"期间促进会展业发展的指导意见》则是第一份专门针对会展业的政策文件。其中提到，"会展业是现代服务业的重要组成部分，影响面广、关联度高、发展潜力大，在推动产业结构调整、加快转变经济发展方式中的重要作用日益凸显。必须从科学发展观的战略高度，认识发展会展业的重要性，把其作为一项长期任务抓紧抓好"。由此，从国家层面对会展业的认识达到了新的高度，主要体现在：一是认识到会展业在推动产业结构调整，转变经济发展方式中的作用；二是要从科学发展观的角度长期抓好会展业的发展。在该项政策的基础上，2015 年发布的《关于进一步促进展览业改革发展的若干意见》则进一步指明了会展业的发展方向和目标，即"促进展览业的改革发展，关键要坚持专业化、国际化、品牌化、信息化方向，培育壮大市场主体，加快展览业转型升级，努力推动我国从展览业大国向展览业强国发展，更好地服务于国民经济和社会发展全局。到 2020 年，基本建成结构优化、功能完善、基础设施扎实、布局合理、发展均衡的展览业体系"。

此后,我国还陆续出台了关于会展业发展方面的诸多政策措施,如表1-5所示。从我国近年来出台的针对会展业发展主要政策措施来看,与之前从会展业发展整体架构出发的相关政策措施不同的是,2017年之后的政策措施主要涉及会展业发展的具体办法,比如针对会展职业经理人、涉外展会、新冠疫情下的云展览、新冠疫情逐渐缓解后的线上线下融合展会模式、数字会展以及会展与相关领域相结合的资源数字化服务等内容。

表1-5　近年来我国出台针对会展业的主要政策措施及主要内容

时间	政策文件	内容与意义
2017年9月	会展职业经理人资质条件	对会展职业经理人定义、划分标准、认定方法、管理原则及资质条件做出了明确规定。标准适用于会展业的初级、中级和高级管理人员
2020年4月	关于进一步优化涉外经济技术展行政服务事项的通知	两种涉外经济技术展(首次举办冠名"中国")和外国机构参与主办行政许可事项全面推行"不见面"无纸化审批,展会申办事项通过商务部统一平台"展览业管理信息应用"实行全程在线办理,各地商务主管部门对所在地举办的展会项目审核意见通过在线方式办理
2020年4月	关于创新展会服务模式培育展览业发展新动能有关工作的通知	(1)积极打造线上展会新平台。推进展会业态创新,积极引导、动员和扶持企业举办线上展会,充分运用现代信息技术手段,举办云展览,开展云展示、云对接、云洽谈、云签约,提示展示、宣传、洽谈效果,打造线上展会新平台。(2)创新展会国际营销模式。整合政府、办展机构、行业组织、驻外经商机构以及跨境电商平台等资源,推动展会信息互通,统筹线上线下渠道,强化展会国际营销和对外宣传推广,提升重点品牌展会国际影响力和知名度
2021年7月	"十四五"商务发展规划	提升贸易平台,完善会展业发展协调机制,提升区域性展会平台,打造高水平、专业性、市场化品牌展会。发展线上线下融合的展会模式,加强展览业行业体系标准化建设
2021年7月	关于加快发展外贸新业态新模式的意见	大力发展数字展会、社交电商、产品众筹、大数据营销等,建立线上线下融合、境内境外联动的营销体系
2022年1月	"十四五"数字经济发展规划	加快推动文化教育、医疗健康、会展旅游等领域公共服务资源数字化供给和网络化服务

三、我国会展业发展现状

1. 展览场馆方面

我国现有 213 个会展业展馆，为美国展馆数的 69.83%；总面积达到 10 216 681 平方米，是美国展馆面积 6 936 197 平方米的 1.47 倍，与德国、意大利、法国、西班牙和俄罗斯等五国的总展馆面积（10 309 741 平方米）相当，是 11 个欧洲国家展馆总面积的 76.79%，如表 1-6 所示。

表 1-6 世界各国展馆数量、展厅面积与占世界展厅面积比例

排名	国家或地区	展馆数量/个	展馆面积/平方米	占世界比例/%
1	中国	213	10 216 681	25.2
2	美国	305	6 936 197	17.1
3	德国	55	3 181 205	7.8
4	意大利	45	2 361 690	5.8
5	法国	81	1 978 787	4.9
6	西班牙	53	1 638 795	4.0
7	巴西	56	1 194 357	2.9
8	俄罗斯	32	1 149 264	2.8
9	加拿大	32	760 914	1.9
10	新西兰	41	720 101	1.8
11	土耳其	22	667 076	1.6
12	英国	32	649 188	1.6
13	墨西哥	43	620 437	1.5
14	比利时	19	460 621	1.1
15	瑞士	13	457 000	1.1
16	日本	13	446 695	1.1
17	印度	14	440 333	1.1
18	波兰	16	415 047	1.0
19	奥地利	11	345 769	0.9
20	韩国	13	306 759	0.8
21	阿联酋	6	304 557	0.8

资料来源：中国贸促会展览公共服务网.UFI 发布 2022 版《世界会展场馆地图》[EB/OL].(2022-02-09)[2023-01-13].https://exhibition.ccpit.org/articles/392.

而在亚太地区,展厅面积超过 10 万平方米的 28 个展馆中,其中 25 个位于中国,如表 1-7 所示。其中,排名前 10 位的展馆全部在我国。我国最大的展馆上海国家会议中心的面积为 40.44 万平方米,是亚太地区除中国之外最大展馆泰国冲击竞技场会展中心展厅面积的将近 3 倍,比亚太地区除中国外其他三个面积超过 10 万平方米的展馆展厅面积加总还多将近 6 万平方米。

表 1-7　到 2022 年亚太地区展厅面积不低于 10 万平方米的展馆

排名	展馆	展馆所在国家及城市	展馆面积/平方米
1	上海国家会议中心	中国上海	404 400
2	深圳世界展览会议中心	中国深圳	400 000
3	广州进出口商品交易会琶洲展馆	中国广州	338 000
4	昆明滇池会展中心	中国昆明	310 000
5	重庆国际会展中心	中国重庆	203 646
6	青岛世界博览城	中国青岛	200 000
7	上海新国际会展中心	中国上海	200 000
8	天津国家会展中心	中国天津	200 000
9	成都西部中国国际展览城	中国成都	192 000
10	武汉国际会展中心	中国武汉	150 000
11	青岛国际会展中心	中国青岛	140 000
12	泰国冲击竞技场会展中心	泰国曼谷	137 000
13	南昌格陵兰会展中心	中国南昌	129 000
14	青岛红岛国际会展中心	中国青岛	126 500
15	常州西太湖国际会展中心	中国常州	126 000
16	义乌国际会展中心	中国义乌	120 000
17	东京大世界国际会展中心	日本东京	116 540
18	成都世纪城新国际会展中心	中国成都	110 000
19	南京国际会展中心	中国南京	110 000
20	韩国国际会展中心	韩国高阳	108 011

续表

排名	展馆	展馆所在国家 及城市	展馆面积/ 平方米
21	中国国际展览中心新馆	中国北京	106 800
22	沈阳国际会展中心	中国沈阳	105 600
23	深圳会展中心	中国深圳	105 000
24	合肥滨湖国际会展中心	中国合肥	100 000
25	济南西国际会展中心	中国济南	100 000
26	苏州国际会展中心	中国苏州	100 000
27	厦门国际会展中心	中国厦门	100 000
28	新加坡波兰中心	新加坡	100 000

资料来源：中国贸促会展览公共服务网.UFI 发布 2022 版《世界会展场馆地图》[EB/OL].(2022-02-09)[2023-01-13].https://exhibition.ccpit.org/articles/392.

2.展会活动

2021 年,我国在 183 个城市举办的线下经贸展览场次达到了 5 495 场,展览总面积达到 9 183.57 万平方米。结合表 1-6 中我国展厅总面积 10 216 681 平方米,则我国的展馆在 2021 年平均举办了 8.99 场展览。而且这还是在受到新冠疫情严重影响情况下的展览场次和展览面积数据。如果按照疫情前 2019 年的数据,展览场次和展览面积分别为 11 033 场和 14 874 万平方米,则相当于我国的展馆平均每年举办 14.55 场(按展览面积与展厅面积之比计算)展会活动。但依据我国 2019 年和 2021 年展览场数和 213 个展馆数量计算,则 2019 年和 2021 年平均每个场馆举办展览分别为 25.80 场和 51.80 场,显然大大超过了按照展馆面积计算的平均办展场数。这意味着,我国中小规模展览场馆举办的展会活动数要远多于大型展馆举办的展会活动数量。[①]

实际上,由于受疫情的影响,我国的展览数量和展览面积在 2020—2021 年出现了大幅度的下降。2011—2019 年,我国无论是展览数量还是展览面积都呈现出持续增长的趋势。展览场数从 2011 年的 7 333 场增加到 2019 年的 11 033 场,增长了 50.46%;展览面积则从 8 173 万平方米上升到 2019

---

① 依据 2021 年度《中国展览数据统计报告》中的相关数据整理、计算而得。

年的 14 874 万平方米,提高了 81.99％;平均每场展览的面积则从 2011 年的 1.11 万平方米提高到 2019 年的 1.35 万平方米,升高了 21.62％。

但 2020 年新冠疫情的暴发,导致我国会展活动大幅度下降。2020 年,我国举办的展览数量不到 2019 年的一半,展览面积也只有 2019 年的 51.95％。2021 年虽然有所恢复,但展览数量仅仅增加了 87 个,展览面积增加 1 457 万平方米。与展览数量和展览面积大幅度下降相比,2020—2021 年,我国平均展览面积大幅增加,从 2019 年的每个展会平均 1.35 万平方米提高到 2020 年的 1.43 万平方米、2021 年的 1.67 万平方米。如图 1-2 所示。

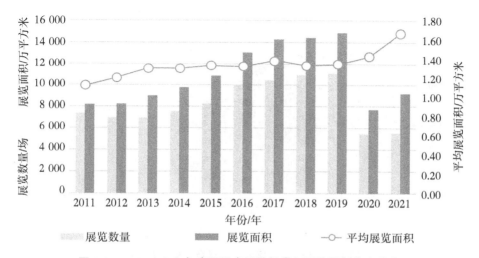

图 1-2　2011—2021 年我国展会活动数量与展览面积演变趋势

3.我国线上办展情况

由于新冠疫情的影响,为减少人员流动性和聚集带来的疫情扩散,线下展会受到限制。经济社会发展对展会的需求,加上现代通信和网络技术的支持,线上展会开始走上舞台。据统计,2021 年中国境内线上展会总计举办 714 场,同比 2020 年中国境内线上展会举办总数的 628 场增加了 86 场,增幅达 13.69％。此外,还有 91 场线上展会单独举行。而且,广交会、进博会、服贸会等国家级展览皆为线下与线上双结合的办展模式。

四、我国会展的分布

1.我国会展区域分布

（1）数量分布。① 2019 年,我国各区域展会举办总体上呈现为以华东地区为中心,向华南、华北、华中、东北、西南和西北逐渐减少的分布特点。华东、华北和华南地区举办的展会数量合计占 70％以上,远远超过了东北、西南和西北地区。其中,华东地区的展会数量为 923 场,占全国 35.89％（见图1-3）。

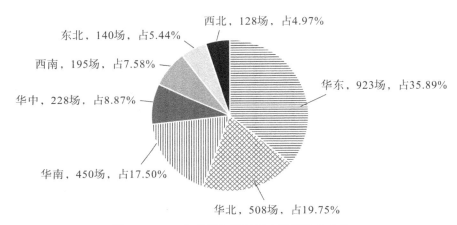

图 1-3　2019 年我国各地区展会数量及其占比

（2）面积分布。2019 年,我国各区域展会项目面积分布情况如表 1-8 所示。其中,华东、华南、华北地区位居前三,合计占全国展会面积超过 75％。华南地区平均展会面积达到 5.9 万平方米,为全国各区域之最。而华东地区展会总面积达到 4 030.8 万平方米,远超其他地区。

---

①　北辰会展研究院.中国展览指数报告（2019）[EB/OL].（2020-09）[2023-01-15].https://www.sohu.com/a/426840216_687641.

表 1-8　2019 年我国各地区展会总面积和平均面积情况

地区	展会平均面积/万平方米	展会总面积/万平方米	展会总面积占比/%
华东	4.4	4 030.8	36
华南	5.9	2 664.1	24
华北	3.7	1 871.2	16
华中	3.6	817.7	7
西南	4.5	881.8	8
东北	3.7	572.4	5
西北	3.7	475.4	4

资料来源:北辰会展研究院.中国展览指数报告(2019)[EB/OL].(2020-09)[2023-01-15].https://www.sohu.com/a/426840216_687641.

2.我国展会的省市分布

从 2020 年我国各省(自治区、直辖市)展会举办数量来看,呈现出由东部沿海地区向内地依次递减的趋势。如表 1-9 所示,展览面积排名前十位的分别是上海、广东、山东、江苏、四川、重庆、浙江、广西、湖南、河南。以上 10 个省(自治区、直辖市)的展览数量占全国展览总数的 79.14%,展览总面积占全国展览总面积的 78.14%。而在前十位中,东部五省市(上海、广东、山东、江苏和浙江)即占有全国展览总数的 55.1%,展览面积占全国 53.62%。

表 1-9　2020 年我国各省(自治区、直辖市)展览数量和展览规模情况

省(区、市)	展览数量/场	展览面积/万平方米	展览平均面积/万平方米	省(区、市)	展览数量/场	展览面积/万平方米	展览平均面积/万平方米
上海	550	1 107.79	2.01	河北	96	152.98	1.59
广东	795	1 020.03	1.28	安徽	139	123.13	0.89
山东	587	1 013.11	1.73	陕西	37	105.00	2.84
江苏	610	558.41	0.92	江西	48	88.90	1.85
四川	367	462.62	1.65	天津	41	50.66	1.24
重庆	242	447.00	1.85	山西	56	49.44	0.88
浙江	438	443.17	1.01	内蒙古	15	48.00	3.20
广西	250	379.94	1.52	黑龙江	14	43.80	3.13

续表

省（区、市）	展览数量/场	展览面积/万平方米	展览平均面积/万平方米	省（区、市）	展览数量/场	展览面积/万平方米	展览平均面积/万平方米
湖南	202	246.27	1.22	贵州	32	39.30	1.23
河南	213	223.85	1.05	甘肃	30	33.58	1.12
云南	78	221.00	2.83	青海	25	31.16	1.25
福建	239	195.50	0.82	新疆	12	23.00	1.92
吉林	43	191.24	4.45	海南	22	21.24	0.97
辽宁	191	185.49	0.97	宁夏	16	19.00	1.19
北京	89	178.00	2.00	西藏	2	2.00	1.00
湖北	107	172.00	1.61				

资料来源：中国会展经济研究会会展统计工作专业委员会.2020年度中国展览数据统计报告［EB/OL］.（2021-06-22）［2023-01-15］.http://www.cces2006.org/index.php/home/index/detail/id/14932.

3.我国展会的城市分布

从城市角度来看，2020年展览面积在全国排名前十的城市依次为上海、广州、重庆、深圳、青岛、成都、桂林、长沙、南京、昆明，占全国展览总数的46.02％，展览面积占全国50.42％。其中，上海举办的展览面积最大，为1 107.79万平方米，占全国14.34％；广州举办的展览场数最多，为575场，占全国10.63％。如表1-10所示。

表1-10　2020年我国主要城市展览数量和展览规模情况（按规模排序）

城市	展览数量/场	展览面积/万平方米	城市	展览数量/场	展览面积/万平方米	城市	展览数量/场	展览面积/万平方米
上海	550	1 107.79	宁波	102	117.19	兰州	30	33.58
广州	575	471.00	沈阳	104	110.92	佛山	15	32.00
重庆	242	447.00	合肥	102	103.83	西宁	25	31.16
深圳	107	349.30	东莞	35	97.33	烟台	19	30.38
青岛	210	311.00	西安	30	91.00	洛阳	38	29.90
成都	211	305.78	南昌	40	82.00	泰安	24	29.80
桂林	190	303.00	义乌	50	77.00	乐山	12	28.00

续表

城市	展览数量/场	展览面积/万平方米	城市	展览数量/场	展览面积/万平方米	城市	展览数量/场	展览面积/万平方米
长沙	202	246.27	福州	118	69.81	日照	33	27.60
南京	228	229.27	无锡	60	68.90	淄博	17	25.47
昆明	78	221.00	南宁	35	63.24	泸州	10	25.15
济南	107	210.00	天津	41	50.66	乌鲁木齐	12	23.00
北京	89	178.00	大连	40	47.37	唐山	22	22.35
长春	35	175.68	中山	32	43.85	泰州	39	22.31
临沂	80	156.80	温州	33	43.13	廊坊	13	21.30
武汉	88	150.00	哈尔滨	12	42.50	海口	22	21.24
郑州	113	149.30	太原	50	41.74	昆山	20	20.22
潍坊	40	146.83	贵阳	32	39.30	襄阳	17	20.00
杭州	191	128.80	石家庄	25	38.90	银川	16	19.00
苏州	120	123.48	绵阳	33	37.99	菏泽	18	18.20
厦门	113	117.89	呼和浩特	12	34.00	永康	7	18.00

资料来源:中国会展经济研究会会展统计工作专业委员会.2020 年度中国展览数据统计报告[EB/OL].(2021-06-22)[2023-01-15].http://www.cces2006.org/index.php/home/index/detail/id/14932.

4.我国会展的行业分布

2019 年我国展会行业分布如表 1-11 所示。其中,工业与科技类展会举办场数最多,达到 400 场,占全国展会的比例为 15.55%。其次为房屋建筑、装修及经营服务,交通运输、仓储、邮政,日用消费品及居民服务,食品、酒饮及酒店服务,占我国展会的比例均超过 10%。

表 1-11　2019 年我国展会行业类型数量与占比情况

行业	展会数量	所占比例/%	展会面积/万平方米
工业与科技	400	15.55	1 594
房屋建筑、装修及经营服务	345	13.41	1 909
交通运输、仓储、邮政	332	12.91	1 824
日用消费品及居民服务	294	11.43	1 217
食品、酒饮及酒店服务	288	11.20	1 068

续表

行业	展会数量	所占比例/%	展会面积/万平方米
文化、体育和娱乐	189	7.35	680
农业、林业、渔业及农副业	176	6.84	680
租赁和商务服务	157	6.10	469
健康医疗	122	4.74	449
能源矿产	97	3.77	435
信息传输、软件和信息技术	64	2.49	288
教育	50	1.94	159
综合类	32	1.24	412
金融	26	1.01	130

资料来源：北辰会展研究院.中国展览指数报告（2019）[EB/OL].（2020-09）[2023-01-15].https://www.sohu.com/a/426840216_687641.

注：统计标准为展会规模1万平方米及以上。

从各行业的展会举办面积来看，与社会经济生活密切相关的行业在展览数量和展出面积排名中占有重要的位置。比如房屋建筑、装修及经营服务类展会面积为1 909万平方米，交通运输、仓储、邮政类展会面积为1 824万平方米，工业与科技类展会面积为1 594万平方米，日用消费品及居民服务类展会面积为1 217万平方米，食品、酒饮及酒店服务类展会面积为1 068万平方米。

从展会行业类型的规模对比来看，除综合类展会的规模较大，单个展会平均规模超过10万平方米以外，其他行业类型的展会规模在3万～5万平方米。而从不同行业展会的规模分布来看，除综合类展会外，其他各行业类型的展会无论是数量还是展会面积多以5万平方米以下的展会为主。综合类展会由于多为政府主办的重大展会，承载着展示国家形象、促进区域经济发展、对外开放重要窗口等重要任务，因而在数量上占将近一半，为44％，在面积上则达到了86％。如表1-12和表1-13所示。

表 1-12   2019 年我国不同产业类型展会规模分布情况 (按展会面积)

单位：%

行业	1 万～3 万平方米	3 万～5 万平方米	5 万～7 万平方米	7 万～10 万平方米	10 万平方米以上
工业与科技	21	27	15	11	26
房屋建筑、装修及经营服务	16	15	9	5	55
交通运输、仓储、邮政	11	17	17	9	45
日用消费品及居民服务	22	24	9	7	38
食品、酒饮及酒店服务	26	21	16	13	24
文化、体育和娱乐	27	26	17	7	22
农业、林业、渔业及农副业	21	28	14	13	24
租赁和商务服务	35	29	22	8	6
健康医疗	25	24	14	8	28
能源矿产	16	25	21	5	33
信息传输、软件和信息技术	15	17	35	14	19
教育	32	30	14	4	20
综合类	4	4	2	4	86
金融	12	8	20	24	35

表 1-13   2019 年我国不同产业类型展会规模分布情况 (按展会数量)

单位：%

行业	1 万～3 万平方米	3 万～5 万平方米	5 万～7 万平方米	7 万～10 万平方米	10 万平方米以上
工业与科技	47	30	11	5	7
房屋建筑、装修及经营服务	50	24	9	3	14
交通运输、仓储、邮政	31	27	17	6	19
日用消费品及居民服务	52	28	7	4	9
食品、酒饮及酒店服务	56	22	11	6	5
文化、体育和娱乐	53	27	11	3	6
农业、林业、渔业及农副业	45	32	10	6	7
租赁和商务服务	58	25	12	3	2
健康医疗	54	25	10	4	7
能源矿产	40	31	17	3	9

续表

行业	1万～3万平方米	3万～5万平方米	5万～7万平方米	7万～10万平方米	10万平方米以上
信息传输、软件和信息技术	37	22	27	8	6
教育	58	28	8	2	4
综合类	28	16	6	6	44
金融	39	12	19	15	15

资料来源：北辰会展研究院.中国展览指数报告（2019）[EB/OL].（2020-09）[2023-01-15].https://www.sohu.com/a/426840216_687641.

5.我国会展的季节分布

从2019年我国展会举办月份数量分布情况来看，1—2月和12月举办的展会数量最少，均低于100场，其中1月只有18场。除此之外，上半年3—6月举办的展会数量最多，下半年则主要集中在8—11月。如图1-4所示。

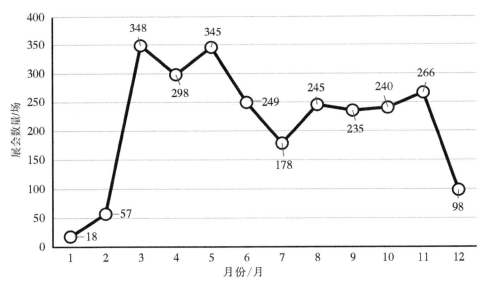

图1-4　2019年我国展会的数量月份分布情况

资料来源：北辰会展研究院.中国展览指数报告（2019）[EB/OL].（2020-09）[2023-01-15].https://www.sohu.com/a/426840216_687641.

6.我国会展的主办单位分布

从2019年我国不同性质主办单位的展会数量和面积分布情况来看，行业协会、私营企业和政府机构主办了 86% 的展会,展会面积占比达到了 83%,是我国展会的主要主办单位。其中,行业协会更是占有尤其重要的地位,主办的展会数量及展会面积均占全国展会近 50%。如表 1-14 所示。

表 1-14 2019 年我国不同性质主办单位的展会数量与面积分布情况

主办单位	数量占比/%	面积占比/%
行业协会	47	45
私营企业	22	17
政府机构	17	21
外资合资企业	7	9
国有企业	5	6
事业单位	2	2

资料来源:北辰会展研究院.中国展览指数报告(2019)[EB/OL].(2020-09)[2023-01-15].https://www.sohu.com/a/426840216_687641.

第四节 新形势下我国的开放发展与会展发展趋势

会展作为现代经济发展中的战略引领性产业,能够有力地拉动产出和就业,从而对地区乃至一个国家的国民经济发展起到重要的作用。习近平总书记曾讲过,"办好一次会,搞活一座城",可见会展对城市经济、区域经济发展的意义。正因为如此,近年来我国会展业快速发展。

由于会展产业对经济发展的重要作用,在我国国民经济面临新的国际国内形势下,如何发展会展产业,促进我国经济的开放发展,具有重要的意义。以进博会为例,作为世界上第一个以进口为主题的国家级展会,其在内容上集外交、展览、论坛于一体,对促进我国与世界各国之间的经济合作和人文交流相互配合、共同打造开放多元的博览会、服务经济社会发展全局和对外开放战略都发挥了重要作用。习近平总书记在 2020 年第三届进博会开幕式上的讲话指出,"我们构建以国内大循环为主体、国内国际双循环相互促进的新发展格局。这绝不是封闭的国内循环,而是更加开放的国内国际双循环,不仅是中国自身发展的需要,而且将更好造福各国人民"。这表明，以进博会为代表的我国会展业，既让世界分享中国庞大市场机遇，也为各国相互合作搭建公共平台，为经济全球化提供了一个国际公共产品，成为促进我国开放发展的重要平台和窗口。

一、后疫情时代我国经济发展面临的新形势

1.我国经济发展需要通过进一步扩大对外开放以促进发展

2018年，我国GDP总值为13.61万亿美元，占世界15.86%，排名世界第二，为排名第一的美国GDP的66.42%，是第三名日本GDP的2.74倍；人均GDP达到9 771美元，超过中等偏上收入国家的门槛值9 201美元。而按照购买力评价理论，2018年我国GDP总值为25.36万亿国际元，占世界18.65%，分别是排名第二的美国和排名第三的日本的1.24倍和4.65倍，人均GDP为18 210国际元，接近于中等偏上收入国家的门槛值19 020国际元。作为大国经济体，在人均GDP达到中等偏上收入阶段之后，经济增长的动力应当转向主要依靠自身庞大的消费市场和技术创新，在国内供给和需求内循环中形成经济增长的自推力。但这并不意味着我国经济可以在自我封闭环境下实现自主增长。耗散结构理论表明，经济系统能够在不断与外界交往的过程中实现自身的有序发展。这意味着，开放的经济有利于各国进而有利于全世界形成有序的经济结构状态。事实上，考察我国的历史可以发现，各朝各代盛世期间也是对外开放的繁盛时期，而各朝各代的衰落也往往与故步自封相伴随。因此，对外开放对当前阶段的我国经济发展至关重要。当前阶段我国经济发展中的对外开放，重点是转向在开放中的发展，而非改革开放初期到21世纪初的依靠开放而发展。这就要求我国以开放的意识制定经济发展的政策措施，而非自我封闭。

2.后疫情时代美国主导下的我国与西方国家关系走向

2016年美国总统特朗普上任之后，特朗普政府开展了一系列的"美国优先"政策操作，与我国开始了激烈的贸易战，并将我国定位为美国的竞争对手，打压我国高科技企业，推动美国制造业企业回流美国，从而对我国的经济、社会和国家安全带来了巨大的压力。而自2020年3月美国成为全球新冠疫情震中之后，美国政府进一步加剧了对我国的指责与打压。2021年初

拜登政府上台之后,对我国的战略遏制与特朗普政府时期相比有过之而无不及。我们必须认识到,这并非美国两党的选举策略,本质上乃美国压制我国发展空间的战略选择。

在美国主导下,我国与西方国家之间的政治经济交往势必因此受到较大的影响。而随着美国大选后民主党人拜登就任新一届总统,一方面美国仍然延续了特朗普时期的对华遏制政策,另一方面美国再次强化其与欧日等盟友关系,并拓展其与印度乃至东盟等地的盟国,形成对我国新的战略挤压。因此,后疫情时代,一方面美国对我国的战略挤压将是之前贸易战、打压我国高科技企业等措施"战略竞争对手"这一定位的升级,另一方面则是欧日等美国的传统盟友以意识形态与价值观为导向对我国形成的新的挑战。

二、会展对促进我国开放发展的效应

尽管我国各层次各类政府部门均在各种场合表明我国将继续推进对外开放的态度,但一些西方国家的企业、学者,在他们本国政客因政治需求而制定的政策、法律及所发表言论的影响下,仍对我国是否继续推进对外开放持疑虑的态度。因此,通过举办各级各类会议和展览,就成为向世界各国的企业、学者及其他各类人群展示我国对外开放这一基本国策的重要平台。

1.窗口效应

好的展会,对我国开放发展具有重要的窗口作用。通过展会,外国相关领域的专家、学者、政府部门和企业界的人士,可以了解到我国相关领域的发展环境、政策措施、市场状态及未来发展趋势,并做出理性选择,在与我国相关领域的相关人群交往交流的过程中让我国的对外开放更加深入。同样地,通过展会,国内相关领域的各级各层、各部门、各相关行业的人员,则可以在与国外同行交往交流的过程中,了解到自身的优势与不足,从而在走向世界的过程中发挥自己的优势,大大提升自己的成功率。同时,通过展会也可以认识到自身与国外同行的差距,并在未来的发展中通过不断创新追赶世界先进水平。

2.渠道效应

会展的渠道效应主要体现为通过展会增强企业间观念的交流，在为企业展示产品、收集信息、洽谈贸易、交流技术、拓展市场提供桥梁和纽带作用的同时，通过构造一个促进资源有效配置和降低环境风险企业间紧密的网络关联系统，实现企业在产能、技术、专用性资产等方面实现自发的合作、交流和共享。事实上，正是在参加展会的过程中，纵向产业链上同行从业人员通过与潜在客户之间的交流和沟通，发现了新的市场机会；横向产业链上，在与同产业环节竞争者之间的交流和沟通过程中，发现新的发展方向，从而为整个产业的发展带来新的机遇。而彼此开放的各国企业，通过会展的渠道效应，能够在促进本国产业发展的同时，为本国消费者提供更多更好的产品。

3.平台效应

会展作为一个平台，提供了参与各方建立、沟通企业网络的机会，从而搭建起我国深化开放发展过程中与国外相关人员展开政治与经济交流的良好平台。事实上，在政治与经济交融的过程中，政治体制和意识形态差别可能成为国与国之间经济交往的障碍，但超越政治体制和意识形态差别的经济交往也是完全可行的。而要超越政治体制和意识形态差别推动国与国之间的经济交往，就需要良好的平台以促进政治与经济的交融，以消除不同政治体制和意识形态之间的隔阂，达到求同存异的目标。而在我国进一步推动开放发展的过程中，不仅需要与其他国家，尤其是西方资本主义国家之间展开经济交往，也需要与他们展开关于政治体制、价值观念和意识形态方面的交流，以消除西方资本主义国家对我国社会制度与价值观的隔阂，以达到相互间政治体制上求同存异、经济发展上相互交融的目标。因此，举办以经济交流为目标的展会，展现不同政治体制和意识形态差别下共同发展的经济成果，就成为促进我国开放发展的重要平台。

三、以进博会为例的我国会展发展趋势

会展与我国的改革开放进程是紧密相连的。从 1978 年在北京农业展览馆举办的"十二国农业机械展览会"到 1986 年中国国际印刷技术展览会

获得首个 UFI 认证的项目,1994 年开始一批民营会展企业诞生并快速发展,再到 21 世纪我国加入 WTO 后更加注重科技产业发展和内外贸易结合的展览,以及 2015 年前后大型国家级会展中心的建成与会展向各地区、各大中城市的扩展,都表明会展在促进我国开放发展方面发挥了重要的作用。但面对国际国内新形势,我国仍需要采取更多措施推动会展业的发展,并使其成为促进我国进一步开放发展的重要力量。

1.形成全方位的开放促发展展会体系

开放发展包括多个方面。改革开放初期,我国在以市场换技术的指导思想下,无论是引进外资企业弥补国内市场供给不足,还是在沿海地区发展出口导向型产业,都是围绕引进外商投资以解决国内资本短缺的对外开放策略。因此,投资贸易洽谈会和进出口商品交易会成为我国主要的开放型展会。而中国国际进口博览会则是改革开放以来我国对外开放型展会体系的一个有力拓展。但在我国深化开放发展战略的过程中,不仅是引入外商投资和推动中外商品的进出口贸易,还应该包括以推动我国企业走出去的对外投资、中外文化交流、我国对外开放成果展示等方面的内容。因此,构建包含进口商品博览会(进博会)、外商投资洽谈会、对外投资洽谈会、中外文化交流会、改革开放以来对外开放成果博览会等在内的开放促发展展会体系,对我国深化开放发展战略具有重要的意义。

2.布局区域性的开放主题展会

在举办进博会的基础上,以不同主题在国内不同区域举办标志性的对外开放主题会展。中国国际进口博览会是以贸易自由化和经济全球化为主导,是我国向世界各国开放市场以分享我国经济发展利益的进口商品博览会,其对于我国向世界各国展示深化开放的决心、推动开放型世界经济发展具有重要的意义。但在促进我国开放发展的展会方面,仅仅中国国际进口博览会仍显不足。这是因为,尽管中国国际进口博览会为大型国家级展会,并以展会向世界各国开放我国消费市场,以论坛形式推介我国对外开放政策措施,但总体而言,其辐射面仍然主要在以上海为中心的长三角地区,对于我国其他地区,包括主要的经济区域如珠三角、环渤海湾、西部地区的影响仍然有限。因此,应在国内各主要经济区域布局不同主题的标志性对外开放博览会。

3.注重展会的联动性

在国内区域乃至全国中心城市举办开放发展主题展会的同时，在区域中小城市举办与开放发展主题相关分展会或次主题展会，形成开放发展主题展会的联动发展。以中国国际进口博览会为例，由于展会的专业性，参加博览会的主要是企业和专业采购商、专家学者，而广大的普通消费者则无法参加该博览会，从而失去了直接体验进口商品的机会。因此，可以在举办进博会的同时，在国内各地举办多场以进口商品消费者体验为主题的联动博览会，形成"专家学者—专业厂商—采购商—线上线下销售商—消费者"的全方位参与格局。如此，可以将在上海举办的国际进口博览会的影响力和辐射面扩展到全国多个区域，并将进口博览会所设计的进口商品真实投放到广大消费者群体中。

4.注重内外展会的相互呼应

在我国深化开放发展的过程中，不仅要将国外的资本和商品引进来，还要将国内的资本和商品推出去，让我国的发展带动世界其他国家尤其是发展中国家的经济发展，并以我国开放发展中生产的优质商品惠及他国的消费者。为此，在国内举办开放发展主题展会的同时，要将相关主题的博览会，以国内企业和商品走出去的方式在国外举办相应的展会。比如针对在上海举办的进博会，可以在具有国际示范效应的国际中心城市举办国际消费品采购会，与国内进博会相互呼应，增强国外厂商、民众对我国开放发展的认识。在国外举办以展现中国对外开放为主题的博览会，重点在于增进我国以开放促发展的理念与各国各族人民之间的联系与交往，让他们能够真正体会到可以在我国快速发展过程中为他们带来的利益。

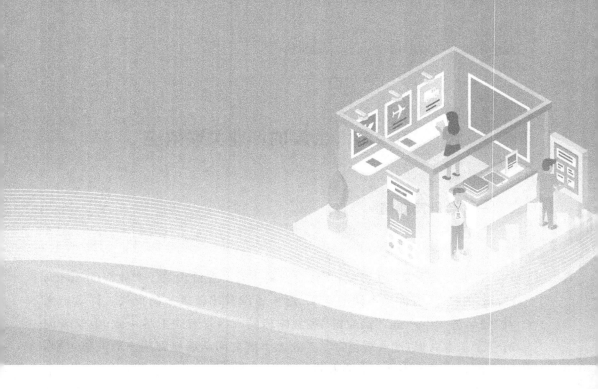

第二章　会展与县域产业发展

第一节　会展的产业关联效应

一、会展产业链

1.产业链

产业链是企业的生命线，现代企业离不开产业链。关于产业链（industry chain）的概念，有许多不同的定义，迄今还没有比较统一的说法。许多定义与"商品链""生产链""供应链"等大体相同。尽管表述不尽一致，但学者们有一个基本共识：产业链包含了产业上下游之间从原料到用户的完整过程，上下游企业之间因技术联系和投入产出关系而相互连接。产业链实质上就是产业联系的结构形态，企业之间只要存在产业联系，它们就构成产业链条或链段。

人们在研究产业链时，大多重视产业链条的纵向结构，而忽视节点之间的横向联系；强调企业之间的物质联系和协作关系，忽视知识联系和竞争关系。实际上产业联系不仅表现在企业之间的供给与需求和投入与产出，还表现在它们之间的信息传递、技术交流、竞争合作等关系上。在产业链节点（环节）构成上，以往多把企业看成是唯一组成要素，随着"企业网络""网络经济"等概念的逐渐扩散，人们已经认识到政府机构、中介组织等在企业网络中同样不可或缺，它们也是产业链上的节点，产业链的结构也由以往的线状演变为网络状。

因此，产业链的概念应包括如下基本含义：

（1）产业链是建立在价值链基础上的相关企业集成的一种产业空间组织形式。价值链系统是产业链的核心，产业联系是产业链的本质。

（2）在实体上，产业链由各环节上的加盟企业及相关机构（如政府机构、中介机构）等组成，其中企业是产业链的主体，企业组合状况决定产业链的实体形态。产业链上的运行要素包括物资、信息、资金、技术、管理等，相应地，产业链中包含了物流链、信息链、价值链、资金链和组织链等链条。

（3）一条完整的产业链包括研发、设计、采购、原料加工、半成品生产、成品生产、销售、服务等多个环节。因此，它是跨企业延伸的，典型的产业链可能跨越了第一产业、第二产业和第三产业等三大产业。一般来说，不同类型、不同工艺和技术条件下的产业链，由各不相同的环节构成。

2.会展产业链

关于会展产业链，不同学者也从不同角度做了相关的研究。王保伦等认为会展产业链是围绕某一主题，以所在区域的产业基础为依托，借助场馆等设施，以人流、物流、资金流和信息流相互交融的价值链为内核，将会展业的主体方（招展商、代理商、场馆、参展商、参观者）和相关方（装修、广告、餐饮、运输、通信、旅游等行业）联合起来所形成的一个推动经济发展的产业关系。因此，会展产业链上游包括会议或展览的组织者，中游为目的地管理公司或参展商、辅助企业或服务提供商，下游则由会展产品的最终消费者构成。[①]

余向平认为会展产业链指在一定区域内，会展业和为会展活动提供服务的相关产业在追求各自利益最大化的过程中，将关联度高、支持性强的企业纳入会展活动中来，彼此之间逐步形成的一种相互依托的长期战略合作关系。[②] 因此，以展览公司和展览场馆为核心，由会展主办方和承办方、服务提供商、会展代理销售机构、参展商和参展观众等多个因素共同组成会展产业链。从而会展产业链的上游为配套服务，中游为展会经营，下游为招商招展及消费者。因此，会展产业链的上游主要为场馆租赁方，提供展位搭建、占据租赁、票务、酒店、翻译等配套服务；中游则主要是会展承办单位和会展主办单位；下游主要是代理合作机构，包括参展商和观众。[③]

① 王保伦，王蕊.会展旅游产业链的本质分析[J].北京第二外国语学院学报（旅游版），2006(5)：76-80.
② 余向平.会展产业链的结构与效应[J].经济论坛，2008(1)：67-69.
③ 西部证券.行业专题报告：我国会展行业疫后有望迎来快速发展新机遇[R/OL].(2022-11-17)[2022-12-20].https://www.fxbaogao.com/.

二、会展对产业发展的关联效应

1.产业关联效应

产业关联效应指的是一个产业的生产、产值、技术等方面的变化，通过前向关联关系和后向关联关系对其他产业部门产生直接和间接的影响，从而可以分为前向关联效应、后向关联效应和旁侧关联效应。前向关联效应指产业的活动能通过削减下游产业的投入成本而促进下游产业的发展，或客观上造成产业间结构失衡而使其某些瓶颈问题的解决有利可图，从而为新的工业活动兴起创造基础，为更大范围的经济活动提供可能。后向关联效应是指产业的发展会对各种要素产生新的投入要求，从而刺激相关投入品产业的发展。旁侧关联效应，则是产业的发展会引起它周围的一系列变化，如促进有技术性和纪律性的劳动力队伍的建立，促进处理法律问题和市场关系的专业服务人员的培训，以及促进建筑业、服务业的发展等。总之，产业的关联带动作用是产业转移的重要功能，它将在很大程度上促进整个区域经济的发展。

2.会展的产业关联效应

会展产业链的前向推动效应主要是指，一个大型的会展活动除了带来会务费、场租费、搭建费、广告费、门票等直接收入外，还能推动链内的会展公司（PCO、PEO）、目的地管理公司（DMC）的发展壮大，会展场馆的建设等。后向拉动效应主要是指拉动酒店、餐饮、旅行社、旅游景区、交通运输、装修、物流、物品租赁、保险、媒体广告、公关礼仪、娱乐和购物的发展。旁侧关联效应主要是指带动城市市政建设、邮电通信、环保产业及产业规划等，以及会计等中介、金融、法律服务，如图 2-1 所示。

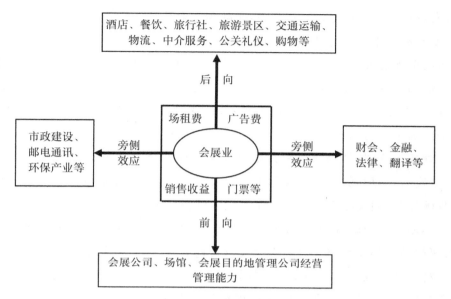

图 2-1 会展业的直接经济效应与产业关联效应

第二节 县域经济与县域产业

一、县域经济

县域经济是国民经济的基本组成部分。县域经济是以建制县域及县级市域为中心,以县(市)行政区划范围内的城镇、农村为地理空间,以县级政权为调控主体,以市场为导向,优化配置资源,具有地域特色和功能完备的区域经济。[①] 县域经济是我国经济体系的基本单元,也是行政等级体系中的重要环节。县域经济的主体是农村、农业和农民,农业经济是县域经济的重要支柱。只有县域经济发展了,农业的基础地位才能巩固,农民收入才能提

---

① 蒋兆岗.县域经济综合竞争力:以云南省为例[M].北京:经济科学出版社,2005:3-6.

高,农村社会才能稳定。① 2020 年,我国 382 个县级市户籍人口达到 2.52 亿人,实现地区生产总值 165 752.61 亿元,分别占全国的 17.83% 和 16.31%。如果以全国总人口和国内生产总值减去所有地级市市辖区的人口和地区生产总值加总,以测算县域人口和地区生产总值,则 2020 年我国县域总人口为 6.97 亿人,占全国总人口的 49.36%;县域地区生产总值 388 798.2 亿元,占全国的 38.27%。②

党的十八届三中全会《中共中央关于全面深化改革若干重大问题的决定》以及后来召开的中央城镇化工作会议,提出了走新型城镇化道路的目标与具体任务,明确要推动大中小城市和小城镇协调发展,实行全面放开建制镇和小城市落户限制,有序放开中等城市落户限制,合理确定大城市落户条件,严格控制特大城市人口规模的人口管理方针。在《中共中央关于制定国民经济和社会发展第十四个五年规划和二〇三五年远景目标的建议》中,提出要"推进以县城为重要载体的城镇化建设",进一步明确了县城在我国未来城镇化建设中的关键作用。这就意味着,首先,以县城为代表的小型城市将逐步取代大城市、特大城市,成为未来吸纳农民进城的主体,城市的数量将从仅包含地级以上城市和县级市的 694 个,扩张到包含县级及以下城镇等在内的数千个。其次,以县城为代表的小城市和城镇将不再是原来的消费型城市,而应是有一定产业基础、能够提供进城农民非农就业机会的生产型城市。再次,目前以县城为代表的小城市和城镇将改变其原来游离于全国城市体系之外的格局,而将与中等城市(多为地级市)、大城市和特大城市一起,构成我国的城市体系,并在产业发展、集聚与扩散的过程中形成基于全国城镇体系网络的专业化分工模式。最后,由于城市数量的扩张,以及县级及以下城镇在全国城市体系中的地位提升,我国的城市政策关注点也将相应下移。

在这种背景下,县域城镇要成为我国未来城镇化发展中的重要载体,必然要求促进县域经济发展,实现产城融合发展,让县域城镇主导的城镇化发展有

---

① 王清光.县域经济发展的理论与实践[N].中国经济时报,2005-07-11(6).

② 全国人口和 GDP 数据来源于《中国统计年鉴(2021)》,城市(含地级市和县级市)的相关数据来源于《中国城市统计年鉴(2021)》。

产业基础。因而县域经济在我国未来经济发展中的地位与作用也就随之提升。

二、县域产业

对于县域产业的认识,一般认为是指县域特色产业。所谓县域特色产业是指以特色产品、特色资源为基础,以现代工业、农业技术为依托,以市场经济运行方式为手段,围绕特色产品、特色资源进行综合开发形成的区别于其他传统产业,具有鲜明的地域性、不可替代性、可持续性和竞争性,且经济效益高,发展前景广阔,能生产开发满足公众需要的特色产品的产业体系。[①]县域特色产业立足于县域经济以第一产业为基础、第二产业为主导、第三产业相对滞后的现实特征,基于每一个县级行政区域自身的自然条件、资源禀赋、历史背景、文化传统、生活习惯而形成具有各自特色的产业结构。[②]

但实际上,我国改革开放至今,县域产业已经跳出了县域特色产业的范畴,更多转向了全国或地区的工业制造业主导产业,以及商贸、房地产和金融等现代服务业。以2020年我国382个县级市为例,全部县级市地区生产总值中,第一产业(传统的县域特色产业范畴)仅占10.08%,第二产业占44.07%,第三产业占45.33%,可见第一产业已经不是县级市的主要产业。而县域工业制造业的发展,在长江三角洲、珠江三角洲、福建泉州体现得更加明显。

这一点在跻身全国Ⅱ型大城市的昆山、义乌、慈溪和晋江等4个县级市中体现得更加明显。

根据国务院第七次全国人口普查领导小组办公室编制的《2020中国人口普查分县资料》,4个县级市跻身Ⅱ型大城市[③]行列,分别是:江苏昆山常住人口达到209.25万人,城区人口达到141.43万人;浙江义乌常住人口达到185.94万人,城区人口达到118.42万人;浙江慈溪常住人口达到182.95万人,城区人口达到106.19万人;福建晋江常住人口达到206.16万人,城区

---

① 郭京福,毛海军.民族地区特色产业论[M].北京:民族出版社,2006.

② 王岱,蔺雪芹,司月芳,等.县域特色产业形成和演化机理研究进展[J].地理科学进展. 2013,32(7):1113-1122.

③ Ⅱ型大城市指城区常住人口100万以上300万以下的城市。

人口达到 101.25 万人。与这 4 个县级市城区常住人口达到Ⅱ型大城市标准相对应的是它们发达的工业制造业和第三产业发展水平。

2020 年，昆山、义乌、慈溪、晋江等 4 个县级市户籍人口分别为 106.71 万人、85.34 万人、106.17 万人、121.24 万人，但常住人口却分别达到了 209.25 万人、185.94 万人、182.95 万人和 206.16 万人，常住人口与户籍人口之比分别为 1.96、2.18、1.72 和 1.70，均有极强的人口吸纳能力。4 个县级市的地区生产总值均超过 1 000 亿元。三次产业结构中第一产业的比重均低于 3%，昆山、慈溪和晋江的第二产业所占比重均超过 50%，以贸易为主的义乌则是第三产业占地区生产总值的比重接近 70%。如表 2-1、表 2-2 所示。

表 2-1　2020 年我国四个县级Ⅱ型大城市主要人口指标对比

项目		昆山	义乌	慈溪	晋江
户籍人口	总人口/万人	106.71	85.34	106.17	121.24
	城区人口/万人	58.33	51.71	74.37	71.66
常住人口	总人口/万人	209.25	185.94	182.95	206.16
	城区人口/万人	141.43	118.42	106.19	101.25
常住人口/户籍人口		1.96	2.18	1.72	1.70

数据来源：昆山的数据来源于《昆山统计年鉴 2021》，义乌的数据来源于《义乌统计年鉴 2021》，慈溪的数据来源于《宁波统计年鉴 2021》，晋江的数据来源于《泉州统计年鉴 2021》。

注：各市户籍人口中的城区人口，昆山包括昆山开发区、昆山高新区和华侨经济开发区的人口，义乌包括稠城街道、福田街道、江东街道、北苑街道、后宅街道、城西街道、廿三里街道的人口，慈溪和晋江则包括城镇人口。

表 2-2　2020 年我国四个县级Ⅱ型大城市主要经济指标对比

项目	昆山	义乌	慈溪	晋江
地区生产总值/亿元	4 276.76	1 485.6	2 008.29	2 616.11
人均地区生产总值/元	225 856	79 897	109 773	126 872
第一产业产值/亿元	30.95	23.8	58.38	20.26
第二产业产值/亿元	2 149.19	422.03	1 168.37	1 577.32
第三产业产值/亿元	2 096.62	1 039.8	781.54	1 018.52
产业结构	0.72：50.25：49.02	1.60：28.41：69.99	2.91：58.18：38.92	0.77：60.29：38.93

数据来源：昆山的数据来源于《昆山统计年鉴 2021》，义乌的数据来源于《义乌统计年鉴 2021》，慈溪的数据来源于《宁波统计年鉴 2021》，晋江的数据来源于《泉州统计年鉴 2021》。

在工业产业方面(见表 2-3),昆山 2020 年的工业企业营业收入为 4 个市最高,达到 9 000.84 亿元,其中计算机、通信和其他电子设备制造业占绝对的主导地位,占昆山工业企业营业收入的 56.67％。计算机、通信和其他电子设备制造业同样是苏州的主导产业,在工业企业营业收入中的比重为 29.62％。工业企业营业收入排第二位的晋江,2020 年工业企业营业收入也超过了 5 000 亿元,而晋江的工业产业则以皮革、毛皮、羽毛及其制品和制鞋业,纺织服装、服饰业和纺织业为主,三大产业合计占晋江 2020 年工业企业营业收入的比重为 51.05％,超过一半。慈溪的工业产业则以汽车制造业、电器机械和器材制造业为主,两者合计占 2020 年慈溪工业企业营业收入的 55.35％。工业产业在义乌地区生产总值中仅占 28.41％,义乌主要的工业产业为电器机械和器材制造业,纺织服装、服饰业,分别占义乌 2020 年工业企业营业收入的 18.93％和 18.90％。4 个县级市的工业制造业虽然各具特色,但都已经不是传统意义上以农产品及其深加工为主导的县域特色产业范畴。

表 2-3　2020 年我国四个县级Ⅱ型大城市主要产业发展指标对比

项目		昆山	义乌	慈溪	晋江
工业总产值/亿元		9 000.84	650.45	3 527.38	5 083.84
制造业前五位产业及营业收入占比	产业 (营收占比/％)	计算机、通信电子设备制造业 (56.67)	电器机械和器材制造业 (18.93)	汽车制造业 (30.4)	皮革、毛皮、羽毛制品和制鞋业 (22.33)
		通用设备制造业 (8.59)	纺织服装、服饰业 (18.9)	电器机械和器材制造业 (24.95)	纺织服装、服饰业 (17.75)
		专用设备制造业 (6.63)	纺织业 (8.34)	有色金属冶炼和压延加工业 (6.06)	非金属矿物制品业 (12.29)
		汽车制造业 (4.72)	文教、工美、体育娱乐用品业 (6.17)	通用设备制造业 (5.45)	纺织业 (10.97)
		橡胶和塑料制品业 (3.48)	造纸和纸制品业 (5.51)	计算机、通信电子设备制造业 (4.68)	食品制造业 (7.9)

续表

项目		昆山	义乌	慈溪	晋江
第三产业占比前三位行业及营业收入占比	产业（营收占比/%）	房地产业（23）	批发和零售业（47.84）	批发和零售业（23.08）	批发和零售业（32.37）
		批发和零售业（18.72）	非营利性服务业（13.44）	房地产业（17.83）	金融业（10.8）
		金融业（12.94）	金融业（12.51）	金融业（15.67）	房地产业（10.67）

数据来源：昆山的数据来源于《昆山统计年鉴2021》，义乌的数据来源于《义乌统计年鉴2021》，慈溪的数据来源于《宁波统计年鉴2021》，晋江的数据来源于《泉州统计年鉴2021》。

从第三产业看，4个县级市的商品批发和贸易均占有较高比重。以小商品批发市场主导的义乌第三产业中，批发和零售业占2020年义乌第三产业增加值的将近一半，达47.84%。昆山、慈溪和晋江的第三产业中，批发和零售业的占比也都较高，分别为18.72%、23.08%和32.37%。与地级市相比，县级市由于承担的技术研发、信息传输、租赁和商务服务等生产性服务业的功能较弱，因而生产性服务业在第三产业中所占比重也都较小。尽管如此，4个县级市第三产业都以批发和零售业、金融业、房地产业等现代服务业为主，以生活消费为主导的传统服务业则占比较低。

三、县域产业发展的意义

尽管从前述关于我国县级市县域产业范畴的角度看，县域产业已经向现代工业制造业和现代服务业转变，但传统意义上以农产品精深加工为主导的县域特色产业，在相当大一部分县域经济，尤其是西部地区的县域经济和县域产业发展中，仍然占有较为重要的地位。因此，发展县域产业的意义就体现在缩小城乡差距（传统县域特色产业角度）和优化产业空间布局（现代制造业角度）两个方面。

1.传统县域特色产业是防止返贫和实现乡村振兴战略的关键

2020年11月23日，贵州省宣布最后9个深度贫困县退出贫困县行列，标志着国务院扶贫办确定的832个贫困县全部脱贫摘帽，全国脱贫攻坚任务目标完成。随后,2021 年 2 月 21 日的中央一号文件即将主题定为"全面推进乡村振兴加快农业农村现代化"。由此可见,全面脱贫和乡村振兴是一脉相承的:以部分县域乡村地区为主体的贫困地区全面脱贫是基础,只有在乡村贫困人口的生活、教育、医疗和住房有保障的前提下,才能谋求乡村地区的整体发展;乡村振兴则是在全面脱贫之后推动乡村发展、阻止乡村贫困地区返贫的战略。乡村振兴战略的推进离不开县域经济的加快发展。而在县域经济发展过程中,产业兴旺是关键,县域立足自身的自然条件、资源禀赋、历史背景、文化传统、生活习惯等发展起来的县域特色产业,对于解决本地进城农民的非农就业问题、促进当地经济发展都有极大的帮助,使得乡村振兴与县域特色产业发展相互协作、相互促进。

2.县域产业发展对于优化城镇产业布局、拓展城市功能具有重要的作用

县域产业发展作为优化城镇产业布局、拓展城市功能的途径,在上海、北京、江苏和广东等地城市产业向县域转移的过程中都有明确的体现。

(1)上海市:产业向周边县域转移突出国际经济中心和长三角首位城市功能。上海的产业转移主要是在城市功能转变的推动下实施的。在上海建设国际经济中心城市的总体目标指引下,作为城市功能载体的产业发展就主要集中于技术、知识密集型五大重点工业产业,即电子信息产品制造业、汽车制造业、石油化工及精细化工制造业、精品钢材制造业、成套设备制造业,以及以信息传输、计算机服务和软件业、金融业、租赁和商务服务业及科学研究、技术服务和地质勘查业等为代表的生产者服务业。

在此总体战略指引下,与城市功能定位不相符合的工业产业通过各种方式向长江三角洲的周边区域扩散转移。上海促进产业转移的主要措施是政府出台各种政策积极鼓励上海市各工业园区和开发区与其周边(主要是江苏)合作建立"异地工业园区",包括上海外高桥集团(启东)产业园、上海华谊集团的无为化工基地、上海通用汽车广德研发试验中心、昆山浦东软件园、嘉定工业区建湖科技工业园、大丰和海安的上海杨浦工业园、漕河泾新兴技术开发区海宁分区、新长宁集团湖州多媒体产业园以及上海与盐城共建的 11 个工业园,如表 2-2 所示。"异地工业园区"的建立,使上海的制造业发展成为"两头在内,中间在外"的产业布局,即企业的总部或者研发、销售

部门留在上海,生产性活动外移到"异地工业园区"。[①]

表 2-4　上海市建设"异地工业园区"现状

名称	目标地	主体产业
上海外高桥集团(启东)产业园	江苏省启东市	高端机械、电子产业
上海华谊集团无为国家级煤基多联产精细化工循环经济示范基地	安徽省无为县	煤化工产业
上海通用汽车广德研发试验中心	安徽省广德县	汽车相关配套产业
昆山浦东软件园	江苏省昆山市	软件研发、技术支持
嘉定工业区建湖科技工业园	江苏省建湖县	低压电器、节能光源
漕河泾新兴技术开发区海宁分区	浙江省海宁市	电子信息、新能源、新材料、生物医药、装备机械
上海西郊经济技术开发区东台工业园	江苏省东台市	机械制造、电子电气、新材料
响水县经济开发区与上海南汇工业园区共建	江苏省响水县	电子信息、纺织服装、机械加工
上海市工业综合开发区滨海工业园	江苏省滨海县	泵阀机械、高新技术、新型材料等
上海南汇工业园区响水工业园	江苏省响水县	电子信息、纺织服装、机械加工

资料来源:整理自网络资料。

注:表中仅保留上海与江苏省部分地区的县域产业转移工业园。

(2)北京市:产业向周边县域转移疏解首都功能。北京的拥堵事实上是由城市功能的拥堵造成的。作为我国的首都,北京市承担了政治(行政中心)、经济(区域乃至全国性的商务中心)、社会、科学研究、教育、文化、产业发展等诸多功能。"多重功能叠加—规模庞大并快速增长的从业劳动力—大量非'就业人员必要支撑人口'存在"的作用机制,造成了北京市在功能拥堵条件下严重的城市拥堵状况。

因此,北京市加快了产业转移的步伐,以疏解首都功能为目标,在城区拓展下产业向北京周边县域转移和城市功能主导下的第三产业转移。

北京城区拓展主要包括,20 世纪 90 年代以后北京市县改区,如 1997 年通县改为通州区,1998 年顺义县改为顺义区,1999 年昌平县改为昌平区,

---

① 杨玲丽.政府转型理论视野下的上海产业转移升级[J].华东经济管理,2013(1):8-12.

2001年大兴县、怀柔县、平谷县分别改为大兴区、怀柔区和平谷区。[①] 在北京城区扩展后,产业也加速向新城区转移。除了产业向北京周边城区转移外,北京一些产业还加快向河北转移。比如地处河北东部的大厂县,先后启动潮白河、夏垫两大产业园区建设,全面承接北京产业转移。

而以城市功能外迁主导下的第三产业转移体现在以下几个方面:一是教育功能外迁下高等院校、科研院所向周边地区的扩展,比如北京大学新校区设在昌平区,中国人民大学新校区选址在通州区,中国人民公安大学设团河校区,北京建筑工程学院新校区位于大兴区,中央戏剧学院、北京城市学院和北京信息科技大学的新校区位于昌平区,中央民族大学新校区位于丰台区,北京邮电大学和北京航空航天大学在沙河的高教园区,等等。二是其他城市功能向周边城市的疏解。在北京市城市规划调整中,明确首都功能要集中在核心职能上,要把非首都核心职能的产业发展尽可能地压缩和疏解到周边。《河北省新型城镇化规划》也明确提出由保定来承接首都部分行政事业单位、高等院校、科研院所和医疗养老等功能疏解。由此,2017年4月1日,中共中央、国务院印发通知,决定设立国家级新区河北雄安新区,以集中疏解北京非首都功能,调整优化京津冀城市布局和空间结构。此外,河北沧州的渤海新区也在洽谈北京高校落户于该市的高教园区。

(3)江苏省:缩小南北之间差距主导下的产业向县域转移。江苏省的苏南、苏中和苏北之间存在较大的差距。[②] 因此江苏省各市的县域产业转移以南北转移为主。江苏省缩小江苏省南北差距的县域产业转移主要方式是园区共建。园区共建主要是苏南地区的苏州等地与苏北地区开展“结对子”式的工业园区共建。江苏省南北共建园区的典型代表主要有苏州宿迁工业园区、无锡新沂工业园、常州高新区大丰工业园、常熟东南经济开发区泗洪工业园、无锡锡山丰县工业园、昆山沭阳工业园区、江宁经济技术开发区淮阴工业园、张家港经济开发区宿豫工业园、镇江经济技术开发区东海工业园,

---

① 2010年7月,国务院正式批复了北京市政府关于调整首都功能核心区行政区划的请示,同意撤销北京市东城区、崇文区,设立新的北京市东城区,以原东城区、崇文区的行政区域为东城区的行政区域;撤销北京市西城区、宣武区,设立新的北京市西城区,以原西城区、宣武区的行政区域为西城区的行政区域。

② 在江苏省的相关政策措施中,一般而言的苏北包含统计意义上的苏中地区和苏北地区。

如表 2-5 所示。

表 2-5 江苏省南北共建主要县域产业转移园区概况

实施地	名称	目标地	主要产业
苏州	武进经济开发区射阳工业园	盐城市射阳县	机械电子、新材料制造、高端纺织
	太仓港经济开发区灌南工业园	连云港市灌南县	精细化工
	常熟东南经济开发区泗洪工业园	宿迁市泗洪县	纺织服装、轻工食品、电子和机械
	吴江经济开发区泗阳工业园	宿迁市泗阳县	纺织服装、电器照明、木材加工
	昆山高新技术产业园沭阳工业园	宿迁市沭阳县	纺织、服装、电子、机械加工
南京	南京高新技术开发区洪泽工业园	淮安市洪泽区	机械、电子、新材料、纺织
	南京雨花经济开发区盱眙工业园	淮安市盱眙县	机械、电子
	江宁经济技术开发区淮阴工业园	淮安市淮阴区	以先进制造业为主，电子、IT为辅
	南京经济技术开发区涟水工业园	淮安市涟水县	纺织服装、机械电子
无锡	无锡邳州工业园	徐州市邳州市	机械、农副产品加工业
	无锡蠡园高新区贾汪工业园	徐州市贾汪区	机械、电子
	锡山经济技术开发区兴化工业园	泰州市兴化市	品牌食品、高端机械、电子电器、新能源和高科技产业
	宜兴环保科技工业园沛县园区	徐州市沛县	环保类
	江阴睢宁工业园	徐州市睢宁县	机械电子、纺织服装、板材家具
	无锡锡山丰县工业园	徐州市丰县	纺织、服装、机械加工及电动车业
	无锡新沂工业园	苏州市新沂市	石英制品精加工、机械、电子等
镇江	丹徒经济开发区赣榆工业园	连云港市赣榆区	精密机械、电子信息、服装玩具
	宜兴经济开发区金湖工业园	淮安市金湖县	机械制造、仪表线缆和新型材料
	丹阳经济开发区灌云工业园	连云港市灌云县	机械加工、轻工食品、纺织服装
	镇江经济技术开发区东海工业园	连云港市东海县	硅产业、农副产品加工区、纺织、服装、机械等
	江阴高新技术开发区黄桥工业园	泰州市泰兴市	工业气体、特种冶金、机械零部件

续表

实施地	名称	目标地	主要产业
常州	武进高新区阜宁工业园	盐城市阜宁县	电子信息、纺织服装、机械电器、新型建材
	常州高新区大丰工业园	盐城市大丰区	纺织服装、机械电器、新型材料
	武进经济开发区射阳工业园	盐城市射阳市	精密机电、生物食品、新材料、高端纺织

资料来源：依据网络资料整理而得。

注：表中仅保留苏南各市与苏北地区的县域产业转移工业园。

（4）广东省：以带动相对落后地区发展的县域产业转移。在广东省内部，区域经济被分成珠三角、东翼、西翼和山区等四个板块[①]，而东翼、西翼和山区与珠三角经济发展水平的差距明显。针对广东省内区域经济发展水平差距较大，结合珠三角产业区域转移的客观需求，广东省在落后地区的县域建立了诸多"产业转移工业园"。"产业转移工业园"是广东省促进珠三角产业向东西两翼和山区转移的重要措施，如表 2-6 所示。

表 2-6　广东县域产业转移工业园概况

区域板块	地级市	产业转移工业园
东翼	汕尾	深圳（汕尾）产业转移工业园
	潮州	深圳（潮州）产业转移工业园
	揭阳	珠海（揭阳）产业转移工业园
西翼	湛江	佛山顺德（廉江）产业转移工业园；深圳龙岗（吴川）产业转移工业园
	茂名	广州白云江高（电白）产业转移工业园；东莞大朗（信宜）产业转移工业园
	阳江	中山火炬（阳西）产业转移工业园；佛山禅城（阳东万象）产业转移工业园；东莞长安（阳春）产业转移工业园；广州（阳江）产业转移工业园

---

① 珠江三角洲包括：广州、深圳、珠海、佛山、江门、东莞、中山、惠州和肇庆。东翼指汕头、汕尾、潮州和揭阳。西翼指湛江、茂名和阳江。山区指韶关、河源、梅州、清远和云浮。

续表

区域板块	地级市	产业转移工业园
山区	韶关	东莞石龙(始兴)产业转移工业园；东莞东坑(乐昌)产业转移工业园；东莞大岭山(南雄)产业转移工业园；中山三角(浈江)产业转移工业园
	河源	深圳福田(和平)产业转移工业园；深圳南山(龙川)产业转移工业园
	梅州	东莞石碣(兴宁)园区；东莞石碣(兴宁)产业转移工业园
	清远	佛山禅城(清新)产业转移工业园
	云浮	佛山禅城(云城都杨)产业转移工业园
珠三角	惠州	东莞凤岗(惠东)产业转移工业园；东莞桥头(龙门金山)产业转移工业园
	肇庆	顺德龙江(德庆)产业转移工业园；中山大涌(怀集)产业转移工业园；中山(肇庆大旺)产业转移工业园

资料来源：依据网络资料整理而得。
注：表中仅保留珠三角各市与广东其他地区的县域产业转移工业园。

　　表 2-4 中，在已经设立的 26 个县域产业转移工业园中，东翼 3 个，西翼 8 个，山区县市 10 个，在珠三角内部的产业转移工业园则有 5 个，可见西翼和山区板块是珠三角产业转移工业园建设的重点，二者合计占产业转移工业园总数的 2/3 以上。在西翼所设立的 8 个产业转移工业园中，湛江、茂名和阳江分别为 2 个、2 个和 4 个，数量大致相当。而在山区板块，韶关的产业转移工业园数量最多，有 4 个；其次是河源和梅州，各有 2 个；云浮和清远数量最少，各有 1 个。

四、我国县域经济发展中存在的问题

　　第一，由于县域交通基础设施建设相对滞后，县域产业产品的生产和运输成本高，因而难以吸引到足够的资本将县域产业规模做大。首先，从县域产业的产品生产过程来看，由于生产规模不大，难以实现规模化生产带来的成本优势，加之技术含量不高，主要依靠加大劳动力投入，在我国面临刘易斯转折点，从而劳动力成本日益上升的整体背景下，县域产业的产品生产劳动力成本也在不断提高。因此，总体上，我国县域产业的产品生产成本较高。其次，从县域产业的产品运输来看，也面临着较高的产品运输成本。截至 2021 年底,我国国家高速公路已建成 11.7 万千米,以国家高速公路为主体的高速公路网络已经覆盖了 98.8％的城区人口 20 万人以上城市及地级行政中心,连接了全国约 88％的县级行政区和约 95％的人口。[①] 但一方面,与大中城市相比,县域地区的经济集聚程度较低,县城、建制镇的分布相对比较分散,因此产品或原材料的运输需以高成本的点到点运输方式完成,而非以低成本的集散—扩散运输方式实现。另一方面,尽管我国的高速公路已经覆盖了大多数县城、建制镇,但连接县城、建制镇和高速公路出入口之间的交通设施条件仍然较差,因而大大降低了高速公路的运输效率。县域产业的产品大多属于需要快速转运的易腐高消耗产品,在运输效率相对较低的情况下,就意味着产品的实际运输成本要远远高于大中城市的其他产品。

第二,大中城市人才或技术溢出尚难流向县域,加上县域对技术人才的吸引能力不足,因而县域产业大多技术含量不高,产业和产品缺乏深层次开发。根据 2020 年第七次全国人口普查结果,我国人口中拥有大学(指大专及以上)文化程度的人口比例为 15.47％,但受教育程度较高人群明显地向大中城市集聚。比如北京、上海、天津拥有大学(指大专及以上)的人口比例分别达到 41.98％、33.87％、26.94％[②],大大高于全国平均水平。除此之外,广州(27.28％)、深圳(28.85％)、武汉(33.87％)、南京(35.23％)、厦门(26.94％)、成都(25.58％)、重庆(15.42％,其中重庆主城区的渝北区 29.36％、沙坪坝区32.08％、九龙坡区 23.57％,均大大高于重庆市的平均值)、西安(31.00％)等城市的大学人口比例,均大大高于全国的平均值。反之,一些县域或偏远地市的人口中,比如重庆忠县(6.92％)、福建连江县(8.84％)、贵州黔东南州(8.89％)、湖南湘潭县(8.12％)[③]等,大学人口所占比例则大大低于全国平均水平。与此同时,国内一、二线城市仍在加大力度吸引优秀人才,甚至放松本科层次人才的落户条件,更加强了大城市对人才的虹吸效应。一些三、四

① 叶昊鸣.我国高速公路网络已连接全国约 95％人口[EB/OL].(2022-07-25)[2022-08-25]. http://www.gov.cn/xinwen/2022/07/25/content_5702736.htm.

② 国务院第七次全国人口普查领导小组办公室.第七次全国人口普查公报(第六号):人口受教育情况[EB/OL].(2021-05-11)[2022-08-25].http://www.gov.cn/xinwen/2021-05/ 11/content_5605789.htm.

③ 数据来源于各城市、各县的第七次人口普查公报。

线地级城市也在采取各类措施吸引各级各类人才,因而县域经济发展更加面临人才困境。由于对人才,尤其是具有较高技术水准的高层次人才吸引能力不足,县域产业大多停留在粗加工、小户经营层面,难以实现县域产业由粗加工、中间品环节向制成品、品牌化发展延伸,向研发、设计、制造、专利、融资、投资、商业模式、物流体系逐步拓展,通过新产品、新技术开发提升产业科技含量和附加值。

第三,缺少高水平的销售推介平台,因而县域产业的产品容易出现滞销。县域产业难以构建高水平的销售推介平台,或难以利用现有高水平的销售推介平台来扩大县域产业产品的市场销售渠道,从而推动县域产业规模的扩大和产品加工的精深化发展,主要原因有以下几个方面:一是我国的县域产业规模较小,集聚度不高,分布松散,专业化协作水平低,缺乏龙头带动企业。用户的口碑没有树立起来,不能很好地形成产品的品牌价值,因而县域产业的主导产品不论在国内还是国际市场上占有率都极低。二是县域产业发展层次比较低,技术含量低。大多数县域产业是依托于农村或小城镇发展而成的技术含量不高的劳动密集型行业,大多数企业采用的还是传统粗放经营管理模式。这种情况下,大部分企业技术条件薄弱,管理人员素质较低,市场拓展能力较弱,融资能力受到限制,普遍缺乏技术创新和开发能力。而且,县域产业的企业与学校、科研机构的联系不紧密,获取和吸收新技术的能力弱,得不到有力的技术支持。三是政府服务职能仍显不足,扶持力度有待进一步加大,专业市场和公共服务平台建设需要进一步加强。大多数县市区没有制定扶持县域产业发展的政策措施,缺乏必要的政策、资金、人才支持,致使县域产业发展的外在动力不强,造成有特色的产业形不成规模、有规模的产业又缺乏特色。四是大部分县域产业发展缺少专业化大市场的配套,市场与产业间的联系以及相互支撑不够,束缚了产业集群规模的扩张。中介机构、研发机构、培训机构等中间组织相对缺乏,缺少电子商务知识、电商应用技能以利用专业化的销售平台拓展产品销售市场,在相当程度上制约了县域产业的发展。[①]

---

① 王雪梅,李江涛.河北县域特色产业电子商务发展路径研究[J].企业家天地,2013(11):25-16.

第四,缺乏市场未来演变趋势的信息,因而县域产业的产品难以跟上消费者偏好的变化,并且容易出现供给拥挤现象。一方面,在现代经济条件下,消费者偏好是快速变化的,也是日益多样化的。但县域产业的发展,由于远离大中城市等经济信息中心,难以快速感知并跟上不断变化的消费者偏好,因而县域特色产业的产品样式单一,产品种类不够丰富,产业发展转型慢。另一方面,由于缺乏产业发展的整体规划,加上生产者缺乏较为专业的市场态势变化预测能力,几乎完全依赖于生产者根据前期产品价格所做出的生产决策,因而容易产生严重的供给拥挤现象。这就意味着,县域产业的发展,大多仍然延续着如西方经济学蛛网模型所表达的循环,难以破解"产品价格升高—市场繁荣—产业规模快速扩张—产品在局部市场供过于求造成的供给拥挤现象—产品滞销,产品价格大幅度下跌—生产者利益受损甚至大规模亏损—产业规模快速缩小,市场衰败—产品价格升高"这一产业发展路径。在这种发展路径下,县域产业往往会出现"一哄而上又一哄而下"的局面,不仅会造成县域产业的生产者利益无法得到保障,而且容易造成资源浪费。

第三节 会展与县域产业发展

会展业是新兴产业,其作为现代服务业具有引领产业发展的功能。而县域产业的发展,则因为其远离承担信息中心、技术研发中心、商贸中心、金融中心等功能的区域性、全国性中心城市,大多面临市场信息不充分,技术含量相对较低,资金、技术和人才等资源匮乏,产业相对单一等问题。而成功的专业性展会活动,对于解决县域产业发展面临的这些问题,具有重要的意义。

一、获取市场信息,拓展产业发展路径

信息网络时代,加上经济发展水平的不断提高,社会生产力的不断进步,消费需求呈现出高度差异化的演变趋势。这种差异化体现在以下两个方面:一是消费者之间的消费需求高度差异化,二是消费者自身的消费需求

高度细分化。消费者个体（或群体）之间需求的高度差异化，来自消费者个体之间自身特征的不同，比如民族或宗教信仰、文化程度、年龄、性别、地区生活习性等，而这种差异化在当今社会经济条件下被进一步放大。消费者自身需求的高度细分化，则主要是由于消费者多层次全方位的偏好在当今经济社会条件下能够被满足，加上消费者文化知识程度的不断提升而对自身偏好的认知能力不断增强，因而消费者自身的需求不断细分化。

县域产业的发展，则存在如前所述难以及时因应消费者需求的转变而对产业发展方向做出调整的问题。而作为开放型平台，会展是联结产业链、供应链的重要环节，承担着销售、营销和网络平台的功能，在构建国内国际双循环新发展格局中，发挥着不可或缺的作用。贸易性展览能够大幅降低企业的采购和营销成本，协助企业精准开拓面向企业或消费者的客户。而从全球经济遭受新冠疫情后的情况看，供需两端对会展平台的需求进一步加强，会展业的抗周期性和逆周期性特征凸显。

二、增强技术扩散，推动产业升级

技术扩散是促进产业升级的重要手段。事实上，我国自改革开放以来的经济发展历程，就是在不断利用技术扩散推动我国产业升级的发展过程。只不过，改革开放初期主要是通过引入外部技术在我国产生的扩散效应推动我国产业升级，而自 20 世纪 90 年代末期开始，则逐渐转向利用我国自主研发的技术在我国不同地区之间的技术扩散效应来推动我国各地区的产业升级。改革开放初期，在"以市场换技术"的改革开放理念下，通过引进外资、引进国外先进技术和成套装备，我国工业产业的生产能力大大提升，同时也利用国外先进技术、在与外资企业工作人员和外资企业中外国技术人员与经营管理人员交往的过程中，通过技术外溢效应提升了我国产业发展中的技术水平，并推动我国产业从劳动密集型向资本密集型升级。而在产业升级和知识不断累积学习的过程中，随着我国逐渐向建设创新型国家的方向转变，国内聚集了较多研发中心、科研院所的大中城市，在从事自主研发的过程中获得的创新和技术，则在推动自身产业向知识密集型、技术密集型产业升级的过程中，通过技术扩散和产业转移推动了相对落后地区的产业升级。

成功的县域产业专业性展会,一方面通过现场的产品和技术展示,让参展企业在相互学习的过程中共同提高产品生产和应用技术水平,从而在生产者创新竞赛中生产出更好满足消费者需求的产品,实现产业高质量发展与升级。另一方面,会展活动的开展使会展举办地能够在短时间内聚集大量的新理念、新技术,通过新技术的传播和引进,产业资源的输进与输出,促进各产业的供给结构和需求结构的改善,从而优化当地的产业结构。

三、聚集优势资源,促进产业链双向延伸

资金、人才,特别是高素质的技术人才和经营管理人才,都是县域产业发展过程中最稀缺的资源。但事实上,我国面临的主要问题,并不是资金和人才的总量稀缺而导致县域产业发展过程中无法获得足够的资源,而是结构性或信息不对称导致县域产业的资金和人才缺乏问题。

所谓结构性的资源稀缺,是指县域产业发展过程中所需要的资金或人才,与资本市场和人才市场的资金与人才供给并不匹配。县域产业发展中面临的资金供需不匹配,主要在于资本市场上资金供给方,在改革开放至今延续的高盈利率趋势下,与盈利率相对较低、投资成本相对较高但却有巨大资金需求的县域产业之间,存在严重的供需错位问题。而人才市场的供需不匹配,则与我国的人才培养和就业导向密切相关,导致与大中城市产业发展相关的专业技术人才供给过剩,而与县域产业发展相关的专业技术人才则供给不足。

所谓信息不对称导致的县域产业发展过程中的资源稀缺,则主要是由于资本市场上的资金供给者和人才市场上的人力资源供给方,对县或县级市的产业发展领域不了解,对产业发展前景及可能的利益得失不能获取足够的信息,出于风险规避的角度而避免前往县或县级市支撑县域产业的发展。

县域产业展会,则能够通过行业内的企业、专业人员、采购商、相关服务提供商的彼此交流,向社会充分传达县域产业发展的相关信息,并在吸引资本市场和人才市场聚焦于县域产业发展的同时,聚集更多的行业专用性生产要素,通过行业专用性生产要素之间的相互碰撞发掘新的市场机会,从而使得相关产业不断向产业链的上下游精深化方向拓展,扩大产业发展空间,

提升产业综合竞争力。

四、塑造产业名片，打造产业集群

"办好一次会，搞活一座城"，这在我国有充分的体现。如厦门在成功举办2017年第九届金砖国家领导人会晤之后，又于2020年设立金砖创新基地。杭州在2016年成功举办二十国集团领导人第十一次峰会之后，也使得G20峰会成为杭州城市的新名片，从而加速杭州的国际化进程，提升杭州的世界知名度。至于北京奥运会对于提升北京在全球政治经济中心城市中的地位，上海的世博会和每年一届的中国国际进口博览会对于提升上海建设国际经济中心城市的功能和地位，甚至跻身于纽约、东京和伦敦等全球城市之列，都产生了重要的作用。

同样地，成功的县域产业专业展会，能够打造区域或城市产业发展的标志性平台，从而集聚资源带动区域内外企业在区域内向相关产业集聚，形成产业的集群式发展。这体现在：一是从城市层面，展会的经济带动效应以及宣传窗口作用对城市产生深远的影响。参会者费用支出、设计与建设支出以及展览场馆设施的经营性收入等，给城市带来直接和间接的经济效益，为县域城市的经济社会发展奠定基础。二是展会能够加速县域传统产业升级和价值链提升，带动县域自然资源转化为发展优势，加快县域城市更新和发展能级提升。三是在县域产业不断发展壮大的过程中，必然带动与县域主导产业相关、产业链上下游产业的相继发展，以及横向关联产业的同步发展，最终形成县域产业的纵向或横向甚至是混合式产业集群化发展。比如，温州永嘉的泵阀产业产值超过300亿元，17届永嘉泵阀博览会为地区泵阀产业链条、城市内外部搭建了互动沟通平台，在产品营销和创新激励过程中实现了相关产业链升级和再构建；2021年，磐安药博会正式升格为浙江省中药材博览会，省级平台资源的注入为区域产业的发展带来了更大的空间格局和强劲动能；晋江鞋博会在促进晋江鞋业同类企业横向集群化发展的同时，也带动了与晋江鞋业发展相关的产业链的深化，促使基于产业链的纵向产业集群式发展，到如今发展成千亿产业规模的皮革、毛皮、羽毛及其制品和制鞋业。

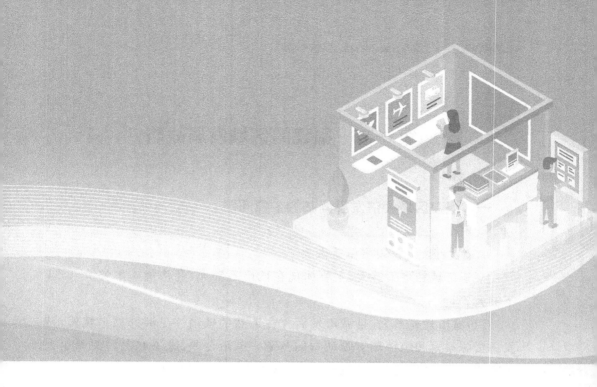

第三章　会展促进福建县域产业发展的背景

第一节　福建的区域发展战略

一、福建区域经济发展面临的主要问题

1.福建区域经济发展亟待做大

福建区域经济不够大,主要体现在城市不够大、经济规模不够大、产业不够大。

(1)城市规模不大,且城市发展存在天然的缺陷。足够的城市规模,是发挥资源集聚和经济辐射带动力的基础。纵观全国,除了北上广深等超大城市之外,经济发达省份如浙江的杭州和宁波、江苏的南京和苏州、山东的济南和青岛,都是人口接近甚至超过 1 000 万人的超大城市。即使是中西部地区,也有如武汉、重庆、成都、西安等体量巨大的城市作为区域发展的中心。而福建,则缺少这样的城市。首先,尽管厦门到 2021 年人口达到了 528 万人,城镇人口 475.50 万人,但一方面,这样的人口规模要作为发挥辐射带动力的地区经济中心仍然较小;另一方面,厦门传统意义的认识还是局限于厦门本岛,因而对厦门有根深蒂固的小岛城市认识,难以集聚足够的人口形成真正的超大城市。其次,福州 2021 年全市人口虽然达到了 832 万人,但市辖区人口只有 415.60 万人,而且还包括近几年才通过县改区,并且与主城区相对分离的马尾区和长乐区,因而主城四区(鼓楼区、台江区、仓山区和晋安区)的人口规模就更小,2021 年仅 305 万人。并且,福州市主城四区的发展还受限于地形难以进一步扩大。最后,泉州四城区(鲤城区、丰泽区、洛江区和泉港区)的人口规模更小,2021 年常住总人口只有 176.30 万人,常住城镇人口为 150.87 万人。而且,泉州四城区中,洛江区与鲤城区和丰泽区相对分离,泉港区与其他三城区之间更是间隔了惠安县。与泉州主城区紧邻的晋江市和石狮市,却在城市整体意义上属于不同的城市。即使将泉州主城区与晋江、石狮等三个城市以都市区的形式整体计算,总人口也只有 452.10 万

人,城镇人口 353.99 万人。①

（2）经济体量较小。到 2020 年,福建省只有福州和泉州地区生产总值刚刚超过 1 万亿元,分别以 10 020 亿元和 10 159 亿元在全国城市中排第 23 位和第 18 位。但从市辖区的地区生产总值看,福建省最高的是厦门,其次是福州,泉州排第 3,三个城市市辖区 2020 年的地区生产总值分别为 6 384 亿元、6 140 亿元、2 405 亿元,分别排全国第 21、22、50 位。②

（3）产业规模较小。2021 年,福建省制造业的营业收入为 52 065.86 亿元,占全国 961 643.80 亿元的 5.41％,在我国境内 31 个省、自治区、直辖市中排第 5 位,但与排在前面 4 位的广东（营业收入 140 163.30 亿元）、江苏（营业收入 118 570.10 亿元）、山东（营业收入 78 582.69 亿元）和浙江（营业收入 72 657.10 亿元）的差距巨大。在福建省制造业各产业中,产业规模前五位的产业分别是:非金属矿物制品业,2021 年营业收入 4 494.45 亿元;计算机、通信和其他电子设备制造业,营业收入 4 107.81 亿元;皮革、毛皮、羽毛及其制品和制鞋业营业收入 3 703.96 亿元,纺织业营业收入 3 265.16 亿元,农副食品加工业营业收入 3 222.46 亿元。与广东（计算机、通信和其他电子设备制造业营业收入 43 880.13 亿元,电气机械和器材制造业营业收入 16 114.10 亿元,汽车制造业营业收入 9 230.10 亿元）、江苏（计算机、通信和其他电子设备制造业营业收入 18 450.07 亿元,电气机械和器材制造业营业收入 13 467.05 亿元,以及黑色金属冶炼和压延加工业、汽车制造业等六个产业营业收入超过 5 000 亿元）、山东（石油、煤炭及其他燃料加工业营业收入 9 355.76 亿元,以及食品加工业等五个产业营业收入超过 5 000 亿元）、浙江（电气机械和器材制造业等五个产业营业收入超过 5 000 亿元）相比,都存在较大差距。

2.福建区域经济发展亟须做强

福建区域经济发展亟须做强体现在以下两个方面:

（1）产业集中度低,不能发挥单一产业的资源集聚力和区域经济辐射力。福建制造业中,占本省制造业总营业收入比例最高的为非金属矿物制品业的 8.68％,而广东省最高的计算机、通信和其他电子设备制造业达到

---

① 依据《福建统计年鉴（2022）》中的相关数据整理计算而得。
② 2021 年《中国城市统计年鉴》。

31.39%,江苏省最高的计算机、通信和其他电子设备制造业为15.58%,山东和浙江也都有单一产业营业收入占比超过10%的(分别为11.91%和11.95%)。以2021年福建、浙江、山东、江苏和广东等五省的工业制造业各产业营业收入数据计算各省的工业集中度HHI指数(赫芬达尔-赫希曼指数),分别为493.52、577.67、677.82、718.24、1303.25,福建省的制造业产业集中度最低。

(2)产业优势不足,尤其是我国主导产业领域福建的产业优势较弱。福建相对于全国各地区的产业优势,可以采用产业梯度系数来评价。

依据戴宏伟[①]的研究,产业梯度系数的测算公式如下:

产业梯度系数(G)=区位商(LQ)×比较劳动生产率(CPOR)(3-1)

在(3-1)式中,区位商只是反映产业的专业化水平,忽略了劳动生产率区域差异给产业成长带来的影响。而比较劳动生产率又称相对国民收入,反映产业技术水平的高低。由此得到的产业梯度系数,既考虑了地区的专业化水平,又反映地区之间的相对产业技术水平高低。

(3-1)式中,区位商的计算公式为:

$$\text{LQ}_{ij} = \frac{x_{ij}/\sum_i x_{ij}}{\sum_i x_{ij}/\sum_i \sum_j x_{ij}} \quad (3-2)$$

其中,i表示第i个产业;j表示第j个地区;x_{ij}表示第j个地区的第i产业的某项指标。

比较劳动生产率的计算公式为:

$$\text{CPRO} = \frac{P_j^i}{P^i} \quad (3-3)$$

其中,P_j^i为j地区i产业的劳动生产率(以j地区i产业的工业总产值除以社会从业人数得到);P^i为i产业的全国平均劳动生产率(以i产业的全国工业总产值除以社会从业人数得到)。

但依据(3-1)式计算得到的产业梯度系数没有考虑到产业规模效应。事实上,产业规模是产业梯度的重要影响指标。如果不考虑产业的绝对规模,则可能产生的结果是,某一地区的某一产业规模并不大,但却因为区位商或

---

① 戴宏伟,田学斌,陈永国.区域产业转移研究:以"大北京"经济圈为例[M].北京:中国物价出版社,2003:103.

比较劳动生产率的值较高而导致其梯度系数较高。但从产业转移的角度看,一个地区某产业规模本身较小的情况下,是很难通过产业转移去带动其他地区产业发展的。鉴于此,本书将产业规模纳入计算产业梯度系数的公式中,因而产业梯度系数的计算公式将变成:

$$G = LQ \times CPOR \times 规模系数(S) \tag{3-4}$$

在(3-4)式中,规模系数的测算方法为:

$$S = \frac{Y_j^i}{Y_c^i} \tag{3-5}$$

其中,Y_j^i 为 j 地区 i 产业的工业总产值,Y_c^i 为 i 产业在测算样本区域的中位数。

由此,以 2020 年的数据为基础,测算得到我国 31 个省、市、自治区的工业制造业梯度系数。[①]

对计算得到工业制造业梯度系数按照 $G \geqslant 9$、$4 \leqslant G < 9$、$1 < G < 4$、$G \leqslant 1$ 进行分类[②],得到各产业在各地区的相对优势分布,如表 3-1 所示。

表 3-1　2020 年我国优势产业梯度系数分布表

产业分类	Ⅰ类:$G \geqslant 9$	Ⅱ类:$4 \leqslant G < 9$	Ⅲ类:$1 < G < 4$
农副食品加工业	黑龙江、山东	湖北、湖南、广西	河南、福建、四川、河北、辽宁、江西、安徽、广东、江苏、陕西、吉林
食品制造业	内蒙古	黑龙江	福建、湖南、广东、四川、河南、河北、上海、宁夏、北京、湖北、山东
饮料制造业	四川、贵州		福建、陕西、湖北、湖南、云南、广东、河南、安徽
烟草制品业	云南、上海、浙江、湖南	湖北、贵州、江苏	广西、安徽、河南、甘肃

---

① 数据来源于《中国工业经济统计年鉴(2021)》。但因为自 2018 年之后,全国各省市的《统计年鉴》和《中国工业经济统计年鉴》都不再公布工业总产值数据,因此此处计算区位商、比较劳动生产率和规模系数,均采用《中国工业经济统计年鉴(2021)》中公布的分地区分行业营业收入数据。

② 熊必琳,陈蕊,杨善林.基于改进梯度系数的区域产业转移特征分析[J].经济理论与经济管理,2007(7):45-49.

续表

产业分类	Ⅰ类：G≥9	Ⅱ类：4≤G<9	Ⅲ类：1<G<4
纺织业	福建、浙江、江苏、湖北、山东、广东、河南	江西、新疆、湖南、安徽、四川	河北
纺织服装、鞋、帽制造业	福建、浙江、广东、江苏、江西、河南、湖北	安徽、山东	上海、四川、湖南
皮革、毛皮、羽毛（绒）及其制品业	福建、河北、湖南、河南、江西、广东、浙江	安徽	黑龙江、湖北、四川、上海、山东
木材加工及竹、藤、棕、草制品业	广西、福建、山东、湖南	安徽、江苏、河南、湖北、江西	四川、浙江、重庆、河北、广东
家具制造业	广东、浙江、福建、江西	上海、四川、河南、湖南	安徽、湖北、重庆、江苏
造纸及纸制品业	海南、广东、山东、福建	浙江、江苏	重庆、湖南、四川、湖北、江西、天津、安徽、广西
印刷业和记录媒介的复制	广东、湖南	湖北、福建、四川、江苏	浙江、江西、重庆、陕西、安徽、河南、上海、北京
文教体育用品制造业	福建、广东、上海、浙江、江苏、湖北、江西	河南、湖南	山东、安徽、云南
石油加工、炼焦及核燃料加工业	山东、辽宁、海南	山西	广东、新疆、河北、浙江、陕西、黑龙江、福建、甘肃、内蒙古、上海、广西、云南、宁夏
化学原料及化学制品制造业	山东、江苏	浙江、上海	湖北、广东、辽宁、内蒙古、福建、河南、海南、安徽、四川、宁夏、新疆、天津
医药制造业	江苏、北京	山东、江西	四川、海南、湖南、陕西、广东、湖北、河南、安徽、浙江、上海、吉林、天津、河北
化学纤维制造业	浙江、福建、江苏、四川		河南、江西、新疆
橡胶制品业	广东、浙江、江苏	福建、山东、安徽	上海、四川、湖北、江西、湖南、河北、天津、重庆
非金属矿物制品业		四川、福建、安徽、江西、河南、浙江	湖北、湖南、广东、山东、江苏、西藏、贵州、广西、陕西、重庆、河北、云南

续表

产业分类	Ⅰ类:G≥9	Ⅱ类:4≤G＜9	Ⅲ类:1＜G＜4
黑色金属冶炼及压延加工业	河北	江苏、山东、山西	辽宁、天津、广西、内蒙古、上海
有色金属冶炼及压延加工业	甘肃、山东	云南、内蒙古、河南、青海	安徽、新疆、福建、广西、江苏、浙江、广东、湖南
金属制品业	江苏	河北、广东、山东、浙江	四川、湖南、福建、安徽、天津、湖北、江西、辽宁、河南
通用设备制造业	江苏、上海、浙江	广东、湖南	山东、安徽、四川、河南、湖北、天津、福建、重庆
专用设备制造业	湖南、江苏	山东、上海、广东	河南、北京、黑龙江、浙江、湖北、四川、福建、河北、天津、安徽、陕西
汽车制造业	吉林、上海、北京	湖北	广东、重庆、辽宁、天津、山东、江苏、陕西、浙江
铁路、船舶、航空航天和其他运输设备制造业	江苏	辽宁、陕西、四川、吉林、重庆、湖南	北京、山东、广东、浙江、天津、湖北
电气机械及器材制造业	江苏、广东、浙江	安徽、江西、新疆	上海、福建、天津、湖北、陕西、北京、河北、湖南
计算机、通信和其他电子设备制造业	广东、北京、江苏、重庆	四川	浙江、江西、安徽、河南、福建、天津
仪器仪表及文化、办公用机械制造业	江苏、浙江	广东、北京、上海	陕西、河南、四川、湖北、福建
废弃资源和废旧材料回收加工业	江西、广东、广西、安徽	湖北	浙江、黑龙江、福建、湖南、云南、山西
金属制品、机械和设备修理业	上海、北京、福建、四川、广东、浙江	湖北	安徽、辽宁、河北、陕西

注:①表中未列出的地区,梯度系数均小于1。②表中各梯度优势分类中,地区之间按照梯度系数由大到小排序。

表 3-1 中,从Ⅰ类(相对优势大,或者具有显著性相对优势)、Ⅱ类(相对优势较大)到Ⅲ类(相对优势较小)呈相对优势递减趋势。从表 3-1 中的分类结果可见,在具有最强产业梯度优势的Ⅰ类地区中,福建省仅在四类产业排

名全国第一,分别是纺织业(梯度系数),纺织服装、鞋、帽制造业,皮革、毛皮、羽毛(绒)及其制品业,文教体育用品制造业,均属于传统意义的轻工业,而在我国的主导产业领域[①],如占制造业营业收入比例前列的计算机、通信和其他电子设备制造业(12.81%)、汽车制造业(8.50%)、黑色金属冶炼及压延加工业(7.60%)、电气机械和器材制造业(7.21%)、化学原料和化学制品制造业(6.64%)、非金属矿物制品业(6.03%)、有色金属冶炼及压延加工业(5.64%)、农副食品加工业(5.08%)等产业领域,福建要么不具优势,要么优势很小,属于Ⅱ类梯度优势产业(印刷业和记录媒介的复制、橡胶制品业、非金属矿物制品业)或Ⅲ类梯度优势产业(农副食品加工业、食品制造业、饮料制造业等)。

3.三中心城市难以形成合力以辐射福建其他地区的经济发展

福建省由于单体城市的规模和经济体量不足,因而在构建面向域外竞争体系的时候,更多强调福厦泉三中心城市。但福厦泉之间则由于彼此的竞争关系,难以形成合力以辐射带动福建省其他区域的一体化发展。

(1)福州相对独立于厦门和泉州。这一点从福建沿海地区的城镇化建设可以得到充分的体现。如百度地图所显示,福建沿海地带浅色区域(城镇建设区)的连片状况显示,福建沿海地区从南部的漳州主城区,经漳州市龙海区与厦门海沧区相连,在经过海沧大桥、集美大桥、厦门大桥、翔安大桥、翔安隧道等与厦门本岛联通之后,向北沿集美区、同安区、翔安区与泉州的南安市、晋江市、石狮市和泉州市主城区连接,再往北经惠安县、泉港区,与莆田市的秀屿区、城厢区、荔城区和涵江区,共同构成了福建中南部沿海城镇密集建设区。而在莆田与福州之间则明显地形成了两个断点。一是在莆田城区北部与福清市之间的连接区,城镇建设明显不及中南部地区,这体现在百度地图中该区域的颜色明显较其南部地区颜色更深,也即该区域城镇化建设相对其他地区较为滞后。二是福清市与福州城区之间,因为山区的阻隔,在百度地图中福清市与福州城区之间的深色区域,即该区域仍然属于非城镇建设区。由于城镇建设未能形成地理上的连接区,因而无法形成如莆田—泉州—厦门—漳州一带的城镇连绵区。

---

① 此处简单地以营业收入占全国制造业营业总收入5%以上为标准。

　　(2)厦门与泉州之间因为文化渊源、经济发展等因素而形成竞争关系。厦门与漳州、泉州同属闽南文化,但厦门与泉州有更深的历史渊源。古时厦门本为泉州的一部分,1933年设厦门市从泉州分出来,后经多次行政区划调整,成为如今包括厦门本岛、海沧区、集美区、同安区和翔安区在内的厦门市。1980年设厦门经济特区之后,厦门成为福建乃至全国对外开放的窗口。但厦门面积较小,而且改革开放之后从特区—全岛—全市的发展过程中,受小岛城市思维约束而迟迟未能将厦门城市的发展扩展到集美、同安和翔安片区,因而经济总体规模并不大。而泉州则由于在改革开放后,尤其是20世纪90年代以来在侨资驱动下的民营经济发展,从而经济规模迅速扩大,并长期保持在福建省各地市经济总量第一位。

　　自新中国成立后的1952—2021年,厦门的地区生产总值一直低于泉州。改革开放之后,厦门与泉州的地区生产总值之比呈不断上升趋势,并于1990年提升到92.27%。但随后因为20世纪90年代初泉州民营经济的快速发展而下降至1994年的49.75%。之后虽然逐渐提升到2003年的63.73%,但从2003年之后一直在60%左右波动,如图3-1所示。

图 3-1　1952—2021 年厦门与泉州地区生产总值比值演变趋势

与厦门地区生产总值一直低于泉州相比,厦门的人均地区生产总值则一直高于泉州。2000年左右,厦门的人均地区生产总值曾达到泉州的2倍。尽管之后一直呈下降趋势,到2021年下降到1.05倍,但厦门与泉州之间经济规模与经济发展水平的反差迄今仍然存在,如图3-2所示。

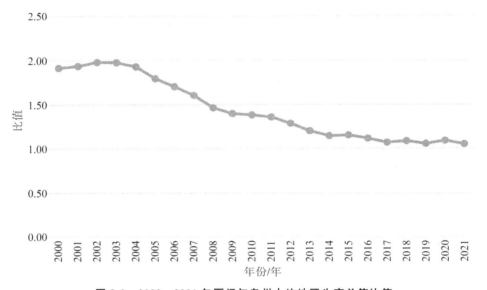

图3-2 2000—2021年厦门与泉州人均地区生产总值比值

资料来源:2000年后厦门与泉州人均GDP差距迅速缩小的主要原因在于厦门的人口增长率大大快于泉州。根据2022年《厦门经济特区年鉴》和《泉州市统计年鉴》中的数据,2021年厦门市常住人口(518万)是2000年(205万)的257.56%,增长了157.56%。而泉州2021年常住人口(885万)是2000年(728万)的121.56%,仅增长21.57%。其间,厦门市人口增长率是泉州的7.30倍。

注:均以常住人口计算。

正是由于厦门在历史上与泉州的隶属关系,泉州历史上因宋代世界最大"海丝"首发港带来的历史地位,以及厦门经济总量一直不如泉州、人均地区生产总值与泉州的差距大大缩小,因而泉州与厦门在多方面形成了竞争关系。如果泉州与厦门在闽南文化认同等方面的竞争难以用实际指标描述,那么泉州港与厦门港则是实在的竞争关系。2005—2021年,泉州港的货物运输量(以万吨千米计算)增长了11.82倍。2021年,福建省政府正式批复《泉州港总体规划（2020—2035 年）》，提出泉州港的发展目标是"形成码头岸线 22.1 千米，规划布置泊位 94 个（含万吨级及以上泊位 52 个），形成综合通过能力 1.6 亿吨（含集装箱 1 056 万标箱），将发展成为以内贸集装箱和矿建材料、煤炭等散杂货运输为主，逐步拓展集装箱外贸航线，对台客货运输优势突出的现代化综合性港口"，[①]虽然将泉州港定位为以内贸运输为主、逐步拓展·外贸航线，但却标志着泉州港与厦门港独立发展的总体路线，与广西北部湾整合北海、钦州、防城港海港资源形成合力，通过西部陆海大通道发展为西部地区出海口，以及宁波—舟山港整合形成世界第一大港而大大拓展彼此的发展潜力等相比，泉州港与厦门港独立发展可能事实上降低双方的发展潜力。

二、福建的主要区域发展战略

1.福建强省会战略

2017 年以来，我国已经有湖南、甘肃、江苏、浙江、湖北、河南、山东、福建、贵州、云南、广西、黑龙江、江西等省份，提出强省会战略或者提升省会城市首位度，以做强都市圈，推动全省区域协同发展。福州正是因应我国区域经济布局，更加突出中心城市、都市圈、城市群作为承载发展要素主要空间形式的总体需求而提出了强省会战略。为此，福建省出台的《福建省国民经济和社会发展第十四个五年规划和二〇三五年远景目标纲要》明确提出要"实施强省会战略，提升福州省会城市功能，完善教育、卫生、医疗等配套，更高起点推进滨海新城建设，加快建设现代化国际化福州新区"。

事实上，福建省地处珠三角和长三角两大最具活力和发展潜力的经济区之间，与台湾地区隔海相望，是未来国家台海战略的窗口，也是沿海经济带发展的重要地区。而随着粤港澳大湾区、长江三角洲等城市群的高速发展，不仅对福建省产生强大的"虹吸效应"，而且也会拉大福建省与周边省市的发展差距。对于东部沿海城市群而言，福建省面临"上下夹击"的形势，迫

---

① 福建省泉州港口发展中心.关于市政协十三届一次会议第 20221118 号提案的答复[EB/OL].（2022-08-23）[2023-10-06]. https://jtyst. fujian. gov. cn/qzg/zfxxgk/zfxxgkml/qtzdgkxx/202208/t20220805_5969462.html.

切需要对接融入不同城市群发展浪潮中。因此，做强做优做大省会城市福州势在必行。强省会战略下福州市做强做优做大，也能够更好对接融入粤港澳大湾区建设、长三角区域一体化发展以及"一带一路"建设等国家重大区域发展战略，加强与紧邻省份江西间的区域合作，并进一步将福建省的内陆腹地延伸至湖南、湖北，实现通过长江经济带、西部陆海大通道与成渝双城经济圈、丝绸之路经济带间等区域间的经济联系与沟通。

2.福州都市圈

2021年5月26日，国家发展改革委原则同意《福州都市圈发展规划》。福州都市圈与1994年12月厦门、漳州、泉州、龙岩、三明五市共同商议制定的《闽西南五市区域经济合作章程》相呼应，在福建省内形成了闽东北、闽西南两大协作区。

根据福建省人民政府于2021年6月2日印发的《福州都市圈发展规划》，福州都市圈包括福州、莆田两市全域，宁德市蕉城区、福安市、霞浦县、古田县，南平市延平区和建阳区、建瓯市部分地区，及平潭综合实验区，陆域面积2.6万平方千米，2020年常住总人口约1300万人，地区生产总值约1.5万亿元。[①] 福州都市圈的发展目标是在基础设施建设互联互通、产业分工高效协作、密切开放合作交流、生态协同保护和公共服务共建共享等方面取得显著进展，到2035年建成"产业分工高效率、城乡发展高品质、生态环境高质量、开放创新高层次、同城发展高水平的现代化都市圈"。这一目标同样被写入福建省《福建省国民经济和社会发展第十四个五年规划和二〇三五年远景目标纲要》中，其中明确要强化福州都市圈和厦漳泉都市圈引擎带动作用，"加快在都市圈内一体化构建公路和轨道交通网，优化产业分工协作，形成统一开放市场，提高公共服务共建共享水平，打造引领全方位推动高质量发展超越的主要动力源"。

但福州都市圈的建设，面临的主要困难在于与莆田、宁德和南平的统筹发展问题上。事实上，莆田在城镇建设连片化、人员等资源流动方向，都体

---

① 福建省人民政府.福建省人民政府关于印发福州都市圈发展规划的通知[EB/OLZ].(2021-07-09)[2022-05-23]. http://fujian.gov.cn/zwgk/zxwj/szfwj/202107/t20210709_5644123.htm.

现出明显的向南趋势,即向泉州、厦门的趋向性更加明显,而与福州之间则存在如前述两个断点,因而难以依靠福州都市圈的建设而实现整合。同样地,宁德则很可能由于温州—浙江—长三角的强大辐射带动力,而在经济、产业发展甚至是城市建设方面向北发展以谋求更大的发展空间,从而导致其难以融入福州都市圈与福州整合发展。

3.厦门金砖创新基地

2017年9月,在厦门举行的金砖国家领导人第九次会晤,为厦门带来了巨大的机会,也是习近平总书记"办好一次会,搞活一座城"理念的真实体现。之后,2020年11月17日,国家主席习近平在金砖国家领导人第十二次会晤中,宣布在厦门市建立金砖国家新工业革命伙伴关系创新基地。2021年9月9日,国家主席习近平在金砖国家领导人第十三次会晤上宣布金砖创新基地正式启用。金砖创新基地启用之后,在聚焦政策协调、人才培养、项目开发三大重点领域,"发布了两批70项任务清单,组建新工业能力提升培训基地联盟,举办20场金砖国家国际交流活动,开展28期培训交流会,覆盖41个国家84万人次,建成8个新工业革命领域赋能平台,推出超百个金砖示范项目"。厦门金砖创新基地的建设和发展,对于厦门具有重要的意义,使得厦门从改革开放之初作为对外开放窗口的经济特区,进一步发展成为我国倡导扩大对外开放、推动经济全球化进程的试验区。

4.闽南地区同城化

闽南地区同城化,来源于改革开放之初与长江三角洲、珠江三角洲并称的"闽南金三角",包括厦门、泉州和漳州三个地级市。厦漳泉同属闽南语系的闽南文化圈,具有良好的合作基础。但经过改革开放40余年的发展,厦漳泉构成的闽南金三角与长江三角洲和珠江三角洲之间的差距却不断扩大,成了南北两大三角洲之间的经济洼地。

闽南同城化始于2010年7月,由时任福建省委书记孙春兰提出,目的是打造闽南地区作为福建的增长极。2011年8月,"厦漳泉大都市区党政联席会议"首次召开,三地市委书记均出席,确定了18个项目,标志着同城化进程正式开始;2012年在漳州召开的第二次党政联席会议,通过《厦漳泉大都市区同城化发展总体规划》,形成同城化的基本框架。按照规划,厦门作为地区的政治、经济、文化中心,左右两翼对接漳州和泉州,形成一个位居长三角与珠三角之间的东南沿海具有千万人口的大都市区,到2020年基本实现同城化,在产业、空间和社会等方面高度融合。具体措施方面,则包括城市轨道交通等一批重大同城化交通项目,建设居民健康信息系统等若干公共服务信息平台,融合地区基本公共服务,促进资源要素市场体系一体化,最终实现三市同城化发展。

对于闽南地区的同城化,难以单纯用成功或不成功来评价。从当前该地区城镇化建设来看,如百度地图的连片城镇建设区域显示,三市确实已经形成包括漳州市区(原龙海市改龙海区)、厦门全市,以及泉州市的南安市、晋江市、石狮市、泉州城区和惠安县在内的都市连绵区局面。而且,该都市连绵区内的人口总数达到1 450.28万人,城镇人口1 148.36万人,地区生产总值19 467.96亿元,人均地区生产总值则达到了134 235.90元,如表3-2所示。但与此同时,在《厦漳泉大都市区同城化发展总体规划》中提出的交通一体化,尤其是轨道交通一体化并未实现,共享信息资源平台和公共服务共建共享也并未实现。因而时至今日,闽南地区的同城化仍然停留在厦漳泉地区的口号和目标阶段。

表3-2 2021年闽南都市区的人口与主要经济指标

地区	总人口/万人	城镇人口/万人	地区生产总值/亿元	人均地区生产总值/元
厦门	528.00	475.70	7 033.89	133 217
泉州市区	176.30	150.87	2 503.42	141 997
石狮	68.90	59.32	1 072.51	155 661
晋江	206.90	143.80	2 986.41	1 44340
惠安	152.70	97.12	1 536.36	100 612
南安	104.10	60.69	1 491.13	143 240
漳州市区	213.38	160.86	2 844.24	133 294
地区综合	1 450.28	1 148.36	19 467.96	134 235

资料来源:依据《福建统计年鉴(2022)》中的数据整理和计算而得。

5.泉州金融服务实体经济综合改革试验区和民营经济示范城市

金融服务实体经济综合改革试验区和民营经济示范城市是泉州重要的城市发展战略。2012年12月21日,中国国务院正式批准通过《福建省泉州市金融服务实体经济综合改革试验区总体方案》,提出要"建立健全服务实体经济的多元化金融组织体系,加大对小微企业及民生的金融支持力度,提升农村金融服务能力,加强泉州与台湾、香港和澳门的金融合作,规范发展民间融资,扩大直接融资规模,提升保险服务水平,完善金融风险防控机制"。而泉州于 2021 年发布的《关于创新发展"晋江经验"加快创建全国民营经济示范城市的决定》,则在提出"到 2035 年……民营经济增加值突破2.2万亿元,产值超千亿元民营企业集团达 10 家以上,纺织鞋服、石油化工、建材家居产值分别突破万亿元,电子信息、机械装备、健康食品产值分别突破5 000亿元……基本建成全国一流的先进制造业中心、全球'新制造'重要基地"等目标的同时,夯实了泉州作为实体经济示范城市的基础。两项城市发展战略是相互补充的,泉州金融改革的措施需要民营企业等实体经济形势来验证,而民营企业的发展也需要金融改革为之提供政策和资金等方面的支持。

第二节　"海丝"核心区下的福建区域发展战略

一、福建"海丝"核心区

"21 世纪海上丝绸之路"是国家主席习近平于 2013 年 10 月在印度尼西亚国会发表演讲时提出的,并与同年 9 月国家主席习近平出访哈萨克斯坦时提出的"丝绸之路经济带"共同构成了"一带一路"倡议。2015 年 3 月,福建被确立为"21 世纪海上丝绸之路核心区"[①],大大地提升了福建省在国家建设"一带一路"尤其是"21 世纪海上丝绸之路"中的地位。

福建作为"21 世纪海上丝绸之路"的核心区,应该发挥其对"海丝"的改

---

① 新华社.国家发展改革委、外交部、商务部联合发布《推动共建丝绸之路经济带和 21 世纪海上丝绸之路的愿景与行动》[EB/OL].(2015-03-31)[2022-05-25]. http://www.mofcom.gov.cn/article/ae/ai/201503/20150300928878.shtml.

革先行、创新引领、开放合作示范和海峡两岸协同发展等作用①，从而通过福建"海丝"核心区的建设，使福建成为我国建设"21世纪海上丝绸之路"的驱动器，成为面向"海丝"国家展开人文与文化交流从而助力国家总体战略的高地，成为向"海丝"沿线国家展示中国道路、中国制度优越性的前沿阵地。

但是，福建省在经过数年的建设和发展之后，与"海丝"核心区的要求尚有不小的差距。这是因为福建省在建设"海丝"核心区的过程中仍然存在诸多不足。比如在福建建设"海丝"核心区的过程中，缺少如博鳌论坛之类的常设平台机制，因而不能持续凝聚国内外资源助力福建"海丝"核心区的建设和发展；未能充分发挥福建华侨对华人华侨的影响与作用，且未能引导闽商闽侨在推动诸如 RECP 等区域合作机制方面发挥重要作用；作为"26 条惠台措施"中唯一提到的省份，福建省在"两海"（"海丝＋海峡"）互动建设方面仍亟待加强，以形成"海丝"核心区建设和"海峡"两岸合作互相促进而非互相制约的机制；丝路海运的分量有待加大，要跳出仍然停留在海运航线概念的阶段，如同西部地区的陆海大通道一样提高到区域层面的战略性通道，通过陆、海联运的方式让江西等地的货物经过厦门装船往东南亚运输；等等。

关于福建"海丝"核心区的研究，主要集中在以下几个方面。一是关于闽商闽侨的研究认为，福建省 1 580 万华侨华人中近 80％分布在"海丝"沿线的东南亚地区，并且海外闽商经济总量占世界华商经济总量的六成左右，海外闽南是海外华商中最活跃、最有实力的群体，因而成为福建建设"海丝"核心区的独特资源和优势力量。② 因此，要充分利用侨智、侨力、侨资和侨胞③，在市场、设施、发展网络、合作机制和平台建设等方面创造良好的投资环境，推动华侨华人参与福建"海丝"核心区建设④。二是关于福建"海丝"核心区建设的战略，研究认为，福建"海丝"核心区建设面临国际环境变化、国内

---

① 福建省人民政府办公厅.福建省人民政府办公厅关于印发福建省开展 21 世纪海上丝绸之路核心区创新驱动发展试验实施方案的通知[EB/OL].(2018-06-05)[2022-05-25].http://www.fujian.gov.cn/zwgk/ztzl/sczl/zcwj/201806/t20180606_2782378.htm.
② 廖萌.海外华侨华人与"海丝"核心区互动研究[J].经济视角,2019(1):99-108.
③ 闫兴.人类命运共同体视阈下闽籍华人华侨参与海丝核心区建设研究[J].中共福建省委党校学报,2019(4):163-168.
④ 闫兴.推进华侨华人参与海丝核心区建设研究[J].亚太经济,2019(3):125-128,152.

经济高质量发展、祖国和平统一及"两个一百年"奋斗目标提出的新要求[1]，因此要通过深化与东盟的合作，拓展与南亚、非洲的交流合作，发挥对台优势[2]，同时通过省内港口资源整合发挥交通枢纽功能、通过基础设施建设带动沿海腹地连片发展[3]，推进与沿线区域开放合作、加强跨省区域协作、加强与港澳台联动以深化引领、示范、聚集、辐射作用[4]。三是关于福建"海丝"文化的研究，认为"海上丝绸之路"还承载着中西文化交流的使命，并通过它将西方科学文化和社会文化等各类知识传至福建，以及将福建文化乃至中国文化流播至西方世界。[5] 因此，在开放的视野、海洋的精神、兼包并容的心态以及遍布世界的福建华工等因素影响下[6]，形成了包含和平合作与爱拼会赢、互学互鉴与创新求变、开放包容与互利共赢等内在精神的福建"海丝"文化[7]。在福建建设"海丝"核心区的具体措施上，主要包括在"海丝"沿线国家设立国外产业园以加强国际产能合作[8]、推动福建省内各地市对接"一带一路"加快开放型经济错位发展[9]、将福建自贸区打造成为 21 世纪海上丝绸之路的交通物流枢纽以及经贸合作的前沿平台[10]、充分发挥厦门在服务外包、对台和文教等方面的引领示范作用[11]。

---

① 王海峰.新时期福建 21 世纪海上丝绸之路核心区建设思路探析[J].国际贸易,2019(5):76-81.

② 吴崇伯.福建构建 21 世纪海上丝绸之路战略的优势、挑战与对策[J].亚太经济,2014(6):109-113.

③ 黄茂兴,季鹏.福建积极融入 21 世纪海上丝绸之路建设的现实基础与战略方向[J].福建论坛(人文社会科学版),2015(7):160-166.

④ 吴娟,黄茂兴.福建"海丝"核心区建设及战略思考[J].东南学术,2017(5):138-145.

⑤ 吴巍巍,林金水.明清之际的福建与中西文化交流:"海上丝绸之路"的历史契机与当代启示[J].海交史研究,2015(2):98-116.

⑥ 金秋蓉.海上丝绸之路与福建近代中西文化的撞击[J].重庆交通大学学报(社会科学版),2016(4):18-22.

⑦ 叶飞文.海上丝绸之路铸就福建"丝路精神"[J].宏观经济管理,2017(8):67-70,92.

⑧ 蔡勇志.以国际产能合作为重点推进"海丝"核心区建设[J].发展研究,2020(4):70-74.

⑨ 福建省人民政府发展研究中心课题组.以 21 世纪海丝核心区建设为主线加快福建各市开放型经济错位发展、协调发展[J].发展研究,2017(4):21-29.

⑩ 王明惠,庄佩芬.福建自贸区融入 21 世纪海上丝绸之路的对策研究[J].福建农林大学学报(哲学社会科学版),2017(6):66-70.

⑪ 何军明.发挥厦门独特优势　推进"海丝"核心区建设[N].厦门日报,2018-05-07(7).

福建"海丝"核心区建设以实现"一带一路"合作的"五通"为目标，塑造福建作为"21世纪海上丝绸之路"的核心。在这种情况下，对于福建"海丝"核心区发展战略的认识，就存在这样两个问题：一是对于"海丝"文化在福建"海丝"核心区建设中的地位认识不足。福建相对于国内"海丝"主要省份的广东、浙江等地，在经济发展水平和体量上均明显不足，但在"海丝"发展历史和"海丝"文化中的地位却是其他省份所无法比拟的。因此，福建作为"海丝"核心区首要应该体现的是在"海丝"文化中的"核心"。二是缺乏关于福建"海丝"核心区建设的总体战略架构，更多的仅仅是针对一些具体领域提出的对策措施。因此，本书将在探究"海丝"文化与福建"海丝"核心区关系的基础上，提出福建建设"海丝"核心区的总体战略架构——"雁型"战略，作为分析福建区域产业发展格局的基础。

二、"海丝"文化与福建"海丝"核心区

1.福建主要的"海丝"文化资源

福建拥有丰富的"海丝"文化资源。福建"海丝"文化包括以下内容：

（1）泉州的"海丝"文化资源。作为"海丝"起点的泉州，航海与通商贸易史迹主要有六胜塔、万寿塔、石胡码头、江口码头（文兴码头和美山码头）、磁灶窑系金交椅山窑址、真武庙、九日山祈风石刻等，宗教与多元文化史迹主要有天后宫、草庵摩尼光佛造像、清净寺、老君岩造像、开元寺、伊斯兰教圣墓等，城市建设史迹主要有泉州府文庙、洛阳桥、德济门遗址等[①]，以及作为闽南文化主要发祥地和闽南文化遗产的富集区，具有闽南文化、中原文化、迁徙文化、海洋文化等文化特征，拥有包括方言、口传、宗教、武术、医药、饮食、民俗、音乐、戏剧、美术、习俗、建筑和传统技艺等大量的优质非物质文化遗产。[②]

---

① 骆文伟.文化线路视域下的"海上丝绸之路：泉州史迹"申报世界遗产探索[J].湖南医科大学学报（社会科学版），2009（4）：69-71.

② 骆文伟.作为文化线路的"海上丝绸之路：泉州史迹"遗产保护研究[J].福建省社会主义学院学报，2013（6）：53-58.

（2）福州的"海丝"文化资源。主要有：福州海港设施如迥龙桥与邢港码头、东岐码头、圣寿宝塔，外贸商品生产基地——怀安窑址，文化交流产物——恩赐琅琊郡王德政碑，郑和下西洋文化遗产资源——天妃灵应之记碑、郑和史迹馆、漳港显应宫、西关天后宫及郑和广场与郑和开洋节，以及中国近代最著名的、最有影响力的"船政文化"资源。①

（3）厦门的"海丝"文化资源。曾经隶属于泉州、作为"海丝"重要节点的厦门，拥有海沧一带于北宋时期设立的收取"海道商税"的"场务"，明代中后期商船从地处九龙江口的月港出发在曾厝垵候风开驾、明末清初成为贸易大港等港口及货场遗址，同安的汀溪窑、海沧的海沧窑、翔安的唐宋时期窑等外销瓷器的重要产地，英国东印度公司于1689年设立商馆将茶叶从中国出口到英国等"海丝"商贸中的重要产地或商铺遗址，海沧区青礁慈济东宫墙上的"吧国缘主碑"等"海丝"商贸活动印迹，作为"海丝"文化的载体厦门港围仔内的卢厝、海沧新坡村惠佐社的老屋庆寿堂，等等。②

（4）福建其他"海丝"文化资源。一是漳州月港。漳州月港在整个"海丝"文化的时空链条中起着承上启下的作用。明代中期之后，泉州和明州（宁波古称）因海禁走向衰落，漳州月港因新航路的开辟而兴盛，成为当时东西方贸易的主要港口和通道之一。尤其是北太平洋航线开辟后，漳州月港与拉美的银丝贸易对明帝国具有重要影响。其对于"海丝"的影响主要在于，月港的开禁结束了明前期维持了200年的朝贡贸易，冲击了持续1 000多年以官方垄断为主的海外贸易，并构建了以月港为中心并环绕全球的中国海上对外贸易，推动了东西方文化交流，中国通过月港将自己的产品推向全世界。③ 漳州窑作为月港"海上丝绸之路"重要的输出产品具有举足轻重的地位，不仅影响着海外瓷业的发展，也起着文化传播的作用。④ 二是妈祖文化。莆田妈祖文化源于古代航海者选择了妈祖作为海上航行的精神寄

① 叶钦地."海丝"战略下"海上福州"船文化产业发展研究[J].福州党校学报,2014(6):59-63.
② 欧长胜.厦门领跑"海上丝绸之路"的文化资源优势研究[J].厦门特区党校学报,2015(2):20-24.
③ 全毅,林裳.漳州月港与大帆船贸易时代的中国海上丝绸之路[J].福建行政学院学报,2015(6):107-112.
④ 第二届漳州海商论坛专题报道."海丝"的漳州烙印[N].闽南日报,2011-11-30(9).

托。在开拓"海丝"的征程中，妈祖文化随着海商的足迹传播到"海丝"沿线，并逐渐成为贸易合作的文化纽带。[①] 三是福船文化。宁德福船文化是福建船文化的典型代表，由福建船匠发明创造、成为海上丝绸之路上最重要的运载工具的福船，是海洋文明的见证和缩影，也与"海丝"文化有着千丝万缕的联系。[②] 四是茶文化。作为中国乃至世界上重要的茶叶产地及茶产业中心，始于福建武夷山的"万里茶道"在开拓、发展、繁荣的历史过程中，在武夷山留下了茶园茶厂、茶庄茶行、茶市街、茶道、与茶叶贸易相关的服务设施、与茶事相关的管理机构及公告文件、与茶事相关的宗教与民间信仰场所、有纪念意义的相关茶事遗迹等茶道遗迹 44 处[③]的同时，孕育和呈现出特有的生态价值、历史价值、文化价值、经济价值。[④]

2.福建"海丝"文化精髓

(1)福建"海丝"文化体现的是面向海丝沿线国家的主动对外开放。一方面，从历史来看，尽管广东徐闻港、广西合浦港和越南中北部日南(时属汉帝国)港为秦汉时期正式开辟海上丝绸之路之后的最早始发港[⑤]，但秦汉时受造船与航海技术的限制，航船只能靠近海岸航行[⑥]，因而沿着"海丝"航线航行的距离极为有限，在沿线国家或地区的商贸交流的规模较小，且更多带有自发的性质，而非以与沿线国家开展商业和贸易往来为目标的有意行为。在清代前期海上丝绸之路鼎盛时期在广州设立粤海关、在江苏松江设立江海关、在浙江宁波设立浙海关，及至乾隆独留广州一口对外通商，垄断了全部海外贸易，虽然凸显了广州在海上丝绸之路历史上的地位，但在经历了明朝海禁之后，清代早期海上丝绸之路的重新发展带有更多政府主导的性质，因而广州作为清代早期直到鸦片战争前夕的海上丝绸之路中心，更多是被

---

① 陈祖芬."海丝"中国段妈祖文化遗存的产生历史及其价值[J].中国海洋大学学报(社会科学版),2018(1):62-67.

② 刘义杰.福船源流考[J].海交史研究,2016(2):1-12.

③ 陈容凤."万里茶道"福建段史迹调查及初步研究[J].福建文博,2017(1):41-46.

④ 黄柏权,平英志.以茶为媒:"万里茶道"的形成、特征与价值[J].湖北大学学报(哲学社会科学版),2020(11):69-80,167.

⑤ 司徒尚纪,许桂灵.中国海上丝绸之路的历史演变[J].热带地理,2015(5):628-636.

⑥ 韩湖初,杨士弘.关于中国古代"海上丝绸之路"最早始发港研究述评[J].地理科学,2004(6):738-745.

动性的对外开放。而泉州作为宋代海上丝绸之路的中心,则是经历了隋唐海上丝绸之路的兴盛,到宋代海上丝绸之路的繁荣这一发展历程的自然选择,体现出更多的是随着我国封建时期生产力的发展、商品经济繁荣而与海外各国开展商贸往来的必然要求,因此泉州是当时主动对外开展"海丝"贸易鼎盛时期最大最繁荣的"海丝"贸易港。

　　另一方面,从在国家经济社会发展中的地位来看,早在宋元时期,泉州已发展为国际贸易大港,其间经历了三次飞跃。一是进入宋代时期后,出入泉州港的商人和船舶不断增多,而到了北宋时期,泉州港已发展为仅次于广州港的中国第二大港,其地位已超过明州港。二是泉州于北宋时期设立市舶司后,泉州港得到了进一步发展,尤其是在宋室南渡后,南宋的主要经济基地为闽浙地区。此外,泉州为京师外港,相对于明州港来说更能够避免受到金兵南侵的威胁,而且也使泉州港集中了更多的海内外贸易,使泉州港的地位得到大大提升。三是泉州进入宋元时期后,进出口货物激增,海内外贸易空前繁荣,使泉州港进入了极盛时期,已发展成为中国最大的贸易港,成为东方的第一大港。在这一时期,海上丝绸之路得到进一步发展,其主要因朝廷对外开放政策的促进及国内外经济发展的需要,尤其是在泉州设立市舶司后,宋朝政府制定了一系列有利于发展海外贸易的政策和措施:如在泉州建立"来远驿",欢迎和接待外国使节和商人;许多外国人在泉州定居,有的还被授予地方官;对于本地民间商人,政府也鼓励他们广开商路,积极发展海外贸易,甚至以授予官职奖励他们"放洋招商"。这一时期泉州涌现出一批从事海外贸易的富商巨贾,有贸易关系的国家和地区达到近百个,以西洋为主要贸易范围,航线相对稳定,大抵与宋相仿。进口商品主要是香料和药物,出口商品则以丝绸、瓷器为大宗。[①] 泉州也是中外各种商品的主要集散地,经泉州出口的陶瓷器 41 种,丝绸织品 54 种,金属、杂货和药物等 63 种。经泉州进口的宝货珍玩 12 种,纺织品 19 种,香料 58 种,工业原料 27 种,金属品 9 种,器物品 6 种,副食品 7 种。[②]

---

① 欧阳钟辉,马瑾玉.泉州港口发展模式的探究[J].泉州师范学院学报(自然科学版),2010 (11):33-36,50.

② 郑廼辉,高香凤,江铃.历史上福建港口的茶贸之路[J].福建茶叶,2015(6):48-52.

（2）福建"海丝"文化体现了国内各民族之间，以及华夏文化与"海丝"沿线国家文化之间的融合发展。这体现在以下两个方面：一是福建"海丝"文化体现了"八王之乱"之后从中原迁徙到福建的人，在与闽越人交往的过程中，融入福建当地的生态环境之中。同时也将中原文化、先进的生产技术带到闽越，带动了闽越人融入中原文化和生产体系之中。① 二是福建在以泉州为"海丝"首发港，与"海丝"沿线国家的经济、贸易和社会交往中，既在福建本地融入了"海丝"沿线国家的文化元素，也促进了华夏文化在"海丝"沿线国家的传播。而在与"海丝"沿线国家的交往中，无论是"海丝"沿线哪个国家或地区的商品、文化，在经由泉州港进入福建之后，都能够"择善而从"，形成了海纳百川、大度包容的襟怀和气量。②

（3）福建"海丝"文化体现了其通过海上丝绸之路沟通中外商品流通和文化交流的桥梁作用。在海上丝绸之路的繁荣期，福建尤其是泉州是中外文化、经济和社会交往的桥梁。首先，福建尤其是泉州是沟通中外商品进出口贸易的桥梁。经历了我国封建社会鼎盛时期的隋朝和唐朝的发展，商品经济在宋代得到了快速发展，从事商业贸易活动的群体无论在数量上还是在专业水平上都得到了极大的提升。在这种情况下，人们对于通过对外贸易获得国内无法生产的商品从而提高消费者效用水平的需求大大提升。泉州与国外往来的有70余个国家和地区，海外交通顺畅。由此，福建作为"海丝"主要通道，串联起了中外商品流通的渠道。其次，福建尤其是泉州成为中外文化交流的桥梁。泉州作为"海上丝绸之路"的起点，将自身与东亚、东南亚密切联系在一起，并经过600多万泉籍华侨华人形成了悠久的泉州文化。一方面，在泉州居住的外国人带来了他们的本国文化。现在泉州仍可看到中世纪中外文化交流的遗韵和遗址。中外文化的交流融合，对于当时泉州港的繁荣起了很大的推动作用。另一方面，泉州文化随着海外华侨华人的移民得到了广泛传播，将泉州文化不断融入当地的文化中，并且泉州人

---

① 徐心希.试论福建地区闽越族的汉化与古代中原文化[C]//炎帝与汉民族国际学术研讨会论文集.西安：三秦出版社，2002：293-300.

② 陈瑞统.一方水土养一方人：高甲戏与泉州人的性格[C]//论闽南文化：第三届闽南文化学术研讨会论文集：上.厦门：鹭江出版社，2005：631-638.

到了海外,将中华文化的仁、义、勇、重义轻利、诚信等价值观念引入当地文化体系中,赢得当地人尊重和效仿,形成了良好的风气;保留了当今闽南地区的传统习俗,并且泉州本土的民间信仰也被华侨华人带到了当地;泉州人吃苦耐劳、拼搏进取的品质在东南亚富有时代感召力,积极影响着移民国民族性格的塑造,并促进泉州文化的发扬光大。[①]

3."海丝"文化与福建"海丝"核心区的地位

(1)福建经济体量的弱势。与"海丝"建设其他重点省份相比较,福建的经济体量在各方面都处于较大的劣势。与周边的浙江和广东相比,福建参与"一带一路"建设的主要指标均有较大的差距。如表 3-3 所示,福建省除人均 GDP 略高于广东之外,在 GDP、进出口贸易总额、利用外资等方面与广东、浙江相比均有较大的差距。而在反映三省参与"一带一路"建设的主要指标方面,福建省与沿线国家的进出口贸易额不到浙江的一半、广东的 1/4。对外承包工程完成营业额的差距则更大,分别只约为浙江的 1/7、广东的6%。港口方面,福建省 2019 年 1—6 月的港口货物吞吐量只约为浙江的43%、广东的 35%,集装箱吞吐量也分别只有浙江的 55%、广东的 30%。

表 3-3　福建与浙江、广东参与"一带一路"建设主要指标对比

指标		福建	浙江	广东
GDP (2018 年)	GDP/亿元	35 804	56 197	97 277
	人均 GDP/元	91 197	98 643	86 412
进出口贸易 (2018 年)	总额/亿元	12 354.3	28 519	71 618
	与"一带一路"沿线国家的进出口贸易额/亿元	3 946	8 967	16 153
利用外资	金额/亿美元(2018 年实际利用外资)	44.5	186.4	211.5
	对沿线国家累计利用外资/亿元(截至 2018 年底)	323	910.45	—
对外承包工程完成营业额/亿美元(2018 年)		8.7[a]	75.6	175.7[b]
航空服务	国际航线	53	94	210
	地区航线	17	18	—

---

① 连宏.泉州海上丝绸之路[J].华夏地理(中文版),2014(7):5-9.

续表

	指标	福建	浙江	广东
港口°	货物吞吐量/万吨	28 545	66 947	80 664
	集装箱吞吐量/万 TEU	848	1 536	2 856

注:a.2018 年 1—11 月数据。福建省商务厅.全省对外承包工程统计 2018 年 11 月[EB/OL].(2018-12-14)[2020-08-25].http://swt.fujian.gov.cn/xxgk/tjxx/dwtzhz/qsdwcbgctj/201812/t20181214_4709361.htm.

b.依据深圳对外承包工程完成营业额及其占广东省的比例计算而得。王丰.深圳企业投资遍布全球 141 个国家和地区[EB/OL].(2019-05-29)[2020-08-25].https://www.sohu.com/a/317261562_267106.

c.2019 年 1—6 月。中国港口.2019 年 6 月规模以上港口货物、集装箱、旅客吞吐量统计[EB/OL].(2019-06-30)[2020-08-25].http://www.chinaports.com/monthlythruput/2019-06.

(2)福建"海丝"文化的中心。福建丰富的"海丝"文化决定了福建"海丝"核心区地位。

首先,泉州是唯一被联合国认定的"海上丝绸之路"起点城市。泉州被联合国教科文组织确认为海上丝绸之路的起点,是宋元时期海上丝绸之路的主港,被称为"东方第一大港"。[①] 泉州凭借丰富的"海丝"文化遗存,荣获"中国首批历史文化名城"(1982 年)、"世界多元文化展示中心"(2002 年)、"东亚文化之都"(2013 年)三大文化品牌。在 2014 年国家文物局公布的 9 座城市 55 个"海丝"考察点中,泉州占 18 个(占比 33%)。[②]

其次,在"海上丝绸之路遗产廊道"中,福建处于中心地理区域。1982—2011 年由国家文物局批复的海上丝绸之路历史文化名城包含泉州、宁波、北海、福州、漳州、南京、扬州、广州和蓬莱等 9 个城市。由此构成的"海上丝绸之路遗产廊道"[③]中,福建拥有的海上丝绸之路历史文化名城数量最多,在地理位置上也处于北面长三角到山东半岛、南面珠三角到北部湾之间的中心地带,并且面向台湾地区,有利于形成海峡两岸共建"21 世纪海上丝绸之路"

---

① 吴崇伯.福建构建 21 世纪海上丝绸之路战略的优势、挑战与对策[J].亚太经济,2014(6):109-113.

② 周建标.泉州发展海上丝绸之路文化旅游的形式和途径[J].福建省社会主义学院学报,2016(2):71-79.

③ 张镒,柯彬彬,苏欣慰.海上丝绸之路遗产廊道构建设想及原理:基于"21 世纪海上丝绸之路"战略背景[J].云南地理环境研究,2015(5):20-27.

的格局。

再次,福建拥有完善的"海丝"文化体系。福建的"海丝"文化体系,包含了地理遗迹文化、中西人文交流文化、"海丝"信仰文化、"海丝"贸易、交通工具等方面。其中与民间文学、传统音乐、传统舞蹈、传统戏剧、传统医药、传统美术、传统技艺、民俗、曲艺、传统体育与杂技等相关的国家级非物质文化遗产 124 项,文化遗址、古墓葬、古建筑、石窟寺庙、摩崖石刻等方面的省级以上物质文化遗产 591 项①,这是国内其他"海丝"相关省份无可比拟的。

最后,福建"海丝"文化符合建设"21 世纪海上丝绸之路"的核心理念要求。建设"21 世纪海上丝绸之路"的核心理念是要构建环中国海文化共同体,实现建设一个由数千年中华汉文化主导的、追求"协和万邦""天下大同""四海一家"的伦理秩序的海洋文明的和谐世界。② 福建在历史上与由中原地区迁徙而来的人口融合与共同发展中,在与"海丝"沿线国家的经济贸易和人文交往过程中,形成的以主动开放、融合发展和交流桥梁为精髓的"海丝"文化理念,与建设"21 世纪海上丝绸之路"的核心理念是高度吻合的。

因此,单纯从经济实力及对外贸易方面的指标来看,福建省似乎难以被定位为"海丝"核心区,但福建省有其在海上丝绸之路发展历史上难以被其他省份超越的历史文化积淀。而这些历史文化积淀,则是福建省被确立为"海丝"核心区的关键所在。因而,福建建设"海丝"核心区,其中心正是"海丝"文化。

三、文化引领福建"海丝"核心区建设雁型战略的含义与内涵

1.文化引领福建"海丝"核心区建设雁型战略的含义

在福建"海丝"核心区建设雁型战略中,可以将福建"海丝"核心区分为四个部分,分别是:大雁的头部和身子,代表以泉州为核心、整合福建全省的

---

① 朱梦影.福建"海丝"文化遗产旅游廊道构建研究[J].广西经济管理干部学院学报,2018
(1):48-56.
② 曲金良.环中国海文化共同体重建大战略:"21 世纪海上丝绸之路"的文化精义[J].学术
前沿,2014(12):54-65.

"海丝"文化，构成福建"海丝"核心区建设的主体内容；以泉州—厦门—漳州为南翼，为福建"海丝"核心区的高新技术产业发展带；以泉州—莆田—福州—宁德为北翼，为福建"海丝"核心区的传统制造业发展带；以南平、三明和龙岩为大雁的尾部，以特色产业助推福建"海丝"核心区的建设和发展。这个战略体系中，雁头要突出，雁身要厚实，就是突出泉州的"海丝"文化引领性地位，并将宁德的造船文化、莆田的妈祖文化（闽商）、漳州月港整合形成强大的"海丝"文化体系；两翼要强大，以推动雁头并带动雁身和雁尾，向更高水平、更强功能发展；雁尾则分别通过客家文化、茶文化、特色产业等方面的发展，发挥对文化引领下福建"海丝"核心区建设的有效补充作用，助推福建"海丝"核心区向更高水平发展。

2.文化引领福建"海丝"核心区建设雁型战略的内涵

（1）突出文化的核心地位。正如前文所言，"海丝"文化是福建成为"海丝"核心区的关键，因而应把文化作为福建"海丝"核心区建设的核心，由文化决定并引领福建作为"海丝"核心区的发展方向，以及作为"21世纪海上丝绸之路"之核心的前进方向。因此，在福建"海丝"核心区建设的雁型战略中，"海丝"文化构成了大雁的头部和身体，其含义有三个方面：一是引领福建"海丝"核心区应明确突出泉州作为福建"海丝"核心区的"海丝"文化中心这一发展方向；二是通过整合福建各地、在各历史阶段、在各不同发展背景下形成的丰富的"海丝"文化，夯实福建"海丝"文化的发展基础；三是融合国内各地区的"海丝"文化，形成"海丝"文化体系，进而突出福建尤其是泉州作为"海丝"文化中心的地位。

（2）经济发展决定了福建"海丝"核心区建设的高度。福建"海丝"核心区的建设，虽然以"海丝"文化作为核心，但应沿着"文化搭台，经济唱戏"的路径，在"海丝"文化的引领下，大力发展福建经济，增强其作为"21世纪海上丝绸之路"核心区的功能，提升其在"21世纪海上丝绸之路"上的地位，促进与"海丝"沿线国家间文化交流更加深入，从而夯实我国建设发展"21世纪海上丝绸之路"的基础。因此，经济发展构成了福建"海丝"核心区建设雁型战略的两翼，决定了福建作为"海丝"核心区的这只大雁飞行的速度、高度与距离。而福建"海丝"核心区建设雁型战略的两翼，具体而言，就是要注重南北两翼的经济快速、有序、高质量地发展。在南翼，应以厦门作为区域性国际中心城市的地位为基础,发展高新技术产业和高端现代服务业,并重视泉州高新技术相关产业向厦门方向的衔接,拓展漳州在福建"海丝"核心区南翼的产业发展空间。而在北翼,则应以福州为中心,以数字驱动福建传统产业快速发展与转型为核心,将泉州传统产业部门向福州方向衔接,打造泉州—莆田—福州—宁德区域产业带。

(3)特色产业是福建"海丝"核心区建设的有力推动。位于福建省西部的南平、三明和龙岩三个地区快速发展,对以沿海地市主导的福建"海丝"核心区的建设形成有力的推动作用。这是因为:一方面,西部三个地市能够通过自身向沿海"海丝"核心区建设中心地区的衔接,并在现有产业基础上发展形成自身的产业特色,作为"海丝"核心区产业发展的有效补充,并能够有力地增强福建"海丝"核心区的功能。另一方面,在经济发展上则能够大大拓展福建"海丝"核心区雁型战略南北两翼的产业发展空间,并对福建作为"海丝"核心区向南与广东、向西与江西、向北与长三角形成广泛的区域联系起到重要的桥梁作用。

第三节　福建的区域产业发展格局

一、各地区的功能定位

从三次产业结构来看,福建省 9 个地市中,福州、厦门、泉州和莆田的第一产业所占比重低于 10%,其他 5 个地市则超过 10%。第二产业比重方面,福州、厦门和南平所占比例约 41%,其他地区则超过 45% 甚至超过 50%,其中泉州最高,达到 58.80%。第三产业所占比重则只有福州和厦门超过 50%,泉州、宁德和三明则低于 40%,但泉州主要是由于第二产业所占比例高,而宁德、三明则主要是由于第一产业所占比例较高。从三次产业结构上看,福州和厦门的经济发展偏向于在注重工业产业发展的同时,逐渐转向以第三产业为重心。泉州和莆田尤其是泉州则明显地体现出以工业为重心,而第三产业的发展仍处于相对次要的地位。至于漳州、宁德、南平、三明和龙岩第一产业仍占有较高比例,工业化进程仍需加快。如表 3-4 所示。

表 3-4　2018 年福建省各市三次产业结构及第三产业主要行业增加值结构

单位:%

地区	福州	厦门	泉州	莆田	漳州	宁德	南平	三明	龙岩
第一产业	5.81	0.45	2.24	4.76	10.14	13.45	16.01	11.64	10.14
第二产业	41.08	41.41	58.80	53.09	48.83	49.95	41.82	52.59	45.40
第三产业	53.11	58.14	38.96	42.14	41.03	36.61	42.17	35.77	44.46
交通运输、仓储和邮政业	6.43	8.58	8.78	5.45	8.79	8.25	3.56	15.72	8.98
金融业	5.79	18.83	10.37	11.77	9.40	2.31	16.74	12.94	12.01
信息传输、软件和信息技术服务业	12.34	6.57	—	—	—	17.93	2.05	—	2.17
租赁和商务服务业	8.09	6.17	—	—	—	4.26	3.51	—	5.28
科学研究和技术服务业	3.46	3.53	—	—	—	4.77	1.39	—	1.97

资料来源:各市 2020 年《统计年鉴》。

注:因各市 2020 年《统计年鉴》中关于 2019 年的统计数据并不完整,因此采用 2020 年《统计年鉴》中 2018 年的数据做分析。

从第三产业中决定一个城市主体功能的各主要行业增加值及其所占比例看,2018 年厦门金融业实现增加值 598.65 亿元,远远超过其他地区(泉州 364.28 亿元、福州 262.08 亿元,分别列第二、三位),在各地区第三产业增加值中所占比例也最高,为 18.83%。2018 年福州在信息传输、软件和信息技术服务业,租赁和商务服务业,科学研究和技术服务业实现增加值分别为 558.14 亿元、365.89 亿元、156.65 亿元,分别是同期厦门(在相关数据的各市中排名第二)的 2.67 倍、1.86 倍和 1.39 倍。2018 年福州、厦门和泉州的交通运输、仓储和邮政业占各地区第三产业增加值的比重也较接近,分别为 6.43%、8.58% 和 8.78%,实现的增加值也相差不多,分别为 290.76 亿元、272.81 亿元和 308.45 亿元,但远超福建省的其他地区。

根据以上关于福建省各地市三次产业结构及第三产业内主要行业结构的分析,雁型战略下福建建设"海丝"核心区过程中各地市的功能定位为:福州、厦门和泉州为三个中心城市,其中福州主要承担信息服务、商务服务、科技服务等功能,厦门主要承担金融服务功能,泉州则主要定位为在厦门和福州的各服务功能支撑下大力发展为区域乃至全国性的工业中心,并在与福州、厦门的分工协作下共同构建福建"海丝"核心区建设中完善的航运、物流服务体;福建省其他六个地市则应依托于福州、厦门、泉州形成各自独具特色的功能和产业定位,并与三个中心城市共同推动福建"海丝"核心区的建设,以及福建全省的持续稳定快速发展。

二、各地区的战略定位

1.福州

传统优势产业+"海丝"商贸服务中心。福州传统优势产业发展基础较好,农副食品加工业、纺织业、皮革制鞋业、化学纤维制造业、黑色金属冶炼、汽车制造业等传统优势产业在福州都占有相当的比重。与此同时,福州国际渔业博览会、海峡两岸经贸交易会(福州"5·18")、中国·海峡项目成果交易会(福州"6·18")、福建食品博览会、全国(福州)糖酒商品交易会展会等系列经贸及商品展会的成功且持续举办,营造了福州良好的商贸发展氛围。因此,福建省建设"海丝"核心区的过程中,应该充分利用福州良好的商贸发展基础,促进自身传统工业产业的发展,成为"海丝"核心区的商贸中心和传统产业发展基地,并带动福建省传统工业产业做大做强,成为福建省参与"海丝"经贸和产业合作的重要支柱。

2.厦门

高新技术产业+"海丝"航运和金融中心。厦门有良好的高新技术产业发展基础与环境,同时拥有面向"海丝"沿线国家良好的海空航运设施和完善的航运网络。因此,在福建省建设"海丝"核心区的过程中,要充分利用厦门良好的海空航运基础设施以及完善的航运网络体系,把厦门打造成"海丝"核心区的航运中心,一方面为福建省各地区在参与建设"海丝"核心区的过程中面向"海丝"沿线国家的货物进出口与人员往来提供有力支撑,以及作为航空航运中转站满足内陆腹地如江西等省面向"海丝"沿线国家的经贸人员往来需求;另一方面要对厦门高新技术产业的发展起到有效的支持作用,以壮大厦门的高新技术产业规模,提高发展质量,并通过与"海丝"沿线国家高新技术产业合作发展构筑我国与"海丝"沿线国家的产业合作发展基地。

3.泉州

民营经济+"海丝"文化和制造业中心。福建建设"海丝"核心区,其中心是"海丝"文化,而"海丝"文化的中心则是泉州。泉州"海丝"文化的精髓则体现在主动对外开放、敢闯敢拼的人文精神,中外民族多元荟萃民族融合的精神,政通人和指引下向共同目标努力奋斗的精神,以及宽广的胸怀。正是在泉州"海丝"文化的影响下,泉州的民营经济成为支撑泉州持续健康发展的脊梁,泉州全市八成以上的税收、八成以上的地区生产总值、九成以上的研发创新、九成以上的城镇劳动就业、九成以上的企业数量来自民营经济,并拥有纺织服装、鞋业、石油化工、机械装备、建材家居、食品饮料等六大千亿产业集群。[①] 因此,在福建建设"海丝"核心区的过程中,要将泉州"海丝"文化中心与民营经济综合改革试点地区结合起来,以"海丝"文化中心的定位,在面向"海丝"沿线国家引进来走出去的过程中推动民营经济的改革,促进民营经济做大做强。

4.宁德、莆田、漳州

"海丝"特色文化功能区和产业衔接区。漳州月港在明朝成为闻名中外的对外贸易港口,与闽南人特有的海洋文化习俗有着密切的联系。[②] 莆田妈祖文化源于古代航海者选择妈祖作为海上航行的精神寄托。在开拓"海丝"的征程中,妈祖文化随着海商的足迹传播到"海丝"沿线,并逐渐成为贸易合作的文化纽带。[③] 由福建船匠发明创造,成为海上丝绸之路上最重要的运载工具的福船,是海洋文明的见证和缩影,也与"海丝"文化有着千丝万缕的联系。[④] 因此,宁德、莆田和漳州在福建建设"海丝"核心区的过程中应充分利

---

① 蔡紫旻,陈林森,郭雅莹.做强实体经济 泉州致力再创"晋江经验"新辉煌[EB/OL].(2019-04-17)[2020-08-30].http://www.mnw.cn/quanzhou/news/2151922.html.
② 李金明.闽南文化与漳州月港的兴衰[J].南洋问题研究,2004(3):75-81.
③ 陈祖芬."海丝"中国段妈祖文化遗存的产生历史及其价值[J].中国海洋大学学报(社会科学版),2018(1):62-67.
④ 刘义杰.福船源流考[J].海交史研究,2016(2):1-12.

用其各自的特色"海丝"文化,发挥在福建建设"海丝"核心区过程中的特色文化补充功能,同时作为雁型战略南北翼产业发展带的产业衔接区,促进福建"海丝"核心区建设中的相关产业发展。

5.南平、三明、龙岩

"海丝"特色文化与特色产业功能区。南平、三明和龙岩发展独具特色的"海丝"产业,可以作为福州、厦门、泉州发挥"海丝"核心区主体产业功能的有效补充。为此,南平主要定位与以武夷山"万里茶道"主导的茶产业、茶文化,并通过面向大众旅游的服务平台、大数据平台、监管平台促进武夷山旅游业的发展;三明则主要定位为汽车及机械装备产业、冶金及压延产业和林产加工产业;龙岩主要定位为以客家文化为主导的旅游产业、优势特色农业产业、机械重工业和稀土工业。

三、福建区域产业发展的制造业行业布局

在 2018 年福建各地区工业制造业占全省比例超过 20％的行业分布中,泉州最多,有 17 个行业,其中规模较大且占比较高的包括:烟草制品业占88.14％、纺织服装和服饰业占 82.12％、橡胶和塑料制品业占 60.21％、文教体育等用品业占 50.82％、纺织业占 48.73％、印刷媒介占 76.18％;福州有 8 个行业,其中化学纤维制造业占 58.81％、纺织业占 28.49％、农副食品加工业占23.08％、黑色金属冶炼和压延加工业占 30.1％、汽车制造业占 27.91％;厦门有 3 个行业,其中计算机、通信和其他电子设备制造业占福建省的 62.98％,汽车制造业占 22.23％、通用设备制造业占 20.94％;莆田只有 1 个行业,为皮革、毛皮、羽毛及其制品和制鞋业,占 56.44％;漳州有 5 个,分别是农副食品加工业占 30.75％、食品制造业占 30.12％、造纸和纸制品业占 39.19％、汽车制造业占 25.34％、黑色金属冶炼和压延加工业占 24.46％;宁德有 2 个行业,分别是有色金属冶炼和压延加工业占 40.24％、电气机械和器材制造业占 30.03％;南平的木材加工和木、竹、藤、棕、草制品业占 26.64％;三明木材加工和木、竹、藤、棕、草制品业占 37.33％,化学原料和化学制品制造业占22.72％;龙岩有色金属冶炼和压延加工业占 32.59％。

从 2018 年福建各地区工业制造业省域区位商来看(见表 3-5),除泉州

外,其他各地区占福建全省比例超过 20% 的行业,省域区位商也都大于 1
(表 3-5 中带 * 号的数据)。而对于泉州,占全省比例超过 20% 的 17 个行业
中,尚有造纸和纸制品业、金属制品业、通用设备制造业及酒、饮料和茶制造
业等 4 个行业的省域区位商小于 1,即不具备区域比较优势。

表 3-5　福建各地市工业制造业行业的省域区位商

地区	工业制造业行业	区位商	地区	工业制造业行业	区位商
福州	农副食品加工业	1.34*	泉州	食品制造业	1.14*
	化学原料化学制品	1.16		纺织服装和服饰业	2.65*
	黑色金属冶炼和压延加工业	1.75*		文教体育用品业	1.64*
	电气机械和器材制造	1.04		化学纤维制造业	1.04*
	纺织业	1.65*		仪器仪表制造业	1.45*
	化学纤维制造业	3.41*		烟草制品业	2.85*
	通用设备制造业	1.05		家具制造业	1.72*
	计算机通信电子设备	1.07		石油、煤炭等加工业	2.48*
	皮革毛皮羽毛及制鞋	1.78*		橡胶和塑料制品业	1.94*
	非金属矿物制品业	1.34*		纺织业	1.57*
	汽车制造业	1.62*		印刷记录媒介复制业	2.46*
	仪器仪表制造业	1.44*		医药制造业	1.50*
厦门	金属制品业	1.55		铁路船舶航空航天	1.56*
	汽车制造业	1.97*	莆田	农副食品加工业	1.13
	通用设备制造业	1.26		造纸和纸制品业	1.04
	电气机械和器材制造	1.67		通用设备制造业	1.41
	专用设备制造业	1.86*		酒、饮料和茶制造业	1.01
	计算机、通信和其他电子设备制造业	5.59*		文教体育用品业	2.62
				皮革、毛皮、羽毛及其制品和制鞋业	8.99*
				化学原料化学制品	1.41

续表

地区	工业制造业行业	区位商	地区	工业制造业行业	区位商
漳州	农副食品加工业	2.85*	南平	农副食品加工业	2.15
	木材加工等制品业	1.11		木材加工等制品业	7.29*
	化学原料化学制品	1.83		医药制造业	1.03
	金属制品业	1.4		食品制造业	1.22
	食品制造业	2.80*		文教体育用品业	1.14
	家具制造业	1.18		非金属矿物制品业	1.08
	非金属矿物制品业	1.73		酒、饮料和茶制造业	3.26
	汽车制造业	2.35		化学原料化学制品	2.53
	酒、饮料和茶制造业	1.23		电气机械和器材制造	1.12
	造纸和纸制品业	3.64*	三明	酒、饮料和茶制造业	1.08
	黑色金属冶炼和压延加工业	2.27*		造纸和纸制品业	1.28
	仪器仪表制造业	1.23		非金属矿物制品业	2.12
宁德	农副食品加工业	1.12		通用设备制造业	1.22
	有色金属冶炼和压延加工业	6.79*		纺织业	1.19
	酒、饮料和茶制造业	1.34		化学原料和化学制品制造业	2.63*
	铁路船舶航空航天	3.09		黑色金属冶炼加工业	2.09
	黑色金属冶炼加工业	2.58		专用设备制造业	2.22
	电气机械和器材制造业	5.07*		木材加工等制品业	4.32*
龙岩	烟草制品业	2.18		医药制造业	1.29
	非金属矿物制品业	2.07		金属制品业	2.17
	汽车制造业	1.07		汽车制造业	1.14
	木材加工等制品业	1.49			
	有色金属冶炼和压延加工业	6.24*			
	化学原料化学制品	1.38			
	专用设备制造业	3.72			

资料来源:依据各地区 2019 年《统计年鉴》数据计算而得。

注:(1)表中带"＊"号的为该地区该行业占福建全省比例超过 20%。

(2)表中仅列出各地区区位商大于1(即具有区位优势)的产业。

因此，结合上述分析，综合考虑各地区工业制造业行业省域区位商及其占全省该行业比例，即既要考虑工业行业在该地区的区域比较优势，又要考虑该行业的规模及其在福建全省的地位，福建省各地区的工业制造业重点产业布局如表 3-6 所示。

表 3-6 福建省各地区的工业制造业重点产业布局

地区	产业布局	地区	产业布局
福州	农副食品加工业；纺织业；皮革、毛皮羽毛及制鞋业；化学纤维制造业；非金属矿物制品业；黑色金属冶炼和压延加工业；汽车制造业	泉州	食品制造业；烟草制品业；纺织业；纺织服装和服饰业；家具制造业；印刷记录媒介复制业；文教体育用品业；石油、煤炭等加工业；化学纤维制造业；橡胶和塑料制品业
厦门	计算机、通信和其他电子设备制造业；汽车制造业	漳州	农副食品加工业；食品制造业；黑色金属冶炼和压延加工业
宁德	有色金属冶炼和压延加工业；电气机械和器材制造业	三明	木材加工等制品业；化学原料和化学制品制造业
莆田	皮革、毛皮、羽毛及其制品和制鞋业	南平	木材加工等制品业
龙岩	有色金属冶炼和压延加工业		

四、福建区域产业发展措施

1.搭建"海丝"平台

（1）"海丝"人文交流平台。人文交流平台是福建"海丝"核心区建设过程中发挥文化引领作用的关键。因此，要以福建在"海丝"的历史地位及遍布"海丝"沿线国家的闽侨闽商为基础，把福建打造成"海丝"沿线国家在闽后裔追溯历史、探寻人文交往密码的基地，并通过闽侨闽商在"海丝"沿线国家经济社会发展中的地位与作用展开人文交流，在增进双向交流的过程中实现我国"海丝"建设过程中的民心相通。

（2）"海丝"经贸合作平台。经贸合作平台的重点是将福建打造成我国与"海丝"沿线国家之间开展商品贸易促进经济发展协作的核心地区。为此，要以 RCEP 等协定为基础，推动中国（福建）自由贸易试验区的福州、厦门和平潭三个片区积极开展与"海丝"沿线国家间的经贸合作。同时，在福建省的各个经贸合作区、产业园区，以"园内园""区内区"等方式，建设"海丝"核心区综合试验区、福建与"海丝"沿线国家经贸合作示范区,强化与"海丝"沿线国家的经贸合作。

（3）"海丝"产业发展平台。福建"海丝"核心区建设需要在"海丝"沿线国家中,结合福建自身的产业发展实际,以某一或某些产业类型为主导,有针对性地选择某一种或某几种类型的国家重点布局产业合作区。这包括:选择闽商比较集中且在经济社会发展中占有重要地位的国家或地区建设输出型产业合作试验区,选择新前沿国家如缅甸建设就地开发性产业合作试验区,在一些国家和地区、重要港口、铁路沿线,建设综合配套性产业合作试验区,实现福建与"海丝"沿线国家间多方面、全方位的产业发展合作。

（4）"海丝"海洋开发平台。首先,推进与"海丝"沿线国家在传统渔业养殖、远洋渔业捕捞、海洋渔业技术交流、海洋渔业资源保护等领域的跨国合作。[①]　其次,大力发展跨国海洋产业价值链,鼓励建立远洋渔业基地和国际性海洋全产业链。最后,充分发掘马尾在中国乃至世界船政史上的历史价值,举办国家级海洋装备展,以突出福建面向"海丝"展开海洋合作的重要地位。同时,提升和拓展中国（福州）国际渔业博览会,将其打造成为我国面向"海丝"沿线国家展开海洋渔业合作的重要平台。

2.推进对台"海丝＋海峡"合作

（1）"海丝＋海峡"合作。"海上丝绸之路"有三条路径:第一条是从福建沿海港口南下,经过南海、马六甲海峡向西至印度洋;第二条是从福建沿海港口南下,过南海,经印度尼西亚抵达南太平洋合作走廊;第三条是从福建沿海港口北上,经韩国、日本,延伸至俄罗斯远东和北美地区的北线合作走廊。[②]　这三条路径都能辐射台湾地区。这意味着,台湾地区在"海丝"建设中具有重要地位,也同样面临巨大的机遇。因此福建在建设"海丝"核心区的过程中要把建设"海丝＋海峡"作为重要内容纳入合作机制,一方面共同促进与"海丝"沿线国家的经济、社会交往,共同参与"海丝"建设,共同谋求两岸的经济社会发展。另一方面则要通过与"海丝"沿线国家的经济社会交

---

① 张玉强,李育林,彭亮.广东推动海上丝绸之路建设的海洋渔业合作研究[J].中国渔业经济,2015(3):21-26.

② 吴娟,黄茂兴.福建"海丝"核心区建设及战略思考[J].东南学术,2017(5):138-145.

往,向台湾民众展现出大陆发展与"海丝"国家发展高度的融合状态,从而为进一步增强台湾民众对祖国的认同打下更坚实的基础。

(2)体制机制示范效应。要发挥福建对台体制机制的示范效应,应以深圳建设中国特色社会主义先行示范区为模板,将厦门打造成面向台湾的示范区,对前来厦门开展经济活动、社会交往和文化传播的台湾民众,应以充分的制度自信与其展开全方位、多层次的深入交往。

(3)人文交流波及效应。福建在建设"海丝"核心区的过程中,要在继续强化与主张两岸统一的台湾知名人士及其群体间交往的同时,及早规划布局面向台湾民众,尤其是对祖国文化相对缺乏认知的年轻人,展开两岸的人文交流,通过两岸人文交流对台湾的普通民众产生更大的人文交流波及效应。

(4)经济发展的诱导效应。"海丝＋海峡"合作中经济发展的诱导效应,有助于台湾民众认识到大陆是台湾经济社会发展的坚实后盾。

3.构建支撑体系

(1)加强重点海、空港设施建设。完善的航空和海运基础设施是福建建设"海丝"核心区的关键。为此,一方面在省内要通过各航空港的错位层次化,构建面向"海丝"沿线国家的海外海运网络,以及支撑国内以海铁联运为基础的内陆地区海外货运体系,形成完善的"飞机＋高铁＋高速"立体交通网络;另一方面要实现福建省内各货运、客运节点与国内"海丝"建设重点省份之间的互联互通,同时还要便利福建乃至国内其他地区利用福建的航空和海运设施,实现与"海丝"沿线国家或地区之间的客货运输互联互通。

(2)打造"海丝"城市群。通过强化福州、厦门、泉州三个中心城市的差异化功能定位形成完善而强大的"海丝"核心区中心城市功能,以构建包括福建省内的宁德、莆田、漳州、武夷山,国内参与"21世纪海上丝绸之路"的宁波、广州、深圳、海口、南宁等主要城市,以及"海丝"沿线的马尼拉、雅加达、新加坡、吉隆坡、曼谷、河内、仰光等主要城市在内的"海丝城市群",并定期举办"海丝城市群"经贸、投资洽谈、文化与人文交流、海洋合作等方面的主题论坛,以城市层面的合作与交流提高福建"海丝"核心区的地位,增强福建"海丝"核心区的功能,促进福建"海丝"核心区建设。

(3)加强产业园区建设。产业园区因其能够实现特定产业或功能的集聚发展而成为展现城市产业职能的重要空间形态。因此,应在福建省内各产业园区设置"海丝"专项功能区以加强产业园区面向"海丝"的示范效应,从而提升福建"海丝"核心区的地位与功能。产业园区"海丝"专项功能区,可以体现为面向"海丝"的某一特定区域,比如东盟、非洲,或者面向某一特定国家,比如菲律宾、缅甸,或者面向某一特定的产业领域,比如海洋产业,等等。

(4)集疏运体系建设。福建建设"海丝"核心区完善的集疏运体系,一方面要面向"海丝"沿线国家,推进区域空中通道、海上通道、陆海联运通道和信息通道建设,完善集散、疏运体系,提升口岸通关功能,促进与"海丝"沿线国家人员和货物往来便利化;[①]另一方面要构建包括海港、航空港、高铁、高速公路等交通基础设施在内的省内完善交通集疏运体系,形成省内资源、人员、货物的快速流通通道,实现省内海港、空港等航运资源有效的分工整合,构建凸显"海丝"核心区功能的层次化、一体化交通集疏运体系。

---

① 邰晓安,康淼,黄鹏飞.福建将打造"海丝"核心区新支撑[EB/OL].(2015-12-29)[2020-08-30].http://www.china-fjftz.gov.cn/article/index/aid/2564.html.

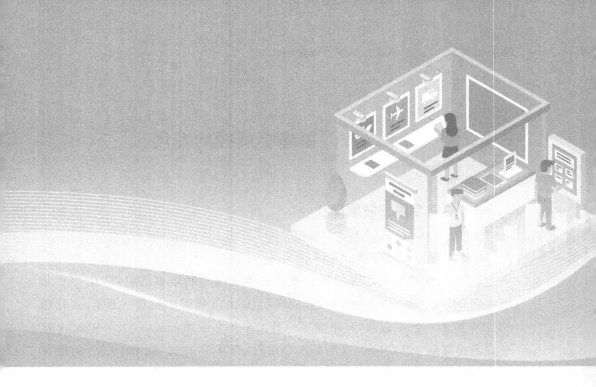

第四章　会展与福建县域产业发展

第一节　福建会展业的发展

一、福建会展业发展现状

1.福建省会展业发展的总体状况

2012—2019 年福建省的展会数量总体上呈不断增加的趋势，从 206 个增加到 343 个，增加了 66.50％；办展面积从 2012 年的 215 万平方米，上升到 2019 年的 420 万平方米，几乎翻了一番。平均办展面积从 2011 年的 0.91 万平方米提高到 2019 年的 1.2 万平方米左右，提高了 1/3。到 2019 年，福建省的展馆数量维持在 9 个，展厅面积 38 万平方米（见表 4-1）。如果加上位于厦门翔安、2023 年竣工、展厅面积达到 30 万平方米的厦门国际博览中心，则福建省的会展展馆数量上升到 10 个，展馆面积 68 万平方米，从全国排名第 10 上升到第 7，仅次于广东、山东、江苏、浙江、上海和云南。

表 4-1　2011—2021 年福建会展业主要数据

项目	年份/年										
	2011	2012	2013	2014	2015	2016	2017	2018	2019	2020	2021
办展数量/个	371	206	245	258	239	257	254	302	343	239	184
办展数量全国排名	8	12	11	12	13	11	14	11	11	12	10
办展面积/万平方米	337	215	247	264	303	327	440	361	420	196	273
平均办展面积/万平方米	0.91	1.05	1.09	1.02	1.27	1.27	1.73	1.20	1.23	0.82	1.48
展馆数量/个	8	6	5	5	9	13	12	8	9	9	9
展馆面积/万平方米	27	51	30	30	27	38	43	35	38	38	38
UFI 会员单位/个	—	—	1	1	1	1	1	1	1	2	2

续表

项目	年份/年										
	2011	2012	2013	2014	2015	2016	2017	2018	2019	2020	2021
展览管理机构/个	—	—	7	4	6	8	6	6	6	8	8
全国排名前100展览数/个	—	—	3	0	10	3	3	3	4	4	1
各细分行业面积前三展览数量/个	—	—	7	5	9	8	14	10	15	7	5

资料来源:整理自历年《中国展览数据统计报告》。

注:表中部分年份的一些数据,疑似并不准确。比如 2011 年的展会数量,明显地高于之后历年的办展数量,可能存在数据误差;2017 年在展会数量没有大幅度增加的情况下办展面积大幅度增加;2017 年之前的展馆数量和展馆面积呈现出波动的状态,也与 2018 年之后持续稳定的数据存在矛盾。

到 2021 年,福建已建成并投入使用的 10 万平方米展馆 1 个,为厦门国际会展中心;5 万平方米以上的展馆 2 个,分别为 8 万平方米展馆的福州海峡国际会展中心和 5 万平方米展馆的莆田市会展中心。此外,还有 4 万平方米的晋江 SM 新国际展览中心、3.2 万平方米的福建成功(泉州)国际会展中心、3 万平方米的石狮服装城展览艺术中心、2.8 万平方米的宁德会展中心、1.5 万平方米的平潭澳前台湾小镇会展中心。[①]

福建举办的展览项目中,在 2019 年全国展览规模前 100 名的项目中,包含排名第 41 位的"2019 年第 19 届中国厦门国际石材展览会"、排名第 56 位的"21 世纪海上丝绸之路博览会暨第 21 届海峡两岸经贸交易会"和排名第 90 位的"2019 年中国厦门国际佛事用品(秋季)展览会"。而在分行业展览面积排名全国前三的展览会中,一类行业展会有"2019 年中国·厦门国际航空旅游服务产业博览会"(排航空业第一)、"2019 年第 23 届中国国际投资贸

① 资料来源于 2021 年度《中国展览数据统计报告》。但实际上,福建还有位于福州长乐区、作为"数字中国"建设峰会永久会址的长乐会展中心(地上建筑面积 7.5 万平方米,展厅面积不详)、三明下洋会展中心[历年海峡两岸(三明)林业博览会举办地,展厅面积不详]、武夷山茶旅小镇会展中心(展厅面积不详,主展厅东西两侧各设 800 个展位),以及漳州市展览中心、龙岩市会展中心、泉州展览城等。

易洽谈会"和"第 21 届中国国际投资贸易洽谈会"（分列投资贸易类的第二和第三位），二类行业展会则包括"2019 年中国（福州）国际渔业博览会"（排水产品行业第三位）、（福州）"2019 年第 35 届中国植保信息交流暨农药械交易会"（排农机类第一位）、（宁德）"2019 年第 10 届海峡两岸电机电器博览会"（排电机与传达类第二位）、"2019 年第 19 届中国厦门国际石材展览会"（排建筑石材类第一位、第二位和第三位均为厦门举办的石材展会）、"亚洲国际环境景观产业展览会"（排园林景观类第一位）等 15 个展览会。

受 2020 年新冠疫情的影响，福建省会展业无论是展会活动还是展览面积都出现了较大规模的减少，展览规模排名、细分行业排名也出现了较大幅度的下降。

2.福建省各地市会展发展总体情况

福建会展业主要集中在福州和厦门，2019 年之前厦门更是占据绝对优势，但新冠疫情暴发之后，福州有赶超厦门的趋势。如表 4-2 所示，新冠疫情暴发之前，厦门举办的展会数量和办展面积大体上呈持续增加的趋势，从 2013 年的 184 场展览和 160 万平方米的办展面积，上升到 2019 年的 236 场展览和 240 万平方米的办展面积，无论是展览数量还是办展面积均占福建省的一半以上。2019 年，厦门全年的展览会共吸引来自全球 150 多个国家和地区的境外展客商 11.02 万人，境内展客商 46.13 万人，观众达 521.24 万人次，境内外展客商在厦门停留 229.51 万人/天；2019 年新办展览会 25 场，其中首次举办规模超过 1 万平方米的展览会有 8 场，呈现良好的前景和潜力；全年会展业共实现经济效益 450.94 亿元，其中展览业实现经济效益 175.21 亿元，会议业实现经济效益 275.73 亿元。为厦门相关产业的发展和市场的拓展发挥了重要的作用。[①] 2020 年新冠疫情的暴发对厦门会展业产生了巨大的影响，不仅展览数量和办展面积减半，而且在全国会展业的综合指数排名也不断下滑。

---

① 厦门市会议展览业协会.厦门市会议展览业发展报告（2019 年度）[R].厦门：厦门市会议展览业协会,2020.

表 4-2 2013—2021 年福州和厦门会展业主要指标

城市	会展业发展指标	年份/年								
		2013	2014	2015	2016	2017	2018	2019	2020	2021
厦门	综合指数排名	12	14	15	6	18	17	14	18	24
	展览数量/个	184	200	193	248	71	229	236	113	104
	办展面积/万平方米	160	173	191	333	146	238	240	118	126
	展馆数量/个	2	3	2	6	2	1	1	1	—
	展馆面积/万平方米	13.6	11.2	12	16.5	12	10	10	10	—
	TOP 100 项目/个	2	0	6	3		3	3	2	0
	TOP 3 展览数/个	5	3	6	6	2	9	12	5	3
	展览业发展指数	40.9	44.1	54.1	72.8	36.6	52.2	70.2	36.0	34.9
福州	综合指数排名	28	34	29	37	32	33	26	17	19
	展览数量/个	51	49	44	23	26	63	92	118	68
	办展面积/万平方米	76	78	102	99	80	106	133	70	126
	展馆数量/个	1	1	2	2	1	1	1	1	1
	展馆面积/万平方米	8	8	8.4	12.4	8.4	8	8	8	8
	TOP 100 项目/个	1	0	4	0	2	1	1	1	1
	TOP 3 展览数/个	2	2	3	2	1	1	3	3	2
	展览业发展指数	14.4	14.8	22.9	20.4	16.4	23.8	29.8	36.2	44.1

资料来源:整理自历年《中国展览数据统计报告》。

注:表中关于福州和厦门 2018 年之前的展馆数量和展厅面积等数据疑似并不准确,在此列出,仅供参考。另外,2020 年《中国展览数据统计报告》中关于厦门的综合指数计算所采用的数据也与同一份报告中关于厦门展览活动数量和办展面积数据有较大的差别,因此对2020 年厦门展览业发展指数的计算可能有误。

相比之下,2013—2019 年,福州展览数量从 51 个提高到 92 个,办展面积则从 76 万平方米增加到 133 万平方米,虽然上升幅度比厦门大,但到 2019 年,福州举办的展览数量不及厦门的一半,办展面积也只有厦门的 55.42%。

但在新冠疫情的影响下,厦门会展业受到了更大的影响,不仅在全国城市的排名中不断下降,从 2019 年的第 14 位下降到 2021 年的第 24 位,2021 年的展览业综合指数也下降到不足 2019 年的一半,而且展览数量和展览面积也有被福州超越的趋势。2021 年,福州的办展面积已经与厦门持平,而展览业综合指数及其在全国的排名更是超过厦门,以 44.1 的指数值在全国排名第 19 位。

与福州和厦门相比,福建省其他城市的展览业发展则相对落后。泉州市的会展业相对比较分散,包括泉州主城、晋江、石狮、南安、惠安等五个地方都举办了与自身产业发展相关的展览或博览会,因而大大降低了泉州主城在福建省乃至全国会展业中的地位与作用。而且,泉州市的展会,无论是主城区的展会还是所辖各县、县级市的展会,都是规模不算很大的专业型展会,因而其综合影响力与厦门的投资贸易洽谈会、福州的"5·18 海交会"等综合型展会相比,有较大的差距。而宁德、武夷山、三明和漳州等地市的展会则更加单一,规模也不大,因而在福建省会展业发展中的地位更低、作用也就更小。

二、福建促进会展产业发展的政策措施

1.福建省历次五年规划中促进会展业发展的措施

福建省关于促进会展发展的政策措施,最早见于 2006 年发布的《福建省国民经济和社会发展第十一个五年规划纲要》。其中提出要"大力发展电子商务、广告会展、信息咨询和法律服务等商务服务业","增加福建文化艺术产品在对台港澳、对外商业演出、会展、市场交易中的市场份额,拓展国际文化市场","加强与港澳的中介、会展、旅游业的全面合作,引入港澳经营管理经验和手段改造提升福建的服务业","继续办好现有涉台经贸会展,争取到台湾本岛设立分销机构"。但此时福建省对于会展业发展的定位,主要还是从属性质的,即服务于广告等商务服务业,以及福建由于地理区位而希望通过会展业的发展增进海峡两岸的商贸文化交流,密切海峡两岸和港澳地区的经贸合作。也正因为如此,福建省较早开始举办的展会多冠以"海峡两岸"的名称,如在石狮举办的海峡两岸纺织服装博览会,2010 年后固定于武夷山举办的海峡两岸茶叶博览会等。

2011 年,《福建省"十二五"规划纲要》则将会展经济作为与电子商务、总部经济并列的现代服务业之一,在福州、厦门和泉州加快发展,并提出要"整

合会展资源,打造一批全国性品牌,提升以工艺美术、茶叶、花卉、林业、旅游、鞋帽、石材、机械、机电等为主题的各类博览会影响力",即要采取措施提升福建已经开始举办的一些专业展会的影响力,塑造全国性的品牌。此外,福建省"十二五"规划纲要还提出要加快会展业对外开放以引入优质资源,加强与台湾地区开展会展方面的合作。

2016 年,《福建省"十三五"规划纲要》中同样提出要"大力发展总部经济、金融、会展、服务外包、电子商务、特色旅游等现代服务业",通过构建新兴产业区培育发展"现代物流、金融、服务外包、会展、总部经济和跨境电商等服务业"。2021 年《福建省国民经济和社会发展第十四个五年规划和二〇三五年远景目标纲要》则将会展与现代物流、电子商务、金融服务、科技信息等作为生产性服务业的典型代表,提出通过促进这些生产性服务业的发展以满足产业转型升级的需求,同时注重"发展智慧会展、云会展等新业态,提升会展品牌,培育会展名城、名展、名企、名馆",发展体育会展,在厦门"加快建设国际航运中心、国际贸易中心、国际旅游会展中心、区域创新中心、区域金融中心和金砖国家新工业革命伙伴关系创新基地,构建国际知名的航运物流、会展服务品牌",从而明确了福建会展业发展的重心将会放在厦门,建设厦门国际旅游会展中心,打造厦门国际知名的会展服务品牌。

2.福建省促进会展业发展的专项政策措施

2010 年,福建省贸促会发布了《福建省文化会展业 2010—2012 年发展规划》,其中将福建省会展产业发展归纳为民间民俗文化、历史文化遗产、生态旅游休闲、两岸文化交流、产业文化、宗教文化和品牌文化等七个类型,并提出要做大做强厦门文化会展业、加快发展福州文化会展业、推动泉州和漳州等其他七个地市的文化会展业发展。2015 年,福建省出台了《促进展览业改革发展实施方案》(闽政办〔2015〕113 号),第一次系统地提出了福建展览业发展的战略目标、主要任务、促进措施和责任单位。并提出要逐渐取消审批,以福州、厦门、泉州为福建省展览业中心城市,通过专业化、国际化、品牌化、信息化发展道路,加快福建省展览业向低碳、环保、绿色方向转型升级,放开展览业市场准入,促进各地展览业依托产业错位有序发展。除此之外,还提出了财政支持措施,比如针对参加省外、境外重点展会的企业给予奖励。在《福建"十三五"现代服务业专项规划》中,就做大做强会展业提出的方向是精品、名城、影响力、专业性、产业集群、品牌化、国际化。而在 2022 年发布的《福建省"十四五"文化和旅游改革发展专项规划》中，对福建会展业的发展定位进一步提高，即要培育具有国际影响力的会展品牌。

3.福建省各地市促进会展业发展的政策措施

除了在省际层面出台各种措施促进会展业发展外，福建省各个地方也纷纷出台政策促进本地会展业的发展。其中最主要的是厦门和福州，先后出台了多项政策文件，支持会展业的发展。

厦门最早在《厦门市国民经济和社会发展第十个五年计划纲要》中即提出要促进会展旅游业的发展，以厦门国际会展中心为龙头，"培育专业化、国际化招商会展公司和策划公司，进一步拓展中国投资贸易洽谈会、对台商品交易会的规模和影响，壮大会展业的规模，提升会展档次，扩大辐射范围"。2003 年出台的《厦门市人民政府关于促进会展业发展的若干意见》（厦府〔2003〕111 号）则进一步明确了要从设立专项基金、财税和人才引进等方面，培育能在厦门定期举办的特色展会，促进厦门会展业的发展，塑造实力雄厚、竞争力强的大型会展企业。而后，厦门于 2006 年制定了《2006—2010 年厦门会展业发展规划》，提出要"将厦门打造为全国会展名城，会展业成为带动厦门第三产业发展的先导行业"，此后，厦门的历次五年规划、《厦门市关于进一步促进会议展览业发展的扶持意见》（厦会展〔2019〕58 号）、《厦门市会展业发展专项资金申报实施细则》（厦会展〔2019〕60 号）、《厦门经济特区会展业促进条例》（2020 年 12 月 11 日经厦门市第十五届人民代表大会常务委员会第三十九次会议通过，自 2021 年 3 月 1 日起施行）等都提出了针对厦门会展业发展方向、支持措施等方面的内容。

福州同样出台了多项政策文件，促进福州市会展业的发展。2014 年，福州市制定了《福州市会展业发展规划（2014—2025）》，将福州定位为"以海峡为特色的东南会展名城"，"到 2025 年，力争把福州建设成以'海峡'为特色的、面向海峡两岸暨香港澳门、辐射东南亚、具有国际影响力的会展名城，年举办规模以上展览 18 个，展览总面积突破 180 万平方米"，同时还对福州市会展业发展的布局、重点和保障措施做出了详尽的规划。2021 年，福州发布了《坚持"3820"战略工程思想精髓加快建设现代化国际城市》，其中提出要打造东南会展高地，做大会展规模，培育高端论坛和会展品牌，设立重大会展品牌和永久性会址,进一步提高了对福州会展业发展的定位高度。在《福州市"十四五"现代服务业发展专项规划》中,将会展业定位为生产性服务业,要从大型展会、本土品牌、会展质量、经营理念和运营机制、人才引进和培育、国际化水平等方面促进福州会展业的发展,并将到 2025 年会展规模由之前的 180 万平方米提升到 220 万平方米,而对福州市会展业发展的定位仍然保留了与之前规划类似的定位,即"初步建成海峡西岸重要的国际会展目的地城市,东南会展高地初具雏形"。

三、福建主要城市的重要展会活动

综合各方面的信息,福建省主要城市举办的展会活动如表 4-3 所示。从表 4-3 中可知,福建所举办的展会主要集中于厦门和福州,泉州则以鞋服、石材等细分产业的专业性博览会为主。除了厦门、福州和泉州之外,福建其他地市所举办的展会则相对较少,影响力也相对较弱,但一些地方举办的、与地方产业发展密切相关的展览会或博览会,如漳州农博会·花博会、中国(宁德)大黄鱼文化节、中国沙县小吃旅游文化节、武夷山国际茶业博览会等,经过多年的办展经历,无论是对地方经济社会发展,还是对地方今后举办更多展会,都具有较为重要的意义。

表 4-3 福建各地市主要展览会名录

城市	展会	
厦门	中国国际投资贸易洽谈会	厦门国际数字智能产业博览会
	中国(厦门)国际游艇展览会	厦门国际户外装备展览会
	中国厦门国际佛事用品展览会	中国直播电商产业大会
	海峡两岸图书交易会	海峡旅游博览会
	厦门国际动漫节	厦门国际石材展览会
	厦门环境景观产业展览会	厦门航空旅游服务产业博览会
	海峡两岸(厦门)文化产业博览交易会	中国厦门国际茶产业(春季、秋季)博览会
	中国厦门电子商务交易(跨境)平台暨进口名品博览会	厦门工业博览会暨海峡两岸机械电子商品交易会

续表

城市	展会	
福州	中国海峡项目成果交易会	21世纪海上丝绸之路博览会
	海峡绿色建筑与建筑节能博览会	海峡两岸经贸交易会
	数字中国建设峰会	中国(福州)国际渔业博览会
	中国食用菌产业博览会	福建消费品采购暨商圈(步行街)博览会
	中国跨境电商产品博览会	福州国际鞋服智能制造设备展览会
泉州	中国(晋江)国际鞋业博览会	海峡两岸纺织服装博览会
	中国(南安)水头国际石材博览会	中国(惠安)国际雕刻艺术品博览会
漳州	漳州农博会·花博会	—
莆田	世界妈祖文化节	(莆田)海峡工艺品博览会
宁德	海峡两岸电机电器博览会	中国(宁德)大黄鱼文化节
龙岩	中国土楼世界客家文化节	海峡两岸机械产业博览会
南平	武夷山国际茶业博览会	—
三明	中国沙县小吃旅游文化节	海峡两岸(三明)林业博览会暨投资贸易洽谈会
各地综合	海上丝绸之路(福州、泉州、漳州)国际旅游节	海峡论坛

资料来源:根据网络资料收集整理。

注:表中并非福建各地市举办的全部展会活动,而是仅仅列出相对较为专业、面向产业发展或具有较大区域乃至全国影响力的展会。一些带有纯消费或展销性质的展会,如各地举办的车展等,并未列入表中。

四、福建主要县域产业博览会概况

福建有较多展会是针对县域特色产业而开展的,比如中国(福建)食用菌产业博览会、海峡两岸茶博会、晋江鞋(体)博会、南安国际石材博览会等。如表4-4所示。

表4-4　福建部分县域特色产业博览会基本情况

展会	举办数量/届	展馆面积/平方米	展位数量/个	参展人数/万人	交易额/亿元
中国(晋江)鞋(体)博会(2021)	23	60 000	2 317	10.3	303
海峡两岸(武夷山)茶业博览会(2020)	14	45 000	1 800	0.8	73

续表

展会	举办数量/届	展馆面积/平方米	展位数量/个	参展人数/万人	交易额/亿元
中国南安(水头)国际石材博览会(2019)	22	1 000	6 000	1.6	127
中国(福建)食用菌产业博览会(2021)	3	16 000	1 750	1.6	2
海峡两岸(福建石狮)纺织服装博览会(2021)	24	30 000	5 000	19.3	960
中国(福州)国际渔业博览会(2021)	17[a]	46 000	1 750	8.6	249
海峡两岸(福建漳州)花卉博览会(2019)	22	39 000	1 100	2.1	23
平潭国际海洋旅游与休闲运动博览会(2018)	5[b]	14 000	1 600	2.5	5
海峡两岸(三明)林业博览会(2020)	17	16 000	—	1.2	
漳州龙海水产养殖展览会(2022)	3	16 000	—	2.0	
中国(福州)现代农业与乡村产业博览会(2021)	1[c]	21 000		1.0	
中国德化陶瓷博览会暨茶具文化节(2020)	4	60 000	743	—	—
国际(永安)竹博会(2020)	21	16 000	—	0.08	26.3
仙游红木家具精品博览会(2022)	10	30 000	—	0.07	2.2
中国(沙县)小吃旅游文化节	26[d]	—			
中国(惠安)国际雕刻艺术品博览会(2019)	13[e]	60 000			
商圈博览会暨全民乐购(2019)	3	—		30.0	500

资料来源:收集整理自网络资料。

注:a.早期的福州渔博会并没有相关报道或统计资料。但从能查到的资料中显示,2009年9月为"第四届中国国际(福州)渔业博览会"。之后一直延续到2022年,累计为17届。b.因新冠疫情,2020年和2021年平潭国际海洋旅游与休闲运动博览会停办。c.能查到的资料显示,该展会仅于2021年举办。d.能查到的资料显示,2010年为"第十四届中国(沙县)小吃旅游文化节"。之后每年均举办,至2022年共26届。e.2011年及之前为中国(惠安)雕刻艺术节,共举办了6届,2012年起改名为"中国(惠安)国际雕刻艺术品博览会",迄今举办了7届。二者相加为13届。

表 4-4 中的部分展会在展馆面积、展位数量、参展人数、交易额等方面都已经达到了一定的规模，有的展会已经连续举办多届，比如晋江鞋（体）博会已经举办了 23 届，沙县小吃旅游文化节举办了 26 届，三明林业博览会也举办了 16 届。这些展会在为各大展商提供交易平台的同时，也吸引许多本地或周边客户进入该县域参展，为当地县域经济和县域产业的发展带来了资金、技术、装备、人才和新的理念，也在相当程度上拓展了县域产业的市场范围。

第二节 福建主要县域产业发展概况

一、福建县域经济发展的总体情况

1.福建县域经济总体情况

（1）人口状况。2021 年，除各地市市辖区外，福建省共有 52 个县或县级市，户籍人口 2 503.00 万人，占福建省户籍总人口的 63.47％。52 个县或县级市共有常住人口 2 296.82 万人，占福建省总人口的 54.86％；其中城镇人口1 351.27 万人，乡村人口 945.56 万人，城镇化率 58.83％，比福建省整体城镇化率低 10.87 个百分点。从户籍人口与常住人口对比来看，52 个县或县级市的户籍人口数量比常住人口多 206.18 万人，表明整体上福建省县域人口呈净流出的趋势。

（2）经济状况。2021 年，福建省全省 52 个县域共实现地区生产总值 22 982.23亿元，占福建省地区生产总值的 47.08％。人均地区生产总值（按常住人口计算）100 061.10元，是福建省整体人均地区生产总值 116 939 元的 85.57％、福建省各地级城市（仅包含市辖区）136 643.80 元的 73.23％，表明福建省县域经济发展水平与地级城市相比，仍有一定的差距。2021 年，52 个县或县级市的地区生产总值中，第一产业、第二产业和第三产业增加值分别为 2 249.18 亿元、11 522.62亿元和 9 210.41 亿元，三次产业结构为 9.79：50.14：40.07，与福建省整体三次产业结构 5.90：46.80：47.30 相比，第一产业和第二产业分别高了 3.89 和 3.34 个百分点，第三产业则低了 7.23 个百分点；与福建省各地级城市（仅包含市辖区）的三次产业结构 2.51：43.92：

53.57 相比,则第一产业和第二产业分别高了 7.28 和 6.22 个百分点,第三产业则低了 13.50 个百分点,表明福建省县域经济整体上相对偏向于第一产业和第二产业的发展。

2.福建县域经济发展分类分析

(1)地区生产总值规模。从地区生产总值的规模来看,超过 1 000 亿元的县市有晋江市(2 986.41 亿元)、南安市(1 536.36 亿元)、惠安县(1 491.13 亿元)、福清市(1 414.04 亿元)和石狮市(1 072.51 亿元),5 个县市全部位于福建东部沿海,且其中 4 个在泉州,1 个在福州。地区生产总值在 500 亿～1 000亿元的有闽侯县、安溪县、福安市、连江县、仙游县、永春县和漳浦县等7 个县市,同样全部位于福建省东部沿海地区的漳州(漳浦县)、泉州(安溪县、永春县)、莆田(仙游县)、福州(闽侯县、连江县)和宁德(福安市)。其他40 个县市的地区生产总值均低于 500 亿元,其中柘荣县、周宁县、松溪县等15 个县由于人口较少,常住人口在 10 万左右,因而地区生产总值规模也较小,均低于 200 亿元。

(2)人均地区生产总值。从人均地区生产总值看,大体上可以按照 52个县或县级市人均地区生产总值在 14 万元以上、超过 10 万元但低于 14 万元和 10 万元以下来区分。人均地区生产总值 14 万元以上的县或县级市包括泉州的石狮市(156 001元)、晋江市(144 585 元)和惠安县(143 862 元),福州的闽清县(151 001 元),漳州的华安县(142 236 元)和三明的永安市(141 549元)等 6 个县市,除永安外其余 5 个县市位于福建省的东部沿海地带。人均地区生产总值超过 10 万元但低于 14 万元的则有罗源县、清流县、建宁县等 16 个县市,分布在除莆田、南平和厦门外的其他 6 个地级市。其余 30 个县市的人均地区生产总值均低于 10 万元。

(3)三次产业结构。从三次产业结构来看,晋江市(0.70∶61.12∶38.18)、南安市(2.18∶59.83∶38.00)、惠安县(2.38∶70.52∶27.10)、永春县(4.95∶60.98∶34.07)、安溪县(6.74∶51.44∶41.82)、闽侯县(5.87∶51.40∶42.73)、福安市(8.48∶63.25∶28.26)、永安市(7.92∶58.49∶33.59)等县域经济规模较大、第一产业所占比例低且县域经济发展明显更偏向于工业,石狮市(2.59∶44.44∶52.97)、福清市(8.74∶47.08∶44.18)、仙游县(4.09∶49.24∶46.67)等县市同样是县域经济规模较大、第一产业所占比例较低,但县域经济发展过程中第二产业和第三产业相对比较均衡。此外，还有一些县市，如连江县、尤溪县、东山县、南靖县、平和县、浦城县、光泽县、霞浦县、古田县等9个县的县域产业发展中以农业为重，第一产业所占比重超过 20%。

总体上，综合前述从地区生产总值规模、人均地区生产总值和三次产业结构来看，福建省东部沿海地带的泉州、福州所辖县市的县域经济发展水平最高，而其他地区，除三明的永安市、宁德的福安外，要么县域经济规模小，要么县域经济发展水平低，甚至不少县域经济中农业所占比重仍超过 20%。

二、福建县域特色农业产业发展

1.福建县域特色农业产业发展概况

福建省呈"依山傍海"态势，全省共有 58 个县（市），其中沿海县（市）25 个，山区县（市）33 个，人均耕地面积约 0.5 亩（1 亩≈666.67 平方米）。20 世纪 90 年代以来，全省县域经济获得了长足的发展，尤其是沿海县域经济发展的成就最引人注目。即使处于"八山一水一分田"的地理环境中，人均耕地面积仅为全国平均水平的 1/3，但仍然具有良好的自然条件和较好的农业多样性。因此，福建省各县域有条件立足其特有的资源优势，发展县域特色产业。根据 2016—2021 年近五年数据统计，福建省在全国县域经济基本竞争力百强县（市）排名，除了 2019 年仅有 2 个县市上榜外，其余年份基本有六七个县（市）上榜，上榜的县（市）以沿海县域为主。由于历史区位资源等原因，福建县域经济发展不平衡的特点十分突出，山区和沿海对比明显，三明、南平、龙岩、宁德等山区市的县域经济发展水平与福州、泉州、漳州等县域经济相比还存在很大的差距。

茶叶、水产、花卉苗木、林竹、水果、畜禽、蔬菜是福建传统的七大县域特色产业。后来，随着食用菌、乡村旅游、乡村物流产业的发展，福建特色产业扩展为十大产业。2020—2021 年，福建主要县域特色产业种植与产出情况如表 4-5 所示。2020 年十大县域特色产业全产业链总产值 2.02 万亿元[①]，茶

[①] 刘卿.福建 2020 年十大乡村特色产业全产业链总产值破 2 万亿元[EB/OL].（2021-07-30）[2022-08-03]. https://baijiahao.baidu.com/s? id = 17067040122655980071& wfr = spider&for=pc.

叶、蔬菜、水果、畜禽、水产、林竹、花卉苗木、食用菌等 8 个特色农业全产业链年产值均超过千亿元。全省培育形成农业特色产业百亿元强县 9 个、十亿元强镇 79 个、亿元强村 146 个。[①]

表 4-5　2020—2021 年福建省部分特色产业种植与产出情况

项目	2020 年		2021 年	
	种植面积/ 千公顷	产量/ 万吨	种植面积/ 千公顷	产量/ 万吨
蔬菜	596.98	1 492.30	611.11	1 540.46
园林水果	355.78	717.05	368.36	763.02
水产品	250.25	612.27	250.75	632.12
食用菌	—	137.44	—	146.04
茶叶	223.94	46.14	232.09	48.79

资料来源:整理自《福建省统计年鉴(2022)》。

2.各县主要特色农业产业发展分布

由于福建山多地少的地理条件,因而总体上形成了偏北部山区以茶叶种植、林木产业为主导,偏南部地区则以水果、花卉产业为主导的县域特色农业发展态势。部分县市特色农业主要统计指标如表 4-6 所示,特色农业的产业化发展,带来了农民收入的增加,也促进了地区经济的快速发展。

表 4-6　福建部分县域特色农林牧渔业主要数据统计

县域	主要特色 农业	种植面积/ 万亩	产量/万吨	产值/亿元	品牌价值/ 亿元
连江	海水养殖	—	128.12	239.73	—
安溪	乌龙茶产业	60	7.87	280	1 428.46
武夷山	岩茶产业	14.8	2.36	120	839.24
福鼎	白茶产业	30.5	3.4	137.26	52.22
福安	绿茶产业	30	2.87	100	—
古田	食用菌		90.64	220	
南靖[a]	兰花产业	0.435	9 000[b]	15.5	—

[①] 蒋升阳,颜珂,王鉴欣.福建因地制宜建设特色现代农业[N].人民日报,202208-02(1).

续表

县域	主要特色农业	种植面积/万亩	产量/万吨	产值/亿元	品牌价值/亿元
霞浦	海参养殖	—	3.7	50	—
柘荣	太子参	4.3	0.57	16	—
建瓯	笋竹产业	147.3	2.4/4830/33^c	150.3	—
浦城	油菜产业	7.8	0.55	—	—
尤溪	林产业	—	47.25^d	20.16	—
建宁	白莲产业	5	0.43	25.7	—
永安	贡鸡禽业	—	3.58	19.8	—
闽侯	橄榄	6.3	1.85	8	—

资料来源：依据各县、市发布的统计数据或网上相关报到整理而得。

注：a.2020 年数据；b.单位：万株；c.依次为：立竹 2.4 亿株，竹材 4830 万根，鲜笋 33 万吨；d.单位：万立方米。

三、福建县域工业产业

改革开放后，在政策引导和华侨华人返乡创业的带动下，福建各县市，尤其是泉州各县市依托自身的优势，工业产业快速发展，并分别形成了自身的优势工业产业。福建主要的县域优势工业产业发展主要包括：

1.晋江鞋业

晋江制鞋业产业始于 20 世纪 80 年代初的晋江陈埭镇。1987 年，党的十一届三中全会确立了改革开放之后，1979 年 7 月，中央正式批准广东、福建两省在对外经济活动中实行特殊政策、灵活措施。其中有一条规定，"凡是私人办企业，国家将予以免税三年"。在政策激励下，依靠侨汇和"三来一补"，晋江陈埭镇诞生了第一家制鞋企业——洋埭鞋帽厂（后改名为"鳄莱特"，并于 2008 年在新加坡上市）。随着该厂的成功，到 1984 年，陈埭镇已经办起 700 多家乡镇企业，全镇工农业产值突破 1 亿元大关。陈埭镇等乡镇制鞋业发展的动能，带动了服装、化工、皮革等相关产业的发展，逐渐形成了产业集群化发展。到了 2000 年整个晋江市有超过 3 000 家的鞋厂，年产数百亿双运动鞋，更有上万家大大小小配套的原材料供应商、加工商，成为我国知名的"鞋都"。安踏、特步、匹克、361°、七匹狼、浔兴、金莱克、露友、喜得龙、劲霸等知名企业,都是在所谓的"家庭联产、手工作坊"的"晋江模式"下发展起来的。2011年,鼎盛时期的晋江鞋业,鞋产量占全国的比例达到40％、世界20％。在经历了2012年开始的库存危机和随后的产业重整转型,晋江鞋业在2018年开始复苏,并出现了更多小型鞋厂,成立了晋江陈埭镇鞋材商会,建立了晋江鞋产业链,形成了全国最大、世界少见的鞋材、鞋机市场。

2.石狮服装产业

石狮服装产业的发展源于海外石狮侨胞寄回海外商品而形成的"估衣摊",即以旧"洋服"为主要销售产品的小商品市场。到1975年,石狮的个体商贩已发展到1 000多家,"估衣摊"遍布大街小巷。之后,石狮部分居民开始利用自有厂房、闲置资金,采取合股的形式创办家庭式小工厂,主要对洋服进行仿制并投放市场试销,获得可观的经济效益。随着产量的不断增加,自产商品逐步取代了舶来品。至1984年,石狮镇服装厂发展到300多家,产值1 950万元,大量"国产洋货"投放石狮商品市场,经营服装摊点达1 500多个,贸易额近2 500万元。1987年石狮建市以后,石狮的政策更加灵活,为石狮服装业的发展带来了前所未有的机遇,至1991年全市已拥有1 600多家大型的服装及相关配套企业。到1992年,石狮市服装企业在全国28个省、市、区设立办事机构,在20多个大中城市的大商场建立了1 500个销售专柜,2 100多名供销人员遍布全国各地。1998年后,开始涌现出如富贵鸟、爱登堡、哈利德等著名品牌。2002年12月24日,石狮被中国纺织工业协会命名为"中国休闲服装名城"称号。① 服装产业是石狮最具竞争力的产业,也因此石狮被称为"东方米兰"。2020年,石狮实现地区生产总值(GDP)937.16亿元,其中以纺织服装业为主导的第二产业即贡献了423.05亿元。在石狮的工业产业中,纺织服装业占规模以上工业企业主营业务收入的比重达到28.64％。

---

① 佚名.石狮服装产业的发展历程［EB/OL］.(2012-06-14)［2022-08-02］.http://www.sjfzxm.com/news/fushi/20120614/297097.html＃page-4.

3.德化陶瓷业

德化陶瓷制作始于新石器时代,3700多年前的夏商时期开始制作原始青瓷,是中国陶瓷文化发祥地之一。德化陶瓷以"白"见长,瓷雕技艺享誉天下,宋元时期就成为"海上丝绸之路"重要出口商品。据考证,早在烧造印纹陶器的新石器时代,德化即开始生产和使用陶瓷。唐代后期,德化美湖、泗滨一带制瓷业已开始发展。北宋时期德化以碗坪仑窑为代表的窑场,其制瓷工艺已采用轮制、模制和胎接成型的技术,生产出了白度高的莲花纹碗、刻花大瓷盘、印花浮雕盒等产品。到南宋时,瓷窑烧制技术又有新发展,烧制的白瓷,器型大、胎体薄。宋末,屈斗宫分室龙窑问世。元初,德化瓷窑有了很大的改进,出现了一种介于龙窑和阶级窑之间,较易控制烧成火焰的"鸡笼窑",开始改变宋初以来所使用的还原烧成技术而进入到采用氧化烧成的新技术阶段。[①] 明朝是德化瓷大量销往欧洲的全盛时期,象牙白创制成功,把德化瓷的发展提高到新高峰。郑和下西洋时,德化陶瓷成为"海上丝绸之路"的主要出口商品,如凝脂似冻玉的"象牙白"征服了欧洲人,被称为"国际瓷坛上的明珠",并用"中国白"来命名德化陶瓷。德化陶瓷技术在明朝先后传到意大利、日本等地。到了清朝,德化陶瓷主打生产青花瓷,大量生产欧洲国家来样定制的西洋风情系列瓷雕,德化当地人中涌现了不少靠经销瓷器致富的"瓷商"。同时,西方国家掀起一场仿制德化瓷器的热潮:法国的圣科得、钱蒂雷瓷器工厂仿制中国德化窑白釉瓷和孔雀绿釉瓷;德国麦森瓷厂仿制德化白瓷;英国伦敦切尔西瓷厂、博屋瓷器工厂仿制德化窑"中国白"瓷器等。民国时期,德化陶瓷业虽然走下坡路,但仍被称为"中国古今独一无二的优秀作品""以光滑度来说可称为天下第一"。

德化现有陶瓷企业3 000多家,从业人员10多万人,是全国最大的陶瓷工艺品生产和出口基地、国家级出口陶瓷质量安全示范区、全国最大的陶瓷茶具和花盆生产基地,获评中国瓷都、中国民间文化艺术之乡、中国陶瓷历史文化名城,荣膺全球首个"世界陶瓷之都",德化陶瓷品牌价值超千亿元。[②]

① 杨莹.德化陶瓷的历史发展研究[J].收藏与投资,2020(10):46-49.
② 佚名.德化陶瓷概况[EB/OL].(2022-06-07)[2022-08-03].http://www.de hua.gov.cn/tc-wh/dhtcgk/202008/t20200805_2398019.htm.

2021年,德化陶瓷产业实现销售产值达到283.72亿元[①],产业集群形成了传统瓷雕、出口工艺瓷、日用瓷并驾齐驱的发展格局,很多大企业将分公司设到美、德、英等国;迄今已有70多家出口陶瓷企业获"日用陶瓷质量许可证"和"输美日用陶瓷生产厂认证"的双认证资格。

4.南安石材业

南安石材产业兴起于20世纪90年代初期,初期经营方式主要是简单的石头加工贸易、粗放式作坊。在20世纪90年代中后期,水头石材开始走出南安开拓国内市场,并进入世界市场。1998年,南安建成了享有"中国石材城""全国五星级建材市场"美誉的闽南建材第一市场,推动水头石材产业快速发展,并吸引了全国石材业十大龙头企业中的9家入驻南安。1999年举办了首届水头石材博览会,吸引了来自欧洲、中东、美国、巴西、日本、韩国、印度等十几个国家和地区以及我国台湾、香港、澳门等地的客商及代理商。到2020年,南安市有与石材相关企业1 600多家,从业人员近10万人,规模以上企业有330家,石材贸易遍及130多个国家与地区,进口、出口石材量占比份额均超过50%,2020年全年石材行业累计完成规模产值734.4亿元。

南安石材产业的发展,有以下几个特点[②]:

(1)石材品牌企业云集。在南安,吸引了环球、高时、康利等中国石材业9大龙头企业入驻,有4枚中国驰名商标、22件福建省名牌产品、18枚福建省著名商标,并几乎参与全部石材产品质量国家标准的制修订且率先使用标准。

(2)石材产业链条完整。人造石、圆形材、异型材等石材加工生产线应有尽有,丰富了石材产品多样性,形成了集资源开采、生产加工、机械制造、

---

① 德化县人民政府.2021年12月统计月报[EB/OL].(2022-02-07)[2022-08-05].http://www.dehua.gov.cn/zwgk/tjxx/tjyb/202202/t20220207_2694487.htm.

② 世界石材网.看石材产业发展,聚焦南安市石材产业情况汇报[Z].(2021-07-02)[2022-08-05].http://golden_b.world-stone.com/HTML/2021_7_699375.html;南安市统计局.2021年南安市国民经济和社会发展统计公报[EB/OL].(2022-05-07)[2022-08-05].http://www.nanan.gov.cn/zwgk/zfxxgkzl/bmzfxxgk/tjj/zfxxgkml/202205/t20220507_2724389.htm.

物流供应等环节为一体的完整产业链。

（3）产业发展智能化转型。2020 年 12 月，南安发布《关于进一步支持石材行业智能制造数字转型的行动方案》，推动全市石材产业不断向智能化转型；卡奥斯蓝鲸（南安）石材工业互联网平台总部基地落户南安，成为"工业互联网＋石材"实践的新高地；42 家石材企业加入了石头牛工厂，累计完成 70 台智能桥切机、67 台智能扫描仪的铺设；电信、移动、华侨大学等平台纷纷参与石材产业智能化提升。

（4）向绿色低碳方向发展。围绕环保整治，向绿色发展方向看齐，强化企业清洁化生产，全市持证经营的石材企业均已实现污水零排放。鼓励循环经济发展，从 2011 年起每年安排 300 万元以上资金专项用于扶持石粉综合利用项目建设。

（5）石文化创意凸显。围绕石材文化，南安涌现出英良集团"世界石材博物馆"、"五号仓库"、东星"奢石文创园"、溪石集团"装饰一体化"、环球石材"全球石材装饰整体解决方案"等一批石材文创项目。

5.仙游县的家具制造业

仙游素有"文献名邦""海滨邹鲁"之称，"戏剧之乡""国画之乡""工艺美术之乡"之誉。仙游县地处戴云山脉东坡，生态良好，森林覆盖率达 66％，林产资源优势明显，是全国木雕工艺的发源地之一，也是全国最重要的红木集散地、工艺美术品之乡。仙游古典工艺家具制作技艺（"仙作"）有 1 000 多年历史，是传统国画艺术、雕刻艺术与家具制作技艺的巧妙融合，已被列入国家级"非物质文化遗产"保护名录，并与"苏作""广作""京作"誉为中国家具业的四大派，其高端古典工艺家具占全国七成份额，被业界誉为引领我国红木家具市场的风向标和晴雨表。仙游县先后荣膺"世界中式古典家具之都""中国古典工艺家具之都""中国仙作红木家具产业基地""中国古典家具收藏文化名城""全国红木古典家具产业知名品牌创建示范区""中国古典家具（仙作）标准化创建示范基地"称号。仙作臻品先后在北京 APEC 峰会、米兰世博会、第 24 届冬奥会上精彩亮相，多次被选作国礼助力外交，受到了全世界的广泛关注。

仙游红木家具积极参与中国品牌建设促进会主导的品牌价值评价工作。2022 年 9 月 5 日，中国品牌价值评价信息发布会在京举行，根据品牌价值评价有关国际标准、国家标准,经过行业专家评审、技术机构测算、品牌价值评价发布工作委员会审定,仙游红木家具品牌价值 596.34 亿元,品牌强度 883。

6.光泽食品加工业

光泽县围绕"一只鸡",做大做强以圣农集团为主的食品加工业,2011 年仅圣农集团就实现销售收入 33.3 亿元,上缴税款超过 1 亿元,约占全县财政总收入的 1/3。光泽县依托圣农集团建设了和顺工业园,集中发展食品加工业,已有 25 家企业入园,2011 年工业总产值近 40 亿元,实现税收收入 5 000 万元。

截至 2017 年底,光泽县有规模以上农业加工企业 36 家,与 2015 年相比增加了 11 家,其中 10 家省级龙头企业、1 家国家龙头企业。据统计,2018 年全县规模以上食品加工企业完成总产值 103.2 亿元,比上年年增长 18.6%。截至 2017 年底,共有 21 000 名员工,比 2015 年增加了 8.0%。2017 年,全县农业产业化龙头企业分别为 1 个、10 个和 23 个,总产值超过 50 亿元、10 亿元和 1 亿元。分别比 2015 年增加 1 家、5 家和 7 家。在政府的大力支持下,光泽县农业加工企业规模不断扩大,企业整体实力明显增强。[①] 如表 4-7 所示。

表 4-7　光泽县规模以上农产品加工业产值情况

年　　份	企业数量/个	总产值/亿元	同比增长/%
2011	20	40.8	25.8
2012	22	44.17	23.4
2013	22	48.23	28.2
2014	24	50.12	24.7
2015	25	52.13	15.4
2016	33	64.89	27.6
2017	36	80.00	32.1
2018	—	103.2	18.6

资料来源:2011—2017 年数据见:徐佳佳.光泽县农产品加工业现状及对策研究[J].商业经济.2019(3):121-123。2018 年数据来源于光泽县统计局发布的《2018 年全县规模以上工业经济运行分析》。

注:缺少 2019 年及之后的相关统计数据。

① 徐佳佳.光泽县农产品加工业现状及对策研究[J].商业经济,2019(3):121-123.

四、福建县域其他产业

1.沙县小吃产业

沙县位于福建省中部偏西北，闽江支流沙溪下游，建县至今已有1 600年历史，自古即为闽西北重要商品集散地，素有"金沙县"之美誉。

沙县小吃据传是为纪念戚继光率领的抗倭将士，在原氏"光饼"的基础上，结合沙县特有的优质食物，逐步发展了多系列、多品类的著名沙县原创小吃，包括扁肉（馄饨）、芋饺、米冻、豆腐丸、香芋饼、青草冻等，成为当地居民最喜爱、最推崇的乡土美食。

改革开放后，沙县"原创"小吃逐步从沙县风靡全国各地乃至向美国、日本、新加坡、马来西亚等扩张。且先后获得了"中国小吃之乡"及"中国小吃文化名城"的称号。沙县小吃是沙县的主要产业之一，近年来蓬勃发展，凭借"标准化、连锁化、产业化、国际化、数字化"探索，遍布全国各地，已迅速成长为全国门店8.8万家，年营业额超500亿元的产业。①

2.南平市建阳区建盏产业

建盏来源于宋代福建闽北的建阳市东北境水吉镇的后井、池中村一带的建窑黑瓷，其本义则是比碗小的器皿，或者说是一种小碗。建盏是宋代福建地区生产的既可登大雅之堂又流行于大众间的民间造物，它包含着区域内民间各阶层在特定时期所积淀的宗教、政治、理想、愿望、民俗心理、审美情趣和艺术传统，富有浓郁的时代色彩，显示出鲜明的地域特色，蕴涵着科学的精神。② 宋代建盏由当时留学中国的日本僧侣带回日本而传到国外。15世纪以后，他们把建盏及黑釉器讹称为天目。现在"天目"已成为黑釉一类陶瓷的国际通用名词。传世的建盏以日本最多。其中宋代的"曜变""油滴"等4只建盏已被定为日本国宝，是稀世之珍，极受重视。除日本外，美国许多著名博物馆及密歇根大学也有建盏的收藏。我国故宫博物院、上海博

---

① 项开来,林超.从"薄利多销"到"再领风骚"：沙县小吃的前世今生[Z].(2021-06-18)[2022-08-06].人民网,http://fj.people.com.cn/BIG5/n2/2021/0618/c181466-34782109.html.
② 刘水清.建窑建盏的造型文化探析[J].中国陶瓷,2008,(1):80-82.

物馆等也收藏有建盏的宝贵样品。① 建盏蕴含着"天然去雕饰"的理学之风、自然天成的"天人合一"之势、绮丽玄妙的意蕴之态、以人为本的情感之趋等文化内涵。②

新中国成立后,国家十分关心"建窑"的研究工作。国家文物考古队、华东文物考古队、福建博物院和厦门大学考古队,都先后到建阳古窑址考察和发掘。1979 年 9 月,中央工艺美院、福建省轻工所、建阳瓷厂组成攻关小组,开始启动对宋代建盏烧制技艺的研究。1981 年第一只仿古兔毫建盏烧制成功,经专家鉴定,仿古建盏的造型、釉色和胎骨与宋代同类器几乎无异。此后又成功破解了宋代建盏中的兔毫盏、油滴盏的烧制技术。2001 年,建窑建盏被国家批准为全国重点文物保护单位。2009 年"建窑建盏烧制技艺"被列入福建省第三批非物质文化遗产名录,2011 年 5 月"建窑建盏烧制技艺"被列入第三批国家级非物质文化遗产代表性项目名录。至此,建窑建盏重新走入市场,被广大陶瓷艺术、茶文化爱好者所收藏,但多数还是以消费市场为主。2012 年开始有人大量采购,政府开始建设产业链,发展迅速,到 2021 年已形成了建盏产业一条街,从业人员 10 万多人。

建盏技艺的复兴始于仿古。现代陶瓷科技的发展,使建盏烧制的成功率大大提高,经过近 30 余年的技术探索实验,建盏在釉色上突破了单一的黑色的局限,部分古代建盏异毫釉的工艺也已经被掌握,如黑釉金彩、木叶盏、银兔毫、金兔毫等。加之现代控温技术下的龙窑柴烧工艺的加入,建盏烧制水平得到进一步提升,出现了许多新的肌理,晶体效果更是炫目多彩。③ 2017 年,建阳区顺利通过中国陶瓷工业协会组织的中国建窑建盏专家组评审会,被授予"中国建窑建盏之都"。近年来,"建阳建盏"获评中国驰名商标,品牌价值超 160 亿元,年产值突破 45 亿元。④

① 段文华,王莺,吴潇楠,等.建盏之初探[J].中国茶叶,2018,40(1):66-68.
② 陈凯,赵君.建盏文化审美特征探析[J].美术教育研究,2022,(7):45-47.
③ 詹彦福.浅析当代建盏艺术的发展与现状[J].东方收藏,2020(8):45-47.
④ 江苏闽.建阳:描绘绿色高质量发展新画卷[N].闽北日报,2022-09-17(4).

第三节 会展对于福建县域产业发展的意义

一、拓展福建县域产业发展的市场空间

如前文关于我国县域产业发展中存在的问题所述，县域产业的发展，由于远离大中城市，因而难以获取有效的市场信息，市场空间是相对有限的。福建县域产业的发展也存在同样的问题。

1.漳州花卉产业

以漳州花卉产业发展为例，2021年全市花卉苗木种植面积34.5万亩，全产业链产值366亿元，一产产值241亿元，二、三产产值125亿元，销售额131.4亿元，进出口超过1亿美元。[①] 全市已有各类栽培花卉2 000多个品种，其中水仙花2个品种，兰花500多个品种，仙人掌类植物600多个品种，棕榈科植物100多个品种，以及榕树20多个品种。产业布局则以龙海区、高新区发展水仙花，漳浦县发展洋兰、榕树盆景、高端景观苗木，南靖县发展国兰等区域特色明显的花卉产业发展格局。[②]

但漳州市各县域花卉产业在早期发展中，同样存在多数花农对国内外市场行情和营销体系的信息掌握相当有限，缺乏世界花卉贸易运作经验和现代企业营销手段等问题，因而主要依赖于传统销售模式，在沿路和沿街两旁建设家庭小卖场，从而导致花卉产品整体销量不大，出口能力弱。

为此，漳州市在积极组织漳州市花木企业赴外地参展，推动"漳州籍"花卉"走出去"，宣传漳州市特色花卉产业，努力打造漳州市特色花木品牌的同

---

① 佚名.关于做大做优做强漳州花卉苗木产业的建议答复(漳林函〔2022〕21号)[EB/OL]. (2022-06-21)[2023-01-16].https://baijiahao.baidu.com/s?id=1736198953059896168& wfr=spider&for=pc.

② 漳州市政府办.解读《漳州市人民政府办公室关于促进花卉苗木产业高质量发展十条措施的通知》[EB/OL].(2022-06-24)[2023-01-16].http://www.zhangzhou.gov.cn/cms/html/zzsrmzf/2022-06-24/1041908095.html.

时,重点办好海峡两岸(福建漳州)花卉博览会,帮助漳州各县域花卉产业拓展市场空间,并起到了良好的效果。

2.海峡两岸(福建漳州)花卉博览会拓展漳州花卉产业市场空间的作用

海峡两岸(福建漳州)花卉博览会不仅为花卉市场提供实体交易市场,同时也为花木企业和消费者提供网上展示、交易的场所。海峡两岸(福建漳州)花卉博览会自1999年开始,于每年11月18日在福建漳州百里花卉走廊黄金地段的漳浦马口举办,并自2009年起更名为海峡两岸现代农业博览会·海峡两岸花卉博览会。首届海峡两岸花卉博览会成功举办至今,经过20年的发展,海峡两岸农博会·花博会已成为面向两岸、辐射国内外的农业经贸盛会,累计共有1.7万多家企业参展(其中来自我国台湾地区的企业3 300多家),展示农林牧渔产品及其加工品8.9万种,签订购销订单超过270亿元,签约投资项目412亿美元,有54个国家和地区5.9万位嘉宾(其中包含来自我国台湾地区的嘉宾1.2万人)参会,参观人数超过870万人次;[1]全市花卉种植面积从1998年的8 000多亩增加到2017年的31.3万亩,销售额从2.6亿元增加到64.3亿元,出口额从173.5万美元增加到6 700万美元,水仙花、兰花等八大类特色系列产品远销欧盟、日本、中东、韩国等50多个国家和地区,成为全国最大的盆栽花卉出口基地,并形成以花博园为中心、沿324国道的"百里花卉苗木走廊"[2]。历届漳州花卉博览会的情况如表4-8所示。

表4-8 2013—2019年海峡两岸现代农业博览会·海峡两岸花卉博览会概况

年份/年	购销订单/亿元	现场销售额/万元	参展企业/家	花卉门类	签约项目	签约金额/亿元	国际合作	人才合作
2013	28.60	5 600	1 200	—	72	313	—	—
2014	23.3	5 800	1 200	21门类/1 700品种	88	409	—	—
2015	25.6	4 800	1 200	23门类/5 000种盆	101	430	20个国家	—

① 辛闻.2018年漳州农博会·花博会开幕[EB/OL].(2018-11-19)[2023-01-16].参见:中国网,http://news.china.com.cn/txt/2018-11/19/content_73637386.htm.
② 漳州市农业农村局.农博会十周年·花博会二十周年综述[EB/OL].(2018-11-19[2023-01-16].http://nyncj.zhangzhou.gov.cn/cms/html/zzsnyj/2018-11-18/771501347.html.

续表

年份/年	购销订单/亿元	现场销售额/万元	参展企业/家	花卉门类	签约项目	签约金额/亿元	国际合作	人才合作
2016	25	4 500	1 200	20 门类/1 500品种	38	200.2	17 个国家60 家企业	—
2017	24.00	4 400	1 100	20 门类/1 500品种	40	294	12 个国家28 家企业	23 个人才项目/中高级人才1 184人
2018	24.20	6 100	1 200	20 门类/2 000品种	40	230	20 个国家	153 家企业/606 个中高级岗位
2019	23.16	6 000	1 100	1 000+	40	341.60	19 个国家34 家企业	15 个人才项目/高级人才317 人次

资料来源：2013 年（第五届海峡两岸现代农业博览会·第十五届海峡两岸花卉博览会）至 2018 年（第十届海峡两岸现代农业博览会·第二十届海峡两岸花卉博览会）的数据来源于 2019 年（第十一届海峡两岸现代农业博览会·第二十一届海峡两岸花卉博览会）官网，http://nyncj.zhangzhou.gov.cn/cms/html/zzsnyj/zhgk/index.html；2019 年数据来源：张金川.两岸"农博会·花博会"签购销订单超 23 亿元[EB/OL].（2019-11-25）[2023-01-17].https://www.chinanews.com/cj/2019/11-25/9016996.shtml。

注：2020—2022 年，因新冠疫情影响，海峡两岸现代农业博览会·海峡两岸花卉博览会停办。

二、促进福建县域产业结构优化

产业结构的优化升级能够通过产业内部各要素之间，在时空中的相互转化而实现要素的改进、结构的优化，提升福建县域产业的附加值。

1.福建省食用菌产业

以福建食用菌产业为例，近年来呈快速发展趋势，如图 4-1 所示。到 2021 年福建省食用菌产业产量鲜重 478.01 万吨，占全国食用菌产量的 11.41％；食用菌产值 248.12 亿元，占全国食用菌产值的 6.71％[1]；全产业链产值超千亿元（2020 年 1 180 亿元[2]）。

---

① 中国食用菌协会.2021 年度全国食用菌统计调查结果分析[EB/OL].（2022-12-24）[2023-01-17].http://www.alphay.com/medicinal/shownews.php? id=21020.

② 福建特色　福建省十大优势特色产业[EB/OL].（2022-1-23）[2023-01-17].https://www.baikequ.com/4/310303.html.

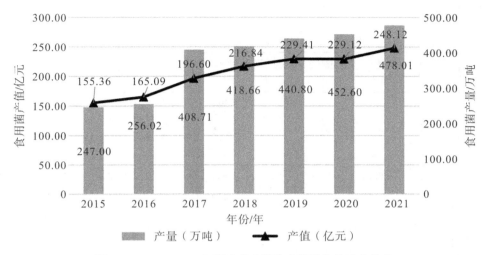

图 4-1 2015—2021 年福建省食用菌产量及产值演变趋势

福建省内,食用菌产业主要分布在漳州市的龙海区、漳浦县和南靖县,2021 年漳州市食用菌鲜品总产量 85.13 万吨,一产产值 41.36 亿元,全产业链产值 166.26 亿元[1];宁德市的古田县,2021 年食用菌鲜品年产量达 90 万吨,全产业链产值近 220 亿元,食用菌经营主体总数 6 153 家,各类创业就业人员达 8 万多名[2];福州市的罗源县,2020 年食用菌总产量达 25.73 万吨(干鲜混合),约占全省的 18%[3];以及三明市尤溪县、泉州市永春县、南平市顺昌县等。

福建省的食用菌产业,在全国同样占有重要的地位。2021 年,福建省的食用菌产量仅次于河南省,位居全国第二;产值仅次于河南省和云南省,位居全国第三。但福建省的食用菌产业也存在单位产值低(每万吨产值仅 0.52 亿元,比第二低的黑龙江省还低 11.86%),在主流产品中所占比重小(蘑菇、香菇总产量 49.53 万吨,仅占全国 3.82%),主要品种银耳的产品附加值不高(2021 年,古田县银耳产量达 36 万吨,产值达 17 亿元,平均产值 0.47 亿元/

① 萧镇平.漳州:"中国菇都"迈向产业集群新征程[EB/OL].(2022-07-13)[2023-01-17].https://baijiahao.baidu.com/s? id=1738200090057005781&wfr=spider&for=pc.
② 杨远帆,李日伟.福建古田:产业链接人才 人才赋能产业[EB/OL].(2022-11-19)[2023-01-17].https://baijiahao.baidu.com/s? id=1749925107096212835&wfr=spider&for=pc.
③ 蓝瑜萍.2021 年罗源菌菇文化节暨中国农民丰收节举办[EB/OL].(2021-11-14)[2023-01-17].https://baijiahao.baidu.com/s? id=1716372058258542806&wfr=spider&for=pc.

万吨)等问题。如表 4-9 所示。

表 4-9　全国主要省份 2021 年食用菌产业概况

序号	省份	产量/万吨	产值/亿元	单位产值/亿元/万吨	主要品种
1	全国	4 133.94	3 475.63	0.84	香菇 1 295.72 万吨、黑木耳 703.44 万吨、平菇 611.34 万吨、毛木耳 220.69 万吨、金针菇 214.57 万吨、杏鲍菇 205.18 万吨、双孢蘑菇 161 万吨
2	河南	576.13	410.38	0.71	香菇、平菇产量 471.23 万吨，占全省的 81.79%
3	福建	478.01	248.12	0.52	(古田)银耳 36 万吨(全省产量占全国 90% 以上)，蘑菇 34.71 万吨，香菇 14.82 万吨
4	河北	331.35	220.00	0.66	全国极少数夏季生产食用菌省份
5	黑龙江	320.95	190.54	0.59	黑木耳占全省食用菌栽培规模的 94.99%
6	山东	303.65	188.69	0.62	平菇 107 万吨、金针菇 61.8 万吨、毛木耳 51.7 万吨、香菇 26.6 万吨、黑木耳 11.6 万吨
7	吉林	231.12	181.52	0.79	黑木耳、桑黄、灵芝产量位居全国前列
8	四川	224.56	241.78	1.08	毛木耳、平菇和冬虫夏草产值分别为 51.43 亿元、40.36 亿元、33.79 亿元
9	贵州	210.00	220.00	1.05	冬菇
10	江苏	179.80	156.73	0.87	杏鲍菇、双孢菇、金针菇、海鲜菇、平菇、毛木耳、香菇、草菇
11	湖北	146.71	152.64	1.04	香菇、黑木耳、平菇、双孢蘑菇、金针菇、羊肚菌与大球盖菇
12	江西	137.80	135.85	0.99	茶薪菇占全国 50% 以上。双孢蘑菇、海鲜菇、灵芝、竹荪、鹿茸菇等占全国 10%
13	陕西	129.69	106.30	0.82	香菇产量最多，占全省 58.5%，其次为黑木耳占 14.5%、平菇 9%、天麻 8.3%
14	辽宁	128.53	123.81	0.96	香菇、黑木耳、平菇、滑菇及特色珍稀菇种大球盖菇、羊肚菌
15	云南	85.14	324.93	3.82	松茸、块菌、牛肝菌、鸡油菌占全球产量的一半以上、中国产量的 2/3,占全国野生食用菌市场份额的 85%

　　资料来源：整理自"2021 年度全国食用菌统计调查结果分析(中国食用菌协会公众号，2022 年 12 月 22 日)"等多个网络数据所得。

2.菌博会与福建县域食用菌产业的结构优化

福建省组织食用菌企事业单位参加农交会、绿博会等大型展会,联合举办食用菌文化节和菌菇烹饪大赛等活动,多渠道多形式地宣传食用菌产品及品牌,提升福建省食用菌品牌影响力和知名度的同时,自 2020 年开始举办中国(福建)食用菌产业博览会,构建高水平食用菌产业发展平台,不断优化福建食用菌产业和产品结构。

中国(福建)食用菌产业博览会,为福建县域特色产业搭建高端、智能化、多元化、生态化的产业发展平台,从以下两个方面促进福建食用菌产业和产品结构优化:一是主流品种的优化。事实上,银耳是带有功能性的食用菌,而非大众化的食用菌,因而其产品价值随着产量的增加和品质的提高而提升空间有限。而大众化的香菇、平菇、黑木耳则可能随着产量的增加、品质的提升带来产值的更大提升。因此,中国(福建)食用菌产业博览会能够通过全国各地乃至世界各地食用菌企业及相关组织的参展,为福建食用菌产业寻求新的食用菌品种发展方向带来更多的市场信息,从而促进福建食用菌产业的品种结构优化。二是促进福建食用菌产业发展中的初级产品和加工产品、深加工产品间的结构优化,以提升现有主流产品赋予地方特色基础上的附加值。如表 4-9 所示,福建食用菌产业的单位产值低,而作为福建食用菌产业主流品种的银耳,单位产值更低。在短期内难以调整福建食用菌产业品种结构,而且作为地域特色产品的银耳产业仍应强化发展的情况下,通过中国(福建)食用菌产业博览会获取福建特有食用菌品种的需求衍生方向,从而促进相关菌种产品的深加工发展,对于福建食用菌产业产品结构优化,进而促进福建食用菌产业的发展同样具有重要的意义。

三、提升福建县域产业发展的文化内涵

1.德化陶瓷产业

县域产业的发展,大多融合了较多当地的历史发展和文化元素。以福建德化陶瓷产业为例,其在上千年的发展演变过程中,凝结了深厚的陶瓷文化于其中。德化是中国陶瓷文化发祥地之一,德化陶瓷宋元时期就成为"海上丝绸之路"重要出口商品。德化全县已发现的唐、宋、元、明、清至民国的

窑址达 238 处,全县 18 个乡镇都有古窑址分布,其中"屈斗宫古窑址"于 1988 年 1 月 13 日被国务院颁布为第三批全国重点文物保护单位,并于 2006 年被国家列入"十一五"时期 100 处重点大遗址保护专项;德化瓷烧制技艺于 2006 年列入国家首批非物质文化遗产保护名录;2021 年 7 月德化窑址作为"泉州:宋元中国的世界海洋商贸中心"遗产点之一被列入《世界遗产名录》。[①] 2021 年 9 月,德化白瓷入选福建文化标识,作品被众多国内外知名博物馆收藏,多次入选国宴瓷和国礼瓷。

迄今,德化陶瓷产业在我国仍然占有重要的地位。2021 年德化陶瓷产业产值为 459 亿元,虽然在我国主要陶瓷产业生产地区中仅排第 5,在福建省内甚至不如晋江市的 825.94 亿元[②],但与广东佛山、福建晋江等地区以建筑陶瓷为主相比,德化与景德镇等地主要以自身陶瓷产业的发展历史为主导,侧重于陶瓷工艺传承和陶瓷文化的日用陶瓷、工艺陶瓷生产。如表 4-10 所示。

表 4-10 2021 年我国主要陶瓷产区概况

地区	产值/亿元	地位	主要产品
江西景德镇	516.20	日用陶瓷生产基地	青花、粉彩、玲珑、颜色釉四大名瓷
广东佛山	914.89	建筑、卫生陶瓷生产基地	建筑、卫生陶瓷
广东潮州	322.50	工艺瓷生产出口基地	工艺瓷
福建德化	459.00	西洋工艺瓷出口基地	工艺瓷、陶瓷茶具
福建晋江	825.94	建筑陶瓷集中地之一	建筑陶瓷
福建闽清县	—	电瓷和建筑陶瓷生产基地	高低压电瓷、建筑陶瓷
河北唐山	100.00	中国近现代陶瓷机械领航者	日用陶瓷
江苏宜兴	113.20	陶瓷之都	日用陶瓷、建筑陶瓷、卫生陶瓷、艺术陶瓷、工业陶瓷、耐火材料、陶瓷原辅料
湖南醴陵	740.00	中国陶瓷历史文化名城	日用陶瓷、特种陶瓷、建筑陶瓷、卫生陶瓷、五彩瓷、红瓷

① 佚名.福建"非遗"技艺:三千多年窑火凝铸德化瓷 向世界传递中国文化魅力[EB/OL]. (2021-12-3)[2023-01-19].https://baijiahao.baidu.com/s? id=1718084409554913620 2&wfr=spider&for=pc.

② 晋江市的产值数据为陶瓷建筑材料的产值,并没有陶瓷业和其他建筑材料产值分列数据。

续表

地区	产值/亿元	地位	主要产品
四川夹江	350.00	西部瓷都	陶瓷墙地砖、建筑陶瓷
江西高安	339.00	中国建筑陶瓷产业基地	建筑陶瓷

资料来源:收集整理自多个网络资料而得。

正因为如此,德化与景德镇、醴陵并称三大"中国瓷都"[①],并且具有相似的陶瓷产品结构。数据显示,2021年景德镇陶瓷总产值为516.2亿元,其中日用陶瓷165.5亿元、艺术陈设瓷185.3亿元,景德镇文化创意陶瓷产值达到112.6亿元,三项合计占陶瓷总产值的89.77%[②];2021年湖南醴陵现有陶瓷企业650家,产品包括日用瓷、工业瓷、艺术瓷三大类,其中电瓷产量占全国51%、全球30%,日用瓷出口150多个国家和地区,出口量居全国第一,陶瓷类酒瓶产量占全国的60%[③];2021年德化陶瓷产品32.51亿件,其中日用陶瓷7.38亿件,陈设艺术、园林及其他陶瓷23.75亿件,两项合计占德化陶瓷总产量的95.76%[④]。

2.德化陶瓷博览会在提升德化陶瓷产业文化内涵中的作用

与德化陶瓷产业浓厚的文化氛围相对应,中国德化陶瓷博览会暨茶具文化节也十分注重强化德化陶瓷产业的文化元素。首先,在展出范围设计上注重德化自身陶瓷文化历史,即德化艺术陶瓷、日用陶瓷等自身陶瓷品牌企业展区,与茶文化即龙泉、景德镇、醴陵、淄博、建阳、潮州等地的陶瓷茶具精品相结合,同时辅以茶文化配套(茶空间布置、茶席、禅服、香道),将众多文化元素融入展出产品之中。其次,在展会的同期活动中推广德化陶瓷文

---

① 关于中国三大瓷都,另有一说为德化与景德镇、潮州。广东潮州和湖南醴陵均已有数千年的陶瓷生产历史,广东潮州以艺术陈设瓷著称,湖南醴陵的釉下五彩瓷在国内外久负盛名。此外,还有八大瓷都之称,除上述四个瓷都之外,还包括北方瓷都河北唐山、青瓷之都浙江龙泉、钧瓷之都河南禹州、紫砂壶之乡江苏宜兴。

② 佚名.景德镇陶瓷产业总值五年增长38.8%[EB/OL].(2022-07-29)[2023-01-21].https://baijiahao.baidu.com/s? id=1739680126924889837&wfr=spider&for=pc.

③ 佚名."奋进新征程　建功新时代·醴陵陶瓷产业高质量发展"千年瓷都窑火旺:醴陵陶瓷产业高质量发展之一[EB/OL].(2022-07-11)[2023-01-21].https://baijiahao.baidu.com/s? id=1738048403196286221&wfr=spider&for=pc.

④ 德化县统计局.2022年德化统计年鉴[EB/OL].(2023-01-11)[2023-01-21].http://www.dehua.gov.cn/zwgk/zfxxgkzl/bmzfxxgk/tjj/fdzdgknr/202301/P020230111373624377718.pdf.

化。比如在 2020 年展会期间设立陶瓷博物馆、新秀园、金马车文创基地、中国白博物馆等分会场，推出德化陶瓷历史文化展示、许氏瓷塑 220 周年非遗传承展暨"百福"作品首发式、德化窑明清古陶瓷展及出口工艺品展、初心·匠心——庆祝建党 99 周年中国白陈仁海瓷雕艺术作品展暨金砖国宴瓷展等系列陶瓷艺术精品展。[①] 最后，依托德化陶瓷博览会暨茶具文化节成立德化县中科陶瓷智能装备研究院，建成德化陶瓷艺术驻地中心并入驻文创机构和艺术家，出台陶瓷艺术大师管理办法《德化陶瓷艺术大师服务管理办法（试行）》，启动德化"中国白"中国传统陶瓷艺术双年展、"中国白"国际陶瓷艺术大奖赛、红旗坊·文旅产业园等项目，提升德化陶瓷产业发展的文化内涵。

四、提升福建县域产业发展的品牌意识

1.仙游古典家具产业

县域产业发展大多源于地区性的工艺传承，以家族企业的手工作坊式生产方式为主，因而对于产业发展的品牌建设等观念相对比较薄弱，也难以通过品牌化经营培育消费者忠诚度和美誉度，从而进一步扩大县域产业的产品市场。以仙游红木家具为例，其发展历史可以追溯到北宋时期，宰相蔡京把仙游出产的木雕带入了宫廷内进贡给皇帝之后，仙游的木雕家具就被广泛传开来，明代之后仙游红木家兼具实用功能和观赏价值，清代之后仙作木雕家具则自成一体，形成和广式、京式、苏氏等家具截然不同的风格，其与主要红木家具产地或风格的比较参见表 4-11。

表 4-11　主要红木家具产地或风格的比较

产地	相关行业产值/亿元	流派	市场定位	材质	特点
浙江东阳	680.00	东作	中等偏上	缅甸花梨、阔叶黄檀	雕刻工艺全国首屈一指，消费群体年轻化
江苏苏州	—	苏作	高端	黄花梨、紫檀木、铁力木、鸡翅木、瘿木	明式家具代表，细致精微、内敛沉静

① 2020 中国德化陶瓷博览会暨茶具文化节 17 日开幕[EB/OL].(2020-10-17)[2023-01-21].参见：央广网，https://baijiahao.baidu.com/s？id＝1680792836194228826&wfr＝spider&for＝pc.

续表

产地	相关行业产值/亿元	流派	市场定位	材质	特点
广东中山	100.00	广作	中低端	缅甸花梨、刺猬紫檀、阔叶黄檀	用料大、工艺较讲究
福建仙游	400.00	仙作	高端	大红酸枝、小叶紫檀	明清风格,红木工艺品多出自仙游
广西凭祥	280.00	—	价格低廉	大果紫檀、交趾黄檀、奥氏黄檀、越南黄花梨	料大,样式不美观,做工粗糙
河北大城	100.00	京作	高低端分化	越南、柬埔寨、印度、马达加斯加等地进口的紫檀、花梨、酸枝	高端产品做工精细,低端产品则较粗糙
广东江门	50.00	广作	低端	刺猬紫檀、非洲花梨	主要是半成品、白坯

资料来源:整理自多处网络数据。

注:表中各地的产值,浙江东阳为红木家具全产业链产值,广西凭祥为"十三五"期间的销售产值,福建仙游为古典工艺家具产业估算产值,其他地区为2021年红木家具产值。

根据公开数据,2021年,仙游工艺美术产业实现产值530亿元,其中包括红木家具(古典工艺家具)。但另有数据显示,2019年,仙游的工艺美术产业实现产值400亿元,其中"仙作"古典工艺家具产业产值300亿元,占工艺美术产业产值的75%左右。由此推算2021年仙游的红木家具(古典工艺家具)产值约400亿元。

如表4-11所示,在我国七个主要红木家具产地中,福建仙游的红木家具产值排名第二,并与苏州所产红木家具一样在市场上属于高端红木家具。到2021年,仙游工艺美术产业实现产值530亿元,"仙作"古典工艺家具产业年产值近400亿元[1];全县现有工艺美术企业2 189家,个体工商户19 200多家,规上企业144家,从业人员20多万名;"仙作"已注册中国驰名商标6个、省级著名商标55个、省级名牌产品53个,"仙作"古典工艺家具高端产品占国内市场份额的七成以上;基本形成工艺美术原辅材料市场、工艺品设计、生产加工、销售市场及物流配送等产业链条;"中国仙作红木家具产业基地"被中国家具协会授予"2021年中国家具行业示范产业集群"称号[2]。

① 品牌带动　引领"仙作"产业高质量发展[EB/OL].(2022-03-29)[2023-01-21].https://baijiahao.baidu.com/s? id=1728548601971502686&wfr=spider&for=pc.

② 周晓苗."老树"焕"新枝":仙游县发挥特色优势促进工艺美术产业发展[EB/OL].(2022-08-01)[2023-01-21].https://www.ptxw.com/news/xw/xqkb/202208/t20220801_392563.htm.

尽管仙游的红木家具产业在我国占有重要的地位，但如表 4-12 所示，我国的十大红木家具品牌企业却无一家在福建仙游。因此，推动仙游红木家具产业走上品牌化发展道路至关重要。品牌化发展道路主要针对仙游红木家具产业发展中可能面临的两个问题：一是市场上对于仙游红木家具鱼龙混杂、需要具有专业知识才能辨别真伪的认识。只有通过品牌化的发展道路，才能提高仙游红木家具对于伪劣商品的辨识度，以促进品牌产品的销售和市场占有率。二是仙游红木家具产业面临转型或混合经营。在全世界关于濒危物种保护日益强烈，红木资源日益稀少的整体背景下，红木家具行业的转型或混合经营势在必然。在这种情况下，品牌化经营有利于仙游红木家具产业的转型产品或混合经营下的衍生产品在市场上获得消费者的认可，降低转型或混合经营的难度。

表 4-12 我国十大红木家具品牌

成立年份/年	品牌	公司	属地	简介
1995	巧夺天工	山东巧夺天工家具有限公司	山东济南	始建于 1995 年，红木家具十大品牌，主要生产檀香紫檀、交趾黄檀、微凹黄檀、绒毛黄檀、大果紫檀等中高端精品红木家具的企业
1989	年年红	年年红家具集团	浙江义乌	始于 1989，知名古典红木家具品牌，国内较大的中式名贵硬木家具提供商，具备别墅、门店装潢配套能力的企业
1992	古佰年	浙江王斌装饰材料有限公司	浙江义乌	始于 1992 年，红木家具十大品牌，以生产销售红木家具、相框、装饰画、木质线条、PS 线条、装潢材料为主的大型民营企业
2015	金源福	江门市金源福家具有限公司	广东江门	以中式红木家具为主营，提供新中式系列、新古典系列、明清古典系列三大系列产品，集设计、研发、生产、销售为一体的跨地区、多元化的大型中式红木家具公司
1982	友联为家	深圳祥利红木有限公司	广东深圳	始创于 1982 年，超大规模的专业化红木家具企业，集实用性和艺术性于一体的工艺家俬设计、生产、销售企业

续表

成立年份/年	品牌	公司	属地	简介
1977	美联家私	中国·美联家私有限公司	香港	始于1977年香港,大型红木艺术家具品牌,采用手工制作的传统工艺,主推明清仿古、新古典红木、新中式风格系列家具
1998	明堂红木	明堂红木家具有限公司	浙江东阳	创建于1998年,知名红木家具品牌,集古典家具研、产、销为一体的大型家具制造企业
2000	元亨利家具	元亨利硬木家具有限公司	北京通州	其宫廷家具在业界较为知名,致力于明清古典硬木家具等系列产品的开发、设计、生产、销售、服务于一体的综合性企业
1997	老周家居	老周红木家具有限公司	上海	创建于1997年,专注于红木家具,国内优秀的古典家居制造商和供应商,其纯手工雕刻技艺在业内较为出名
2000	名鼎檀	华颂家居集团	广东东莞	中式古典家具知名品牌,华颂家居集团旗下,以明式家具设计风格为主,专注于红木家具的研发、设计、制造和销售于一体的产业化企业

资料来源:红木家具行业发展现状及趋势,国际公约倒逼行业可持续发展[EB/OL].
(2021-5-6)[2023-01-21]. https://baijiahao.baidu.com/s? id=1698991007096008804&wfr=spider&for=pc.

2.仙游红木家具精品博览会与仙游红木家具产业品牌化发展道路

要实现仙游红木家具产业的品牌化发展道路,就需要充分利用仙游红木家具精品博览会这一重要平台。自2013年11月以"弘扬中式家居文化,助力中华文化复兴"为主题的首届中国(仙游)中式家居文化高峰论坛暨红木古典家具精品博览会举办以来,到2022年共举办了十届。在展示"仙作"精品家具,"京作""广作""苏作"等精品家具,大师作品,民间国宝,仙游古家具的同时,于2016年获得联合国世界手工艺理事会颁发的"世界中式古典家具之都",2017年展会期间被授牌"中国古典家具(仙作)标准化创建示范基地"、发布《仙作古典家具》标准和仙作集体商标,2018年被列入第四批国家级非物质文化遗产保护名录和第一批国家传统工艺振兴目录,2019年展会期间首次发展红木家具业界第一个指数"新华·仙游仙作产业发展指数"，2020年通过云端会展模式等方式、2021年仙游抖音电商直播基地通过多平台"电商＋直播"平台真正实现"永不落幕的红博会"，在宣传"仙作"品牌、推广"仙作"精品、促进"仙作"发展方面起到了重要作用。今后，仙游红博会还需要在展陈设置、展会同期活动、展会品牌精品发布等方面加大培育仙游红木家具产业的品牌企业力度，进一步推动仙游红木家具产业的品牌化发展道路。

五、加大福建县域产业发展的招商引资力度

1.三明林业产业

会展是宣传展会举办地，尤其是与展会相关行业和企业的良好平台，因而也对地方和产业发展的招商引资具有重要的作用。三明市各县域林产业的发展，就充分利用海峡两岸三明林博会开展招商引资，从而为县域产业的发展带来大量的投资项目和资金。

三明是林深之城，全市森林覆盖率达78.73％，人均林木林地资源居福建省第一，森林蓄积量1.82亿立方米（占全国175.6亿立方米的1.04％），是全国少数几个超亿立方米的设区市之一，被誉为"中国绿都"。三明的空气、水、土壤质量均居全国前列，是国家生态文明建设示范区、国家森林城市、全国生态保护与建设典型示范区。如表4-13所示，除了丰富的林业资源外，竹材、油桐籽、油茶籽、松脂、竹笋干等林产品也在三明林产业中占有重要的地位。

表 4-13　三明市主要林业资源及其产量

年份	木材采伐产量/万立方米	竹材采伐产量/万根	油桐籽/吨	油茶籽/吨	松脂/吨	竹笋干/吨
1990	113.47	2 148	2 081	16 791	36 893	10 540
1995	128.54	4 908	5 759	25 112	43 636	20 113
2000	132.02	7 323	5 449	31 893	41 934	35 533
2005	295.25	8 291	6 957	40 084	38 790	47 541

续表

年份	木材采伐产量/万立方米	竹材采伐产量/万根	油桐籽/吨	油茶籽/吨	松脂/吨	竹笋干/吨
2010	398.21	9 122	8 501	53 214	48 707	67 018
2011	417.00	13 472	8 939	57 805	52 379	71 919
2012	355.37	13 479	9 372	61 762	53 507	78 942
2013	351.57	15 875	9 778	66 160	56 535	83 788
2014	450.19	17 529	10 320	71 826	60 633	92 500
2015	446.86	20 254	10 865	76 650	63 400	101 445
2016	506.88	23 035	11 483	77 789	64 615	111 243
2017	411.50	26 873	11 998	85 046	69 430	124 756
2018	363.01	27 901	12 391	89 139	71 762	134 301
2019	359.31	25 704	12 770	99 189	75 158	144 804
2020	362.61	26 095	13 294	107 923	79 595	152 074
2021	316.90	23 435	13 655	114 826	84 144	149 786

资料来源:整理自《三明统计年鉴(2022)》。

三明各县域林业资源分布较广。2021 年,三明市的林业产值为 113.28 亿元,其中尤溪县、永安市、沙县区、宁化县和将乐县的林业产值均超过 10 亿元,占三明市林业产值比例分别为 17.8%、14.66%、13.10%、10.08%、8.96%,如图 4-2 所示。即使是占比最低的明溪县、清流县,也接近 5%,产值也均超过了 5 亿元。

2.三明林博会与三明林业发展招商引资

林业的发展,投资需求大,但实现直接的经济效益却需要较长时间,因而需要经过较好的平台宣传林业产业发展带来的经济效益,尤其是间接的经济效益,从而带来更多的资金、技术、人才等资源。自 2005 年开始在三明举办的海峡两岸林业博览会,对于三明林产业发展的招商引资,具有重要的意义。

三明林博会为三明市,尤其是三明林产业的发展带来了较多的签约项目和投资。表 4-14 中除 2018 年外,三明林博会的签约金额均超过 100 亿元,八届展会共为三明带来了 1 365.42 亿元的投资。此外,自 2018 年起作为三明林博会分会场的国际(永安)竹具博览会还分别在 2019 年签约 11 个

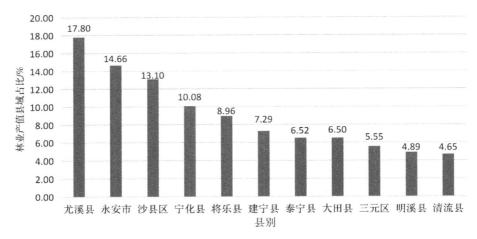

图 4-2 2021 年三明市林业产值县域占比分布

资料来源：依据《三明统计年鉴（2022）》中的数据计算制作。

项目、总投资 9.83 亿元，2020 年签约 14 个项目、总投资 26.30 亿元，2022 年签约 6 个项目、总投资 8.36 亿元。这些项目和投资，为三明市林、竹及相关产业发展、产品的生产起到了巨大的促进作用。

表 4-14 海峡两岸（三明）林业博览会签约项目情况

年份/年	项目数	金额/亿元	项目涉及主要范围
2014	143	193.40	生物质综合利用产业化、林产业种植加工、家具
2015	125	167.00	沙县金古园的新型生物质糖产业化项目
2016	94	133.10	林业及生物医药产业
2017	111	164.70	大田油茶国际休闲（养老）项目、建宁奶牛养殖初加工生产线新建项目、三元森林小镇建设项目等
2018	29	98.50	现代绿色木结构产业园、林权流转服务战略合作、竹木加工业
2019	104	267.22	森林康养项目专场推介招商
2020	103	217.00	国家储备林项目、森林康养及相关林业产业
2022	71	124.50	碱回收技术改造、氟硅树脂、森林康养

资料来源：整理自历届海峡两岸（三明）林业博览会的相关资料。

注：2021 年因新冠疫情原因停办。

三明林博会虽然将会场设在三明市会展中心，但其签约项目和签约金额则多分布在各县、市。比如 2014 年第十届林博会的签约项目中,就包括投资 2.6 亿元的将乐生物质综合利用产业化、投资 2 亿元的泰宁壹草堂铁皮石斛种植加工、投资 1.2 亿元的沙县恒泰闽鼎实业红木家具等[1];2015 年第十一届林博会期间,三明各地都有不少大项目落地,比如位于沙县金古园总投资 10 亿元的新型生物质糖产业化项目、闽西北生物饲料生产基地项目、明骏新型建材机制砂生产项目及岚虹生态农业休闲农业综合体项目,宁化县投资 1.05 亿元的年产 2 万吨木塑门框板建设项目等在内的 11 个项目、总投资 20.85 亿元,建宁县签约万吨莲系列产品深加工、环保装备气柜制造等 15 项、总投资 7.8 亿元,大田围绕茶叶、笋、竹及林产品生产、加工、销售等环节签约 9 个项目、总投资 26 亿元,清流则围绕生态旅游、林产化工、林下经济、工业等签约合同 9 个、总投资 14.16 亿元[2];2022 年第十七届林博会的签约项目也包括总投资 10.8 亿元的沙县天航中央厨房生产建设项目,总投资 6.8 亿元的沙县碱回收技术改造项目,总投资 5.2 亿元的清流年产 25 000 吨氟硅树脂乳液、氟硅光敏树脂及光敏单体项目,总投资 5 亿元的明溪延寿山森林康养基地建设等县域产业发展项目。

六、创新“产业＋”模式以推进县域产业的融合发展

县域产业发展过程中,以“产业＋”模式综合开发县域各种资源,实现相关产业的融合发展,往往能够起到产业之间相互支持、相互促进的作用。龙岩文旅康养产业博览会即龙岩的文化产业、旅游产业、康养产业,探索“产业＋”模式实现三大产业融合发展路径的重要平台。

1.龙岩市的文化资源与文化产业发展

龙岩有丰富的文化资源。龙岩市有 10 个国家级非遗项目,46 个省级非

[1] 佚名.第十届林博会对接签约项目 143 项 总投资 193 亿元[EB/OL].(2014-11-13)[2023-01-22]. http://fj. sina. com. cn/news/city/sanming/information/z/2014-11-13/10298412.html.

[2] 卢金福.第十一届林博会签约项目 125 项 总投资 167 亿[EB/OL].(2015-11-11)[2023-01-22].http://fj.sina.com.cn/news/city/sanming/information/z/2015-11-11/164113866.html.

遗项目,涉及传统戏剧、传统音乐、传统舞蹈、传统技艺、传统美术、传统医药、传统体育、民俗、民间文学等方面。除此之外,龙岩还有178项市级非遗项目。在丰富的文化资源带动下,龙岩市文化产业快速发展。2020年,全市176家规模以上文化产业企业营业收入235.5亿元,比上年增长43.1%,增速比全省平均增速快45个百分点、居全省首位。[①] 如表4-15所示。

表4-15 截至 2021 年龙岩市省级以上非遗项目

项目名称	项目类别	等级	项目名称	项目类别	等级
闽西汉剧	传统戏剧	国家级	新罗静板音乐	传统音乐	省级
闽西客家十番音乐	传统音乐	国家级	四堡锡器制作技艺	传统技艺	省级
客家土楼营造技艺	传统技艺	国家级	连城地瓜干制作技艺	传统技艺	省级
雕版印刷技艺	传统技艺	国家级	闽西上杭傀儡戏	传统戏剧	省级
闽西客家元宵节庆	民俗	国家级	龙岩咸酥花生传统技艺	传统技艺	省级
中医养生（万应茶）	传统医药	国家级	福建土楼楹联	民间文学	省级
唢呐艺术（长汀公嫲吹）	传统音乐	国家级	灯彩（长汀客家刻纸龙灯）	传统美术	省级
龙岩采茶灯	传统舞蹈	国家级	田公元帅信俗	民俗	省级
闽西客家木偶戏	传统戏剧	国家级	福建（永定）客家山歌	传统音乐	省级
水仙茶传统制作技艺	传统技艺	国家级	树叶吹奏技艺	传统技艺	省级
中医正骨疗法（余氏骨伤）	传统医药	省级	酿造酒传统酿造技艺（龙岩沉缸酒）	传统技艺	省级
龙岩山歌	传统音乐	省级	长汀客家九连环	传统舞蹈	省级
龙岩适中盂兰盆节俗	民俗	省级	定光佛信俗	民俗	省级
福建农民画	传统美术	省级	龙岩山歌戏	传统戏剧	省级
连城宣纸制作工艺	传统技艺	省级	伏虎禅师信俗	民俗	省级
连城拳	传统体育、游艺与杂技	省级	武平民俗绝技	传统体育、游艺与杂技	省级
上杭女子五枚拳	传统体育、游艺与杂技	省级	闽西客家春耕习俗（百壶宴、犁春牛、作大福）	民俗	省级

---

① 龙岩市统计局.2020 年龙岩市规模上文化产业快速增长［EB/OL］.(2021-08-9)［2023-01-22］.http://lytjj.longyan.gov.cn/xxgk/dtyq/zxdt/202108/t20210809_1811206.htm.

续表

项目名称	项目类别	等级	项目名称	项目类别	等级
客家"九厅十八井"建筑营造技艺	传统技艺	省级	连城舞青狮	传统体育、游艺与杂技	省级
汀州客家酿酒技艺	传统技艺	省级	梨岭木桐号子	传统音乐	省级
连城兰花培植技艺	传统技艺	省级	汀州唱古文	曲艺	省级
浮竹岭纸帘制作技艺	传统技艺	省级	彩玉镶嵌技艺	传统技艺	省级
长汀客家豆腐干制作技艺	传统技艺	省级	冠豸山铁皮石斛龙头凤尾枫头制作技艺	传统技艺	省级
永定牛肉丸制作技艺	传统技艺	省级	上杭萝卜干制作技艺	传统技艺	省级
永定菜干制作技艺	传统技艺	省级	武平猪胆干	传统技艺	省级
三堡高粱酒酿造技艺	传统技艺	省级	上杭客家崇宗敬祖文化	民俗	省级
长汀童坊闹春田	民俗	省级	涂坊迎花灯	民俗	省级
剥皮公爹信俗	民俗	省级	漳平双洋舞炮龙	民俗	省级
漳平新桥板凳花灯龙	民俗	省级	永定烟魁习俗	民俗	省级

资料来源：(1)龙岩市市级以上(含市级)非遗项目汇总[EB/OL].(2020-12-10)[2023-01-22].http://www.longyan.gov.cn/gk/zdlyxxgk/ggwhty/whyc/202012/t20201210_1745761.htm；(2)龙岩市新添2项国家级非遗项目[EB/OL].(2021-06-12)[2023-01-22].http://www.longyan.gov.cn/gk/zdlyxxgk/ggwhty/whyc/202106/t20210612_1794768.htm；(3)第七批省级非物质文化遗产代表性项目名录公布[EB/OL].(2022-02-9)[2023-01-22].https://baijiahao.baidu.com/s?id=1724291133989827322&wfr=spider&for=pc.

2.龙岩市旅游资源与旅游产业

龙岩市旅游资源十分丰富,已初步形成"红色之旅""客家之旅""生态之旅"等一批特色旅游产品。区域内有3个国家4A级旅游区(永定土楼、冠豸山、龙硿洞)、1个国家重点名胜区(冠豸山)、1个国家历史文化名城(长汀)、3个国家森林公园(龙岩国家森林公园、上杭西普陀国家森林公园、漳平天台山国家森林公园)、2个国家自然保护区(梅花山、梁野山)、12个国家重点文物保护单位。

龙岩的旅游产业近年来发展较快,2013—2021年,游客人数由2013年的1 808.42万人次增长到2021年4 799.29万人次,除2020年外,龙岩的游客增长率均在15%以上;旅游收入从2013年的133.49亿元提高到2021年的459.27亿元,除2020年外,龙岩的旅游收入增长率均在14%以上,如表

4-16所示。龙岩旅游业的发展，主要依靠国内游客，历年占比均超过99%。

表 4-16　2013—2021 年龙岩旅游产业主要指标

年份/年	游客人数/万人次	游客增长率/%	国内游客占比/%	旅游收入/亿元	旅游收入增长率/%
2013	1 808.42	—	99.66	133.49	—
2014	2 180.10	20.55	99.63	165.45	23.94
2015	2 532.21	16.15	99.61	196.25	18.62
2016	3 059.12	20.81	99.55	253.42	29.13
2017	3 784.14	23.70	99.57	332.76	31.31
2018	4 607.76	21.77	99.58	453.81	36.38
2019	5 504.06	19.45	99.54	576.47	27.03
2020	4 037.04	−26.65	99.90	402.27	−30.22
2021	4 799.29	18.88	99.95	459.27	14.17

资料来源：依据《龙岩统计年鉴（2022）》中的数据整理、计算所得。

3.龙岩的文旅康养产业

绿色生态的环境是养生休闲的理想场所。龙岩拥有优质的生态环境，具有发展康养产业的天然优势。龙岩拥有国家级自然保护区3个、国家级森林公园4个、国家湿地公园建设试点3个；森林覆盖率77.91%，仅次于三明位居福建省第二位；连续获得"全国十大养老胜地""最具生态竞争力城市""首届生态文明典范城市""全国十佳生态文明城市""国家森林城市"等多张生态名片。[1] 因此，越来越多的外地人来龙岩过春节、旅游，甚至养老、定居。

正因为如此，2018 年，龙岩制定了《龙岩市培育文旅康养产业三年行动计划（2018—2020 年）》，提出要在龙岩以闽西特色文化产业重大项目，促进红色文化、客家文化和生态文化产业发展，加快发展文化创意和网络文化产业；以古田会议会址、永定土楼、冠豸山、汀州古城为龙头分别打造红色旅游、客家旅游、生态旅游、人文历史旅游品牌，建设国际旅游度假城市；从医疗卫生、中医药医疗保健、生物医药产业、药品流通业和体育健康等方面做

---

[1]　刘菲菲，罗玉文.龙岩大力打造文旅康养产业之城［EB/OL］.（2018-06-12）［2023-01-22］. http://ly.fjsen.com/2018-06/12/content_21146469.htm.

强做大健康产业;培育中高端养生养老机构和居家社区养生养老服务业,发展养生养老用品制造业,力将龙岩建成国内一流的养生养老福地。[①]

之后,龙岩先后出台了《龙岩市 2019 年文化旅游产业发展提升行动实施方案》《龙岩市文旅康养产业发展工作方案》《龙岩市旅游"七景区"建设工作方案》《龙岩市加快文化旅游产业发展六条政策措施及实施细则》《关于建设古田梅花山文旅康养试验区的实施意见》等一系列推动文旅康养产业发展的政策措施,开工建设了龙岩市老年文化康养中心项目、古田梅花山文旅康养试验区、红炭山康养基地、龙岩洞文化创意产业园、中心城区红色旅游精品线路、中央红色交通线及金砂红色小镇项目、长汀"唐宋古城"旅游基础设施提升工程等重点项目,形成以福建土楼(永定)旅游休闲区、长汀历史文化名城旅游核心区等为代表的文旅康养产业集群,以加快文旅融合步伐和文旅康养产业的发展。

龙岩自身拥有优良的文旅康养产业发展资源基础,加上诸多政策措施和项目的开工建设,2021 年龙岩市文旅康养产业产值达到 1 080 亿元,并预计 2022 年保持 15%以上的增长率,达到 1 250 亿元。

4.龙岩文旅康养产业博览会与文旅康养产业融合发展

文旅康养产业融合发展是必然趋势。文旅融合是新时代背景下我国践行中国特色社会主义思想的新目标和新使命,其目的在于推动文化和旅游的转型升级、满足人民美好生活需要。[②] 而《健康中国 2030 规划纲要》提出的发展健康服务新业态,和 2018 年中央一号文件提出的重点开发"文化养生型"休闲旅游项目,意味着文旅产业与康养产业融合发展上升为国家战略。事实上,一方面,优质的旅游资源和丰富的文化生态既是文旅产业发展的必要条件,也是康养产业发展的良好基础。另一方面,文旅产业和康养产业的发展也是相互促进的,适应中国人口发展趋势需要的休闲康养业,对于拓展文旅产业市场空间、推动文旅深度融合发展具有重要的意义;而文旅产

---

① 佚名.《龙岩市培育文旅康养产业三年行动计划(2018—2020 年)》解读[EB/OL].(2018-04-26)[2023-01-22].http://www.longyan.gov.cn/gk/flgk/ghxx/ghjd/201804/t20180426_1262298.htm.

② 范周.文旅融合的理论与实践[J].人民论坛·学术前沿,2019(11):43-49.

业则通过"文旅＋康养"的方式打造新产品、新业态而推动康养产业的升级。

龙岩的文旅产业和康养产业的融合发展，也同样体现在如前所述龙岩的旅游文化产业、旅游业及推动文旅康养产业发展的诸多政策措施之中。而龙岩文旅康养产业博览会也是在这种形势下于2019年开始举办的。在已经举办的三届博览会中[①]，2019年第一届主要设置文化旅游、健康保健、养生养老、体育健身、工艺美术、闽西老字号、各县（市、区）展区及"红古田"龙岩风情全国摄影大赛优秀作品展等八大板块，以宣传、推介龙岩的文化、旅游、康养等优势资源和特色产品[②]；2020年第二届博览会则主要设置文创作品展、客家非物质文化展、旅游商品展、工艺美术展、健康健体、图书出版展、美食文化等板块，以展示推介龙岩旅游"红色圣地、客家祖地、养生福地"，搭建文旅康养产业交流平台[③]；2021年第三届博览会设置文创作品、非物质文化遗产、文化旅游、工艺美术、健康体育、养生养老、图书出版等展区，展示及推介龙岩"红色古田·养生龙岩"文化旅游名片，搭建文旅康养产业交流平台[④]。

从上述关于龙岩文旅康养产业博览会的情况来看，尽管仅仅举办了三届，但每一届的展出内容都紧紧围绕文旅康养产业设计，因而随着龙岩文旅康养产业博览会的不断发展成熟，对于龙岩市文旅康养产业发展的展示、宣传和推介作用会越来越重要。

---

① 2022年龙岩文旅康养产业博览会新冠因疫情原因停办。

② 龙岩市中小企业公共服务平台.龙岩市首届文旅康养产业博览会在会展中心开幕[EB/OL].(2019-05-05)[2023-01-22].https://ly.fujiansme.com/index.php? m＝content＆c＝index＆a＝show＆catid＝391＆id＝1824.

③ 佚名.龙岩市第二届文旅康养产业博览会在会展中心开幕[EB/OL].(2020-10-02)[2023-01-22].https://m.thepaper.cn/baijiahao_9450272.

④ 佚名.龙岩市第三届文旅康养产业博览会在会展中心开幕[EB/OL].(2021-0430)[2023-01-22].https://baijiahao.baidu.com/s? id＝16984687748217150032＆wfr＝spider＆for＝pc.

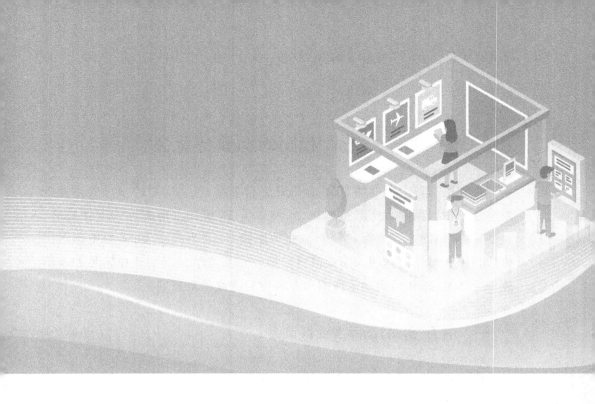

第五章　渔博会与连江渔业蓝色经济发展路径

第一节　我国的渔业博览会

在我国有四大渔业博览会,分别是在青岛举办了 25 届的中国国际渔业博览会—中国国际水产养殖博览会、举办了 16 届的上海国际渔业博览会、举办了 16 届的中国国际(厦门)渔业博览会,以及举办了 17 届的中国国际(福州)渔业博览会。四大渔业博览会形成相互竞争又密切合作的系列性渔业专业博览会,共同推动了我国渔业经济的持续稳定发展。

一、中国(青岛)国际渔业博览会

中国(青岛)国际渔业博览会的前身为中国国际渔业博览会。自 1996年以来,中国国际渔业博览会每年举办一届,先后在青岛市、北京市、上海市、大连市、广州市巡回举办。但自 2014 年第 19 届之后,中国国际渔业博览会固定在青岛举办,之后则被称为中国(青岛)国际渔业博览会。该博览会由农业农村部支持,中国国际贸易促进委员会农业行业分会主办,美国海洋展览公司海外协办,每年定期举行的国际渔业贸易专业展会。[①]

2021 年举办的第 25 届中国(青岛)国际渔业博览会,展出面积 10 万平方米,展出内容涵盖海淡水捕捞产品、养殖产品、养殖设备及技术、水产加工及冷冻冷藏设备、鲜冷物流链、深加工水产品配辅料和其他相关服务等。展会吸引来自亚洲、欧洲、美洲及大洋洲等 20 个国家和地区的 985 家展商及超过 1.2 万贸易观众参加现场展会。展会观众的行业分布,以水产品加工和水产品贸易行业最多,分别占贸易观众的 29.50％和 23.29％,其次为大型食品供应商、超市、海鲜市场、酒店餐饮行业和水产品分销行业,分别占14.22％和 10.30％,而电子商务和投资、行业协会等相关服务或部门、机械设备、养殖相关行业、冷冻冷藏物流行业分别占 6.73％、4.45％、3.88％、3.86％和

[①] 2020 年,中国(青岛)国际渔业博览会因新冠疫情而取消。2022 年第 26 届亦因新冠疫情延期。

3.73％。贸易观众的目的则以订购产品或寻找新的供应商为主,占47.19％。收集市场或产品资料、与现有供应商或买家会面分别占 20.37％ 和 13.68％。其余以物色代理商或合伙人、评估展会做未来参与计划、参加研讨会或讲座为目的的观众合计占不到 20％。①

二、上海国际渔业博览会

上海国际渔业博览会(World Seafood Shanghai)是由全国工商联水产业商会、上海水产行业协会、上海艾歌展览服务有限公司联合主办,到 2020 年已成功举办 15 届。上海国际渔业博览会的宗旨是在“我国正在加快构建以国内大循环为主体、国内国际双循环相互促进的新发展格局”下,“始终跟随国家战略部署,紧扣国内水产及餐饮市场的发展趋势,以专业高效的商贸平台、优质的配套服务”,促进我国水产业的创新发展。②

2013—2020 年上海国际渔业博览会的主要数据,如表 5-1 所示。2013 年上海国际渔业博览会的展出面积仅 10 000 平方米,到 2019 年上升到 100 000 平方米,参展商数量和观众也分别增长了 518.60％和277.34％。2020 年,受新冠疫情影响,上海国际渔业博览会的展出面积有所减少,为 800 000 平方米,参展商和观众数量均出现了一定的下降。

表 5-1　2013—2020 年上海国际渔业博览会主要数据

年份/年	展会面积/平方米	参展商数量/个	观众/人	展出范围
2013	10 000	328	17 329	—
2014	—	1 000＋	18 300＋	各类水产品,养殖技术与设备,水产饲料及药品,捕捞工具和技术,加工、包装、运输
2015	25 600	635	24 186	海淡水野生或养殖的鲜活、冰鲜、冻品、加工、休闲水产品,以及水产加工设备、养殖机械

---

① 佚名.第 25 届中国国际渔业博览会:展会报告[R/OL].(2021-11-30)[2022-10-20].https://www.seafood-expo.com/show_report.

② 相关资料来自上海国际渔业博览会官方网站。

续表

年份/年	展会面积/平方米	参展商数量/个	观众/人	展出范围
2016	36 000	1 000+	50 000+	鲜活水(海)产品、冷冻水(海)产品、水产调理食品及深加工制品,远洋捕捞,水产养殖及设备
2017	58 000	1 215	51 829	各类水产品、海产品、调味食品(67%),商贸海鲜产品代理,加工、包装、保鲜技术,养殖技术及装备
2018	60 000	1 336	56 493	各类水产品、海产品、调味食品(69%),商贸海鲜产品代理,加工、包装、保鲜技术,养殖技术及装备
2019	100 000	2 029	65 389	水产养殖、深加工类水(海)产品、调理食品、即食海产品、远洋捕捞、冷链物流、电商及相关加工设备
2020	80 000	1 273	46 733	水(海)产品、精加工水产系列食品、高端滋补食材系列食品、水产加工和储运设备、水产养殖

资料来源:依据网上关于历届展会的相关报道或文献收集整理而得。

注:2021年上海国际渔业博览会因新冠疫情取消,2022年上海国际渔业博览会因新冠疫情延期。

三、中国国际(厦门)渔业博览会

在厦门,每年举办两个关于渔业方面的博览会:一个是每年4月中下旬举办的中国国际(厦门)渔业博览会,另一个是每年10月底到11月初举办的中国(厦门)国际休闲渔业博览会。

始创于2006年,到2019年已经举办了14届的中国国际(厦门)渔业博览会[①],展会服务于渔业界的原料供应商、设备供应商、生产企业、经销商、大型商超等全产业链的综合服务平台。展会面向"科技、交流、可持续发展",加快水产养殖绿色、健康、可持续发展,促进我国渔业现代化走向全国、走向世界。展出内容主要包括:水产活、鲜、冻产品,如捕捞、养殖的上等经济鱼类的活体,冰鲜和速冻的产品;水产品加工,如加工水产食品;风味水产休闲

---

① 2020年和2021年,中国国际(厦门)渔业博览会因新冠疫情取消。

食品;保健水产食品;水产养殖,如水产养殖新技术、养殖用品、水产饲料及添加剂、药物等;渔业设备,如水产加工、捕捞、养殖先进技术的成套设备,水产品监测仪器等;远洋捕捞、钓鱼用具,如远洋专用绳索、网具、船只、捕捞设备等;物流服务及设施,如大型的水产批发、农贸市场的图文、冷藏及运输等冷链设施物流软件、电商服务平台等。[①]

　　而始创于 2008 年,到 2022 年已经举办了 14 届的中国(厦门)国际休闲渔业博览会旨在推进中国休闲渔业产业化、品牌化发展,渔业旅游消费与国民休闲生活是中国休闲渔业领域的专业展会。[②] 2014—2022 年中国(厦门)国际休闲渔业博览会的主要数据,如表 5-2 所示。虽然展会的展出面积几乎保持不变,参展商的数量在 2016 年之后也都没有增加,甚至 2018 年参展商数量还有所减少,但展会的观众却在不断增加。展会的展品范围在能收集到数据的 2014 年第七届以来,均大致保持不变,集中于休闲渔业模式或基地、海洋渔业文化、水族与观赏鱼类、水上运动及器材、游钓海钓等。

表 5-2　2014—2020 年中国(厦门)国际休闲渔业博览会主要数据

年份/年	展会面积/平方米	参展商数量/个	观众/人	展出范围
2014	11 000	200	40 000	水族产品、钓具、户外运动产品、渔业休闲文化、海洋馆与海洋休闲生活度假
2015	13 000	305	57 018	休闲渔业基地、海洋娱乐、邮轮旅游、吊杆钓具钓鱼艇、水上娱乐装备、观赏鱼、水族
2016	13 000	400	—	休闲渔业基地、观赏鱼、水族、休闲海钓用品、水上运动、海洋鱼文化
2017	12 000	400	70 000	休闲渔业基地、特色旅游产品、特色休闲渔业文化、水上娱乐、潜水及装备、观赏鱼、水族
2018	11 000	200[a]	60 000	休闲渔村旅游、游钓海钓、海洋娱乐、观赏水族、渔业文化
2019	13 000	400	70 000	休闲渔业模式、海洋娱乐、海洋与渔业文化、观赏水族、游钓海钓

① 佚名.2019 第十四届中国国际(厦门)渔业博览会暨 2019 厦门国际水产养殖展览会[EB/OL].(2019-03-01)[2022-10-20].http://www.926169.com/news/215311.html.
② 相关资料整理自中国(厦门)国际休闲渔业博览会官方网站。

续表

年份/年	展会面积/平方米	参展商数量/个	观众/人	展出范围
2020	1 200+	25	20 000+	休闲渔业基地、休闲渔村配套及设施用品、水族类、水草造景类、水族器材类、海洋科技和水上运动类
2022ᵇ	—	—	—	休闲渔村旅游、游钓海钓、海洋娱乐、观赏水族、渔业文化

资料来源：依据网上关于历届展会的相关报道或文献收集整理而得。

注：a.唯一的数据来源显示 2018 年中国（厦门）国际休闲渔业博览会参展商数量为 200 个，参见：http://www.gzshanshu.com/page204？article_id＝350；b.2021 年中国（厦门）国际休闲渔业博览会因新冠疫情取消，2022 年中国（厦门）国际休闲渔业博览会也只有预告，之后同样因新冠疫情延期。

从能查到的资料对比中国国际（厦门）国际渔业博览会和中国（厦门）国际休闲渔业博览会，后者在厦门的影响力已经超过了前者。而且，从厦门游艇产业发展，以及已经举办 15 届的"中国（厦门）国际游艇展览会"、厦门举办游艇产业发展论坛等看，厦门更注重休闲渔业博览会与厦门相关产业发展导向是一致的。

四、中国（福州）国际渔业博览会

1.中国（福州）国际渔业博览会

中国（福州）国际渔业博览会（以下简称"福州渔博会"）作为我国四大渔业博览会之一，自 2006 年首次举办以来，到 2022 年已经举办了 17 届。福州渔博会秉承"商聚福州　渔游四海"的主题，立足榕城，面向中国南部乃至全球市场，积极促进渔业产经合作及技术交流，展会涉及水产养殖、远洋捕捞、水产加工、休闲渔业和渔具、渔需渔业加工设备以及食材等产业，产业链覆盖度及成交金额逐年提升，已是国内卓有影响力的全产业链渔业博览会。展会依托福建、福州的地理区位以及水产品牌优势和冷链物流网络，同时拥有国际、国内庞大的水产品消费群体，吸引国内外知名相关行业内供应、经销商的参与。从 2019 年开始，福州渔博会转变为市场运作机制，成为推动福建，尤其是福州周边地区渔业发展的重要专业性展会。

2022年海峡(福州)渔业周·中国(福州)国际渔业博览会重点签约项目15个,签约总金额达220.91亿元;现场零售额9138万元,经贸配对额6.58亿元。本届展会规模达4.66万平方米,展会设置1778个展位,展品覆盖渔业水产行业全产业链。全程共吸引来自13个省份和地区的312家企业参展,省外展商占比超40%,采购商人数达到15362人。本届渔博会密切关注市场变化,注重产业进出口交流。首次设置预制菜展区,配套组织开展福建省预制菜出口专场对接会、2022首届中国水产预制菜产业高峰论坛,进一步推动预制菜产业内外双循环。此外,注重商贸对接实效,本届展会首次为展商开展"1V1特邀买家"供采对接服务,针对100家水产预制菜及进口海产品企业精准邀约淘菜菜、冠超市、鲜喵、朴朴、美菜网等25家大型采购商,并在现场搭建特邀买家专区。据统计,"1V1特邀买家"服务进行3天共计精准配对超过了300家,达成意向合作企业82家,经贸配对额超过3000万元。[①]

2.福州渔博会发展历程

福州渔博会每年举办,且在2020—2022年新冠疫情期间也未中断,并在2020年福州渔博会期间同时举办了线上展会,且线上观众超过了100万人。在2016年,福州渔博会与亚太水产养殖展合并办展,从而使得专业买家人数增长了将近1.5倍。

福州渔博会历届展会相关数据,如表5-3所示。福州渔博会的展出面积不断增加,2016年曾达到66000平方米,但之后有所下降,并逐渐稳定在46000平方米。展位数和参展商数量也都经历了先上升后下降的趋势,但专业买家人数在2016年达到最多的16000多人之后,从2017年开始再次呈不断上升的趋势,并在2021年再次超过16000人。与展出面积、展位数、参展商和专业买家数量演变趋势不同的是,福州渔博会的签约金额则呈现出持续上升的趋势,从2009年的31亿元提高到2022年的220.91亿元。在展品范围方面,福州渔博会在2015年之前几乎保持不变,但之后逐渐增加了体现福州本地渔业产品如鱼糜制品、福州海洋产业发展方向如"海上福州"等方面的内容。

---

① 张颖.中国(福州)国际渔业博览会落幕[EB/OL].(2022-06-13)[2022-10-21].https://baijiahao.baidu.com/s? id=17354994508614463608&wfr=spider&for=pc.

表 5-3　2009—2022 年福州渔博会展会规模[a]

年份/年	展出面积/平方米	展位数/个	参展商/个	专业买家/人	签约金额/亿元	参观人数/万	展出范畴
2009	—	360	—	—	31.00	—	水产加工产品,水产品,渔业设备,饲料及渔药,物流服务及设施
2010	—	500	—	—	38.56	—	水产加工产品,水产品,渔业设备,饲料及渔药,物流服务及设施
2011	22 000	1 148	360	—	64.60	—	两岸水产精品展销、水产品加工、渔业机械
2012	22 000	1 200	—	—	102.70	—	水产加工、活鲜冻产品、渔业设备、休闲渔业、饲料及渔药、水产装饰
2013	46 000	2 300	600	—	—	20+	水产加工产品,水产活、鲜、冻产品,渔业设备,休闲渔业产品等
2014	50 000	1 000	450	4 500+	150.00	30	水产养殖、海洋捕捞、水产加工、休闲渔业渔具、渔需用具
2015	52 000	1 500	400	6 500+	163.45	32	水产品、水产养殖与设备、水产品加工设备、远洋捕捞工具和技术
2016	66 000	2 000	500	16 000+	164.10	34	活鲜、冷冻水产品,鱼糜制品等水产加工品,水产捕捞、养殖、加工设备及技术,休闲渔业
2017	56 000	2 100	528	9 100+	200.00	28.5	鲜活水产品、冷冻水产品、水产干货、海鲜食材、鱼糜制品、海鲜调味品、渔业加工及远洋捕捞设备
2018	60 000	2 482	542	11 000+	210.00	30	海鲜、水产、远洋捕捞,水产加工品、鱼糜制品,水产加工、养殖、捕捞设备及技术

续表

年份/年	展出面积/平方米	展位数/个	参展商/个	专业买家/人	签约金额/亿元	参观人数/万	展出范畴
2019	46 000	1 870	400	13 600+	227.00	30	"海上福州"、福建现代渔业、深远海养殖装备、"稻田养鱼"、闽台休闲渔业
2020	46 000	1 725	323	8 000+	237.94	30	海鲜食材、水产养殖加工、福州自贸片区、远洋渔业、渔业机械
2021	46 000	1 750	351	16 386	242.43	100[b]	海鲜食材、远洋渔业、渔业机械、水产加工、水产养殖、休闲渔业
2022	46 600	178	300+	15 362	220.91	—	水(海)产品、水产加工、冷链物流、智慧渔业、远洋捕捞

　　资料来源:2014—2020 年福州渔博会的展出面积、展位数、参展商、专业买家、参观人数等数据来源于对第一展会网收录的归纳整合。其他数据来源于网络资料的收集整理。

　　注:a.公开渠道无法查询到 2006—2008 年的福州渔博会相关数据或信息。b.为线上展会关注人数。

3.福州渔博会的特点

　　第一,地方性。与青岛渔博会对外面向世界、对内面向全国渔业经济发展,上海渔博会面向长三角地区的渔业产品消费需求不同,福州渔博会更多着眼于福州及其周边地区的渔业经济发展。比如在 2022 年福州渔博会上,增设"福渔"品牌展示区,打造鱼丸、金鱼等福州特色渔业品牌吉祥物 IP 新形象,集中展示"区域公用品牌＋企业品牌＋产品品牌"三级品牌体系建设成效[①];2021 年福州渔博会以"线上推介、线下品评"相结合的模式,同样重点打造福州特色渔业品牌,开展福渔优品云购节,特别选取了鱼丸、鲍鱼、海带这三类福州地理标志性产品,结合当下最受群众喜爱的佛跳墙和烤鳗两类热销产品,为 10 多家福州渔业企业免费直播带货,以带动福州渔业品牌

---

①　张颖.2022 中国(福州)国际渔业博览会项目签约超 220 亿元[EB/OL].(2022-06-11)[2022-10-21].http://www.ljxw.gov.cn/portal/article/index/id/112272/cid/31.html.

拓展销路，转型升级，同时满足当地人民群众对美好生活的需要[①]；2020年展会设置福州自贸片区展区，并在线上开展福渔优品云购节，自贸好料联播节，加入"全闽乐购"系列活动，以及中国（福州）国际金鱼大赛、鲍鱼节、海带节、鱼丸节、海蜇节等一系列渔业品牌宣传推介活动[②]；2019年展会设置第二届福建鲍鱼节主题馆，举办"第二届福建鲍鱼节"暨"第六届连江鲍鱼节"、"第三届藻类文化节"暨"第四届连江海带节"，连江县共有26家单位参展，展区面积近2 800平方米，参会产品达500多种，主要产品为鲍鱼、海带系列产品、海参系列产品、虾皮、干制水产品、冷冻水产品、鱼糜制品等[③]。此外，2018年展会设置以"中国好鲍，等你抱走"为主题的首届福建鲍鱼节，2017年展会设置中国（福州）藻类文化节、中国（福州）金鱼文化节、中国（福州）鱼丸节、福州连江鲍鱼节和首届中国（福州）鲍鱼文化节，2016年展会设置福建现代渔业展示馆和福州金鱼及观赏鱼展区，2014年展会特设福建建设"21世纪海上丝绸之路"渔业成果形象展区、罗源湾海洋世界展区，2013年展会设置福建沿海地市（区）渔业形象成果展区、远洋渔业展区、"鱼糜"展区、"鳗鲡之都"展区、海洋蓝色经济园区展区等，都是福州渔博会与地方渔业经济发展密切结合的体现。

第二，注重渔业产业发展。历届福州渔博会，除了在展厅设置与福州及其周边区域渔业经济发展密切相关的展区，或开展相关的渔业发展文化节外，还通过招商引资的方式，促进福州周边区域的渔业产业化发展。历届福州渔博会的项目签约金额不断增加，并在2009—2022年累计签约渔业相关项目金额达2 052.69亿元（2013年除外）（如表5-3）。而在所签约的项目中，涉及海洋工程、水产加工、水产养殖、远洋渔业基地、临海产业、海洋旅游、境外渔业基地建设、海洋生物食品、远洋捕捞、船舶建造、冷链物流、水产交易平台、渔业基础设施建设等与渔业经济发展密切相关，能够为福州及周边

[①] 李文平.2021海峡（福州）渔业周·中国（福州）国际渔业博览会成功举办[EB/OL].(2021-06-06)[2022-10-21].http://hyyyj.fujian.gov.cn/xxgk/hydt/tpxw/202106/t20210606_5609590.htm.

[②] 中国渔业协会.2020海峡（福州）渔业周·中国（福州）国际渔业博览会顺利举办[EB/OL].(2020-09-08)[2022-10-21].参见：http://www.china-cfa.org/xwzx/zxdt/20200908/402.html.

[③] 林晋.2019福州渔博会圆满落幕：连江鲍成为连江新名片[EB/OL].(2019-06-08)[2022-10-21].https://baijiahao.baidu.com/s?id=1637572904482535098&wfr=spider&for=pc.

区域渔业产业发展打下良好基础的领域。如表 5-4 所示。

表 5-4　2012—2022 年福州渔博会签约项目情况

年份/年	项目数/个	项目金额/亿元	项目涵盖领域
2012	21	102.70	水产养殖、海洋生物食品、海洋生物医药、水产流通业、远洋渔业、金鱼产业和渔业基础设施建设
2013[a]	56	123.37	—
2014	39	150.42	境外水产养殖、海洋生物食品(医药)、水产品加工与流通、远洋捕捞、海洋资源开发利用、海洋总部经济、渔业基础设施建设和渔业文化旅游
2015	27	163.45	水产品交易平台合作项目、境外渔业基地建设、园区建设、冷链物流、跨境电商、临海产业、休闲渔业、水产养殖加工
2016	14	164.10	境外渔业基地建设、跨境电商、远洋造船、滨海旅游、临海产业、水产养殖加工
2017	16	200.00	产业园区建设、临海产业、休闲旅游、水产养殖加工、船舶修造、基金投资合作、海洋环境保护
2018	19	210.00	临海产业、交易中心建设、投资合作、船舶建造、海洋旅游、水产养殖、互联网平台建设、水产购销
2019	13	227.00	临海产业、交易中心建设、投资合作、船舶建造、海洋旅游、水产养殖、互联网平台建设等产业
2020	12	237.94	远洋渔业基地、水产养殖、海洋科技能源、船舶修造、航运物流、文化旅游等产业
2021	15	242.43	海洋工程、水产加工、冷链物流、境外养殖、海洋牧场、船舶修造、文化旅游、水产购销、水产养殖、战略合作等产业
2022	15	220.91	海洋工程、水产加工、冷链物流、船舶修造、水产养殖等产业

资料来源:收集整理自网络资料。
注:a.2013 年部分数据缺失。

　　第三,注重海峡两岸合作。2013 年及之前,福州渔博会的全称为"海峡(福州)渔业周暨海峡(福州)渔业博览会",展会的理念是"突出'国际化、海峡化',致力打造'立足海西、连接两岸、服务全国、面向世界'的渔业交流与合作平台";展会通常会有中国台湾方面的水产学会、台湾大学、台湾两岸农渔业交流发展投资协会、台湾省渔会等机构协办；展出产品范围则主要是两岸水产精品、水产加工、渔业机械等，并组织两岸渔业专家、学者围绕渔业科技成果应用进行专题讲座[①]；而在展区设置上，2013年专门设置了台湾展区，面积8 000平方米，设标准展位305个[②]；2012年设置台湾精品展区，并举办海峡两岸渔业增殖放流启动仪式、闽台水产学术研讨会[③]。2014年之后，福州渔博会虽然将名称改为"中国（福州）国际渔业博览会"，但2014年展会仍然设置了台湾展区，并吸引了台湾16个渔会组织、20余家渔业公司参加，推动了闽台渔业交流合作的进一步发展；2015年展会台湾展区有5 000多平方米，设置了220个标准展位，包含旗鱼丸、虱目鱼丸、鱼松、龙胆石斑鱼、乌鱼子等台湾特色渔产品，以及由4个台湾乡镇及4个福州乡镇共同参与、为展示福州与台湾乡镇的交流合作的榕台乡镇对接展区[④]。2022年，受新冠疫情影响的福州渔博会，仍然开展了中国·闽台休闲渔业论坛，以"渔旅融合和渔业渔村振兴"为主题，邀请海峡两岸休闲渔业行业专家、休闲渔业企业代表，通过现场交流及视频连线的方式，共同推动两岸休闲渔业融合发展，同时还开展了新时代两岸水产种业技术、人才培养等方面的合作交流，在连江—马祖海域举办海峡两岸增殖放流等活动。

第四，展会签约的项目，重点转向远洋渔业、海外渔业基地、智慧渔业等方向发展。2012—2022年的福州渔博会签约项目中，涵盖的领域多次出现了境外水产养殖、境外渔业基地建设、远洋渔业基地建设等。而在智慧渔业方面，2021年展会期间，福州宏龙海洋水产有限公司与烟台中集蓝海洋科技合作共建的"海洋牧场"项目，是具有我国自主知识产权的项目，以科技创新推动海洋产业转型升级，采用了大量先进技术和设备，将智慧渔业、海洋文旅、科技研发、海洋科普等功能有机结合，真正实现了自动化、智能化和生态

---

① 高峰.第六届海峡渔业博览会在福州隆重开幕[J].当代水产,2011(9):36.

② 林蔚.第八届海峡渔业博览会在榕开幕 杨岳出席开幕式[EB/OL].(2013-09-14)[2022-10-21].http://www.gov.cn/govweb/gzdt/2013/09/14/content_2488388.htm.

③ 李明爽.2012海峡（福州）渔业周暨第七届渔博会开幕[J].水族世界,2012(5):148-155.

④ 辛华."2015福州渔博会"突出"海丝""海峡"特色[J].台声,2015(19):76.

化,在世界具有领先地位。[①] 其他与之相关的项目如表 5-5 所示。

表 5-5　福州渔博会渔业发展相关签约项目

年份/年	项目金额/亿元	项目内容
2015	—	中国福州市和肯尼亚蒙巴萨郡渔业合作(设立基金 100 亿元)
	15.97	中国东盟海产品交易平台(多项目合计)
	17.19	印尼 3.5 万亩混合淡海水鱼类、对虾生态养殖暨精深加工产业化生产基地项目
	23.00	"海上牧场综合示范区"项目
	14.00	南国风"智慧生态渔业园"项目
2016	30.00	利比里亚远洋渔业综合基地项目
	6.00	福州新区跨境电子商务水产品冷链物流项目
2017	45.00	福州鉴江海洋生物产业园(一期)建设项目
	20.00	连江县马鼻镇渔业特色小镇项目
	30.00	中国·元洪国际食品交易中心项目
	4.00	永杰鱼天下观光园养殖旅游项目
	15.00	"江船长"鲍产业园项目
	6.00	水产品精深加工及冷链物流项目
	3.00	井水白对虾工厂智能化养殖项目
	5.50	福州市长乐蓝色港湾整治行动项目
	1.75	福建恒水股份有限公司发展马来西亚彭亨州水产养殖项目
2018	25.00	连江县黄岐渔港经济区 PPP 项目
	20.00	大型单柱半潜式深海渔场合作项目
	15.00	长乐区文岭农产品加工与冷链物流项目
	30.00	国际海洋食品展示交易中心项目
	20.00	元洪冷链仓储(一期)项目
	17.60	中国-印尼海洋渔业农业合作示范区项目
	7.80	汉吉斯冷链枢纽暨跨境电商智慧园区项目

---

① 白冰,方芳.2021 渔业周·渔博会重点项目签约金额 242.43 亿元[EB/OL].(2021-06-03)
[2022-10-21].http://www.fujiansannong.com/info/60455.

续表

年份/年	项目金额/亿元	项目内容
2019	51.00	友谊新材料科技工业园——水产养殖用水性环保胶带项目
	3.10	福建海文铭海洋科技发展有限公司水产品深加工项目
	3.10	海洋综合信息采集装备的产业化与示范项目
	5.00	印度尼西亚中苏拉威西省帕卢市可持续对虾养殖项目
	5.50	印尼综合虾养殖收购投资项目
	1.19	溶解氧传感器采购项目
2020	78.74	福州（连江）国家远洋渔业基地核心区综合开发项目
	50.00	福清市东瀚国家海洋牧场示范区项目
	1.00	闽侯观园里金鱼特色小镇建设项目
	1.00	福州德泉金鱼产业园项目
	17.00	罗源县牛澳湾休闲渔业旅游开发综合项目
2021	—	与烟台中集蓝海洋科技合作共建的"海洋牧场"
	16.00	马来西亚丹戎马里斯南美白对虾健康产业园工程建设项目
	10.00	印尼瑟兰岛现代化深远海渔业养殖合作发展项目
2022	50.00	宏东智慧远洋渔业基地服务港
	—	岁金智谷·连江海洋科创企业港、福州两岸农渔食品园、福建海文铭水产品深加工项目（二期）、福建坤兴水产预制菜合作发展协议、元洪丰大冷链物流中心、福清兆华水产冷冻食品加工、福建省中际远洋渔业有限公司项目、福州泽霖食品有限公司购销项目、海欣食品水产加工采购项目、闽清县坂东镇鳗鱼养殖、罗源星耀深海大黄鱼基地建设、罗源星耀琼胶提纯基地

资料来源：依据历届展会签约项目相关报道整理而得。

表 5-5 中的远洋渔业、境外渔业基地和智慧渔业方面的项目，多属投资规模大、影响力强的战略性投资项目，比如 2022 年投资 50 亿元的宏东智慧远洋渔业基地服务港项目，2021 年投资 16 亿元的马来西亚丹戎马里斯南美白对虾健康产业园工程建设项目，2020 年投资 78.74 亿元的福州（连江）国家远洋渔业基地核心区综合开发项目，2018 年投资 20 亿元的大型单柱半潜式深海渔场合作项目，2016 年投资 30 亿元的利比里亚远洋渔业综合基地项目，以及 2015 年由福建海峡银行、北京中汇赛银资本管理有限公司、中非渔业联盟和福州市海洋与渔业局签约，基金规模为人民币 100 亿元，用于支持以中

国福州市和肯尼亚蒙巴萨郡渔业合作为代表的中非渔业合作项目,等等。

第二节　连江渔业发展现状及其存在的问题

一、福建渔业发展现状

1.福建渔业发展的基本条件

福建省属于亚热带气候,水域滩涂资源丰富,是最具发展渔业潜力的沿海省份之一。福建海域面积 13.6 万平方千米,比陆地面积大 12.4%;水深200 米以内的海洋渔场面积 12.51 万平方千米,占全国海洋渔场面积的4.5%,其中沿岸水域(10~40 米深)17 856 平方千米,近海水域(40~100 米深)63 025 平方千米,外海水域(100~200 米深)44 219 平方千米;滩涂面积2 068 平方千米。有闽东渔场、闽中渔场、闽南渔场、闽外渔场和台湾浅滩渔场 5 大渔场;有记录的海洋动、植物 5 000 多种,其中鱼类 765 种(包括经济鱼类 200 多种),虾类 93 种,蟹类 214 种、贝类 451 种,头足类 47 种,大型水母类 5 种,大型藻类 20 多种,种类数量居全国前列,是重要的海洋捕捞作业区。福建陆地海岸线长达 3 752 千米,位居全国第二,海水规划可养殖面积约 224.8 万公顷,发展海水养殖的条件得天独厚。海岸线曲折率 1∶7.01,居全国第一位。沿海岛屿星罗棋布,大于 500 平方米的岛屿有 1 321 个(其中有居民岛屿 98 个),居全国第二位,占全国的 1/5。大小港湾 125 个,其中深水港湾 22 处,可建 5 万吨级以上深水泊位的天然良港有东山湾、厦门湾、湄洲湾、兴化湾、罗源湾、三沙湾、沙埕港等 7 个,港口开发潜力大。江河水系密布,"六江两溪"流域面积约 10 万平方千米,淡水规划可养殖面积约 61.4万公顷,稻田养鱼面积达 1.64 万公顷。①

2.福建省渔业经济持续增长,结构不断优化

(1)福建省渔业经济及其结构演变。作为海洋大省的福建,渔业经济不断

---

① 笔者整理自《福建省"十四五"渔业发展专项规划》等多个数据来源。

增长。2020 年水产品总产量达 832.98 万吨,居全国第二位。其中,海水养殖产量、远洋渔业产量、水产品人均占有量、水产品出口额等指标均居全国第一,大黄鱼、鲍鱼、河豚、梭子蟹、牡蛎、海带、江蓠等品种养殖产量全国第一。① 2020 年福建渔业经济总产值为 3 135.6 亿元,其中渔业产值 1 422.64 亿元,福建占全国渔业经济总产值和渔业产值比例的 11.38% 和 10.52%,均位居山东、江苏、广东之后,在全国排第四位。

从产值演变趋势看,2001—2020 年,福建省渔业经济产值从 597.94 亿元增长到 3 135.60 亿元,增长了 4.24 倍。与此同时,福建省渔业经济中,属第一产业的渔业占比最高,超过 40%;属第二产业的渔业工业和建筑业占比则逐渐升高,从 2001 年的 20% 左右上升到近年的 35% 以上,而属于第三产业的渔业流通和服务业占比则不断下降,从 2001 年超过 23% 下降到近年的 18% 左右,如图 5-1 所示。

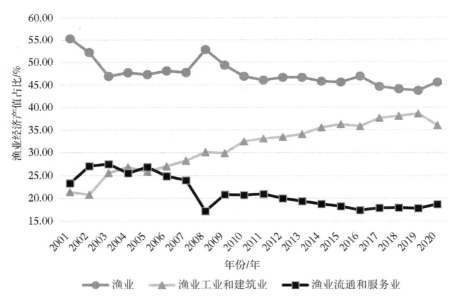

图 5-1　2001—2020 年福建省渔业经济产值结构

资料来源:依据历年《中国渔业统计年鉴》中的数据计算制作。

---

① 中研普华研究报告.2022 福建省水产品行业发展现状及前景分析[EB/OL].(2021-11-19)[2022-10-22].https://www.chinairn.com/hyzx/20211119/110011470.shtml.

而在属于第一产业的渔业产值中,又以海水养殖业为主,2004—2020 年其占比均在 40% 以上且仍在不断上升。其次为海洋捕捞,占比在 20%～30%,但呈逐渐下降的趋势。排第三位的为淡水养殖业,在渔业产值中的占比从 2004 年的 20% 以上下降到 2020 年的 12%。除此之外,淡水捕捞和水产苗种占比较低,均在 5% 以下。如表 5-6 所示。

表 5-6　2004—2020 年福建渔业产值结构

单位:%

年份/年	海水养殖	淡水养殖	海洋捕捞	淡水捕捞	水产苗种
2004	41.44	20.99	30.86	2.98	3.73
2005	42.15	20.78	30.23	2.87	3.97
2006	43.07	20.15	30.24	2.85	3.70
2007	43.58	18.76	30.51	2.54	4.60
2008	44.60	17.28	31.94	2.26	3.92
2009	44.75	17.69	31.30	2.16	4.10
2010	45.06	17.80	31.04	2.21	3.89
2011	44.75	17.69	31.30	2.17	4.10
2012	46.37	17.71	29.81	2.08	4.03
2013	47.91	17.17	29.30	1.87	3.76
2014	48.88	16.65	28.87	1.74	3.86
2015	50.24	15.76	28.86	1.55	3.59
2016	52.07	14.85	28.07	1.41	3.60
2017	55.95	12.01	27.28	1.10	3.65
2018	57.16	12.53	25.81	1.09	3.40
2019	58.09	13.01	24.21	1.10	3.59
2020	58.99	12.71	23.69	1.09	3.52

资料来源:依据历年《中国渔业统计年鉴》中的数据计算得到。

在福建省渔业第二产业和第三产业中,则分别以水产加工和水产流通为主。水产加工占福建省渔业第二产业中的比例保持在 65% 以上,并从 2003 年的 68.41% 提升到 2020 年的 86.30%。水产流通在福建省渔业第三产业中的比例则一直保持在 80% 以上,2011 年之后则保持在 90% 左右。如图 5-2 所示。

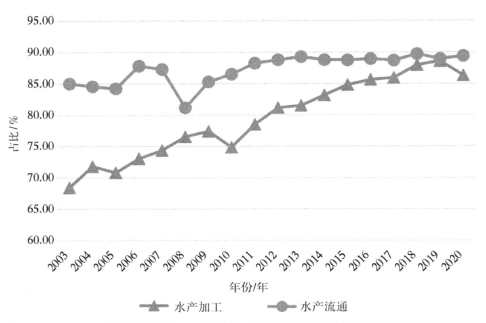

图 5-2 2003—2020 年福建省水产加工占渔业第二产业和水产流通占渔业第三产业比重演变趋势
资料来源:依据历年《中国渔业统计年鉴》中的数据计算制作。

（2）福建省水产品产量增长及其结构演变状况。

从水产品产量看,2001—2020 年,福建省水产品总产量从 542.49 万吨,上升到 832.98 万吨,其中养殖产量从 325.31 万吨上升到 612.27 万吨、捕捞产量则从 225.34 万吨下降到 220.71 万吨。在这种情况下,养殖占比不断上升,而捕捞产量的占比则不断下降。2001—2020 年,福建省水产品产量中,养殖业占比从 59.97% 上升到 73.50%,而捕捞业的产量占比则从 41.54% 下降到 26.50%。这种情况表明,福建省的渔业生产日益依靠养殖业。而在养殖业中,则海水养殖占绝对优势,2001—2020 年均保持在 80% 以上,甚至还有进一步提高的趋势,而淡水养殖的占比到 2020 年已降至 13.96%。捕捞业同样依靠海洋捕捞,其占比在 2007 年之前均接近或超过 90%。但海洋捕捞在福建省捕捞业中的占比在 2007 年之后呈下降趋势,到 2020 年下降到 69.27%。而远洋渔业的占比则在 2001—2020 年有明显的提高,从 2001 年的 3.62% 提高到 2020 年的 27.54%。淡水捕捞在福建省捕捞业中所占比例则一直较低,2001—2020 年均低于 5%。与福建省水产品产量不断增长相伴随的是,福建省的水产品加工比例呈不断升高的趋势,从 2001 年的 21.02％提高到 2020 年的 44.47％,日益从渔业初级产品生产向精深加工方向发展。如表 5-7 所示。

表 5-7　2001—2020 年福建省水产品产量结构演变趋势

单位:％

年份/年	总产量结构		养殖结构		捕捞结构			水产品加工比例
	养殖	捕捞	海水养殖	淡水养殖	海洋捕捞	远洋渔业	淡水捕捞	
2001	59.97	41.54	83.80	16.20	92.84	3.62	3.53	21.02
2002	60.67	41.71	83.47	16.53	90.90	5.71	3.39	23.19
2003	59.93	42.63	83.54	16.46	90.62	5.93	3.45	25.35
2004	60.79	42.05	83.45	16.55	89.82	6.77	3.40	27.94
2005	61.70	41.18	83.36	16.64	89.57	7.00	3.44	29.34
2006	62.39	39.69	83.32	16.68	91.09	5.24	3.66	35.35
2007	62.42	39.14	82.62	17.38	92.25	3.99	3.76	37.18
2008	62.01	37.99	82.65	17.35	89.06	7.24	3.71	36.38
2009	62.89	37.11	82.10	17.90	88.28	8.01	3.71	37.60
2010	63.01	36.99	82.16	17.84	87.91	8.32	3.77	41.45
2011	63.81	36.19	82.06	17.94	87.72	8.40	3.88	45.34
2012	64.60	35.40	81.91	18.09	86.59	9.54	3.87	46.21
2013	65.79	34.21	81.93	18.07	85.99	10.23	3.78	44.06
2014	66.56	33.44	81.93	18.07	84.88	11.37	3.76	44.94
2015	67.17	32.83	81.98	18.02	83.17	13.20	3.64	45.33
2016	68.60	31.53	82.20	17.80	84.32	12.01	3.67	45.80
2017	69.91	30.09	85.55	14.45	77.81	19.11	3.08	49.39
2018	71.30	28.70	85.67	14.33	75.62	21.25	3.11	52.66
2019	73.00	27.00	85.88	14.12	73.28	23.49	3.23	52.75
2020	73.50	26.50	86.04	13.96	69.27	27.54	3.18	44.47

资料来源:依据历年《中国渔业统计年鉴》中的数据计算得到。

3.福建渔业经济发展潜力不断增强

(1)渔业生产能力稳步提高。福建渔业在产值不断提升、结构不断优化的同时,实施了第三轮水产种业创新与产业化工程,凡纳滨对虾(Penaeus Vannamei)"闽水科 1 号"、宽厚型海带、早厚成耐高温海带、双斑东方鲀、菊黄东方鲀 5 个水产新品系选育成功。累计建成省级以上水产原良种场 40 多家,主要养殖品种良种覆盖率突破 70%,大黄鱼、鲍鱼、海带、紫菜、菲律宾蛤仔、牡蛎等主要养殖品种苗种产量位居全国首位。创建国家级水产健康养殖示范场 66 家,实施养殖池塘标准化改造累计达 26 万亩,升级建设环保型全塑胶养殖网箱 57.5 万口、深水大网箱 4 000 多口、塑胶筏式养殖面积 35 万多亩,"振渔 1 号""福鲍 1 号"等深远海养殖平台试验投产。省地方渔业标准颁布实施累计达 123 项。加强水生动物疫病防控,确认渔业官方兽医 393 名,设置水产苗种产地检疫申报点 75 个、水产养殖病害测报点 178 个。获批福州国家骨干冷链物流基地。[①]

(2)渔船拥有量持续增长。2001—2020 年,福建省的渔船拥有量不断增长,从 2001 年的 64.15 万吨,上升到 2020 年的 150.02 万吨,仅次于浙江,排名全国第二位,占 2020 年全国渔船总量的 17.23%。如图 5-3 所示。

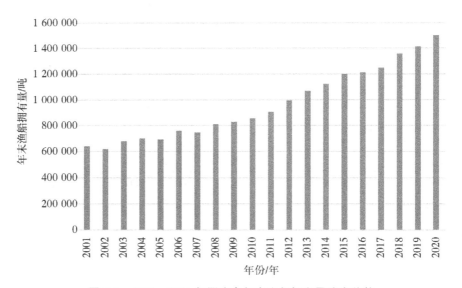

图 5-3 2001—2020 年福建省年末渔船拥有量演变趋势

资料来源:依据历年《中国渔业统计年鉴》中的数据制作而成。

---

① 福建省海洋与渔业局.福建省"十四五"渔业发展专项规划[EB/OL].(2022-08-31)[2022-10-22].http://hyyyj.fujian.gov.cn/xxgk/zfxxgk/zfxxgkml/ghjh_314/zcgh/202209/t20220906_5988111.htm.

（3）创新驱动能力显著增强。建设自然资源部第三海洋研究所、近海海洋环境科学国家重点实验室、大黄鱼国家重点实验室、福建省水产研究所等重大创新载体。成立海洋生物种业技术国家地方联合工程研究中心、福建省海洋生物资源综合利用行业技术开发基地、闽东海洋渔业产业技术公共服务平台、福建省卫星海洋遥感与通信工程研究中心等一批重大创新平台。成立海洋生物医药产业、海洋与渔业装备产业、大黄鱼产业、水产养殖尾水治理、海湾养殖设施升级改造等技术创新联盟。30 余项渔业科技成果获得省科学技术奖，其中厦门大学的"鲍远缘杂交育种技术与产业化应用"和省水产研究所的"福建特色海洋生物高值化开发技术与产业化应用"获得省科学技术进步一等奖。推动组建福建省协同创新院海洋分院，促进 180 余项渔业技术成果成功对接。[1]

二、福州市渔业发展现状[2]

福州市地处台湾海峡西部，海域面积 10 573 平方千米，现有水产养殖面积 6.65 万公顷，海洋生物种类 1 470 多种。福州市渔业涉及 11 个县（市）区、216 个渔业村、13.1 万个渔业户，有渔业人口 48.1 万人、渔业从业人员近 27 万人；渔业船舶 4 474 艘，其中海洋捕捞渔船 2 296 艘、内陆捕捞渔船 521 艘、海洋捕捞辅助船 681 艘、养殖船 976 艘；三级以上标准渔港 39 个，其中中心渔港 1 个（连江黄岐）、二级渔港 11 个、三级渔港 27 个。福州市水产品总量和渔业产值多年位居福建省第一。福州市拥有观赏鱼养殖场 50 多家，其中规模养殖场 20 家、80 多个品系，以兰寿、熊猫、蝶尾等为主，主销台湾、上海、广东以及日本、东南亚等地，年销售额 4.3 亿元人民币，年出口创汇 3 000 万美元以上。[3]

---

[1]　福建省海洋与渔业局.福建省"十四五"渔业发展专项规划［EB/OL］.（2022-08-31）［2022-10-22］. http://hyyyj. fujian. gov. cn/xxgk/zfxxgk/zfxxgkml/ghjh ＿ 314/zcgh/202209/t20220906_5988111.htm.

[2]　本部分的数据主要来源于福州市海洋与渔业局提供的《福州市 2018 年海洋产业相关资料》。

[3]　郑江洛.福州渔业发展成中国重要远洋力量［EB/OL］.（2019-03-13）［2022-10-22］. https://www.sohu.com/a/301051273_123753.

1.海洋经济总量位列全省前茅

近年来,福州市大力实施"以港兴市"、"海洋强市"和"海上福州"战略。2020年全市海洋生产总值2 850亿元[①],预计到"十四五"末将突破4 250亿元。2016年9月,福州获批创建国家级"十三五"海洋经济创新发展示范城市。2018年11月,福州获批建设国家级海洋经济发展示范区,推动福州海洋经济高质量发展。2018年,福州市有远洋渔业企业13家,远洋渔船增至432艘;福州市远洋渔业产量25.56万吨,产值21.76亿元人民币,均占福建省55%以上。福州市远洋渔船作业区域分布在太平洋、印度洋、大西洋等三大洋公海海域,以及毛里塔尼亚、几内亚比绍、印度、苏里南等国家和地区。[②]

2.现代渔业经济稳步增长

全市水产品总量和渔业产值历年均居全省第一。2021年福州市渔业产值631.87亿元,增长4.4%。全市水产品产量297.18万吨,同比增长4.5%;其中海水产品产量270.03万吨,增长4.6%;淡水产品产量27.15万吨,增长3.3%。着力打造大黄鱼、石斑鱼、鳗鲡、对虾、牡蛎、鲍鱼、海带、紫菜、海参特色水产品品牌,生产大黄鱼20 084吨、鳗鲡69 058吨、对虾79 853吨、牡蛎549 184吨、鲍鱼110 904吨、海带412 340吨。[③]

3.水产养殖结构优化

全市水产品养殖面积6.65万公顷,养殖产量约占渔业产量的72%,形成以鲍鱼、南美白对虾、鳗鲡、海带、金鱼等为主导的多个特色优势产业,长乐是全国最大的鳗鲡出口养殖基地,福清是全省南美白对虾的重要产区,连江是全国鲍鱼养殖主要产区。近年来重点扶持陆地工厂化养殖、塑胶网箱、深水抗风浪大网箱养殖等设施渔业项目、水产良种场和养殖新品种新模式推广项目,有22家有效期内的农业农村部水产健康养殖示范场,累计认定无公害水产品产地209家。2018年全市新建完成工厂化养殖面积12 000多

---

① 郑瑞洋.福州力争全年海洋经济重点项目开建20个以上[EB/OL].(2021-09-26)[2022-10-22].https://www.sohu.com/a/492123237_123121.

② 郑江洛.福州渔业发展成中国重要远洋力量[EB/OL].(2019-03-13)[2022-10-22].https://www.sohu.com/a/301051273_123753.

③ 福州市统计局.2021年福州市渔业生产态势良好[EB/OL].(2022-02-07)[2022-10-22].http://tjj.fuzhou.gov.cn/zz/zwgk/tjzl/tjxx/202202/t20220207_4305091.htm.

平方米,新增抗风浪深水网箱 32 口,新发展稻渔综合种养 1 600 多亩。

4.水产加工提速发展

福州市鱼糜制品、藻类、对虾、烤鳗、鲍鱼等"五大水产加工品"均占全省 2/3 以上份额,鱼糜制品、烤鳗、鲍鱼产量产值位列全国前茅。全市拥有规模 以上水产加工企业 123 家,国家级农业产业化龙头企业 4 家,省农业产业化 省级重点龙头企业 35 家,福州市农业产业化龙头企业 82 家,产值超亿元企 业 45 家。此外,通过设立水产品加工专项资金等方式,引导鼓励企业增加 固定资产投资,提高产能,发展水产品精深加工、延伸产业链。

5.休闲渔业崭露头角

福州市利用滨海、滨江区位和水产资源优势,依托养殖企业,打造集垂 钓、游乐、观赏、餐饮、度假为一体的休闲渔业基地已初具规模。到 2020 年, 福州拥有 24 家休闲渔业项目单位获评省级"水乡渔村",占全省 15%。福州 拥有观赏鱼养殖场 50 多家,其中规模养殖场 20 家、80 多个品系,以兰寿、熊 猫、蝶尾等为主。

6.品牌战略成效显著

福州市先后被授予"中国纯天然远洋捕捞产品产销基地""中国鱼丸之 都""中国金鱼之都""中国鳗鲡之都""中国海带之都""中国海洋美食之都" 等称号;全市 9 家水产企业产品获评中国驰名商标,2 家企业获得绿色食品 称号,1 家企业获得有机食品称号,29 家企业产品获评福建名牌,37 家企业 产品获评省著名商标,4 家企业产品获评省知名农产品品牌;连江鲍鱼、漳港 海蚌等 9 个特色品种获评国家地理标志证明商标或国家地理标志保护产 品;福州金鱼、福州烤鳗等 9 个品牌获评"福建三十大渔业品牌";2 个品牌获 评福州市五大知名农产品区域公用品牌;3 个品牌获评市知名农产品品牌; 打造了"10+1"福州市级渔业品牌。

三、连江县渔业发展现状

1.连江县渔业发展现状①

作为全国渔业第二大县的连江县，拥有远洋渔业企业 8 家、243 艘远洋渔船，产业规模占福建省 31％、福州市 69％左右，居福建省县（区）之首。随着福州（连江）国家远洋渔业基地获得国家审批，在满足各类远洋、近海渔船和运输船靠泊装卸需求，水产交易、冷链物流、精深加工、船舶修造、综合服务、文化旅游六大板块共同发展的基础上，福州（连江）国际水产品交易基地、互联网＋现代渔业模式、创新渔业生产自动化、鱼货销售平台及渔业产业链条化的快速发展，最终将形成水产品养殖捕捞、装卸分拣、冷链物流、粗精加工、产品交易、渔业观光、供应金融、船舶修造、海洋碳汇九大产业链集聚发展的总体形势。② 2021 年，连江县全面落实生态优先的渔业发展方针，围绕渔业"转方式调结构"的主线和"提质增效、减量增收、绿色发展、富裕渔民"的目标，采用政策引导，资金扶持的办法，加快渔业产业转型升级，促进渔民收入稳定增长和渔区社会和谐进步，全力加快发展海洋渔业经济。

2.不断壮大海洋渔业经济

2021 年，连江县水产品总量 128.12 万吨，同比增长 4.83％；渔业产值 239.73 亿元，同比增长 4.40％；加工产量 43.58 万吨，同比增长 14.59％；加工产值 130.23 亿元，同比增长 14.65％。

（1）加快推进省级海洋经济发展示范县项目建设。根据《福建省海洋经济发展专项资金管理办法》，连江县制定了《连江县省级海洋产业发展示范

---

① 连江县海洋与渔业局.连江县大力推进渔业高质量发展［EB/OL］.（2022-02-16）［2022-10-22］.https://baijiahao.baidu.com/s？ id=1724911876456327623&wfr=spider&for=pc.

② 孙子裕，陈道先.向海图强 挺进深蓝：福州（连江）国家远洋渔业基地采风纪实［EB/OL］.（2022-09-14）［2022-10-22］.https://mp.weixin.qq.com/s？ https://mp.weixin.qq.com/s？__biz=MzU0Mzc1OTgyNA==&mid=2247489011&idx=1&sn=728176b89915344e32532e9e5364dfb3&chksm=fb07d94ccc70505ae93296609bf198d02f83bcbaa4979a9c4026bf304229351a55856c67bc8a&scene=27. biz=MzU0Mzc1OTgyNA==&mid=2247489011&idx=1&sn=728176b89915344e32532e9e5364dfb3&chksm=fb07d94ccc70505ae93296609bf198d02f83bcbaa4979a9c4026bf304229351a55856c67bc8a&scene=27.

县项目与资金管理暂行办法》和《项目申报指南》。2020年已公示立项项目50个,总投资额8 443万元,申请专项资金4 000万元(涉及乡村振兴项目34个,专项补助资金2 102万元),其中33个项目已完成验收。

(2)谋划推进连江县渔港经济区建设。《连江县渔港经济区建设实施方案》和《连江县渔港经济区建设规划》通过农业农村部项目论证,获得国家补助资金2亿元。成立了连江县国家级渔港经济区指挥部,围绕智慧渔港、平安渔港、绿色渔港、产业渔港、人文渔港,实施重点项目17个,总投资17.5亿元,其中申请中央财政补助2亿元、地方财政配套投资3.6亿元、社会资本投入11.9亿元。

(3)做强水产品精深加工。首先,落实惠企政策,做大做强水产加工业。落实《关于支持和促进海洋渔业产业发展的18条措施》,新建1艘3 334吨的"闽连渔冷67577"海上加工船;新投产了宏东、佳昆、锦添等3家鲍鱼加工企业,引导和鼓励加工企业引进新设备、新工艺开发新产品;组织企业申报2021年市级水产加工项目及省级渔业结构调整项目,持续扶持福建高龙海洋生物工程有限公司、福州日兴水产食品有限公司、福州宏东食品有限公司等企业开发食品级浓缩鱼油、蛋白肽、天然牛磺酸、多糖、硫酸软骨素胶囊、胶原蛋白等产品,提升连江水产加工业精深加工水平。

其次,推进品牌建设工作。组织企业参加海峡(福州)渔业周·中国(福州)渔业博览会,举办"连江鲍鱼节"和"藻类产品品鉴会"暨"连江海带节"、"商聚福州,渔游四海"连江直播带货等活动,推介连江水产品及企业;组织企业申报、复评福建省著名农业品牌及福州市知名农业品牌。

(4)建设"海连江电商产业园"。以"海上福州,连江桥头堡"定位优势,以连江海产品产业经济为主体,以互联网电子商务结合实体经济为手段,打造"海连江电商产业园",推动连江海洋电商产业化发展。

3.积极推动种业自主创新

连江县从事鲍鱼苗种生产企业、育苗场29家。为进一步加强水产原、良种场认定及建设的力度,提高水产原、良种亲本质量和产量,促进水产原、良种推广与应用,推进海洋渔业产业结构调整,确保连江县鲍鱼原、良种种业可持续发展,连江县制定了《连江县扶持水产原、良种种业发展的政策措施》,加快推进官坞鲍鱼良种场建设,培育、推广绿盘鲍、福鲍等水产高优品种。2019年3月,官坞海产公司从美洲引进300多粒绿鲍新品种,培育出8个新绿鲍品系,并保存有绿鲍亲本200粒以上,绿鲍子一代2万多粒,红鲍亲本1 000多粒,皱纹盘鲍原种5万粒以上,年培育"福鲍一号"鲍鱼苗8 000万粒以上。2021年3月5日,福建省连江县官坞海产开发有限公司被评为省级水产良种场(鲍鱼)。同时,官坞海产开发有限公司是福建省唯一入选2021年中国水产种业育繁推一体化优势企业名录(全国20家)的企业。

4.加快渔港建设

连江县已建成渔港25个,其中国家中心渔港2个、二级渔港7个、三级渔港16个。列入《福建省渔港布局与建设规划(2020—2025年)》中的新建、提升改造和整治维护各类渔港32个,连江县制定了《关于进一步加快连江县渔港建设的实施方案》,加快推进32个渔港建设,其中2020年计划开工8个渔港已正式施工,2021年开工建设14个渔港,2022年开工建设10个渔港。

5.发展现代渔业

(1)加快推进养殖设施升级改造力度。连江县制定了《连江县海上养殖转型升级行动方案》《连江县人民政府关于海上养殖转型升级行动的通告》《连江县海上养殖转型升级改造工作任务和申报指南的通知》等文件,全力推进海上养殖转型升级改造工作。2021年全县已替换塑胶浮球273.8万粒,改造养殖渔排4.6万口,新建深水抗风浪网箱56口,全面完成2021年转型升级改造工作任务。

(2)大力发展深远海养殖。连江县制定《连江县深远海养殖发展规划(2021—2035年)》《关于支持和促进深远海养殖产业发展的政策措施(试行)》《连江县扶持海工装备深远海养殖平台政策措施》,加快"百台万吨"生态养殖工程建设,推进海洋深水区高标准、高品质养殖业发展,投产"振鲍1号""振渔1号""福鲍1号""定海湾1号""定海湾2号"等五个深远海养殖平台,建设"泰渔1号""泰渔2号""泰渔3号",以及"闽投1号"等深远海养殖平台,积极探索研究深远海养殖平台运营模式,推进养殖平台项目建设。其中"泰渔"系列养殖平台,均有自主知识产权,集深水养殖、水质智能监控、海上休闲观光为一体,可在水深20米至50米的海域作业,抗风能力达14级,仅两三人就能养殖数以万计优质深海鱼。①

　　(3)持续推进"海洋牧场"建设。连江县制定《连江县海洋牧场发展规划(2021—2035年)》,建成约3 900亩的标准化海带养殖示范区,总投资1.5亿元;开展黄湾屿海域建设养护型人工鱼礁项目(2.89万空方,总投资1 867.95万元)施工招投标工作,下达补助资金1 750万元。连江县海洋牧场建设"闽投1号"投产后将进行仿野生大黄鱼养殖,预计年产量达600吨,经济价值近亿元②;同时还搭载了较为完备的水文监测、气象监测系统以及包括光伏发电、波浪能发电、柴油发电的三套发电系统,对清洁能源的应用模式做出了大胆的创新尝试,配套有不同类型的客房、可容纳百人的餐厅、亲水平台、露天水吧、智慧渔业体验中心、休闲垂钓区、海洋文创天地等设施,为游客提供一站式休闲娱乐活动。

　　(4)推进福州(连江)国家远洋渔业基地建设。福州(连江)国家远洋渔业基地是全国第三个、全省唯一一个国家级远洋渔业基地,也是推进"海上福建""海上福州"战略的重点项目。基地主要建设"一港、二园、三中心、四区"等四大板块,包括现代化国际远洋渔业母港、远洋水产品精深加工园、海洋生物制品产业园、国际远洋水产品交易中心、国际水产品冷链物流中心、国际远洋渔船修造中心、远洋渔业总部经济区、远洋渔业物资补给区、远洋渔业创新服务区、远洋渔业特色小镇等。而位于连江县粗芦岛的核心区将积极融入福州物流城建设,发挥邻近福州中心城区和远洋渔业基地的区位优势,打造海产品全产业链贸易岛,具备交易、冷链、仓储、国家级渔业精深加工基地等功能。基地在2020年至2028年分三期实施建设,建成后年靠泊服务远洋渔业及相关船舶600艘,实现远洋生产量40万吨、远洋渔获进关量100万吨,并通过发展参观式、体验式旅游,助推渔业产业与旅游深度融

---

①　杨柳州.连江现代化海洋牧场迎来新飞跃[EB/OL].(2022-0125)[2022-12-22].https://baijiahao.baidu.com/s? id=1722885891114806919&wfr=spider&for=pc.

②　陈逸之,陈成志.福建省首个深海智慧渔旅平台正式投用[EB/OL].(2022-12-16)[2022-12-22].https://new.qq.com/rain/a/20221216A06HTU00.

合,推动连江海洋产业强链补链延链,成为海洋一、二、三产融合的标志性工程。①

(5)发挥"连江县海洋生物资源开发工作站"作用,开展海洋生物资源调查育苗工作。收集、筛选出可供开发的紫海胆、天然珍稀鱼类等贝类、鱼类养殖品种,开展育苗、养殖试验,为海洋牧场规模化、区域化发展提供优质的种苗,并已培育紫海胆苗33.2万粒。

(6)建设万亩三倍体牡蛎养殖示范区,引进三倍体牡蛎育苗场项目建设。选址黄岐湾和定海湾海域开展万亩三倍体牡蛎养殖示范区项目建设,推行标准化养殖技术和管理技术,加强养殖产品质量安全监测,保障三倍体牡蛎养殖高质量生产,积极培育"牡蛎＋健康""牡蛎＋旅游""牡蛎＋电商"等新产业、新业态,完成海上养殖区选址,并在黄岐湾海域开始试养1 000亩,年产量约5 000吨,年产值约3 000万元。

(7)开展海洋渔业碳汇核算、开发潜力评估和市场化交易试点示范工作。选择定海湾、黄岐半岛北部区域贝藻养殖主产区,评估连江县海水养殖贝藻类碳汇情况及其发展趋势、发展潜力,对连江县海水养殖碳汇进行核算。深化与自然资源部第三海洋研究所合作推进海洋碳汇试点工作,依托厦门产权交易中心(厦门市碳和排污权交易中心)全国首个海洋碳汇交易平台,2022年1月1日正式完成连江县15 000吨海水养殖渔业海洋碳汇交易项目,交易额12万元,实现全国首宗海洋渔业碳汇交易,为福建省推进相关工作提供参考。

四、连江渔业发展中存在的问题

1.缺乏总体发展战略

连江渔业发展中存在的最主要问题是,缺乏总体的、连续且一致的发展战略。连江渔业发展虽然也制定了一些发展规划,比如2018年印发了《关

---

① 颜澜萍.福州(连江)国家远洋渔业基地:打造千亿现代渔业产业集群[EB/OL].(2022-05-31)[2022-12-22].https://baijiahao.baidu.com/s? id＝1734308238004027270&wfr＝spider&for＝pc.

于支持和促进海洋渔业产业发展的 18 条措施》(连委办〔2018〕140 号)、颁布实施了《连江县海水养殖水域滩涂规划(2018—2030 年)》；根据《福建省海洋经济发展专项资金管理办法》,连江县于 2020 年制定了《连江县省级海洋产业发展示范县项目与资金管理暂行办法》(连海渔〔2020〕234 号)和《项目申报指南》《连江县扶持海工装备深远海养殖平台政策措施》,以及依据《福建省渔港布局与建设规划(2020—2025 年)》制定了《关于进一步加快连江县渔港建设的实施方案》(连政办〔2020〕52 号),获批《福州(连江)国家远洋渔业基地建设规划》；2021 年制定了《连江县人民政府关于海上养殖转型升级行动的通告》(连政〔2021〕167 号)、《连江县海上养殖转型升级改造工作任务和申报指南的通知》等文件以全力推进海上养殖转型升级改造工作,并出台《连江县深远海养殖发展规划(2021—2035 年)》、《关于支持和促进深远海养殖产业发展的政策措施(试行)》、《连江县海洋牧场发展规划(2021—2035年)》(连政办〔2021〕143 号)；2022 年《连江县渔港经济区建设实施方案》和《连江县渔港经济区建设规划》通过农业农村部项目论证,2022 年制定了《连江县海上养殖转型升级行动方案》(连政办规〔2022〕1 号)、《连江县扶持水产原、良种种业发展的政策措施》等政策文件或规划。但却没有关于连江县渔业产业发展的总体规划,明确连江县渔业产业应该重点发展哪些渔业产业领域,遵循哪些产业发展战略或规律,产业和市场扩张的方向和路径等。在这种情况下,连江县渔业经济的可持续发展必然面临瓶颈制约。

2.连江县渔业发展中的生态环境问题较为突出

影响连江县渔业发展生态环境问题主要有以下几个方面：一是在罗源湾南岸区域西侧沿线以及敖江入海口和闽江入海口区域的部分滩涂湿地,互花米草的入侵造成连江县部分海岸带滩涂无法被有效利用,并改变部分渔港码头的冲淤环境,加剧渔港淤积。二是在罗源湾南岸区域、黄岐半岛北部区域和闽江入海口区域,海洋垃圾的存在阻碍正常的海上交通秩序,对海水水质产生一定影响,同时破坏海岸带的生态景观和人文景观。三是位于罗源湾南岸区域可门工业园区的大面积围填海活动,造成当地原有的天然湿地变成人工湿地,削弱罗源湾南岸周边海域的水动力,破坏滨海湿地原有生境,降低滨海湿地的生态系统服务功能和污染治理能力。[1]

3.产业结构不尽合理

连江县渔业产业结构有待优化。作为融合渔业、加工业和服务业的连江县休闲渔业,起步晚,消费带动不足。虽然无法获得连江县渔业经济的结构数据,但从福建省渔业经济数据来看,其渔业、加工业和服务业比例为45.50∶35.97∶18.66,与国内渔业经济发展水平较高的山东省(2020年渔业、加工业和服务业比例37.75∶33.92∶28.34)、浙江(2020年渔业、加工业和服务业比例50.97∶23.19∶25.84)、江苏(2020年渔业、加工业和服务业比例51.54∶16.02∶32.44)、广东(2020年渔业、加工业和服务业比例41.89∶11.43∶46.68)相比,福建渔业经济中服务业所占的比重明显偏低,需要在推动渔业、渔业加工业发展的同时,大力发展渔业服务业。而连江作为福建省的渔业大县,其渔业产业结构应该与之相似,因而同样存在渔业服务业产值偏低的问题。

而从2021年连江县渔业产量与加工量来看,其加工比例只有34.01%,大大低于福建省整体渔业产量45%~50%的加工比例;但加工后的产值却占2021年连江县渔业产值的54.32%,是渔业产量中加工量占比的1.60倍,表明加工后的渔业产出附加值大大提高。因此,连江县渔业产出加工比例不高,整体上拉低了连江县渔业的产值规模。

4.产业发展基础有待完善

由于大规模围海养殖和沿岸村落污水处理设施不完善,连江县部分海岸带的近岸海域遭受污染,海水水质和生态环境质量大大降低,在一定的气象条件下甚至出现赤潮。根据相关统计资料,罗源湾南岸区域、黄岐半岛北部区域、敖江入海口区域和闽江入海口区域的海洋生态环境一直处于亚健康状态,沿岸部分乡镇的污水处理设施仍不完善甚至缺乏。[2]

台风带来的大风、降雨、风暴潮及其引发的山体滑坡等次生灾害,对连

---

① 吴侃侃,陈克亮.福建省连江县海岸带生态保护修复的现状、问题和对策[J].海洋开发与管理,2021,38(6):46-50.

② 吴侃侃,陈克亮.福建省连江县海岸带生态保护修复的现状、问题和对策[J].海洋开发与管理,2021,38(6):46-50.

江县海岸带的岸线资源、养殖渔业、临港工业和人民生命财产安全等都造成较严重的影响，其中受台风风暴潮影响较大的区域主要为罗源湾南岸区域和闽江入海口区域。同时，罗源湾南岸区域和黄岐半岛北部区域时常发生赤潮灾害，也给海洋生态环境和海洋渔业造成较大危害和经济损失。

第三节　渔博会与连江渔业蓝色经济发展路径

一、蓝色经济

1.蓝色经济

早期关于蓝色经济（the blue economy）的探讨，是从应对全球水危机角度出发，涉及淡水径流及其流域的可持续利用。比如加拿大魁北克地区圣劳伦斯流域，以应对水危机、实现淡水和流域经济的可持续发展为目标，关于经济代价效益和生态学途径而提出的蓝色经济。[1] 但蓝色经济更通常的界定，主要还是针对海洋经济。按照世界银行对蓝色经济的界定，主要是指海洋和滨海地区（coastal areas）资源的可持续利用，以服务于经济增长，提高人们的生活水平，增加就业和改善海洋生态环境，包括可再生能源、渔业、海洋运输、海洋旅游、气候变迁和垃圾处理等范畴。[2] 世界银行关于蓝色经济的范畴，主要从 5 种经济活动类型、13 种次级分类、19 个产业部门，分别界定其增长动力等因素，如表 5-8 所示。

---

[1] 何广顺，周秋麟.蓝色经济的定义和内涵[J].海洋经济，2013,3(4):9-18.
[2] The World Bank. What is the blue economy [EB/OL]. (2017-06-06) [2022-12-23]. https://www.worldbank.org/en/news/infographic/2017/06/06/blue-economy.

表 5-8　蓝色经济包含的主要内容

经济活动类型	次级分类	相关产业部门	增长动力
海洋生物资源的捕捞与贸易	海产品捕捞	渔业（初级鱼类生产）	食品和营养，尤其蛋白质的需求
		渔业加工[a]	食品和营养，尤其蛋白质的需求
		海产品贸易	食品和营养，尤其蛋白质的需求
		非食用海产品贸易	对化妆品、宠物和药品的需求
		水产养殖	食品和营养，尤其蛋白质的需求
	以海洋生物资源生产药品等	海洋生物技术和海洋生物勘探	研发和健康用途，化妆品、酶、保健品和其他行业
海洋不可再生资源的提取和利用	矿物资源的提取	（海床）采矿	对矿产资源的需求
	能源资源的企图	石油和天然气	对替代能源的需求
	淡水生产	海水淡化（脱盐）	对淡水的需求
可再生非耗竭性资源利用[b]	（离岸）可再生能源的生产	可再生能源产业	对替代能源的需求
海洋商业和贸易	运输和贸易	船运和船舶建造	不断增长的海运贸易和运输的需求，国际管制，海洋运输行业[c]
		海洋运输	—
		港口和相关服务	—
	滨海开发	国家或私人部门	滨海城市化，国家管控
	旅游和娱乐	国家旅游管理部门，私人部门等	全球旅游增长需求
对经济和环境的间接贡献	碳封存	蓝碳[d]	减缓气候变迁
	海岸线保护	生境保护与修复	弹性增长
	陆基废物处理产业	固体废物养分同化	废水处理
	生物多样性	物种和栖息地保护	自然环境保护

　　资料来源：World Bank Group. the Potential of the Blue Economy[R/OL]. (2017-06-23) [2022-10-24]. https://www. climateaction. org/white-papers/world-bank-united-nations-the-potential-of-the-blue-economy.

　　注：a.包括渔械制作，冰冻产品的生产与供给，渔船建造和维护，水产加工机械的生产、包装、营销和分销等；b.包括风能，海浪和潮汐能；c.包括船舶建造、废弃、注册、航海业务、港口运作等；d.指利用海洋活动及海洋生物吸收大气中的二氧化碳。

2.我国蓝色经济发展概况

　　在我国，关于"蓝色产业""蓝色经济"，早期的关注点主要在于我国海洋经济的发展。但随着人们对于蓝色经济认识的不断加深，也逐渐转向强调海洋的可持续发展以及海洋生态与经济、社会等子系统的协调,海洋产业外延的扩展(由单纯的海洋经济扩大到海洋、临海、涉海等方面),以及海陆统筹一体化发展①,要求低耗、低排放、低污染,倡导发展资源节约型和环境友好型的海陆一体化经济,建立良性的生态循环体系以实现区域功能定位清晰、布局合理和产业集群结构的优化②。

我国在 2011—2012 年,先后批复了《山东半岛蓝色经济区发展规划》《福建海峡蓝色经济试验区发展规划》《浙江海洋经济发展示范区规划》《广东海洋经济综合试验区发展规划》等四项规划,主体内容都是围绕海洋经济促进地方经济增长。从该四项规划来看,总体上与国内外关于蓝色经济的界定与要求,以及表 5-8 中的蓝色经济组成相一致。其中《山东半岛蓝色经济区发展规划》覆盖范围包括山东省全部海域及青岛、东营、潍坊、威海、烟台、日照六市和滨州的部分区域,以建成具有国际竞争力的现代海洋产业集聚区、国家海洋经济改革开放先行区和海洋生态文明示范区为目标。《福建海峡蓝色经济试验区发展规划》则覆盖宁德、福州、莆田、泉州、厦门和漳州六市及平潭综合试验区陆域,通过陆海统筹、联动发展,提高岸线、海域、海岛等海洋资源的集约利用,发展成为两岸海洋经济合作、海洋环境区质量、海洋生态环境、海洋综合管理和海洋公共服务等方面的示范区。《浙江海洋经济发展示范区规划》包括杭州、宁波、温州、嘉兴、绍兴、舟山、台州等市的市区及沿海县(市)的陆域(含舟山群岛、台州列岛、洞头列岛等岛群),以海引陆、以陆促海、海陆联动、协调发展,建成大宗商品国际物流中心、海洋海岛开发开放改革示范区、现代海洋产业发展示范区、海陆协调发展示范区、海洋生态文明和清洁能源示范区。《广东海洋经济综合试验区发展规划》包括广州、深圳、珠海、汕头等 14 个市所属陆域,在海洋生态文明建设和推进海洋综合管理中,提升海洋交通、海洋渔业和船舶工业,培育海洋生物医药、海洋工程装备、海水综合利用和海洋可再生能源产业,集约发展临海钢铁工业和临海能源工业。

---

① 姜旭朝,张继华,林强.蓝色经济研究动态[J].山东社会科学,2010(1):105-109.

② 赵炳新,肖雯雯,佟仁城,等.产业网络视角的蓝色经济内涵及其关联结构效应研究:以山东省为例[J].中国软科学,2015,(8):135-147.

二、福州渔博会对连江渔业发展的影响

在参与福州渔博会的过程中，主要从以下几个方面促进了连江渔业的发展：

1.为连江渔业经济的发展搭建了更高的平台

福州渔博会是福建省首个经商务部批准的国际性专业展会，已经成为福建省渔业经济发展中的标志性事件，为省内各地尤其是连江渔业经济发展提供了高层次的发展平台。

2.为连江渔业经济带来了巨大的效益

据统计，2022年第17届福州渔博会现场零售额9 247万元，经贸配对额6.89亿元；采购商人数达到16 386人。根据业内估算，会展业产生的乘数效应为8~10倍。以此计算，仅由福州渔博会的现场零售和经贸配对即可对福建渔业经济产生60亿~80亿元的效益，也必然会为连江渔业带来巨大的经济效益。

3.有助于将连江的主要渔业产品推向全国乃至全球市场

鲍鱼、海带等藻类海生植物产品，鱼丸等鱼糜制品，在连江渔业发展中占有重要的地位。福州渔博会设置的福州·连江鲍鱼节、藻类产品品鉴会、海带节、鱼丸节，让国际国内市场的消费者了解连江的鲍鱼、海带、鱼丸等产品，也必然对连江相关海产品在国际国内市场的销售起到促进作用，如表5-9所示。

表 5-9 2016—2022 年福州渔博会连江参展及相关活动情况

年份/年	展会内容	详情
2016	展场概况	百洋、亿达、江船长、荻南渔业等25家渔业水产企业到会参展，参展面积2 400平方米，连江鲍鱼、海带、虾皮等极具地域特色的海产品深受海内外客商和市民的青睐
	连江特产	举办中国（福州）鱼丸节、福州·连江鲍鱼节、连江海带节
	签约项目	连江县人民政府与海上浮动岛（福建）海洋科技工程研究院有限公司签约投资23亿元等水产养殖项目

续表

年份/年	展会内容	详情
2017	连江特产	第四届福州·连江鲍鱼节,40多种鲍鱼产品及鲍鱼养殖知识展示
	签约项目	连江县马鼻镇渔业特色小镇项目,投资额20亿元,由马鼻镇人民政府和中新宏创(福建)科技有限公司签约;水产品精深加工及冷链物流项目,投资额6亿元;罗源湾石油储备项目,投资额68亿元
2018	连江特产	连江县政府举办了首届连江鲍鱼品牌新闻发布会暨经销商座谈会
	企业宣传	连江县官坞海产开发有限公司获评"金奖企业",官坞小海带获评"金奖产品"
	签约项目	连江县黄岐渔港经济区PPP项目
2019	展场概况	26家单位参展,展区面积2 800平方米,参会产品500多种
	连江特产	设置了第二届福建鲍鱼节主题馆,举办"第二届福建鲍鱼节"暨"第六届连江鲍鱼节"、"第三届藻类文化节"暨"第四届连江海带节"等
2020	连江特产	鲍鱼节、海带节
	签约项目	福州(连江)国家远洋渔业基地核心区综合开发,投资78.74亿元
2021	展场概况	32家单位参加本次渔博会,连江展区位于6号馆,整个展区面积近3 600平方米,参会产品500多种
	连江水产品专场对接会	"第四届福建鲍鱼节"暨"第八届连江鲍鱼节"、"藻类产品品鉴会"暨"第六届连江海带节"等系列活动
	连江特产	以"拥'鲍'夏天·'鱼'悦生活"为主题的鲍鱼节设立科普展示馆,以视频及图文的方式介绍鲍鱼育苗、养殖、加工等情况;设置烹饪品鉴馆,现场互动体验鲍鱼的烹饪制作;海带节设置主题活动区、企业展示区等,以海带美食品尝为主线,衍生打海带结、"海带王"评选、海带养生知识宣传等系列活动
2022	展场概况	连江共有28家单位参展,整个展区面积近3 300平方米,参会产品500多种
	海峡两岸增殖放流活动	举办海峡两岸增殖放流活动,养护海峡渔业资源,促进两岸渔业可持续发展,放流真鲷、黑鲷、大黄鱼等苗种共计200万尾
	连江特产	第五届福建鲍鱼节暨第九届连江鲍鱼节
	签约项目	宏东智慧远洋渔业基地服务港项目意向书,金额50亿元;岁金智谷·连江海洋科创企业港项目意向书,金额15亿元

资料来源:收集整理自网络资料。

4.有助于连江渔业企业培育品牌、提高品牌知名度和培养消费者忠诚度

如表 5-9 所示，每年福州渔博会期间，都有 20 多家来自连江的企业参展，它们在展出企业产品的同时，培育和塑造连江渔业品牌。而连江渔业企业在参加福州渔博会期间，如连江官坞海产开发有限公司在 2019—2022 年福州渔博会期间连续获得福州渔博会"金奖产品·金奖企业"称号，连江天源有限公司、连江县老家记食品有限公司、连江县黄岐程家渔铺水产加工厂、连江信洋水产有限公司等获 2022 年福州渔业博览会金奖企业，对于提高连江渔业企业在区域乃至全国的品牌知名度，都会产生积极的影响。而且，连江渔业企业通过在展会现场与消费者和采购企业的交流，也会有利于培养品牌忠诚度。

5.为连江渔业产业的发展带来了资金和技术

如 2022 年签约的宏东智慧远洋渔业基地服务港项目意向书，金额 50 亿元，在福州（连江）国家远洋渔业基地建设基地核心区码头运营（靠泊、装卸、搬运等）、关检服务、冷链仓储物流、保税油库、加油站、物资补给仓库等项目；岁金智谷·连江海洋科创企业港项目意向书，金额 15 亿元，拟在福州（连江）国家远洋渔业基地建设高端研发中试楼及总部区、企业定制厂房、标准化厂房、配套设施等。2020 年签约的福州（连江）国家远洋渔业基地核心区综合开发项目，投资 78.74 亿元，主要建设现代化国际远洋渔业母港、远洋水产品精深加工园、海洋生物制品产业园、国际远洋水产品交易中心、国际水产品冷链物流中心、国际远洋渔船修造中心、远洋渔业总部经济区、远洋渔业物资补给区、远洋渔业创新服务区、远洋渔业特色小镇。2018 年签约的连江县黄岐渔港经济区 PPP 项目、2017 年签约的连江县马鼻镇渔业特色小镇项目和水产品精深加工及冷链物流等项目，通过资金携带技术，为连江渔业产业的发展带来了所需要的资金及技术。

三、连江渔业蓝色经济发展路径

1.利用福州渔博会与国内其他渔博会的错位发展引导资源集聚促进连江渔业发展

纵观我国四大渔博会，在各自实现错位发展的前提下，福州渔博会与地

区渔业发展的联系最为紧密。青岛渔博会注重构建全球影响力与全球渔业发展相接轨。上海渔博会则"依托上海国际化大都市,具有中高档水产品集散和消费等优势,每年交易和消费水产品上百万吨,从海外进口水产品数十万吨的强大辐射能力、消费能力和物流条件,使国内外不少著名水产企业把参展上海国际渔业博览会,作为进军上海市场的桥头堡,将产品推向全国直至海外市场",即注重面向长三角的渔业产品消费需求。厦门在中国国际(厦门)渔业博览会与中国(厦门)国际休闲渔业博览会的共同发展中,后者在厦门的地位与作用日益超过前者,也意味着厦门在渔业经济发展方面,日益转向注重休闲渔业发展。这种转变符合厦门作为国际性的旅游城市定位。这一点从厦门发展游艇产业也可以得到验证。而福州渔博会,从一开始就注重与其他渔博会的错位发展,即更加注重福州所辖各县域及宁德、莆田等地区的渔业经济发展。在这种情况下,福州渔博会应该在展会定位上更加充分地体现支持地区渔业蓝色经济发展的目标,而福建各地区,尤其是连江县,在参与福州渔博会的过程中,也需要在其参展展品或参与项目设置上,更加充分地体现自身渔业蓝色经济发展的主题。

事实上,从连江县渔业发展的角度看,其蓝色经济发展不太可能涉及如表 5-8 中蓝色经济领域的所有组成部分,但连江县仍需充分利用海洋资源促进自身的渔业发展。首先,在近海海洋生物资源的捕捞与贸易,包括渔业(初级鱼类生产)、渔业加工、海产品贸易、水产养殖等产业部门,都需要从蓝色经济角度加强海岸线保护、保护物种和栖息地而保护生物多样性、强化废水废物处理以保障渔业发展的环境,以确保连江渔业的未来可持续发展。其次,如表 5-7 所示,在福建省远洋捕捞占水产捕捞产量比例不断上升的情况下,连江渔业的发展也势必要加强远洋捕捞及深海养殖,充分利用深海资源促进连江渔业的发展。最后,在向深海发展,利用深海资源提高连江渔业捕捞产量或通过海上牧场等平台实现深海养殖的过程中,对蓝色经济领域的船运和船舶建造、港口等相关服务的需求在不断增长。

而福州渔博会对以连江为代表的福建省尤其是福州市各县域渔业蓝色经济发展的支持,则可以体现在以下几个方面:一是对于渔博会的定位做出符合蓝色经济发展理念的调整,注重引导渔业产业发展,在充分利用海洋(岸线、近海和深海)资源促进渔业发展的同时,注重渔业对经济和环境的间接贡献,即表 5-8 中关于蓝色经济构成的第五大类经济活动,以强化蓝碳、海岸保护、路基废物处理、生物多样性等方面的产业导向,调整福州渔博会的展馆规划和展出范围,从而形成与其他渔业博览会之间错位发展和合作,共同推动我国系列国际渔业博览会共同发展,以带动国内各地区尤其是福建渔业的持续稳定发展。二是在展会活动安排上,注重辅助以连江为代表的福建县域渔业产品的品牌培育、顾客忠诚度培养以及市场扩张。三是在展会同期会议或论坛等的安排上,则注重以连江为代表的福建县域渔业产业发展为导向,引导政府、学者、企业、中介服务,共同探讨各地区如何充分利用福建在海洋捕捞、海水养殖、水产加工等方面的产业优势,推动远洋渔业合作和海外渔业养殖基地建设以及福建海洋渔业装备产业发展,从而为连江等县域渔业产业的发展提供既具战略前瞻性,又具现实实践操作意义的策略和建议。

2.充分利用连江的海洋资源促进渔业向海发展

如表 5-6 和表 5-7 所示,从福建渔业的产值结构看,捕捞业(主要是海洋捕捞和淡水捕捞,以海洋捕捞为主)所占比例从 2004 年的 33.84% 下降到 2020 年 24.78%,产量结构上捕捞业也从 2004 年的 41.54% 下降到 2020 年的 26.50%。而且,从海洋捕捞量看,2001 年福建省的海洋捕捞产量为 209.21 万吨。之后虽然到 2004 年海洋捕捞产量有所上升,最高达到 223.33 万吨,但从 2004 年之后即呈持续下降的趋势,到 2020 年下降为 152.90 万吨。与海洋捕捞量不断下降相反,福建省的远洋捕捞量却在不断上升,从 2004 年的 8.16 万吨上升到 2020 年的 60.79 万吨。尽管如此,福建渔业的海洋和远洋捕捞产量 2001—2020 年仍在波动中趋于下降,从 2001 年的 225.34 万吨,上升到 2004 年的 248.63 万吨,之后下降到 2008 年的 205.91 万吨,并在 2016 年再次上升到 241.78 万吨之后,下降到 2020 年的 220.71 万吨,如图 5-4 所示。

福建渔业捕捞产量的这种演变趋势表明,在依赖于自然渔业资源,尤其是海洋捕捞业呈现出发展瓶颈,产量可能趋于下降的形势下,水产养殖业成为未来的必然发展趋势。这就要求连江渔业要充分利用连江近海、岸线资源,以及深海海洋资源,以《福建海峡蓝色经济试验区发展规划》关于海域开发和产业体系的要求,《推进新一轮"海上福州"建设实现海洋经济高质量发

图 5-4　2001—2020 年福建渔业（海洋＋远洋）捕捞量演变趋势

资料来源：依据历年《中国渔业统计年鉴》中的数据计算制作。

展三年行动方案（2021—2023 年）》提出的建设福州（连江）国家远洋渔业基地、做大做强连江鲍鱼百亿强县、打造连江鱼丸等特色水产品产业链的方案，以及《福州市"十四五"海洋经济发展专项规划》关于积极推动国家远洋渔业基地、国家骨干冷链物流基地和"百台万吨"生态养殖平台等一批重大项目建设为基础，加快从种苗培育、近海和滩涂养殖、深远海养殖、远洋捕捞四个方面入手提升一产；大力发展水产精深加工、布局福州现代物流城、国家远洋渔业基地的水产精深加工园区和可门海洋生物医药产业园建设等措施做大渔业第二产业；通过推进集散融合、渔旅融合、文旅融合等方式增加海洋经济第三产业产值。

3.遵循可持续发展路径促进连江渔业的绿色发展

蓝色经济要求合理利用海洋资源，实现蓝色经济低能耗、低排放、低污染的目标。根据 2015 年 12 月 22 日联合国大会，"可持续发展目标 14"（Sustainable Development Goal 14）要求保护和可持续利用近海、深海和海洋资源。在我国，蓝色经济同样是以实现海洋可持续发展为目的，寻求海洋资源开发利用与海洋生态环境保护相互平衡的发展方式。① 由中国(海南)改革发展研究院与中国海洋发展基金会联合主办以"加强蓝色经济合作共促海洋可持续发展"为主题的 2022 构建蓝色经济伙伴关系论坛上,与会学者同样认为,"蓝色经济的发展关键在于构建以海洋可持续发展为目标的蓝色经济伙伴关系,要把海洋生态环境治理作为首要关键任务"②。但针对山东半岛蓝色经济区战略的实施对蓝色经济区内的"绿色"的测算却表明,在该战略的实施过程中,忽略了其节能减排的"绿色"目标,致使该战略规划中促进蓝色经济区绿色目标实现的优化能源消费结构、加强传统高能耗工业的技术改造和全面推行绿色设计与制造的节能减排措施没有得到落实,从而在实践中体现为,山东半岛蓝色经济区战略的实施降低了蓝色经济区内的碳排放效率,增加了蓝色经济区内产生单位 GDP 的碳排放量,即该蓝色经济战略没有对蓝色经济区内的绿色贡献产生正面的影响。③

因此,连江渔业蓝色经济发展路径应该采取以下措施:一是准确评估海洋自然资源对连江渔业经济发展的贡献,并以此协调连江渔业蓝色经济发展不同部门的政策措施。二是使用现有的数据和技术,支持和加强对连江县域海洋资源的长期管理,以利于海洋资源的长期可持续利用。三是权衡连江渔业蓝色经济中捕捞、养殖、加工、贸易、远洋渔业基地、海上牧场等各个部门的相对重要性,并基于对自身产业基础、自然资源、资金和人力资本准确评估确定应该优先发展的产业部门。四是要积极响应国家碳达峰、碳中和等围绕区域与全球合作预测和适应气候变化的重大战略,配合国家节能减排的政策措施,调整连江县域渔业产业的发展布局。五是在国家和地方政策的允许下,通过蓝色债券、保险和债务—适应互换在内的针对性金融工具,为连江海洋产业健康发展在财务、社会和环境回报方面提供资金保障。六是充分发挥社会各界,尤其是连江县域渔业参与人员、企业、行业协会以及侨资侨乡等群体的作用,挖掘连江县域渔业蓝色经济的潜力。七是

① 杨薇,孔昊.基于全球海洋治理的我国蓝色经济发展[J].海洋开发与管理,2019(2):33-36.
② 关欣.加强蓝色经济合作 促进海洋可持续发展[EB/OL].(2022-11-29)[2022-12-05].https://baijiahao.baidu.com/s? id=1750794170262435783&wfr=spider&for=pc.
③ 李剑,金伟伟,姜宝."蓝色"经济战略的"绿色"贡献研究:以"山东半岛蓝色经济区"战略为例[J].华东经济管理,2019(1):19-25.

制定连江县域沿海和海洋空间规划,确定连江县特定区块海洋使用的地理模式,作为指导连江渔业蓝色经济决策和解决海洋空间冲突的重要内容。八是充分发挥作为贸易、经济增长和就业引擎的民间资本、私人企业在连江渔业蓝色经济发展中的关键角色,从而将私人部门的生产、销售和消费过程纳入连江渔业蓝色经济发展的轨道中。

4.沿福建省"海丝"蓝色经济通道增强连江渔业发展潜力

"蓝色经济通道"的概念来源于 2017 年国家发展和改革委员会与国家海洋局联合发布的《"一带一路"建设海上合作设想》,其中基于《推动共建丝绸之路经济带和 21 世纪海上丝绸之路的愿景与行动》提出的政策沟通、设施联通、贸易畅通、资金融通、民心相通为主要内容,和共商、共建、共享的基本原则,提出"一带一路"建设海上合作的三条蓝色经济通道,即"以中国沿海经济带为支撑,密切与沿线国的合作,连接中国—中南半岛经济走廊,经南海向西进入印度洋,衔接中巴、孟中印缅经济走廊,共同建设中国—印度洋—非洲—地中海蓝色经济通道;经南海向南进入太平洋,共建中国—大洋洲—南太平洋蓝色经济通道;积极推动共建经北冰洋连接欧洲的蓝色经济通道"[1]。三条蓝色经济通道提出后,我国与三条通道沿线国家间逐渐开展了海洋第一产业(海洋捕捞和水产养殖)、海洋第二产业(油气资源的勘探与开发)、海洋第三产业(海洋运输等)和海洋科技等方面的合作。

而福建省作为"一带一路"倡议中的"21 世纪海上丝绸之路核心区",在参与蓝色经济通道建设与合作中,主要是"中国—印度洋—非洲—地中海"蓝色经济通道,尤其以福建省与东南亚国家间的蓝色经济合作最多。在该通道下,结合福建省建设海峡蓝色经济示范区,以及海洋强省、福州建设"海上福州"、厦门提出"海洋强市"等战略的引导下,福建省沿"海丝"国家或地区,签署《中国—印尼"两国双园"项目合作备忘录》,打造成两国产业的连通器[2];由福清胜田食品和印尼三林集团联合打造的印尼海洋渔业中心首个基

---

① 雷丽娜."一带一路"建设海上合作设想[EB/OL].(2017-6-20)[2022-12-05].http://www.gov.cn/xinwen/2017-06/20/content_5203985.htm.

② 龙敏.福建境外投资复苏　向"海丝"沿线国家和地区集聚[EB/OL].(2021-5-10)[2022-12-05].http://tradeinservices.mofcom.gov.cn/article/news/gnxw/202105/116166.html.

地正式投产^①；签署"中非两国双园"，围绕食品加工、海洋经济、现代农业、油气合作、冷链物流、新能源等产业，逐步建立贸易互联、商品互通、投资互利的开放型贸易投资体系^②；位于福州马尾的中国-东盟海产品交易所，作为对接"一带一路"建设的重要互联网交易服务平台，吸纳中国与东盟国家的海产品生产、加工、贸易企业及拥有大宗海产品和海产资源的龙头企业为会员，对大宗海产品现货通过"线上交易、线下交收、跨境结算"的方式进行交易，交易水产品超过300种，年交易量约200万吨，全年交易金额超过300亿元^③。到2017年已有10家企业在印尼、马来西亚等国家建立渔业养殖基地，境外水产养殖发展规模居中国第一，开工建造远洋渔船127艘，新建（扩建）境外基地4个，新增水产品加工、冷链物流项目4个。^④ 此外，厦门象盛镍业公司在印尼投资的不锈钢冶炼厂是迄今福建境外投资规模最大的项目，泉州百宏公司在越南投资了该国最大的化纤生产企业，福州宏东渔业公司毛里塔尼亚项目是中国企业在海外建设规模最大的远洋渔业基地。^⑤

连江渔业蓝色经济的发展，需要与福建省、福州市的蓝色经济发展通道保持一致，在参与"海丝"沿线两国双园，及海外渔业养殖基地建设中，增强连江渔业产业的发展潜力。

5.重点领域实现集群化、高品质发展

第一是鲍鱼养殖。连江鲍鱼养殖始于1989年。连江鲍鱼产品约占全国市场的1/3。相关资料显示，连江县年鲍鱼育苗达到6亿～8亿只，养鲍数

---

① 钱嘉宜.印尼海洋渔业中心首个基地投产[EB/OL].(2022-6-24)[2022-12-05].https://baijiahao.baidu.com/s? id=1736481295213921037&wfr=spider&for=pc.

② 佚名.漳州：建设中菲"两国双园"经贸创新发展示范园区[EB/OL].(2022-4-28)[2022-12-05].https://www.ndrc.gov.cn/xwdt/ztzl/zgdmydylcntzhz/202204/t20220428_1328075.html? code=&state=123.

③ 数据来源于中国-东盟海产品交易所官网。

④ 闫旭.携手"海丝"沿线国家福建海洋经济合作开疆拓土[EB/OL].(2017-05-13)[2022-12-25].http://finance.sina.com.cn/roll/2017-05-13/doc-ifyfekhi7556108.shtml.

⑤ 龙敏.福建境外投资复苏 向"海丝"沿线国家和地区集聚[EB/OL].(2021-05-10)[2022-12-25].http://tradeinservices.mofcom.gov.cn/article/news/gnxw/202105/116166.html.

量超 20 亿只,鲍鱼养殖年产量连续超过 3 万吨,产值达数十亿元。① 全县形成了"育苗—养殖—加工"的完整产业链。连江县积极探索深远海养殖模式,建立深远海鲍鱼机械化养殖平台,提升鲍鱼生产规模和效益,推动海水养殖模式转型升级。其中深远海养殖平台"福鲍 1 号",平台面积 1 200 多平方米,钢结构组成,年产鲍鱼约 40 吨,在带动了当地村民就业的同时,有效改善近海污染等问题。

由于鲍鱼是"贵族菜"的传统,以及鲍鱼养殖初级产品脱离大众消费实际,因而大大影响了鲍鱼产业的规模扩大。因此,价格亲民化和消费大众化是连江鲍鱼养殖真正实现规模化、产业化、集群化发展之路。

第二是连江海带养殖。连江被称为中国海带之乡,海带养殖已经有 60 多年的历史。连江县于 1956 年引进山东青岛海带苗在筱埕镇试养,发展到现在,占全国海带养殖量的一半,海带养殖面积近 10 万亩,年产值约 30 亿元。在海带养殖方面,连江深入实施"良种创新工程",加快创建省级种质资源和国家级种质资源场,2021 年连江县共培育海带苗 100 亿株,不仅提供全国 50％以上苗种,而且远销日本、韩国、朝鲜、俄罗斯等国家。②

但连江海带养殖产品,除部分用于初级产品和次级粗加工产品销售外,主要用于鲍鱼养殖的饵料,以及逐渐成为蓝碳创造碳汇。因此,连江海带养殖产业的未来发展,一是通过"作为饵料提供给鲍鱼—鲍鱼的粪便提供给海参—海参的排泄物提供给海带"的混合式、相互促进式养殖,在提升各产业养殖规模和品质的同时,实现蓝色经济所需的节能减排;二是推动海带等海藻类养殖产品的精深加工,通过海带提炼具有吸附溶液中的重金属离子、抗疑、降血脂、重金属解毒甚至对抗 HIV 病毒有辅助功效的褐藻胶等海带多糖,以及海带中富含的多酚、生物乙醇、不饱和脂肪酸、岩藻黄素、海藻复合膳食纤维等产品;三是继续扩大海带等海藻类海生植物养殖,以蓝碳创造更多碳汇。

第三是连江鱼丸。作为"中国鱼丸之都",福州鱼丸年产量达 16 万吨,

---

① 包华.连江鲍鱼养殖户扭亏为盈,年产值达数十亿[EB/OL].(2022-01-10)[2022-12-25]. https://baijiahao.baidu.com/s? id=1721573456369789089&wfr=spider&for=pc.
② 连江海带的"蓝海掘金"路[EB/OL].(2022-08-05)[2022-12-25].https://www.ljxww. com/html/17/20220805/62ec6bc1728b0.shtml.

年销售 30 亿粒，约占全国 50％市场份额，连江鱼丸则约占福州鱼丸产量和产值的一半。2021 年，福州鱼丸产业销售额达 80 亿元左右。在严格的标准化制作流程管理下，2022 年 4 月，福州鱼丸在全国 1 000 多家肯德基餐厅同步上市，推动了福州鱼丸在销售领域的标准化，从而使得福州鱼丸有机会走向全国、走向全世界。连江鱼丸是福州鱼丸的主要发源地和生产地。相关数据显示，连江拥有 14 家鱼丸生产企业、188 家鱼丸小作坊及门店，其中 7 家企业是"中国鱼丸之都核心企业"（福州市共 14 家）。2021 年，全县鱼丸产量 6.23 万吨，产值 34.58 亿元，占全市的 50.79％。也即连江鱼丸生产占全国产量的 1/4 左右。①

作为小众消费食品的鱼丸，虽然可以通过向肯德基等连锁餐饮上市而继续扩大其产出和销售规模，但通过提高鱼丸品质，以高端品牌为引领，提升鱼丸产业整体产值规模和附加值，是连江乃至福州鱼丸产业未来发展的必然选择。

第四是海洋牧场。"海洋牧场"是指在一定海域内，采用规模化渔业设施和系统化管理体制，利用自然的海洋生态环境，将人工放流的海洋生物聚集起来，像在陆地放牧牛羊一样，对鱼、虾、贝、藻等海洋资源进行有计划和有目的的海上放养。海洋牧场一般可分为渔业增养殖型海洋牧场、生态修复型海洋牧场、休闲观光型海洋牧场、种质保护型海洋牧场和综合型海洋牧场等五种类型。

连江在建或已投入使用的海洋牧场包括深海绿色自动旋转海鱼养殖平台——振渔 1 号，总长 60 米，型宽 30 米，养殖水体达 13 000 立方米，设计年养殖产量 100 吨②；连江县黄岐半岛海域人工鱼礁，礁区长 758 米，宽 478 米，礁区面积约 36 万平方米，礁体总空方约 2.89 万立方米③；以及"百台万

① 吴澳燕.鱼丸行业发展 福州鱼丸年产量达 16 万吨 约占全国 50％市场份额［EB/OL］.（2022-12-12）［2022-12-25］.https://www.chinairn.com/hyzx/20221212/112354944.shtml.

② 季凤.高科技钢铁浮岛 铸起福州连江现代化海洋牧场［EB/OL］.（2022-06-02）［2022-12-25］.https://t.ynet.cn/baijia/32976380.html.

③ 孙兴威.为海洋生物筑起"新家"福建连江计划投放 1026 块人工鱼礁［EB/OL］.（2022-06-29）［2022-12-25］. https://baijiahao. baidu. com/s? id ＝ 17369534741820764208&wfr ＝ spider&for＝pc.

吨"深远海生态养殖工程平台——乾动1号在连江定海湾投产,智能化渔旅融合半潜式深海养殖平台闽投宏东号迁至连江海域,全国最大的深远海鲍鱼养殖平台福鲍1号,连江县本土企业自主研发的定海湾泰渔系列等9个深远海养殖平台①,等等。

连江的海洋牧场主要是渔业增养殖型海洋牧场,但从蓝色经济对海洋生态环境的要求来看,连江县海洋牧场应该注重渔业增养殖型海洋牧场、生态修复型海洋牧场、休闲观光型海洋牧场、种质保护型海洋牧场和综合型海洋牧场的协调发展,在促进连江海洋牧场规模化发展的同时,实现海洋自然环境、渔业产业与休闲产业之间的协调统一发展。

第五是海产加工。连江海产加工在"扶引大龙头、培育大集群、发展大产业"的政策方针引导下,通过扶持亿达、江船长等本土水产企业发展壮大的方式,已经拥有水产加工企业超过100家,其中"中国鱼丸之都"核心企业约占福州市的一半。同时,通过采取鼓励加工企业创新发展,新建1艘海上加工船,新增8条先进生产线,新投产了鑫汇达、辰丰等2家鲍鱼加工企业,加大对海洋药物和生物制品的开发生产力度,持续扶持高龙、日兴、宏东等企业开发食品级浓缩鱼油、蛋白肽、天然牛磺酸等产品,引领产业迈向创新轨道等方式,推动连江水产加工业向精深加工水平发展。② 此外,福州(连江)国家远洋渔业基地是全国第三个、全省唯——一个国家级远洋渔业基地,其中包括远洋水产品精深加工园、海洋生物制品产业园等海产加工项目,也将大大推动连江海产加工业的发展。

相较于连江渔业初级产业的发展,连江海产加工业仍较落后。如前文所述,2021年连江海产品产量的加工比例为34.01%,大大低于福建省45%～50%的加工比例,更是大大低于全国50.67%的海水产品产出加工率。而连江海产加工的发展,未来的方向应是以直接食用为主的初级和次级产品之外的精深加工,以高端海产加工产品,以提供海洋食品之外的化妆品、海洋

①　陈江燕,马俊杰.深耕"海上牧场",连江"蓝色粮仓"正崛起[EB/OL].(2022-09-22)[2022-12-25].https://new.qq.com/rain/a/20220922A02WNP00.

②　连江县海洋与渔业局.连江县水产品精深加工迈上新台阶[EB/OL].(2022-12-19)[2022-12-25].http://www.fzlj.gov.cn/xjwz/zwgk/gzdt/bmdt/202212/t20221219_4510042.htm.

生物医药等蓝色经济范畴为目标。

6.以智慧渔业提升连江渔业品质，以大数据优化连江渔业发展战略策略

智慧渔业理念在福建并未普及。智慧渔业是以渔业养殖为应用场景，将传统渔业与智能科技深度融合，将养殖技术、装备技术和信息技术有机组合，实现水产养殖生产自动化、管理信息化、决策智能化，有效做到水产养殖产业集约化、规模化，是一种可真正实现现代渔业可持续发展的养殖运行模式。[①] 智慧渔业发展模式对我国的水产养殖业产生巨大的影响和促进作用，因此，展会应大力宣传智慧渔业发展趋势的必然性以及发展优势，邀请相关专家就智慧渔业发展趋势的讲解，提高福建养殖企业对智慧渔业相关技术的接受度，从而以智慧渔业发展模式促进福建渔业经济的持续稳定发展。

连江传统养殖业逐渐向智慧养殖方向转变。2021年3月，连江县开启了"百台万吨"深远海智慧养殖平台建设，先后投用了全国首台深远海机械化大黄鱼养殖平台"振渔1号"、全国最大的深远海鲍鱼养殖平台"福鲍1号"，连江本土企业自主研发建造的深远海养殖平台"泰渔1号""定海湾1号"，具备智慧渔业、深海养殖、休闲旅游、产学研基地等功能的深海智慧渔旅平台"闽投1号"，以及深海智慧渔旅平台的"宏东号"等多个养殖平台。平台还集5G基站、鱼群活动高清监测等数字技术于一体，同时配备休闲渔业中心、海洋科普中心、餐饮住宿区以及智慧渔业中心，集合声呐、光学、视频等多种技术，便于通过"互联网＋渔业"智能掌握连江海上牧场的养殖情况，通过"物联网＋渔业"监测海水酸碱值、盐度、含氧度及健康情况。此外，"宏东号"还可以通过水产养殖智能机器人远程操控，让网箱清洁更智能、更高效。[②]

连江智慧渔业的发展，除了通过智能化的设备、软件和养殖方式提升产品质量外，还应注重通过渔业大数据的收集、处理和应用，为渔业企业的经营决策提供参考，为连江县乃至福州市、福建省的渔业产业发展方向提供科学的依据。

---

① 宿墨,顾小丽,张智敏,等.创建智慧渔业水产养殖模式[J].中国水产,2018(9):41-42.
② 郑瑞洋,林双伟.连江智慧海洋风帆劲　数字蓝海浪潮涌[EB/OL].(2022-07-23)[2022-12-25].http://mag.fznews.com.cn/fzwb/2022/20220723/20220723_A26/20220723_A26_1.htm.

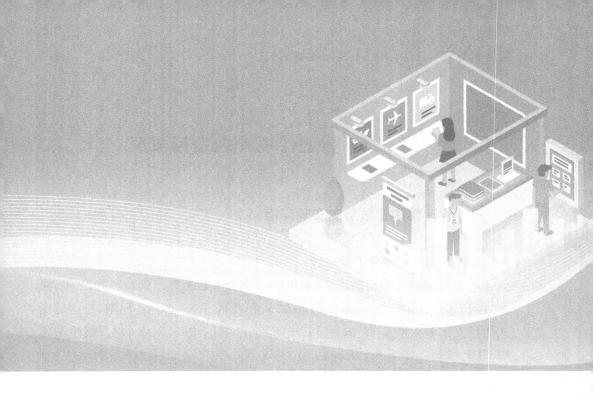

第六章　沙县小吃旅游文化节与沙县小吃产业文化内涵式发展

第一节　沙县小吃产业发展概况

一、我国餐饮业发展的宏观环境

1.居民收入与消费不断增长

随着我国经济的不断增长，居民收入也在不断上升。2013—2021 年，我国人均 GDP 从 43 497 元增长到 80 976 元，增长了 86.16％。同期，全国居民人均可支配收入则从 18 311 元上升到 35 128 元，增长了 91.84％，略快于人均 GDP 增长。如图 6-1 所示。

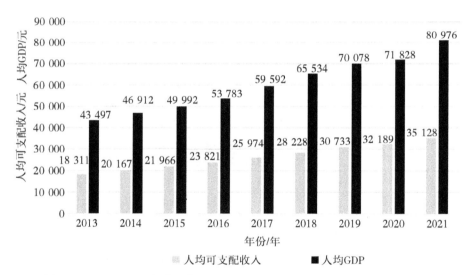

图 6-1　2013—2021 年我国人均 GDP 与全国居民人均可支配收入演变趋势

注：2013 年起开始公布全国居民人均可支配收入，2012 年及之前只公布城镇居民人均可支配收入和农村居民人均纯收入，因此仅提供 2013—2021 年的数据。

与不断增长的居民收入相伴随的是，我国居民消费也在不断扩张。2013—2021 年，我国居民消费支出从 13 220 元增加到 24 100 元，增长了 82.38％，与前述我国同期人均 GDP 和全国居民人均可支配收入增长率大致相等。而在居民消费支出中,服务性消费支出所占比例均保持在40％以上,并呈现出一定的上升趋势。如从2014年的40.31％提升到2021年的44.17％,表明我国居民的消费有增加服务性消费的趋势。如表6-1所示。

表 6-1　2013—2021 年我国居民消费支出及其分布

项目		2013 年	2014 年	2015 年	2016 年	2017 年	2018 年	2019 年	2020 年	2021 年
消费支出/元		13 220	14 491	15 712	17 111	18 322	19 853	21 559	21 210	24 100
其中服务性消费比例/％		—	40.31	41.11	41.82	42.59	44.23	45.86	42.61	44.17
消费支出比例分布/％	食品烟酒	31.21	31.01	30.64	30.10	29.33	28.36	28.22	30.16	29.78
	衣着	7.77	7.59	7.41	7.03	6.75	6.49	6.21	5.84	5.89
	居住	22.68	22.09	21.76	21.90	22.41	23.40	23.45	24.59	23.41
	生活用品及服务	6.10	6.14	6.05	6.10	6.12	6.16	5.94	5.94	5.91
	交通和通信	12.31	12.90	13.28	13.66	13.64	13.48	13.27	13.02	13.09
	教育文化和娱乐	10.57	10.60	10.97	11.19	11.39	11.21	11.66	9.58	10.78
	医疗保健	6.90	7.21	7.41	7.64	7.92	8.49	8.82	8.69	8.78
	其他用品及服务	2.46	2.47	2.48	2.37	2.44	2.41	2.43	2.18	2.36

资料来源:依据历年《中国统计年鉴》数据计算而得。

表6-1中的居民消费支出比例分布来看,食品方面的支出,虽然所占比例呈微小的下降趋势,但仍占居民消费支出的30％左右,并且随着居民消费支出的不断增加而增加。从2013年的4 126.74元增加到2021年的7 178.10元。

2.我国餐饮业快速发展

我国餐饮业整体规模迅速扩张。2001—2019年,我国餐饮业的市场规模从0.43万亿元,扩大到4.70万亿元,增长近11倍。尽管2020年新冠疫情导致我国餐饮业市场规模缩小到4.00万亿元,但2021年在仍然面临新冠疫情的情况下,恢复到2019年的4.70万亿元。而按照中国连锁餐饮协会的预测,到2026年,我国餐饮业的总体市场规模可能达到6.60万亿元,是2020年疫情影响下餐饮业总体规模的1.65倍。相关数据显示,2022年疫情多地散发,加上 2022 年底放松疫情管控带来的冲击,使得 2021 年已经恢复正增长的餐饮业再次受到打击,但随着新冠疫情的逐渐消退,我国餐饮业的市场规模在之后必然会恢复快速扩张趋势。如图 6-2 所示。

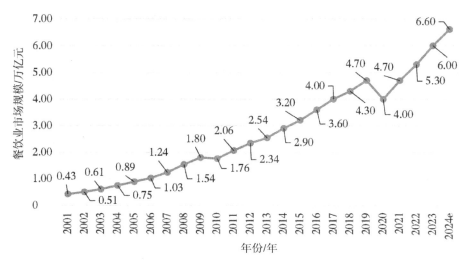

图 6-2　2001—2024 年我国餐饮业市场规模演变趋势

资料来源:《2021 年中国连锁餐饮行业报告》《2013 年度中国餐饮市场分析报告》《中国餐饮行业分析报告(2002 年 4 季度)》。

3.我国餐饮业的发展趋势

(1)限额以上餐饮业发展趋势。[①] 规模化经营是快速发展的我国餐饮业呈现出的重要趋势。根据国家统计局关于限额以上餐饮行业统计数据,2005—2021 年,我国限额以上餐饮业法人企业数从 9 922 个增加到 37 900 个;从业人员从 134.40 万人上升到 284.99 万人;营业额和餐费收入则分别从 1 260.20 亿元和 1 124.00 亿元增长到 7 972.40 亿元和 7 208.30 亿元,分别增长了 2.82 倍、1.12 倍、5.33 倍和 5.41 倍,并且限额以上餐饮业营业额和

---

① 根据《国家统计局关于布置 2010 年统计年报和 2011 年定期统计报表制度的通知》(国统字〔2010〕87 号),关于我国批发和零售业、住宿和餐饮业统计报表的规定,对纳入定期统计报表范围的批发企业、零售企业以及住宿餐饮企业的销售(营业)额及从业人员标准为:限额以上批发业年主营业务收入 2 000 万元以上,限额以上零售业年主营业务收入 500 万元以上,限额以上住宿餐饮业年主营业务收入 200 万元以上。

餐饮业餐费收入增长幅度要远大于限额以上餐饮业法人企业数和餐饮业年末从业人数的增长幅度。从而我国限额以上餐饮业法人企业的规模呈不断扩大的趋势,平均营业额从 2005 年的 1 270.11 万元提高到 2021 年的 2 103.54 万元。与平均营业额不断提高的演变趋势相反,限额以上餐饮企业的平均员工数量从 2005 年的 135 人下降到 2021 年的 75 人,表明限额以上餐饮企业从业人员的劳动效率在不断上升。如表 6-2 所示。

表 6-2　2005—2021 年限额以上餐饮业基本情况表

年份/年	餐饮业法人企业数/个	餐饮业年末从业人数/万人	餐饮业营业额/亿元	餐饮业餐费收入/亿元	平均营业额/万元
2005	9 922	134.40	1 260.20	1 124.00	1 270.11
2006	11 822	148.90	1 573.60	1 410.60	1 331.08
2007	14 070	167.40	1 907.20	1 711.30	1 355.51
2008	22 523	200.20	2 592.80	2 358.40	1 151.18
2009	20 694	200.61	2 686.40	2 441.30	1 298.15
2010	21 595	220.30	3 195.10	2 893.20	1 479.56
2011	22 496	227.80	3 809.00	3 433.80	1 693.19
2012	23 390	243.71	4 419.80	3 966.70	1 889.61
2013	26 743	246.77	4 533.30	4 056.10	1 695.14
2014	26 634	234.55	4 615.30	4 120.20	1 732.86
2015	25 947	222.08	4 864.00	4 343.50	1 874.59
2016	26 359	221.11	5 127.07	4 562.14	1 945.09
2017	25 884	223.23	5 312.78	4 732.10	2 052.53
2018	26 258	234.20	5 622.90	4 997.70	2 141.40
2019	29 918	252.79	6 557.38	5 886.58	2 191.78
2020	32 901	257.64	6 037.26	5 445.73	1 834.98
2021	37 900	284.99	7 972.40	7 208.30	2 103.54

资料来源:历年《中国统计年鉴》。
注:表中数据为限额以上餐饮企业的统计指标。

(2)连锁餐饮迅速发展并呈多元化发展趋势。2005—2021 年,我国连锁餐饮业快速发展。其间,门店数、从业人员数、餐饮面积和餐位数分别增长了 343.68％、111.47％、180.10％和 62.13％。营业额从 454.36 亿元上升到 2 525.18 亿元,增长了 455.77％(见表 6-3)。除 2014 年外,餐费收入则基本占连锁餐饮业营业额的 98％以上,表明连锁餐饮业的业务比较单一,即提供比较纯粹的餐饮服务。从连锁餐饮营业收入在正餐、快餐和其他餐饮业①的分布来看,如表 6-3 和图 6-3 所示,正餐的营业收入增长率最小,2005—2021 年仅增长了 2.11 倍,占连锁餐饮业营业收入的比例从 51.50％下降到28.81％;其次为快餐,从低于正餐的204.69亿元上升到正餐的 1.75 倍,达到 1 270.51 亿元,增长了 5.21 倍,占连锁餐饮业营业收入的比例也从 2005 年的 45.05％上升到 2013 年的60.77％,之后则随着饮料及冷饮服务业、其他餐饮业的快速发展而降低到 2021 年的 50.31％。

表 6-3　2005—2021 年我国连锁餐饮业主要指标演变趋势

年份/年	门店数/个	从业人员/万人	餐饮面积/万平方米	餐位数/万个	营业额/亿元	正餐/亿元	快餐/亿元	饮料及冷饮/亿元	其他餐饮业/亿元
2005	9 748	50.14	478.10	245.80	454.36	233.98	204.69	10.48	7.13
2006	11 360	55.71	588.24	274.76	551.94	284.26	249.10	10.98	7.59
2007	12 743	62.55	629.25	280.05	640.00	290.20	322.47	9.62	12.41
2008	12 561	66.07	651.86	253.07	806.91	390.55	391.48	6.16	18.71
2009	13 739	65.18	691.55	248.94	879.32	372.54	468.14	15.81	22.83
2010	15 333	70.61	742.65	263.80	955.42	397.91	509.55	22.53	25.43
2011	16 285	83.29	821.37	277.07	1 120.39	408.62	671.62	26.29	13.87
2012	18 153	80.55	869.23	286.46	1 283.26	452.09	778.96	38.54	13.68
2013	20 554	80.31	937.07	319.47	1 319.02	446.49	801.51	57.36	14.27
2014	22 494	78.00	1 020.00	338.60	1 391.02	460.00	833.33	78.55	19.14
2015	23 721	71.36	970.89	333.61	1 526.61	518.50	883.72	106.50	17.89
2016	25 634	75.59	1 036.90	341.12	1 635.15	545.49	928.66	138.08	22.92
2017	27 478	78.00	1 075.40	337.92	1 735.48	540.23	1 008.69	166.67	19.90
2018	31 001	89.28	1 075.01	332.64	1 950.01	656.00	1 065.07	211.90	17.04
2019	34 356	93.54	1 151.48	346.61	2 234.50	738.45	1 198.87	237.30	13.64

---

① 包含饮料及冷饮服务等。

续表

年份/年	门店数/个	从业人员/万人	餐饮面积/万平方米	餐位数/万个	营业额/亿元	正餐/亿元	快餐/亿元	饮料及冷饮/亿元	其他餐饮业/亿元
2020	37 217	97.17	1 216.16	381.24	2 019.29	560.57	1 102.29	264.86	91.58
2021	43 250	106.03	1 339.16	398.53	2 525.18	727.63	1 270.51	364.48	162.60
16 年增长率/%	343.68	111.47	180.10	62.13	455.77	210.98	520.70	3 377.86	2 180.50

资料来源:2007—2020 年《中国零售和餐饮连锁企业统计年鉴》、2021—2022 年《中国统计年鉴》。

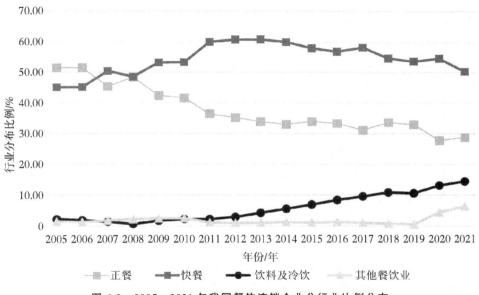

图 6-3　2005—2021 年我国餐饮连锁企业分行业比例分布

资料来源:依据 2007—2020 年《中国零售和餐饮连锁企业统计年鉴》、2021—2022 年《中国统计年鉴》中的数据计算制作。

而 2005—2021 年连锁餐饮营业额增长最快的是饮料及冷饮和其他餐饮业,分别增长了 33.78 倍和 21.80 倍,并因此导致二者占连锁餐饮业营业收入的比例分别从 2005 年的 2.31% 和 1.57% 提高到 2021 年的14.43% 和6.44%。尤其是新冠疫情后的 2020—2021 年,其他餐饮业营业额从 2019 年的 13.64 亿元增长到 2020 年的 91.58 亿元、2021 年的162.60亿元,表明在新冠疫情下,促进了一些新连锁餐饮业态的快速发展。

（3）餐饮连锁呈现行业和区域分化。研究表明，服务标准化对顾客行为忠诚和情感忠诚均有积极影响，环境标准化对于培养潜在顾客、提高顾客情感忠诚具有正向作用，而产品标准化、价格标准化则对顾客行为忠诚具有正向作用。[1] 但餐饮业存在标准化配餐的难易程度差别，且体现为休闲饮料、快餐、正餐的标准化难度依次递增，如图6-3所示因而连锁餐饮中，休闲饮料连锁化率最高，快餐其次，正餐的连锁化率最低。但正餐内部的细分差异也很大。根据《中国餐饮大数据2021》，2020年休闲饮料连锁化率达到36%，连锁化率最高，主要系高频消费、产品和单店模型相对简单易标准化。中式正餐整体连锁化水平一般不高，各细分行业多处于全国平均水平（15%）之下，前三位的火锅、湘菜、川菜的连锁化率分别为19%、15%、14%，火锅相对领先，重口味等行业在资本的有力关注下也相对靠前。快餐的连锁化率为16%，略高于全国平均水平，但低于火锅。而西餐因为相对易于标准化，且国际龙头连锁管理成熟，因而连锁化率较高，达22%。

从区域角度来看，高线城市连锁化率明显高于下沉市场，疫情加速各线城市连锁化水平提升。横向比较，我国各级别城市连锁化率差距较大，从高线城市到低线城市连锁化率依次递减。具体来看，近几年高线城市（一线、新一线、二线）的连锁化率高于全国平均水平（15%），其中2020年一线城市的连锁化率为21.6%；低线城市的连锁化率相对不及15%。纵向来看，疫情对各线城市的餐饮连锁化水平普遍存在加速作用，主要表现在2020年各线城市连锁化率均有明显提升，且提升幅度按照城市级别递减，国内一线、新一线、二线、三线、四线、五线城市分别增加了2.6%、2.2%、1.9%、1.6%、1.6%、1.2%，增幅均高于以上年同期连锁化率提升（均低于1%）。[2]

二、沙县小吃产业发展现状及其存在的问题

1.沙县小吃发展历程

沙县现为福建省三明市的一个区，包含凤岗、虬江等两个街道，青州、夏

[1] 冯俊,黄玲莉.餐饮连锁企业营销要素标准化对顾客忠诚影响研究[J].北京工商大学学报（社会科学版）,2014,29(5):96-102.
[2] 曾光,钟潇,姜甜.连锁餐饮业态全图谱分析：赛道、空间、周期[R/OL].(2021-11-10)[2022-12-26].https://baijiahao.baidu.com/s?id=1716020442081327505&wfr=spider&for=pc.

茂、高砂、高桥、富口、大洛等六个镇,以及南霞、南阳、郑湖、湖源等四个乡,总面积1 798.84平方千米。2021年户籍人口27.06万人,常住人口25.02万人,常住人口较户籍人口少2.04万人,呈人口净流出状态。2021年地区生产总值354.44亿元,人均地区生产总值141 622.67元。地区生产总值中,第一产业33.08亿元,第二产业206.54亿元,第三产业114.82亿元,三次产业结构为9.33∶58.27∶32.40。2021年城镇居民可支配收入43 269元,生活消费支出28 714元;农村居民人均纯收入为24 303元,生活消费支出为19 198元。城镇和农村居民收入分别为人均地区生产总值的30.54%和17.16%,均低于福建全省的43.73%和19.86%。

沙县2021年撤县设区,2021年之前为福建省三明市所辖县。沙县有较为悠久的历史。沙县在历史上被称为沙村和沙阳,于东晋义熙年间(405-418年)建县,历经宋(刘宋)、齐、梁、陈、隋、唐,到唐中和四年(884年),县事仍由汀州(今长汀)司录兼管。唐中和四年(884年),沙县治所迁至凤林岗下(现沙县人民政府所在地)。随着中原汉人迁入的增多,进入宋朝后,沙县出现历史上第一个繁荣时期。元、明之后,动乱频繁,大量土地荒芜,宋时盛况不复出现。沙县建县之初,县域面积广大,包括如今的沙县、三明、永安、明溪、清流、宁化等地,后逐渐分出宁化县、永安县、明溪县和三元区。新中国成立后,成立沙县并属南平专员公署。1970年改属三明地区行政公署(三明市)。1983年7月将洋溪公社(即洋溪乡)归三明市梅列区后,沙县境域从此保持稳定。沙县形成和演变的1600多年间,由于气候温和、土壤肥沃、资源丰富、交通发达而成为闽西北重要的商品集散地[1],因而沙县始终作为独立的县级建制而运行,文化底蕴深厚,中原古风遗存,民智开发较早,经商者众多,素有"金沙县"之美誉。[2]

2.沙县小吃的形成历史

与具有悠久历史的沙县一样,沙县小吃同样源远流长。沙县小吃起源于黄河流域的中华饮食文化,随着中原人的南迁而逐渐传播至沙县。因此,沙县小吃的形成历史也与福建人的迁移历史密切相关。秦汉时期仍是蛮荒

---

① 李金田.沙县小吃:不起眼的传奇制造者[J].中国连锁,2011(11):47-50.
② 沙县政府办.沙县简史[EB/OL].(2021-12-04)[2022-12-26].http://www.fjsx.gov.cn/zjsx/lsyg/201702/t20170224_645215.htm.

之地的福建,到西晋中原人南迁入闽,才逐渐被开发。事实上,根据相关文献记载,蛮荒时期的闽越国,因为西汉汉武帝时闽越王余善私刻"武帝"玉玺自立为王,而被汉朝灭亡[1],后部分闽越人被迁往江淮地区[2],造成闽越地区人口大量减少,经济社会发展缓慢[3]。之后经西晋永嘉之乱后,中原四个或八个大族迁入福建,逐渐繁衍成现在福建人的主要来源[4];唐朝至五代时期,大规模中原移民进入福建,并且逐渐深入到闽南、闽西等许多未开发的区域,逐渐形成了泉州、建州、福州、漳州、汀州等五州(郡级)和闽县、长乐、连江、长溪、建安、邵武、建阳、南安、莆田、龙溪、沙县、漳浦、将乐、浦城、福唐、仙游、侯官、晋江、长汀、龙岩、宁化、尤溪、古田和永泰等 24 县,即 5 州 24 县的政区格局。[5] 在历史上中原人沿浦城、建瓯、建阳、晋江这一迁移路线,并逐渐向东、西两侧扩散,从而形成当今福建人口和社会格局,也将中原文化,包括饮食文化带入福建,并在与当地自然和人文条件融合的过程中形成了福建各地丰富多彩的饮食文化。

根据族谱调查,沙县境内各姓居民,无一不是中原各省(河南、山东、河北、山西、安徽)的后裔。[6] 分布极广的各地汉人迁居沙县,使沙县成为中国传统饮食文化的汇集地,这是沙县成为"小吃城"的主要原因之一。因此,沙县小吃的制作工艺同样继承自中原黄河流域的饮食文化,不少饮食品类及其蒸、煮、炸、烤、腌等各类技艺手法仍保留着原始的特点,被称为中华民族传统饮食的"活化石"。[7]

---

[1] 吴海贵.南越与东越的诸侯王陵墓[J].华夏考古,2006(4):61-67.

[2] 杨成鉴.瓯越人和东瓯国[J].宁波大学学报(人文科学版),1998(6):8-12.

[3] 有学者研究认为,"汉武帝平定闽越国叛乱之后,以'东越狭多阻,闽越悍,数反复','终为后世患'为由,下令将闽越民众全部迁往江淮间安置。此后,我国东南沿海一带人烟稀少,因此被中原人视为'蛮荒之地'"。参见:纪谷芳.中原移民南迁入闽与福建人口姓氏的变化[J].寻根.2022(2):132-134.

[4] 葛剑雄.福建早期移民史实辨正[J].复旦学报(社会科学版),1995(3):165-171.

[5] 王宜强,赵媛.封建社会福建外省移民开发时空演进与特征分析[J].南京师大学报(社会科学版),2014(7):76-82.

[6] 高爱仙,谢松明.试论沙县地方饮食文化资源的旅游开发[J].三明学院学报,2005(4):474-477.

[7] 齐平,薛志伟,乔申颖,等."沙县小吃"为何能火遍全国[N].(2020-12-19)[2022-12-26].https://baijiahao.baidu.com/s? id=16864700978949I2814&wfr=spider&for=pc.

3.沙县小吃的种类

沙县小吃的经营范围主要包括面类(拌面、扁肉、清汤面、小笼包等)、米类(肉粽、鸭汤粉干、白粿等)、豆类(豆腐、豆干等)及其他类别(瓦罐汤、鱼丸、茶叶蛋、香肠等)。据统计,作为小吃文化名城,沙县城区拥有的小吃种类超过240个,有39个品种被认定为"中华名小吃",获得"福建名小吃"的有63种。部分沙县小吃分类如表6-4所示。

表6-4　部分沙县小吃分类

序号	类别	内容
1	米类	年糕、汤圆、白果(甜馅、咸馅、炒白果三种)、艾果、豆香糍粑、泥鳅粉干、鸭汤粉干、黄鳝粉干、牛肉粉、肉粽、豆粽、豆沙粽、烙粑、碧玉卷、炸米冻、烧卖、粽子、米冻皮、习果、习果团、白果糕、团糕、米冻糕、发糕、大肠糕、锅边糊、米葡珠、浆糍、糍仔、油糍、猪油炒米、丸仔、雪片糕、桂花糕、安字糕、一汽糕、豆皮包、乌饭等
2	面类	扁肉、面条、清汤面、酸菜面、拌面、线面、利面、韭菜面、春卷、炸春卷、蒸饺、花椒饼、光饼、月饼、状元饼、起酥饼、葱肉饼、韭菜饼、菜头饼、白糖饼、糖水饼、水晶饼、口香饼、杏仁酥、面葡珠(开口笑)、蝴蝶包、糖包、肉包、小笼包、烧卖、甜烧卖、芋饺、饺子、锅贴、油条、油饼、芋头果、岩酥、金钱酥、火把、猪耳、煎饼、董糖、蓼花、酥糕、甜粑、咸粑、蝴蝶菜粑等
3	豆类	豆腐、烫嘴豆腐、烤豆干、香干、豆腐丸、夹心豆腐丸、红菇豆腐丸、豆腐脑、臭豆腐、油豆腐、豆腐包、金包银、素鸡、洪武豆腐、一品豆腐、梅花豆腐、熊猫豆腐、玉卷豆腐、莲花豆腐、释迦豆腐、豆腐堡、火树银花、燕子归巢、豆腐饺、糖豆、爆豆花等
4	其他类	瓦罐汤、芋包、芋鳅、牛系列、蛋素、蛋饺、蛋肠、腊鸭、板鸭、夏茂烤鸭、沙县鱼丸、包心鱼丸、芋头丝果、芋裸、玉糕、乌梅糕、茯苓糕、花生糕、人参糕、山枣糕、桂花糕、糖塔、牛粉肠、卤鸭掌、沙县炖、米浆、猪血、米浆猪肠、米浆猪肺、青草冻、腌苦笋、番薯参罐等

资料来源:(1)沙县有哪些特色小吃[EB/OL].(2022-12-08)[22-12-26].http://www.qingtianwangluo.cn/post/267864.html,以及其他资料;(2)佚名.沙县小吃菜单来啦,值得收藏[EB/OL].(2022-11-06)[2022-12-26].http://www.ini5.com/n/6793.html.

按照口味,沙县小吃又分为两大流派,即口味清鲜淡甜、制作精细的城关小吃流派,代表品种有扁肉(面食)、烧卖、肉包等,独具特色;口味咸辣酸、制作粗放的夏茂小吃流派,以夏茂镇为代表,原料以米、薯、芋为主,如米冻、喜粿、米冻皮(粳籼面)、牛系列等。①

4.沙县小吃产业发展的历程与现状

沙县小吃产业的发展,始于 20 世纪 90 年代初期。20 世纪 90 年代,沙县以高利贷为特征的民间标会十分盛行,类似于温州的民间借贷。当时沙县全县 60%以上的家庭都参与民间标会,农村更是高达 85%。1992 年 6 月,积弊已久的沙县民间高利贷资金链突然断裂,众多欠债民众外逃至全国各地。而逃出沙县的欠债民众,开始以做沙县小吃谋生,成了将沙县小吃推向全国的第一批创业者。沙县政府则因势利导,将当时的民间高利贷危机,转化为商机,采取一系列扶持措施,引导更多群众走出沙县,把小吃制作的传统工艺优势转化为产业优势,为沙县小吃的快速发展提供了理想平台。②

在此基础上,沙县政府通过成立小吃办、鼓励乡镇干部带头创办沙县小吃示范点、成立沙县小吃培训中心、创办"沙县小吃文化节"、申请注册"沙县小吃同业公会及图形"集体商标、采取"一乡一城一组织"的方式设立联络点、成立沙县小吃集团、"推进沙县小吃业转型升级、提升发展"等方式,并在成功入驻 2010 年上海世博会、沙县小吃制作工艺被福建省政府列入省级非物质文化遗产名录、被中国饭店协会授予"中国小吃之乡"称号、被中国烹饪协会授予"中国小吃文化名城"称号等的带动下,促进沙县小吃产业的快速发展。沙县小吃产业发展历程如表 6-5 所示。

表 6-5 沙县小吃产业发展历程

序号	年份/年	内容
1	1992	标会倒会,破产"会员"外出"躲债"创办沙县小吃;首批沙县小吃店在福州取得成功后,向全国扩张
2	1994	厦门已有 900 多家,福州 2 000 多家
3	1997	沙县小吃突破 3 000 户,营业人数超过 20 万。组建沙县小吃同业公会,注册沙县小吃服务商标;创办并确定每年 12 月 8 日举办"沙县小吃文化节"

① 朱珠.中华民族传统饮食的"活化石":沙县小吃[ZOL].(2021-09-09)[2022-12-26]. https://baijiahao.baidu.com/s? id=17103902190143351115&wfr=spider&for=pc.

② 吴勇毅."沙县小吃"何以做成大产业[J].广告主,2012(2):56-57.

续表

序号	年份/年	内容
4	1998	13个乡镇200多名干部带头创办沙县小吃示范店;成立沙县小吃业发展领导小组,建立"沙县小吃培训中心"
5	1999	成立沙县小吃业发展服务中心;业绩下滑20%～30%
6	2002	近9 000家、3.3万人从业,年经营收入3亿多元
7	2003	因福州沙县小吃涨价不成功而转移到杭州,进而走向全国;沙县于2003年被中国饭店协会授予"中国小吃之乡"称号
8	2005	注册"沙县小吃同业公会及图形"集体商标并被认定为福建省著名商标;沙县小吃从业人员4.5万人,年经营收入达5亿多元
9	2006	提出"一乡一城一组织",在沙县小吃相对集中的城市建立联络点,围绕小吃产业政策的上传下达、金融支持、维权等等;2006年被中国烹饪协会授予"中国小吃文化名城"称号
10	2007	沙县小吃制作工艺被福建省政府列入省级非物质文化遗产名录;建设沙县小吃培训中心,开展"牡丹沙县小吃卡"等金融特色服务沙县小吃活动,累计发放贷款46 375笔,计7.86亿元,受益1.3万人
11	2008	沙县小吃集团成立,主要从事沙县小吃产业发展规划和管理、沙县小吃文化城资产的经营和管理、沙县小吃文化旅游资源的投资;建成沙县小吃文化城
12	2009	外出经营小吃人员5.5万多人,1.3万多家小吃店,年营业额超过40亿元;沙县城区拥有的小吃种类超过240个,常年上市50多种,有39个品种被认定为"中华名小吃",获得"福建名小吃"的有63种
13	2010	沙县小吃是福建风味美食的唯一代表入驻2010年上海世博会中华美食街
14	2014	6万余家沙县小吃年营业额高达50亿元;召开千人大会,发起"推进沙县小吃业转型升级、提升发展"的动员令
15	2015	"沙县小吃及图形"集体商标获核准注册
16	2016	雏鹰农牧拟出资1.35亿元投资沙县旅游、沙县投资;沙县政协增设小吃界别;沙县小吃店超3万家,从业人员6万多人,年营业额70亿元
17	2017	"加快沙县小吃产业转型升级"成沙县政协年度重点议题,调研形成《加快沙县小吃产业转型升级调研报告》;沙县小吃中央厨房及冷链物流工程开工
18	2018	沙县小吃西班牙门店开业,至此已在16个国家开设门店及分支机构

续表

序号	年份/年	内容
19	2019	沙县每年吸引超过 500 万人次观光旅游,2019 年旅游总收入 54.48 亿元
20	2020	初步形成原料生产、物流配送、餐饮服务、文旅康养等产业集群
21	2021	商务部、市场监管总局将沙县小吃集团列为国家级服务业标准化试点企业(商贸流通专项);《福建省食品生产加工小作坊规范提升三年行动计划(2020—2022 年)》;在夏茂镇建设沙县小吃省级食品小作坊集中加工示范区;到 2021 年底沙县累计发布了 40 多份文件,发放小吃贷款 5.32 亿元、免费为 23 000 多人次提供了经营管理和制作技艺的培训

资料来源:收集整理自众多文献资料。

政府官方数据显示,沙县小吃已遍布 62 个国家和地区,在全国成立了餐饮连锁子公司 23 家,区域配送中心 21 个,连锁标准店 3 103 家,9 万多家连而不锁的沙县小吃门店,年营业额超 500 亿元,带动 30 万人就业;沙县城区拥有的小吃种类超过 240 个,常年上市 50 多种,有 39 个品种被认定为"中华名小吃",获得"福建名小吃"的有 63 种;在沙县小吃集团的带动下,逐步形成总公司—子公司—终端店三位一体的股份制公司化运作模式,统一了加盟沙县小吃店的商标、服装、店面装修和产品标准,推广中央厨房生产模式,朝餐饮连锁集团发展。

5.沙县小吃产业的品牌化发展

沙县小吃产业在不断发展壮大的同时,也通过多种方式增强自身的品牌意识,提高沙县小吃的品牌价值。2005 年,沙县就注册"沙县小吃同业公会及图形"集体商标并被认定为福建省著名商标,并在 2015 年获得核准注册"沙县小吃及图形"集体商标。关于沙县小吃品牌发展状况如表 6-6 所示。

表 6-6　沙县小吃品牌发展状况

类别	项目	内容
基础层 (品牌定位)	营销理念	特色小吃、中华名小吃
	主打产品	老四样:扁肉、拌面、炖罐、蒸饺
	文化建设	"精品意识、品牌意识、时代意识、竞争意识、开拓意识"

续表

类别	项目	内容
手段层 （品牌管理）	商标注册	2015 年获核准"沙县小吃"品牌名称
	管理制度	集政府与同业公会职能于一身的沙县小吃办,小吃培训体系逐渐成熟
	标准化建设	较好,在主打产品的基础上有所差异
目的层 （品牌影响力）	市场占有率（短期）	占有率较高,但是冒牌率也很高(50%左右)
	顾客忠诚度与产品溢价能力（中期）	由于冒牌率高,标准化程度低,顾客忠诚度较低;由于带有"快餐"性质,顾客普遍认为快捷便宜,产品溢价能力弱
	盈利能力与区域经济发展（长期）	沙县小吃业主普遍具有较高的盈利,但是由于经营者常年在外经营小吃店,沙县本地"空心化"明显,经济并没有被很好地带动起来

资料来源:曾贵东,黎紫薇.区域品牌发展现状及对策分析:基于沙县小吃、新奇士与资溪面包的对比[J].当代经济,2019(7):27-29.

6.沙县小吃的区域分布

沙县小吃在我国各省份都有分布,但主要分布在南方省份。沙县小吃店数量分布最多的前十个省市[①]中,除河南省位于我国传统意义上的北方外,其他都为南方省份。在百度地图搜索到的 56 822 家沙县小吃店中,有50 606 家位于南方省份,占 89.06%（见表 6-7）。

表 6-7　沙县小吃在我国主要省份主要城市的分布

省份	总数/家	主要省份主要城市沙县小吃店的数量/家				
广东	14 355	东莞	广州	深圳	佛山	惠州
		3 027	2 223	2 296	1 598	1 126
浙江	10 627	宁波	金华	杭州	温州	台州
		2 063	2 017	1 918	1 410	762
福建	6 673	泉州	福州	厦门	莆田	漳州
		2 062	1 786	1 078	468	427
江苏	6 169	苏州	无锡	南京	南通	常州
		1 709	765	611	559	463

①　排第九位为上海,1624 家。

续表

省份	总数/家	主要省份主要城市沙县小吃店的数量/家				
河南	2 887	郑州	周口	南阳	信阳	商丘
		833	338	239	230	217
湖北	2 261	武汉	黄冈	襄阳	孝感	荆州
		900	316	188	167	122
安徽	2 216	合肥	阜阳	亳州	宿州	六安
		568	367	240	138	132
江西	2 105	赣州	南昌	上饶	九江	福州
		440	385	305	215	204
湖南	1 525	长沙	邵阳	岳阳	郴州	株洲
		696	163	89	88	88

资料来源：作者依据百度地图搜索整理得到。

7.沙县小吃产业发展存在的问题

（1）沙县小吃产业发展的组织化程度难以提升。作为自主创业的小业主、平民餐饮业，沙县小吃店主要散布在全国各地的大、中、小城市的各个地段，难以组织化经营。可以与沙县小吃相比较的是桂林米粉，因为都是以街边小店、平民餐饮、新鲜食材①形象出现在地方经济社会现象之中。但桂林米粉作为桂林市民重要的日常餐饮选择，仅仅依靠桂林市区及其周边各县的居民，加上桂林作为国家级风景名胜区带来的大量外地游客，就能够形成较为庞大的市场。而且因为桂林米粉采用新鲜制作的米粉作为基础原材料，并且需要一定的消费者数量才能支撑米粉的新鲜制作工艺，也限制了桂林米粉向桂林市以外的地方扩张。在这种背景下，桂林米粉能够做到通过规模化生产基础食材（米粉）、规模化的餐具处理（餐具清洗和消毒）来实现桂林米粉的组织化、规范化生产和经营，每家米粉店仅需自主掌握配料，即卤水、卤菜等的独特性，作为吸引消费者的主要方式。而沙县小吃，一方面，虽然也像桂林米粉一样依赖于食材的新鲜制作工艺，但其食材制作规模可

---

① 柳州螺蛳粉并非采用新鲜米粉，而是采用干米粉，其主要特色在于调料包，因而柳州螺蛳粉在标准化、产品配送成本等方面都要小于沙县小吃和桂林米粉，其产业发展模式与沙县小吃、桂林米粉不具有可比性。

以根据其面对的消费者数量实时调整,并不如桂林米粉那样依赖于基础食材的规模化生产,因而对于沙县小吃产品基础食材的组织化生产需求并不明显;另一方面,沙县小吃店的区域分布更加分散,可能在一个城市或地区因消费者对沙县小吃的偏好而分布多达数千家,也可能因为消费者对沙县小吃的偏好程度较低而仅有寥寥数家沙县小吃店,从而在组织化生产经营过程中难以有效地构建各层级的组织管理节点。因此,沙县小吃的生产和经营模式,加上相对分散的地缘分布结构,意味着难以对沙县小吃店进行组织化的管理。

(2)沙县小吃产业发展过程中的产品标准化与差异化难以平衡。沙县小吃产业发展更多依靠的是沙县小吃店主自身所掌握和传承的差异化技艺,以可能有一定差别化的原材料,加上标准化的配料(调味品),生产和销售基本一致但有一定差别化的食品。这意味着,与桂林米粉的基础原料标准化、配料(卤水、卤菜等)差异化不同的是,沙县小吃是配料(大众化的无差别调味品油盐酱醋)标准化、基础原料及其制作工艺差异化。在这种情况下,如果沙县小吃店提供差异化的沙县小吃产品,则意味着每个沙县小吃店虽然提供了同类的食品,但不同沙县小吃店的同类食品却因为店主加工工艺的不同而存在差异。标准化的沙县小吃产品则意味着每个沙县小吃店所提供的同类食品,其产品原材料已经在中央厨房加工成初级产品,并配送到各个沙县小吃店,经各店主简单加工之后即可作为最终产品销售。差异化的沙县小吃产品意味着沙县小吃店主需要劳动更多的时间,劳动效率也更低。而标准化的沙县小吃产品虽然大大提升了劳动效率,但却几乎完全摒弃了沙县小吃作为手工艺产品本应具备的技艺和技能属性。事实上,如前所述,由于沙县小吃产业所用配料为标准化产品,如果基础原材料也转变成标准化产品,则势必变成所有的沙县小吃店提供几乎是同类同质产品,差异化也就必然消失。而且,由于沙县小吃店在全国各地乃至世界各地的各个城市、城市内部的各个区域分散分布,因而标准化产品的配送成本必然较高,并因此大大提升沙县小吃店所售食品的销售价格,从而导致其偏离自身作为平民消费产品的市场定位,对沙县小吃产业的未来发展带来不确定的影响。

(3)沙县小吃产业发展过程中的文化展现仍然不足。如果说美好的味觉享受是挽留你的"手",那么深藏在内的文化韵味则是牵绊你的"魂"。事实上,沙县小吃文化绝不单纯是一种餐饮、一种美食,而是一种风情、一种韵味。只有真正将文化融入现代化、多元化的传播中,才能由表及里地将区域饮食文化的"魂"推广出去。[①] 沙县小吃虽然有悠久的历史,也具有深厚的文化底蕴,但一方面,其自20世纪90年代初以来作为产业形象出现在我国经济社会中,本质上是特殊背景(沙县标会倒会带来的债务人外逃)下作为谋生手段而出现的,因而沙县小吃店店主大多为沙县各地的农民,文化素质相对较低、经营理念落后,难以深入挖掘沙县小吃本身的文化底蕴。另一方面,从沙县政府各部门,以及沙县小吃同业公会、沙县小吃集团等近年来采取的措施来看,重点仍然是依靠沙县小吃的色、香、味、形等基本层面上,以向更多区域布局更多沙县小吃店,将沙县小吃产业规模做大为目标。当然,将沙县小吃产业规模做大是基础,没有一定的规模,其自身蕴含的文化价值就无法得到充分发挥,但在沙县小吃产业发展到一定规模之后,就需要充分发掘和利用其自身的文化价值,形成基于文化观念的、引领沙县小吃产业发展的经营理念,从而沙县小吃产业才能够被更多的消费者所接受,促进沙县小吃产业的规模进一步扩大、产业价值进一步提升。

(4)沙县小吃产业发展过程中的品牌保护意识淡薄。沙县小吃品牌保护意识不足来自三个方面。一是部分沙县小吃从业人员并未掌握制作沙县小吃产品的相关工艺,不具备制作沙县小吃的技能,因而无法保证沙县小吃应该具备的地道风味。例如,上海市有1/3的"沙县小吃"店不是由具备相关技能的沙县人经营,因而在对消费者造成效用损失的同时,也侵蚀了沙县小吃品牌。二是部分沙县小吃业主的违背沙县小吃文化理念经营,同样会对沙县小吃品牌造成伤害。三是沙县小吃产业已形成了庞大的网络,从业人员和小吃商铺众多,现有数万家小吃商铺年均客户量在数亿人次,其衍生的广告宣传、产品销售平台等方面价值的开发利用空间广阔,尚未得到有效开发和利用。[②]

---

① 张苑.区域饮食文化的动画推广与传播研究:以沙县小吃为例[J].常州工学院学报(社科版),2014(8):46-49.

② 林英灶.沙县小吃产业发展与金融支持[J].发展研究,2010(3):81-85.

第二节　沙县小吃旅游文化节
及其对沙县小吃的影响

一、沙县小吃旅游文化节

沙县小吃旅游文化节始于 1997 年。沙县小吃旅游文化节系列活动,秉承"小吃搭台、文化推动、旅游提升、商贸唱戏、推进发展"的活动宗旨,开展小吃、旅游、文化等系列活动,以弘扬中华美食和旅游文化,扩大沙县小吃文化名城和优秀旅游县的影响[①],以社会化、市场化运作方式,推进沙县与国内外各地区的工商企业展开商贸合作交流和促进第三产业发展。之后,沙县定于每年 12 月 8 日举办一年一届的沙县小吃旅游文化节,以宣传和推广沙县小吃品牌。到 2022 年,沙县小吃旅游文化节共举办了 26 届。其中,2019年沙县小吃旅游文化节期间,同期举办了沙县小吃新品展会[②],通过制作展示、新品品尝、商业交流等形式为沙县小吃业主及各配送经销商展示不同企业高品质的产品、渠道及高效的商业管理模式。为沙县小吃业主搭建新产品、新技术、新模式交流平台,推动沙县小吃产业创新发展。[③]

从历届沙县小吃旅游文化节的活动安排来看,美食展是其最主要的展会活动。在美食展的设置上,除了 2022 年因为疫情原因只设置了 24 个沙县本地美食展位外,其他各届展会均在设置沙县小吃展位外,还设置了大量展位用于展览或展销来自沙县周边地区、福建省其他地区、国内其他地区包括台湾地区的美食。从同期举办的活动来看,则涉及名小吃、名菜评定,沙县小吃制作技能比赛,沙县小吃消费者体验,小吃产业发展论坛,以及沙县小

---

① 三明日报记者.弘扬小吃文化　搭建合作桥梁[N].三明日报.2010-12-09(A01).

② 沙县小吃新品展会仅于 2019 年举办了一届,在 2020—2022 年期间则未再举办。

③ 郑烨熔,陈庄敬.2019 首届沙县小吃新产品展览会开展[EB/OL].(2019-12-10)[2022-12-27].http://www.fjsx.gov.cn/zwgk/jjsx/jrqc/201912/t20191210_1454541.htm.

吃转型升级论坛，等等。如表 6-8 所示。

表 6-8　2007—2022 年沙县小吃旅游文化节主要活动

年份/年	主要活动	同期活动
2007	美食展：全国 60 家名小吃，沙县本地 20 家特色小吃	特优商品展，百家商品让利促销
2008	美食展：中华美食、沙县特色小吃名菜名宴展示，名特优产品展销	中华名小吃、中国名菜评选认定
2009	举办中华美食展销活动，商品贸易展销活动	沙县小吃制作技艺三项全能比赛，沙县小吃技艺传承暨品牌建设座谈会
2010	中华美食展销活动	沙县小吃同业公会表彰大会
2011	中华美食展销活动	海峡两岸小吃发展高峰论坛
2012	小吃美食展评选并展出沙县特色小吃和特色菜品，中华美食展	汽车展、服装展、商品展
2013	美食展（台湾地区美食展位 30 个，沙县及其他地区美食展位 70 个），商品展销，房车展	沙县小吃制作技艺展、沙县小吃制作体验、沙县小吃产业发展研讨会
2014	美食展，全国各地和沙县本地名小吃	沙县小吃制作技能比赛，商品展
2015	小吃美食展、商品展、房车展、沙县小吃民俗文化展	沙县小吃餐饮连锁发展研讨会，编辑出版沙县小吃谱
2016	小吃美食展，沙县小吃展位 20 个，国内外美食展位 80 个；商品展、伴手礼展	沙县小吃转型升级研讨会，沙县小吃制作技艺代表性传承人认定活动
2017	美食展位 140 个，其中沙县本地特色美食展位 20 个、周边县市特色美食展位 20 个	发布"中国地域十大名小吃"，表彰沙县小吃经营业主和门店，美食制作技艺展示，中华小吃产业发展大会
2018	美食展：沙县及周边小吃展位 30 个，福建省特色知名小吃 15 个，台湾小吃 15 个，其他省份、国际小吃 60 个	中国·沙县小吃食品产业发展论坛，颁发中级经营师证书，福建省大学生食品创新创意大赛获奖作品公布
2019	美食展位 160 个，其中本地特色小吃展位 32 个、台湾士林夜市美食展位 24 个	推进沙县小吃产业转型升级论坛、沙县食品和文旅康养招商引资推介会
2020	美食展销暨八闽非遗特色美食展示（160 个展位），"沙县金牌美食"大赛	沙县小吃产业发展论坛
2021	美食展活动共设置了 130 个展位，包括 30 家沙县本地小吃	沙县小吃转型升级再出发动员大会，沙县小吃产业集中赋能大会
2022	特色沙县小吃展：24 个展位集中展示几十个种类的特色沙县小吃	"沙县小吃·引领风骚"魅力沙县大家拍摄影大赛获奖作品展

资料来源：依据理解展会网络资料收集整理。

二、沙县小吃旅游文化节对沙县小吃产业发展的影响

沙县小吃旅游文化节对于沙县小吃产业发展的影响主要体现在三个方面。一是通过美食展持续保持公众对沙县小吃产业的关注度；二是通过同期活动探寻沙县小吃产业的可持续发展路径，增强沙县小吃产业不断发展的动力；三是通过在沙县小吃旅游文化节期间签约投资项目促进沙县经济发展，为沙县支持小吃产业的发展打下坚实的基础。

1.通过美食展持续保持公众对沙县小吃产业的关注度

在通过美食展保持公众对沙县小吃产业发展关注度方面，主要是政府部门持续重视、沙县本地和国内相关行业协会的大力参与、普通大众的关注等三个方面。沙县各级党政机关负责人对历届沙县小吃旅游文化节都非常重视，主要负责人一般都会出席沙县小吃旅游文化节的开幕式。福建省文旅厅和行业协会方面，除了沙县小吃同业公会外，中国烹饪协会、中国侨联文化交流部、福建省侨联、中国餐饮产业研究院、世界中餐业联合会等也经常参加沙县小吃旅游文化节，为沙县小吃产业的发展提供多方面的支持。而在公众关注度方面，尽管统计数据并不完善，但从 2019 年的数据来看，沙县小吃旅游文化节期间全县接待旅游总人数 63.2 万人次，小吃文化城美食街消费经过微信扫码支付次数达 60 万次；全县重点景区共接待游客 45 万余人次，其中小吃文化城接待约 39 万人次，七峰叠翠虹龙桥、大型 3D 水幕秀共接待约 3.5 万人次，湿地公园、欢乐大世界共接待 2.3 万人次；旅游经济收入突破 4 亿元。除此之外，2020 年和 2022 年沙县小吃旅游文化节开幕式的在线观众人数分别达到 7 万人和 10 万人，表明沙县小吃旅游文化节拥有一定的公众关注度。

2.通过同期活动探寻沙县小吃产业的可持续发展路径，增强沙县小吃产业发展的动力

如表 6-8 所示，历届沙县小吃旅游文化节期间，沙县都会举办沙县小吃产业发展论坛、沙县小吃餐饮连锁发展研讨会、推进沙县小吃产业转型升级论坛等探讨沙县小吃产业未来发展方向的活动。这些活动的展开，为沙县小吃产业的发展带来了重要的智力支持。比如 2009 年，由中国烹饪协会副秘书长、三明烹饪协会秘书长等人参与的沙县小吃技艺传承暨品牌建设座谈会，就针对沙县小吃技艺传承和品牌建设等问题提出，沙县小吃产业的发

展应融合传统技艺和现代经营方式以适应现代产业发展的要求，并从打造全国知名品牌、推进标准化实施、规范化管理、产业化经营、提升品牌效益和产业规模等方面推进沙县小吃的品牌建设。2016 年 12 月 8 日召开的沙县小吃转型升级研讨会，认为沙县小吃产业的转型升级，应该满足几个要求：沙县小吃的发展应该与政治经济合拍，业主在经营过程中要严格自律、坚决守法，同时通过标准化的服务流程和标准化的服务内容来规范门店的服务执行，以良心食品、平民价格的理念来规范门店的运营，逐步形成服务热情、标准的品牌形象；要合力共为，各地子公司要进一步完善中央厨房、配送系统、信息化系统，和集团的运作模式保持高度一致，乡（镇、街道）要用具体政策和条件吸引区域业主加盟，各部门要为"新商标、新理念、新征程"服务，向上级部门争取政策扶持，支持沙县小吃转型升级；要合作共赢，要放宽视野放开胸怀，引进相关人才，和供应商做好价格协商，以最优的价格、稳定的质量，达到共赢共利的效应。① 2020 年沙县小吃旅游文化节期间召开的沙县小吃产业发展论坛上，中国烹饪协会会长傅龙成认为，沙县小吃在未来发展中要丰富提升菜品、提升食品安全管理、创新线上线下经营模式、完善餐饮产业化标准、引领沙县小吃产业高质量发展，联合国世界旅游组织（UNWTO）专家委员会委员贾云峰等嘉宾则认为沙县小吃产业发展要重点关注沙县小吃品牌的创新发展、爆品研发和供应链管理等问题。② 2021 年沙县小吃旅游文化节期间举行的沙县小吃产业集中赋能大会，则对沙县小吃产业发展中推动沙县小吃产业与相关产业的深度融合，围绕标准化菜品、智能化设备、信息化平台及现代化物流，构建包含研发、加工、检测、展示、运营、培训、大数据七大中心的全方位标准化体系，打通沙县小吃产业链上游加工园区、中游供应链、下游智慧餐饮全链条生态，有效推动"沙县小吃"转型升级，实现"以二产带一产促三产"的战略目标提出了诸多建议。③

① 我县召开沙县小吃转型升级研讨会[EB/OL].（2016-12-12）[2022-12-27].http://old.fjsx.gov.cn/zfxxgk/ShowArticle.asp? ArticleID=58605.
② 佚名.傅龙成会长出席沙县小吃产业发展论坛[EB/OL].（2021-12-08）[2022-12-27].https://www.sohu.com/a/437053239_656910.
③ 刘丹.打造"国民小吃"第一品牌，赋能沙县小吃·促进乡村振兴主题大会在沙县召开[EB/OL].（2021-12-08）[2022-12-27].https://baijiahao.baidu.com/s?id=1718545986149343333&wfr=spider&for=pc.

3.通过签约投资项目为沙县支持小吃产业的发展打下坚实基础

历届沙县小吃旅游文化节期间,大多开展了项目签约,或开竣工仪式,所涉及的项目金额最多可达近百亿元。在表6-9中所列出的历届沙县小吃旅游文化节期间的签约项目或开竣工项目中,既有与沙县小吃产业相关的食品加工业,如2021年签约的总投资3.31亿元的古村速冻食品智能化加工及冷链物流一体化建设项目,2018年签约总投资3亿元的食品加工和物流配送项目;也有其他与沙县小吃产业发展并不相关的产业项目,如2021年签约总投资达10亿元的福建华忠生态科技发展有限公司花卉数字产业园项目。这些项目的签约和建成,在促进沙县经济发展,提升沙县财政收支能力的同时,也为沙县政府支持沙县小吃产业的发展提供了更好的条件。

表6-9　2008—2022年部分年度沙县小吃文化节签约项目金额及领域

年份/年	金额/亿元	投资内容及领域
2008	93.83	177个项目开竣工
2009	9.30	签约项目总投资9.3亿元,涉及电子能源、机械加工、物流业
2010	36.70	金煌能源科技工业园项目、鸿瑞无菌包装材料和高端印刷项目、风电部件生产项目、台湾农业机械项目、影视碟片生产项目、金立家居家具项目、沙县小吃集团战略投资项目、新型材料生产项目、冶金设备项目、工程机械制造项目、纺织装饰布项目、科技电子玻璃项目等12个项目
2012	33.76	一批教育、卫生、交通、物流等项目开竣工,总投资33.76亿元。引进义乌小商品的知名品牌,建成了闽西北第一条义乌小商品步行街
2014	70.56	49个项目开竣工,涉及交通、新材料、机械制造、节能环保、生态农业、物流运输等领域
2016	62.40	签约16个项目,包括沙县通用航空产业园、沙县旅游发展战略合作、沙县海丝路电子商务公共综合服务平台、沙县农产品交易中心、沙县闽中快递物流产业园等项目
2017	—	沙县小吃创业总部、中餐繁荣基地、小吃科技创新展馆等20个项目开竣工
2018	51.73	42个项目成功签约,其中包括食品加工和物流配送项目,计划投资3亿元;建设2万吨调味品项目;盐业仓储物流项目以及围绕沙县小吃转型升级的食品加工项目等
2019	18.16	签约11个项目,涉及小吃食品、文旅康养、生物医药等领域;46个重点项目开竣工,总投资约31亿元,涉及高端装备、通用航空、小吃产业等10余个领域

续表

年份/年	金额/亿元	投资内容及领域
2020	82.85	签约"3＋1"主导产业项目 27 个，涉及高端装备、通用航空、硅新材料、小吃产业、文旅康养、商贸物流等领域
2021	74.38	签约 41 个项目，包括福建华忠生态科技发展有限公司投资 10 亿元的花卉数字产业园项目；古村速冻食品智能化加工及冷链物流一体化建设项目，总投资 3.31 亿元；总投资 3.15 亿元的新材料生产项目

资料来源：依据理解展会网络资料收集整理。

第三节　文化内涵下沙县小吃产业发展路径

一、沙县小吃产业的文化内涵

文化是美食的灵魂，美食是文化的体现，美食只有与文化结合在一起才有永久的生命力。在美食产业中文化是先导，只有文化引领的美食才能称得上名吃，才是有价值的美食。沙县小吃企业中的大多数仍处在单、散、小、弱状态，这就决定了沙县小吃文化的发展，必须依靠政策保护、资金扶持和社会各界的积极支持。沙县通过打造标准化的名吃街、名吃城为目标，实现小吃文化的有效聚集。[①]

沙县小吃产业的文化内涵包括以下几个方面：

1.沙县小吃是中原传统饮食文化在传入沙县后与本地文化相互融合的结果

沙县小吃是地方历史传承与民俗文化积淀交相辉映的必然结果。[②] 沙县小吃虽然从 20 世纪 90 年代初才走出沙县，经福州、厦门等地后传遍全国，但沙县小吃本身古已有之。如前文所述，福建的人口迁移经历了汉武帝时期的迁出、西晋八王之乱的迁入、唐朝到五代十国时期的大规模迁入等过程，在中原地区居民向南部迁移的过程中，他们将中原文化带到了南方地

---

① 李顺亮，乐德声.沙县小吃路在何方[N].三明日报.2008-12-11(A01).

② 马健鹰，杜莉.沙县小吃行天下，中有黄钟大吕音：上[J].中国食品，2006(3)：10-11.

区,将中原的饮食也带到了南方地区。但中原地区与南方地区的饮食文化之间本身存在较大的差异,因而也需要迁入的中原移民依据沙县所在地区的自然环境、物产、饮食习惯等,做出相应的调整。因而,中原地区的迁入移民,在将中原地区先进文化传入福建的沙县等地方,促进了南方地区融入中原文化的同时,也通过这种方式融入了南方地区的社会经济生活。因此,沙县小吃事实上是中原传统饮食文化与本地餐饮相互融合的结果。

这一点从沙县小吃的种类可以得到验证。如表6-4所示四类上百种沙县小吃中,一般来说,米类小吃总体上可被认为是基于南方餐饮逐渐发展演变而来的,而面类小吃则总体上属于北方(中原)饮食传入沙县并在保留了部分原始制作方法基础上发展演变而来的。与米类小吃和面类小吃并列的豆类小吃,则得益于沙县的自然地理环境十分适合于种植豆类植物。事实上,从《福建大豆地方品种志》中可以发现,福建各地都有适合于本地种植的豆类植物,而沙县种植的豆类植物即包括沙县青豆、沙县黄豆、沙县澄江楼青皮、沙县乌豆、沙县黄皮小豆、沙县溪口青豆、沙县三豆三号、沙县三豆二号、沙县余珠黄豆、沙县三豆一号、沙县大青豆-1、沙县基洋田埂豆、沙县三豆四号、沙县三豆五号等十四个种类。[①] 而在表6-4中的其他类沙县小吃中,同样既有源于北方饮食也有源于南方饮食的沙县小吃品类,比如其中的腊鸭、板鸭类小吃总体上是属于偏南方的长江流域地区特有饮食,而蛋饺、蛋肠等客家饮食,则很可能是基于北方饮食演变而来。

但无论是表6-4中的米类、面类、豆类还是其他类沙县小吃,它们或者是基于北方饮食或南方饮食演变而成,或者基于沙县本地自然地理条件、物产和餐饮习惯演变而成,都在中原迁入移民与本地民众在文化融合的过程中,不断调整变化,并成为南北居民都可接受的沙县小吃,从而沙县小吃才能够南往广州,北到哈尔滨,东到上海,西到乌鲁木齐,成为国民饮食。

2.沙县小吃产业发展体现了转危为机的创新创业精神

如本章关于沙县小吃产业发展的历程与现状部分内容所述,沙县小吃产业发展源于20世纪90年代初沙县标会倒会,从而部分逃债沙县民众到

---

① 福建种子公司,福建大豆研究会.福建大豆地方品种志[M].福州:福建科学技术出版社,1994.

福州做沙县小吃，带动沙县小吃产业的发展。带有高利贷性质的标会显然是不合法且应被摈弃的，但抛开标会事件，仅就沙县小吃产业的形成和发展过程，则充分体现了沙县人在掌握小吃制作技能的情况下转危为机的创新创业精神。这种精神与我国大力推行的大众创业、万众创新是高度一致的。

"大众创业、万众创新"是2015年两会期间国务院《政府工作报告》中提出的，其目的是在面临国际需求下降且竞争力进一步加大，国内经济增长放缓而就业压力仍在不断增加的形势下，通过大众创业、万众创新形成新的经济发展动力，以利于我国"推动经济结构调整、打造发展新引擎、增强发展新动力、走创新驱动发展道路"。大众创业、万众创新的理念最早是时任国务院总理李克强在2014年夏季达沃斯论坛上，关于我国建设创新型国家的阐述中，提出要"在960万平方公里土地上掀起'大众创业''草根创业'的新浪潮，形成'万众创新''人人创新'的新态势"，可见其本质是要普通大众参与国家的创新创业发展道路，通过普通大众参与创新型国家的建设以促进我国经济发展中新技术、新产品和新服务的产生和应用，普通大众在参与创业的过程中共享我国经济增长带来的利益。

事实上，沙县小吃产业深刻地体现了国家新发展道路下的大众创业、万众创新的理念。沙县普通民众遵循市场规律而自发地在全国各地经营数万家沙县小吃店，带动沙县及其周边地区以及全国各地数十万就业岗位需求，本身就是国家关于要在960万平方公里土地上掀起"大众创业""草根创业"论述的集中体现。而沙县小吃产品与技艺在沙县小吃产业发展过程中不断推陈出新，同样体现了"万众创新""人人创新"的思想。弘扬沙县小吃产业发展历程中所展现出来的转危为机的创新精神，对于我国在转变经济发展方式的过程中，夯实大众创业、万众创新的文化氛围是极为有益的。

3.沙县小吃产业发展体现了其与地方餐饮和风俗文化的有效融合

沙县小吃是中原饮食文化传入沙县地区之后，与沙县本地文化相互融合而产生和发展的。同样地，沙县小吃在向全国各地扩张的过程中，能够在各地区、各城市发展生存，也体现了其与地方餐饮和风俗文化间的有效融合。

事实上，我国华夏文化在不断发展演变的过程中有最重要的两点：一是在吸收外来文化的优点之后自身不断发展壮大，二是将外来文化融入自身的发展轨道之中。正是因为这两点，我国作为一个拥有多民族的国家，在地方差异极大的情况下,才能在数千年的历史中,不断有历史人物去推动国家的统一,从而使得我国一直以统一的国家去推动经济社会不断发展。这就要求,各民族、各地区的人民群众,能够相互包容、相互融合。

在我国单一品牌的经营实体中,沙县小吃是数量最多的,而且分布也是最广的之一。另一与沙县小吃相类似的是兰州拉面,从百度地图搜索的结果来看,其在深圳、广州、东莞分别有 1 211 家、1 016 家、868 家,而广东全省总共也只有 5 818 家,不及表 6-7 中广东省沙县小吃店 14 355 家的一半;在浙江的杭州、宁波、温州分别有 1 196 家、1 059 家、1 036 家,全省共有 6 274家,比浙江省的沙县小吃店少 4 353 家。但兰州拉面在北方省市分布相对较多,如山东省的兰州拉面就有 6 512 家,是沙县小吃的 9 倍左右,河北省的兰州拉面是沙县小吃的 6 倍左右,陕西则是 5 倍。分布在北方省份的兰州拉面,占百度地图搜索总数 54 066 家的 41.14%,大大高于沙县小吃店在北方省市的10.94%,如表 6-10 所示。

表 6-10　沙县小吃与兰州拉面地区分布对比

地区		兰州拉面/家	沙县小吃/家	地区	兰州拉面/家	沙县小吃/家
南方省份	上海	901	1 624	北京	1 310	360
	江苏	6 932	6 169	天津	996	545
	浙江	6 274	10 627	河北	3 303	532
	安徽	2 759	2 216	山西	1 120	206
	福建	737	6 673	内蒙古	883	30
	江西	447	2 105	辽宁	1 406	109
	湖北	3 513	2 261	吉林	388	63
	湖南	1 371	1 525	黑龙江	577	26
	广东	5 715	14 355	山东	6 512	725
	海南	359	831	陕西	1 489	582
	重庆	244	380	宁夏	119	31
	四川	1 020	276	青海	52	25
	广西	599	706	甘肃	257	48
	云南	425	210	新疆	77	47
	贵州	228	633	河南	3 976	2 887
	西藏	77	15	合计	22 465	6 216
	合计	31 601	50 606	占比/%	41.14	10.94
	占比/%	57.87	89.06			

资料来源:依据百度地图搜索的数据计算而得。

因此，从表 6-10 数据分析可见，沙县小吃与兰州拉面在全国各地的发展都很好地体现了我国华夏文化几千年发展历史中的包容与融合。这种包容与融合同样体现在：一方面，沙县小吃店为其布局地带来了新的餐饮文化体现，从而被当地经济社会发展所包容；另一方面，沙县小吃在与当地餐饮文化、民俗习惯相结合而吸收当地餐饮元素到沙县小吃中，即与当地餐饮文化和社会经济融合发展。

4.沙县小吃产业的发展是我国消费文化转型与消费者之间高度融合的体现

从消费文化的角度看，沙县小吃事实上是廉价、低端消费品，但却代表了一种消费文化的转型，即价格、高端与否不应成为消费者的选择函数参数，而是成为不同文化、不同收入水平、不同生活习惯消费者消费融合的象征。

在西方国家，尤其是美国，其消费者之间是高度分层和分裂的。由于消费者之间收入差距大，不同层次的商品之间价格差距也大，因而廉价商品店主要面向低收入者，中等商品商场主要面向中产阶级，而奢侈品店则主要面向富人阶层。而且，由于不同层次消费者之间的收入差距极大，不同收入层次的消费者难以向上兼容；由于消费者的高度分裂，因而不同收入层次的消费者也难以向下兼容。

消费者的高度分层和分裂，已经给美国经济社会发展带来了严峻的挑战。因而，在我国的消费文化转型与消费融合的过程中，需要避免向美国式消费文化的转变。而近年来我国消费转型的过程中，以沙县小吃、兰州拉面等为主的平民大众餐饮久盛不衰，以淘宝和拼多多为主体的低价电商平台持续快速发展，都很好地体现了我国消费者的认知转变，即从购买更好更贵的商品向购买更适合自己的商品的转变。这种转变意味着我国消费文化转型下，消费者之间也呈现出了高度的融合。

以沙县小吃和兰州拉面为代表的我国国民饮食，很好地体现了我国消费转型过程中的消费者融合。首先，尽管价格确实不高，但沙县小吃是以特色餐饮的形式出现在广大消费者的面前，因而避开了作为区分不同消费者层次的廉价餐饮等观念。其次，无论是沙县小吃还是兰州拉面，都是更多分布在经济发达省份，经济发达省份经济发展水平最高的城市，甚至是这些城市的繁华地带。如表6-10所示,沙县小吃分布在北京、天津、上海、江苏、浙江、广东、山东、福建等经济发达省份有41 078家,占全国的72.29％。而在广东经济发展水平最高的广州、深圳、东莞等城市则分别有2 223家、2 296家、3 027家,在福州、杭州、宁波、上海等城市也都超过1 000家。从城市内部的布局看,在福州最繁华的地区如五四路、三坊七巷,上海的南京路、深圳的深南大道两侧、广州的珠江两岸,都可以看到沙县小吃店的分布。这表明,沙县小吃本身并不是作为消费者分层和分裂而出现在国民餐饮的系列中,而是消费者高度融合的结果。

二、沙县小吃产业的发展路径

沙县小吃产业的发展,其主要着眼点在于产业整体的持续发展壮大、质量的不断提高,而不是一城一店的得与失。在这样的总体思路下,文化内涵下沙县小吃产业的发展路径应注重以下几个方面:

1.沙县小吃文化内涵的发掘与进一步构建

沙县小吃产业未来发展的文化内涵发掘主要包括三个方面:

一是其自身与中华传统文化方面的结合。这一方面的文化内涵挖掘,重点是探索古代中原移民与沙县本地人之间在交汇融合的过程中,形成和演变而成的沙县小吃,同时兼具南北饮食文化的同宗同源性。尤其要深入挖掘沙县小吃中源于中原饮食文化部分产品的文化内涵,以提升沙县小吃被北方省市消费者所接受的程度,增强其在北方省市的扩张能力。

二是沙县小吃在20世纪90年代面临危机的情况下自主创业以解决自身面临问题的创业文化。沙县小吃在20世纪90年代的产业化发展,实际上是在标会倒会的情况下,负债外逃者以其为谋生手段而发展起来的。因而在深入挖掘早期沙县小吃产业发展的创业文化内涵,应侧重于从沙县人本身所具有的品质角度,探索其自身所拥有的学习精神,在日常生活中掌握的沙县小吃制作技能,为沙县小吃产业发展打下了坚实的基础;危机下寻求新发展机会的思维方式,以善变、适应时势和环境变化不断调整自身生产和生活的方式;以及创新创业的品质,勇于在市场经济中寻找发展的机会,顺应大众创业、万众创新而共享我国经济增长的利益。

　　三是与亲缘——宗族亲戚关系、地缘——邻里乡党关系、神缘——宗教信仰关系、业缘——同业同学关系、物缘——以物为媒介的人际关系等相关的五缘文化。[①] 事实上，沙县小吃的发展过程，离不开上述五种关系。五缘关系在沙县小吃产业发展的过程中最主要的作用是信息沟通，通过促进沙县小吃从业者对目标市场的需求状况、接受程度等方面的了解而提高沙县小吃店成功的概率。五缘关系对沙县小吃产业化发展过程中的具体体现则有两个方面：一是以具备五缘关系目标顾客的地区作为沙县小吃店布局的目标地，二是以沙县小吃店作为五缘关系的基础呈聚集式布局。

　　而在进一步构建沙县小吃文化内涵方面，则应注重在消费扩张的时代，平民消费更多体现的是消费者之间的平等和大众的含义，而非如西方资本主义国家作为区分社会阶层的工具。如前文关于沙县小吃产业文化内涵中所述，沙县小吃产业的发展是我国消费文化转型与消费者之间高度融合的体现。我国消费文化转型与消费者之间的融合，避免走向美式消费者分层和消费者层级分裂与对立，对我国未来经济社会可持续发展至关重要。而事实上，在我国华夏文化数千年历史演变过程中体现出的族群之间的相互包容与交融，并进一步融汇成同一的华夏文明而推动中国经济社会不断发展提升，是我国历史演变的总体趋势。以沙县小吃、兰州拉面为代表的国民餐饮也应该并且事实上与这一历史趋势相符合。

　　无论是从深入发掘沙县小吃文化内涵还是需要进一步构建的沙县小吃文化内涵，都可以在沙县小吃旅游文化节中设置专门的环节或同期活动来展开，以增强社会各界对沙县小吃文化内涵的认识和理解，增强沙县小吃从业者作为沙县小吃文化内涵践行者的使命感，提升文化内涵在沙县小吃产业发展中的地位与作用。

　　2.沙县小吃品牌与沙县小吃连锁经营相分离

　　在传统的连锁商业模式中，品牌与连锁经营是相统一的，即由某企业创立的某种产品连锁经营，申请注册体现其经营理念的注册商标和品牌，并以该品牌展开自有连锁店扩张，或加盟连锁店扩张。这种连锁经营模式下，连锁经营创办企业需要自主维护连锁经营品牌，并管理该品牌下的连锁店。

---

① 林霞，叶子.利用"五缘文化"推动沙县小吃发展[J].中国食品，2008(12):18-20.

　　但沙县小吃作为平民化的餐饮行业,应该在信息网络时代"企业边界扩张而资本边界受限"的总体原则下,让资本运作与各沙县小吃店之间呈相对独立的状态。也就是说,未来沙县小吃产业化的发展,应该注重的是品牌与连锁相分离,即运作沙县小吃品牌的公司与实际运营各个沙县小吃店的业主是相分离的,甚至各个沙县小吃店之间并不存在连锁关系,其与品牌运作公司之间也并不存在隶属或关联关系。

　　采取品牌与连锁经营相分离的原因在于:一是沙县小吃作为平民餐饮,产品价格相对较低,单一沙县小吃店的营业额和经营所得不多,因而大多沙县小吃店无法承担(加盟)连锁经营所需的费用。而如果采取某些方式,迫使部分沙县小吃店以被收购或加盟的方式进入沙县小吃连锁,将在相当程度上将沙县小吃店店主的创业成果转变为推动连锁经营的资本得益,这显然是与当前我国以普通民众共享国家经济增长利益的大众创业、万众创新文化氛围相悖的。二是采取沙县小吃品牌与连锁经营相统一的方式,则很可能因为某些方面的原因导致沙县小吃产品价格大幅度上涨,从而脱离其作为国民餐饮、平民餐饮的形象和定位。沙县小吃和兰州拉面之所以能够在全国各地开设数万家经营店面,其原因就在于价格亲民、产品亲民、口味亲民。一旦沙县小吃产品价格大幅度上涨,就必然会逐渐脱离国民餐饮、平民餐饮的饮食文化行列。由此,沙县小吃店的数量必然逐渐减少,其在国内餐饮界的影响力也就会大大缩小。

　　因此,沙县小吃的未来发展路径,应该坚持品牌与连锁经营相分离的方式。这体现在:一是坚持"企业边界扩张而资本边界受限"的总体原则。在该原则下,"企业边界扩张"注重沙县小吃应该不断调整其与地方餐饮文化的适应度,继续向仍然数量较少的北方省市扩张,以进一步提升沙县小吃在国民餐饮中的形象和地位;"资本边界受限"则强调,不应让资本过度地参与沙县小吃产业发展的进程,从而在资本大力推动沙县小吃连锁经营的过程中损害沙县小吃自身的定位和形象,侵蚀沙县小吃店店主创业的成果和得益。二是品牌运作公司与各个沙县小吃店之间的关系应该维持一种比较松散的、依靠形象共同维护品牌的关系。在这种关系下,品牌运作公司可以通过对沙县小吃店业主的培训和引导,以及对各沙县小吃店食品质量的监控促进产业形象和品牌质量的整体提升。而这种品牌运作手段则可以通过沙县小吃文化节，以及诸如参加世博会等展会的形式来实现。

3.注重大数据分析引导沙县小吃店的布局与食品选择

沙县小吃已经遍布我国内地和港澳台地区[①]，以及海外数十个国家或地区。而关于沙县小吃店的布局，曾有人做过专门的分析。研究结论认为，沙县小吃高密度地区集聚于长江以南的东部地区，中国饮食习惯"南米北面"的空间分异格局仍然显著；早期主要是在外沙县人制作的简易家乡小吃，后来成为沙县人乃至福建人向外流动的重要就业选择之一，形成品牌化和在地生存现象；沙县小吃的空间扩散呈现显著的源地特征，且热点区主要集聚于东南沿海地区；沙县小吃的饮食文化扩散与人口迁移扩散具有空间重合性，因而其主要集聚地为东部地区和中西部省会城市，经济发达、流动人口数量较多的地区对外来饮食文化的包容性较强。[②]

但在沙县小吃上述分布规律的基础上，沙县小吃店的布局还应注重大数据的分析，并在大数据分析的基础上引导沙县小吃店在不同的地区生产和销售不同的食品，以及在不同地区所生产和销售的产品应该针对该地区的消费者偏好做出怎样的改进。这些都可以通过沙县小吃文化节这一平台来将相关信息传导给相关的沙县小吃店业主。

事实上，大数据已经对我们的经济社会发展以及个人的生活都产生了巨大的影响。其对消费者行为的影响则主要体现在以下几个方面：一是通过化解消费者与生产者之间的信息不对称，而降低了消费者与生产者之间在产销过程中的决策不确定性，从而更易于保护生产者和消费者的彼此利益。二是大数据背景下的消费者行为体现出高度的差异化，这意味着消费者希望其所购买的产品能够充分体现自己的认知，并以此形成众多不同偏好的消费需求。其中标签化，即消费者对于自身消费选择的认知，往往体现为对一些代表性消费者的追随，并以代表性消费者的消费选择作为区分与其他消费者之间差异的标签；群体化，则是偏好高度差异化的消费者，在现

[①] 网络资料显示我国香港、澳门和台湾地区均有沙县小吃，但百度地图尚无法搜索显示相关信息。

[②] 朱邦耀.地方饮食到全国小吃：兰州拉面和沙县小吃空间扩散的案例研究[J].地理科学进展,2021(6):991-999.

实经济社会中,更多地体现为以社交媒体、短视频、微博等平台上某一特征为代表群体化聚落,从而可能带来消费决策的群体化转变,即对某一产品或服务的偏好,可能因为某一或某些消费者的偏好转移,在边际效应递增的作用下,带来对该产品或服务消费者数量的大量减少。

顺应大数据时代消费者行为的这些转变,则可能进一步推动沙县小吃产业的发展。因此,需要沙县地方政府及相关行业协会、企业,构建针对沙县小吃产业发展的大数据分析和利用体系,分析沙县小吃的重点扩张地区,以及对地方饮食文化的改进方向等。由此形成引导沙县小吃产业布局的信息,通过沙县小吃旅游文化节同期举办活动中的专设环节集中向沙县小吃行业发布相关信息,或以开发相关应用程序向沙县小吃从业者或有益于从事沙县小吃行业者发布,引导沙县小吃店的合理化空间布局,增强沙县小吃与地方饮食文化的适应性。

4.沙县小吃与所在地相结合的产品推陈出新

沙县小吃本身是中原人迁入福建之后,在中原文化与闽越本地自然和社会人文条件相融合的过程中产生的。沙县小吃在不断向外扩张的过程中,同样需要注重与本地经济社会文化相结合,并在相互融合的过程中推陈出新,从而将沙县小吃本身所包含的文化内涵世代相传。

事实上,如表 6-10 所示,百度地图搜索到的数万家沙县小吃店中,北方15 个省市自治区仅有 6 216 家,只占 10.94％。这意味着,沙县小吃产品本身仍然偏重于南方口味,被北方消费者接受的程度并不高。此外,沙县小吃在广西、四川、重庆、云南、贵州等西南部省市分布数量也较少,五省市总共只有 2 205 家,只占全国总数的 3.88％。在西南地区分布较少总体而言可能是因为这些地区的麻辣口味相对比较独特,与沙县小吃自身的清淡口味差距较大,因而对沙县小吃产品的接受程度同样不高。

但在沙县小吃北方地区分布较少的整体状况下,沙县小吃在河南的分布却很多,有 2 887 家沙县小吃店,占北方省市中沙县小吃店数量的将近一半。河南省的沙县小吃店数量在全国排名第五,仅低于广东、浙江、江苏、福建,比其他南方省市都多,这很可能与沙县小吃和传统意义上作为中原地区核心的河南饮食文化具有同源性密切相关。

沙县小吃店的这种分布状况,一方面意味着其在未来如果能够向我国西南地区、北方地区加大扩张进程，则沙县小吃产业仍有很大的发展空间。另一方面，这种分布状况也很可能意味着，沙县小吃的产品可能与这些地方饮食习惯和饮食文化兼容性不强，因而不易于被这些地方的消费者所接受。因此，沙县小吃要寻求在我国北方地区、西南地区的发展，就必须提升其与这些地方饮食习惯和饮食文化的兼容性。

因此，沙县小吃产业的未来发展，在沙县小吃文化节中更多邀请我国西南、西北、东北、华北等地的小吃企业及其相关行业协会前来参展，以加强对这些地区饮食习惯和饮食文化的研究，然后对沙县小吃产品做出具有针对性的口味调整、新产品开发，将这些地区沙县小吃产业发展的潜力转化为现实的沙县小吃产业发展能力。

5.注重沙县小吃品牌为沙县带来的磁场效应，以沙县地方经济发展增强沙县小吃产业发展的基础

沙县小吃产业本身是富民产业。但其国民餐饮、大众餐饮、平民饮食的定位，加上沙县小吃店几乎全部分布在沙县以外的地区，因而难以通过税收等方式从沙县小吃店直接获得资金以促进沙县小吃产业的发展。但做好沙县小吃产业，做强沙县小吃品牌，对于沙县地方经济发展来说，却能够产生巨大的品牌磁场效应，使之像磁铁吸引铁屑一样共同吸引资金、技术、人才等相关要素在沙县聚集[1]，通过提高沙县地方经济发展的能力而增强沙县小吃产业发展的基础。

这在历届沙县小吃旅游文化节上的签约项目已经有所体现。比如 2016 年签约金额达 62.4 亿元的沙县通用航空产业园、沙县旅游发展战略合作、沙县海丝路电子商务公共综合服务平台、沙县农产品交易中心、沙县闽中快递物流产业园等项目，2018 年计划投资 3 亿元的食品加工和物流配送项目、计划投资 3 亿元的轻量化汽车零配件生产项目和医疗器械与医药制剂研发、经营及配送等项目[2]，2019 年签约总金额 18.16 亿元的小吃食品、文旅康养、

① 熊爱华.区域品牌与产业集群互动关系中的磁场效应分析[J].管理世界,2008(8):176-177.
② 佚名.2018 年沙县小吃旅游文化节招商引资推介暨百日攻坚项目签约大会召开[EB/OL].(2018-12-09)[2022-12-28].https://www.sohu.com/a/280637938_797188.

生物医药等领域的项目[①],2020 年金额达 82.85 亿元的涉及高端装备、通用航空、硅新材料、小吃产业、文旅康养、商贸物流等领域 27 个项目[②],以及 2021 年福建华忠生态科技发展有限公司投资 10 亿元的花卉数字产业园项目、总投资 3.31 亿元的古村速冻食品智能化加工及冷链物流一体化建设项目、总投资 3.15 亿元的新材料生产项目[③],等等。除此之外,相关资料还显示,2016 年之前的多次沙县旅游文化节,具有数亿到数十亿的签约项目。

　　尽管如此,到 2021 年,沙县的地区生产总值仅为 354.44 亿元,在三明市也仅排第三,位居三元区和永安市之后;2021 年沙县的财政收入仅为 10.48 亿元,财政支出 27.36 亿元,收支差距达到 16.88 亿元,表明沙县的财政收入能力较差;2021 年,沙县 216 个规模以上工业企业的固定资产净值只有 55.97 亿元,带来的税金总额 4.77 亿元,均大致相当于永安的一半,不到三元区的 1/5,参见表 6-11。

表 6-11　2021 年三明各地规模以上工业企业主要指标

地区	企业数/个	资产/亿元	固定资产净值/亿元	主营收入/亿元	利润总额/亿元	税金总额/亿元
三明市	1 747	2 107.35	687.27	4 963.59	179.95	52.90
三元区	259	834.02	310.26	1 295.47	88.68	23.58
沙县区	216	237.28	55.97	939.17	25.81	4.77
永安市	268	377.30	109.93	932.79	19.38	8.26
明溪县	99	48.87	14.36	145.27	8.96	1.63
清流县	85	41.69	12.65	52.45	7.22	1.89
宁化县	133	65.23	20.44	182.83	5.69	1.89
大田县	178	148.29	41.63	532.58	6.08	5.33

---

① 邓书榕.美食荟萃 2019 沙县小吃旅游文化节圆满结束[EB/OL].(2019-12-13)[2022-12-28].https://www.cfsn.cn/front/web/site.newshow? newsid=18332.

② 吴文凯,许琰.沙县小吃旅游文化节签约项目 27 个[EB/OL].(2020-12-15)[2022-12-28].http://www.sm.gov.cn/zw/zwxx/xjdt/202012/t20201215_1603149.htm.

③ 卢素平,许琰.沙县小吃旅游文化节签约项目 41 个[EB/OL].(2021-12-09)[2022-12-28].https://www.sohu.com/a/506700531_121117081.

续表

地区	企业数/个	资产/亿元	固定资产净值/亿元	主营收入/亿元	利润总额/亿元	税金总额/亿元
尤溪县	165	120.60	35.35	389.07	5.10	1.79
将乐县	132	161.93	63.77	246.03	4.67	2.56
泰宁县	91	23.05	7.92	28.98	1.11	0.36
建宁县	121	49.09	15.00	218.96	7.24	0.82

资料来源：《三明统计年鉴（2022）》。

由此表明，历年沙县小吃旅游文化节的签约项目中，可能有相当大一部分并未转变成沙县的现实生产力，因而无法对沙县的经济社会发展做出应有的贡献。[①] 因此，在今后的沙县小吃旅游文化节中，应该注重签约项目在沙县发展的现实可行性，围绕沙县自身的环境与发展条件选择产业，在增强沙县地方经济发展能力的同时，为沙县小吃产业的发展提供更好的支撑。

---

① 从《三明统计年鉴（2022）》中关于沙县的相关数据来看，存在诸多不合理的地方。比如沙县的规模以上工业企业固定资产净值只有 55.97 亿元，但却实现了 939.17 亿元的营业收入，营收与固定资产净值之比达到了 16.78，应属典型的轻资产行业，或劳动密集型行业。但沙县 2021 年的工业增加值却只有 147.08 亿元，工业增加值（未扣除非规模以上工业企业的贡献）与营业收入之比仅为 0.15，大大低于三明市整体的 0.22，更是远低于福建省的 0.25 和全国的 0.29，但轻资产的劳动密集型产业增加值比例本应高于重资产的资本密集型产业。除此之外，沙县的规模以上工业企业利润总额比永安高 6.43 亿元，而税金总额却比永安少 3.49 亿元，也并不相称。

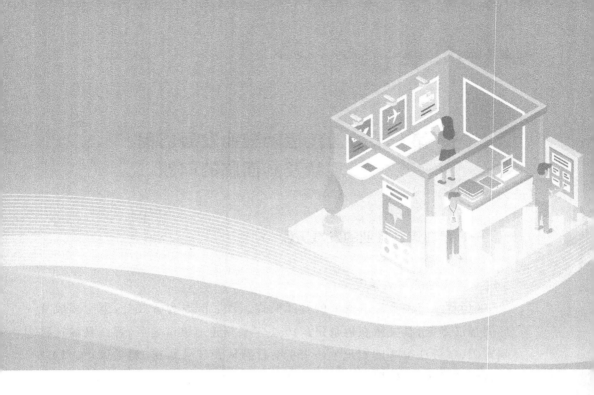

第七章　鞋博会与晋江运动鞋业创新发展

第一节 晋江运动鞋业发展历程、
现状及其面临的问题

一、晋江运动鞋业的发展历程

1.晋江经济发展状况

（1）晋江市侨乡经济发展的晋江模式。晋江市原为晋江县，新中国成立后属晋江专区，县城所在地泉州。1951 年泉州建地级市之后，晋江县城迁移到青阳（现晋江市青阳街道）。1988 年石狮从晋江县析出，建县级市。1992 年晋江建县级市，仍属泉州管辖。现晋江市辖 13 个镇、6 个街道，398 个行政村（社区），陆地面积 649 平方千米。2021 年，晋江市常住人口 206.90 万人，其中城镇人口占 69.5%；晋江市 2021 年常住人口比户籍人口 123.25 万人超出 83.65 万人，晋江市吸纳的外来就业人口与本地户籍人口之比达到了 2：3。但晋江市的常住人口数量相对较为稳定，2010—2021 年仅增加了 7.4 万人，11 年间仅增长了 3.7%。

晋江是福建省的著名侨乡和台胞主要祖籍地。晋江"人稠山谷瘠"，自古有"造舟通异域"的创业冲动，促使晋江人逐渐走向海外，"十户人家九户侨"是晋江最大的特色之一。晋江华侨、华人多达 300 万，是本土人口的 3 倍，加上百万外来人员，故有"海内外 500 万晋江人"之说。晋江的海外华侨华人遍布世界 60 多个国家和地区，特别是东南亚最多。涌现出了一大批侨领，仅菲律宾就涌现出被菲律宾人尊称为"国父"的扶桑·黎刹、"最高度爱国者"王彬，以及"木材大王"李清泉、"烟草大王"陈永栽等风云人物。①

改革开放后，大量侨胞和侨资的引入，带动了晋江民营经济的发展。作为我国第一批对外开放地区之一，早在 20 世纪六七十年代，晋江人就在队

---

① 佚名.晋江概况［EB/OL］.（2012-8-20）［2022-11-20］.http://www.jinjiang.gov.cn/yxjj/gkjj/jjgk/.

办企业的带领下,进行草编、竹编等一些小型农村工业。改革开放后,晋江选择乡镇企业作为振兴经济的突破口,充分发挥侨乡的独特优势,以联户集资的股份合作制为主要形式,以侨资为依托,以市场为导向,以国产小洋货为特征,以外向型经济为目标的农村经济发展形式。在实践中走出了一条利用三闲(侨乡闲人、闲房、闲散资金的简称)起步,乡镇企业铺路,三来一补过渡,三资企业上路,统一规划加强引导的发展经济的道路。①

在侨乡经济引导下,民营经济的快速发展,形成了晋江模式。晋江模式最早于 1986 年由费孝通提出。他认为晋江模式是"以外向型经济为主,以股份合作制为主,多种经济成分共同发展"为主要特征,并在 1988 年进一步指出,"晋江模式"是"内涵于广大晋江侨属中的、蕴蓄深厚的拓外传统和强烈要求改变贫穷现状的致富愿望"。1994 年 12 月,在中国农村发展道路(晋江)研讨会上,晋江模式进一步被概括为"以市场调节为主、以外向型经济为主、以股份合作制为主,多种经济成分共同发展"的经济发展道路。②

在晋江已经聚集了鞋业制造、纺织服装、化纤工业、建筑陶瓷、食品饮料、伞具、玩具等一批较为成熟的产业集群,同时还拥有机械设备、精细化工、纸制品以及制药、家私等一批具有集群趋势的产业,并逐渐呈现出从以轻型加工为主向轻重并举、重化制造发展的态势。由于这些集群的存在,晋江被授予"中国鞋都""中国纺织工业基地""中国食品工业强县"等区域品牌,东石、永和、磁灶、深沪、英林等富有特色的产业集聚区被授予"中国伞都""中国石材之乡""中国建陶重镇""中国内衣名镇""中国休闲服装名镇"等称号。从模仿加工到贴牌生产再到打响自有品牌,晋江逐步塑造出"品牌之都"的雏形。全市拥有"安尔乐""SBS""安踏""七匹狼""九牧王""劲霸""浩沙""柒牌"等 8 枚中国驰名商标;"梅花"伞、"雅客"糖果、"金冠"糖果、"蜡笔小新"果冻、"福马"蛋黄派等 9 项中国名牌产品;拥有国家免检产品 27 项、省著名商标 76 枚、名牌产品 64 项、"国字号"的"鞋都""强市""重镇"等产

---

① 王望波.试析晋江侨乡经济发展中的人文因素[J].南洋经济研究,2002(4):62-70,96.
② 陆学艺.晋江模式新发展:县域现代化道路的探索[J].中国发展,2008(1):103-109.

业品牌9项，成为民族工业品牌最集中的地区之一。①

（2）近年来晋江经济发展趋势。

2000—2021年，晋江市经济经历了快速发展，地区生产总值从237.83亿元增长到2 986.41亿元，按可比价格计算增长了9.28倍，年均增长率达到了11.17%。第一产业所占比重从4.50%下降到0.70%；第二产业呈先升后降的演变趋势，则从61.27%上升到2011年最高的68.18%，之后下降到2021年的61.12%；第三产业则呈先降后升，从2000年的34.23%下降到2011年的30.33%后升高到2021年的38.18%。人均地区生产总值从2000年的16 085元提高到2021年的144 585元，是泉州市人均地区生产总值的1.13倍，福建省人均地区生产总值的1.24倍，全国人均GDP的1.79倍。2021年，晋江市一、二、三次产业增加值分别为20.78亿元、1 825.27亿元、1 140.36亿元，三次产业结构为0.70∶61.12∶38.18，第二产业占比仍然超过60%，表明晋江市的经济发展仍主要依赖于以工业制造业为代表的第二产业。如表7-1所示。

表7-1　2000—2021年晋江主要经济指标演变趋势

年份/年	地区生产总值/亿元	地区生产总值增长率/%	第一产业比重/%	第二产业比重/%	第三产业比重/%	人均地区生产总值/元
2000	237.83	8.20	4.50	61.27	34.23	16 085
2001	258.02	8.90	4.30	62.01	33.69	17 120
2002	277.67	9.30	4.08	62.77	33.15	17 786
2003	321.60	15.60	3.35	63.81	32.84	19 968
2004	358.43	13.20	3.22	65.29	31.49	21 593
2005	403.57	14.00	2.77	65.89	31.34	23 599
2006	486.85	16.10	2.15	66.37	31.48	27 643
2007	609.55	17.00	1.87	66.55	31.58	33 618
2008	721.40	16.40	1.77	64.75	33.48	38 734
2009	813.57	12.60	1.55	64.83	33.61	42 459
2010	941.14	12.10	1.57	66.14	32.29	47 760

① 吕振奎."晋江模式"新内涵与晋江民企品牌发展策略[J].福建论坛（人文社会科学版），2007(8):107-110.

续表

年份/年	地区生产总值/亿元	地区生产总值增长率/%	第一产业比重/%	第二产业比重/%	第三产业比重/%	人均地区生产总值/元
2011	1 119.71	14.10	1.48	68.18	30.33	55 846
2012	1 253.56	12.60	1.38	67.72	30.90	61 904
2013	1 417.26	11.60	1.26	67.94	30.81	69 559
2014	1 562.84	9.80	1.15	67.39	31.46	76 367
2015	1 685.76	8.50	1.12	65.74	33.14	82 132
2016	1 821.03	7.70	1.13	63.20	35.67	88 636
2017	2 072.65	8.20	0.96	62.09	36.95	100 712
2018	2 319.27	9.00	0.88	62.02	37.10	112 613
2019	2 528.21	7.60	0.80	61.29	37.91	122 669
2020	2 601.11	3.90	0.78	59.93	39.29	126 145
2021	2 986.41	10.50	0.70	61.12	38.18	144 585

资料来源:整理自《泉州统计年鉴(2022)》。

(3)晋江工业产业发展状况。从晋江市的工业企业类型构成来看,晋江市工业产业以民营企业和港澳台资企业为主。2021年,晋江市工业产业营业收入6 076.72亿元,其中国有独资企业营业收入仅为97.55亿元,只占1.61%,而民营企业和港澳台资企业营业收入则分别达到3 521.69亿元和1 898.22亿元,二者合计占晋江工业企业总营业收入的89.19%。

从轻重工业结构看,晋江市的工业产业以轻工业为主。2021年,晋江市的工业制造业营业收入中,包含皮革、毛皮、羽毛及其制品和制鞋业,纺织服装、服饰业,纺织业,食品制造业,农副食品加工业,造纸和纸制品业,印刷和记录媒介复制业,文教、工美、体育和娱乐用品制造业等在内的轻工制造业,共实现营业收入4 124.92亿元,占晋江工业制造业营业收入的69.89%,占晋江市全部工业产业营业收入的67.88%。

从细分产业结构看,晋江市的工业产业中,2021年工业制造业营业收入为5 902.17亿元,其中皮革、毛皮、羽毛及其制品和制鞋业营业收入最高,为1 308.90亿元,占晋江市工业制造业营业收入的22.18%;其次为纺织服装、服饰业,营业收入1 134.67亿元,占晋江市工业制造业营业收入的19.22%。其他工业制造业营业收入均未超过千亿元,其中非金属矿物制品业、纺织业、食品制造业占晋江市工业制造业营业收入的比例均超过了 5％,2021 年营业收入分别为 744.29 亿元、708.89 亿元、396.26 亿元,分别占晋江市工业制造业营业收入的 12.61％、12.01％、6.71％。

2.晋江鞋业发展历程

晋江在我国乃至世界上鞋业生产中都占有重要的地位。晋江陈埭则是全国最大的鞋产品生产、加工、贸易基地。

晋江鞋业起步于 20 世纪 70 年代末。由于计划经济时代物资紧缺,海外晋江华侨会将不合适或穿旧的服装邮寄回晋江,而侨属自用有余的情况下,就会将多余的境外寄回衣物卖给商贩或村民,通过他们在路边出售而逐渐形成了"估衣摊",此为晋江服装市场的雏形。改革开放之后,晋江开始利用其海外华侨管理开展"来料加工、来样加工、来件装配和补偿贸易",即"三来一补"加工贸易。晋江制鞋业即在这种背景下发展起来的。

1979 年 3 月,在陈埭镇洋埭村村民林土秋的带领下,晋江开办了洋埭服装鞋帽厂,生产了第一双晋江鞋。由此开启了晋江制鞋业的发展历程。

晋江制鞋业大致可以划分为以下几个阶段:

第一阶段,20 世纪七八十年代的起步阶段。此阶段,大量晋江鞋厂诞生,这是整个晋江"造鞋运动"的起点。1983 年 10 月,林土秋创办了陈埭镇第一家股份制乡镇企业——洋埭服装鞋帽厂(鳄莱特的前身);同年,渔民丁建通凑资 2 000 元成立了华丰鞋厂(361°的前身)。1987 年特步的前身三兴公司成立。1988 年,泉州寰球鞋服有限公司成立。1989 年,许景南用多年出苦力攒下的积蓄创立了丰登鞋厂(匹克的前身)。贵人鸟(1987 年)、德尔惠(1985 年)等品牌创始人均在此期间相继创办鞋厂。他们在通过制售鞋产品获得资金积累后,也为之后晋江体育用品制造业的繁荣打下了坚实的基础。但这一时期的晋江鞋业多以家庭作坊式生产为主,利用侨胞馈赠或走私过来的鞋子为样品进行模仿制鞋。由于材料、技术和工艺均不过关,因而鞋子的产品质量无法得到保证,出现了"三天鞋""礼拜鞋"等现象,导致晋江鞋在 20 世纪 80 年代后期开始滞销。因此,晋江鞋厂开始朝两个方向转化:一是注重质量,保证鞋子的耐穿性;二是部分热衷于投机的鞋商开始做冒牌鞋。

第二阶段,20 世纪 90 年代晋江运动鞋产业爆发式发展及第一次自主创新发展阶段。此阶段,安踏(1991 年)、喜得龙(前身为 1993 年创办的九州奔克鞋业)、沃特(1993年)、金莱克(1995年)、鸿星尔克(前身为1998年创办的鸿星鞋业)等3 000多家鞋服厂相继在晋江诞生,从而形成了百亿级的运动鞋产业。同时,晋江开展了打击制造和销售假冒商标标识和产品的鞋企的行动,并召开查假治劣大会,部分非法鞋企遭到淘汰。在经过市场改革和海峡两岸经贸合作之后,"冒牌之路走不通,品牌之路不会走"的晋江鞋厂开始承接耐克、阿迪达斯等国际品牌的外贸订单,并成为台湾制鞋产业转移地,进入了代加工的时代。但1997年的金融危机爆发,单纯靠贴牌经营的晋江鞋企订单急剧缩水,许多中小型企业纷纷倒闭。在认识到品牌的价值之后,1998年,晋江提出"品牌立市",安踏依靠签约体育明星为代言人,并取得了成功。

第三阶段,2000—2011年,晋江鞋业发展进入鼎盛时期。2001年北京申奥成功,为我国的体育产业发展带来了极大的动力。足球是世界第一运动,而中国男足在2002年打入韩日世界杯则大大提升了我国体育运动的产业化发展势头。我国于2001年加入WTO则为我国劳动密集型产业进入世界市场提供了便捷的通道。在借助北京奥运会、中国男足在此期间的良好发展势头以及我国加入WTO等有利形势的影响下,晋江以运动鞋为主导的制鞋产业,在此期间同样获得了快速的发展。而拥有自主品牌的特步、喜得龙、金莱克、德尔惠等晋江鞋企纷纷仿效安踏的宣传模式,通过花重金签下体育明星、娱乐明星代言以提升广告效应,晋江鞋业进入了鼎盛时期。与此同时,晋江体育品牌扎堆上市,晋江制鞋业年产量占当时全国的40%。行情最火爆的时候,原本一年两次的春秋订货会,因供不应求而被紧急改成一年四次,晋江鞋企的门店数量也不断扩张,晋江也挤进了全国百强县的前十位。

第四阶段,2012—2016年,晋江鞋业进入整顿调整期。在北京奥运会的热情过后,加上人民币升值导致我国劳动密集型产业在国际市场上的贸易条件恶化,国外品牌运动鞋大量涌入我国,以及电商的冲击,晋江鞋厂积存了大量鞋子,陷入库存危机,部分晋江鞋厂则通过低价清仓以缓解其所面临的危机。在这种形势下,大量鞋厂倒闭,最繁荣时期的3 000家晋江鞋厂,只剩下1 000家左右。几个知名品牌各自出现自己的问题,贵人鸟在进入A股的首年营收和净利润比分别下降20%和26%,匹克体育选择退市,鸿星尔克因涉嫌财务造假在新加坡联交所停牌，喜得龙、德尔惠破产，诺奇和鳄莱特的老板则直接跑路。在这一阶段，整体上晋江鞋业的年收入值和净利润比迅速下降，晋江鞋业进入发展的低谷时期。

第五阶段，2017年之后，晋江鞋企开始复苏。在晋江鞋业危机中存活下来的企业，开始进行产品升级，实行品牌战略，如安踏收购了意大利的斐乐（FILA），实现了品牌战略的国际化；匹克"态极"黑科技受到了广大篮球爱好者的追捧。晋江鞋厂开始复苏，涌现了许多小型的鞋厂；同年，晋江陈埭镇鞋材商会的成立，晋江建立了鞋产业链，形成了中国最大、世界罕见的鞋材、鞋机市场。而转型最成功的安踏，科研投入从原来不足销售成本的1%涨到现在的5.8%，甚至超过国际一线品牌；安踏投资建设全行业唯一一个国家级运动科学实验室和"脚型"数据库，拥有专利数量600余项，并在美日韩建成全球设计中心；国际人才在安踏集团高管团队中已经超过25%。2018年3月5日，安踏集团旗下第一款全球限量版篮球鞋-KT3 Rocco在美国限量销售，创造了中国品牌球鞋首次在美国引发排队抢购的热销场面。①

二、晋江鞋业发展现状

1.晋江制鞋业在晋江产业发展中的地位

2003—2021年，晋江市规模以上工业企业产值从429.03亿元增加到6 926.38亿元，并在2012之前每一年的增长率均超过了15%，但2013年及之后的增长率出现了明显的下滑；同一时期，晋江市的制鞋业产值则从98.90亿元提升到1 509.17亿元，增长率同样体现出2012年之前每一年均超过15%，且大大快于2013年及之后的增长率，尤其是2013—2016年低于7%的增长率，但2017年之后，晋江鞋业产值出现了恢复增长的趋势。2012年之前，晋江鞋业的产值增长率明显地快于晋江市规模以上工业企业的整体产值增长率，以及纺织服装业、陶瓷产业等晋江主要工业产业的产值增长率，因而制鞋业的产值从2003年只有纺织服装业的65.11%、陶瓷产业的

①　刘荒，李坤晟."晋江经验"：一双鞋启示一条路［EB/OL］.（2018-07-14）［2022-11-20］.
　　http://www.81.cn/jwgz/2018-07/14/content_8089578_7.htm.

222.25%提高到 2012 年的 141.56%、284.75%,占晋江市规模以上工业总产值的比例也从 23.05%提高到 31.75%,但之后,由于晋江鞋业的发展速度放慢,于 2017 年产值再次低于纺织服装业,相对于陶瓷产业的优势也大大缩小,占晋江市规模以上工业总产值的比例下降到 2021 年的 21.79%,甚至低于 2003 年。如表 7-2 所示。

表 7-2　2003—2021 年晋江市工业及相关产业产值和增长率演变趋势

年份/年	产值/亿元				增长率/%			
	工业	制鞋业	纺织服装业	陶瓷产业	工业	制鞋业	纺织服装业	陶瓷产业
2003	429.03	98.90	151.90	44.50	31.60	30.60	20.10	46.00
2004	577.31	123.04	206.69	55.29	26.60	23.40	30.10	20.90
2005	721.13	170.78	198.77	68.77	24.91	38.80	−3.83	24.38
2006	897.81	212.62	235.14	93.73	24.50	24.50	18.30	36.30
2007	1 125.84	287.63	288.55	124.86	23.40	33.40	22.30	31.70
2008	1 330.72	355.42	328.94	151.75	16.30	25.80	13.30	25.10
2009	1 514.07	422.09	371.14	169.88	15.40	17.90	13.50	10.60
2010	1 856.19	522.08	444.60	200.45	20.30	23.90	19.60	18.20
2011	2 466.21	658.96	566.14	261.09	28.10	37.90	27.30	30.30
2012	2 671.85	848.26	599.23	297.90	17.20	15.80	15.80	18.90
2013	2 941.87	885.43	633.84	316.98	13.40	6.60	7.30	6.80
2014	3 290.19	940.86	764.16	340.38	11.20	6.80	17.50	7.80
2015	3 616.58	963.97	863.31	374.90	9.30	1.90	11.10	9.60
2016	3 924.79	1 008.68	987.51	422.15	8.70	3.90	13.10	12.70
2017	4 420.36	1 112.85	1 124.61	475.91	11.30	8.40	11.20	12.80
2018	5 030.33	1 260.01	1 330.20	542.70	12.70	11.10	12.80	14.10
2019	5 489.10	1 396.77	1 487.23	625.00	9.50	9.70	8.10	14.70
2020	5 906.93	1 448.30	1 694.09	699.13	5.80	3.30	9.70	11.30
2021	6 926.38	1 509.17	1 194.90	825.94	15.40	15.20	28.10	16.90

资料来源:整理自历年《晋江市国民经济和社会发展统计公报》。

注:①无 2005 年的《晋江市国民经济和社会发展统计公报》。因此,2005 年的数据依据 2006 年《晋江市国民经济和社会发展统计公报》中的数据推算得到。②表中的工业产值为规模以上工业企业的产值。

2.晋江鞋业发展现状

中国鞋业格局呈现产业集群式发展，主要集中在华东、华南、西南，并形成浙江温州、福建晋江、广东东莞、四川重庆等四大"制鞋基地"。四大"制鞋基地"中，浙江温州主要生产日常鞋，福建晋江主要生产运动鞋，广东东莞主要生产皮鞋、时尚鞋，四川和重庆主要生产女鞋。此外，东北、河南、河北、山东也有相应的产业集群，生产雪地靴、硫化鞋、布鞋等，与四大"制鞋基地"共同形成国内鞋业的大市场格局。[①] 在我国鞋业整体格局下，作为运动鞋生产基地的晋江，全市体育产业法人单位超万家，体育产业人员达 30.5 万人，2018 年体育制造业产值达到 1 925.88 亿元；全市鞋业生产经营企业 3 000多家，年产量 18 亿双，旅游运动鞋产量占全国总产量的 40%、世界产量的20%，是中国重要的鞋业制造和出口基地；晋江拥有"国字号"品牌 123 枚，其中"中国驰名商标"96 枚，"中国名牌产品"24 枚，"国际知名品牌"2 枚，涵盖了安踏、361°、特步、乔丹、贵人鸟等知名运动品牌；[②]以及安踏、361°、乔丹等国家级体育品牌 42 枚[③]。自 2017 年之后整体复苏的晋江鞋业，开始了以下几个方面的转型发展。

（1）自主品牌下的晋江鞋业升级发展。经过 2012—2016 年库存危机带来的不利影响，2017 年之后开始恢复发展的晋江鞋业，开始走上了自主品牌下的升级发展道路。这种转变表现在以下几个方面。一是从冒牌到贴牌，再到自主品牌发展的转化。晋江的冒牌鞋发展阶段大致是 20 世纪 90 年代初期以前，因鞋产品质量问题和晋江打假行动而结束。之后，晋江鞋业开始因控制全球 80% 以上品牌鞋生产和贸易的台湾制鞋业，抓住两岸政策和市场双重约束渐次放开的机遇，加快制鞋产业向大陆转移的步伐而开始为耐克、阿迪达斯等代工生产。但 1997 年东南亚金融危机导致国际订单大幅度下滑而转向自有品牌发展的道路。这种转化虽然于 2012 年开始的行业调整而带来了巨大的挫折，但也使得 2017 年开始的产业复苏而更加坚实。二

① 陈智深.鞋材专业市场发展研究——以晋江国际鞋纺城为例[J].全国流通经济,2022(8)：7-10.
② 晋江概况[EB/OL].[2023-01-08].http://cn.cn-jif.com/jinjianggaikuang.html.
③ 齐玉波.晋江体育产业实现全国县域"八个第一"[EB/OL].(2019-5-15)[2022-11-20].参见：晋江新闻网,http://caijing.mnw.cn/cjxw/zixun/2160734.html.

是赋予了自主品牌发展更丰富的内涵。始于 20 世纪 90 年代末的晋江鞋业自主品牌发展阶段,在经历了 2012 年到 2016 年的行业调整、整合之后,在市场竞争下生存下来的晋江鞋业品牌,被赋予了更多的品牌内涵:远离"耐克学徒",布局以中国传统文化为主导的"国潮"发展道路,以故宫、三星堆、敦煌等传统文化 IP 元素赋予了晋江鞋业新的灵魂①;在我国一些地区遭遇重大自然灾害的时候贡献自己的力量,充分展现晋江鞋业品牌的社会责任与担当;以拥有 1 300 多项产品专利,2022 年创新科技大会上发布包含氮科技平台和碳管悬架系统的最新自主研发科技创新产品,并与华为运动健康携手共创未来智能运动产品②,收购亚玛芬、斐乐、迪桑特、KOLON、小笑牛等将全球市场份额提升到 5%～10% 的安踏为代表的晋江鞋业内生技术主导和外部市场扩张同时并举的发展方向;鸿星尔克立足于"做强县级,做优地级"的品牌营销战略踏实地向下发力品牌发展模式;等等。

(2)优势制鞋企业的智能制造改造。针对安踏、特步、贵人鸟、乔丹等优势晋江制鞋企业,鼓励和支持企业开展制鞋技术攻坚,导入无缝运动鞋、3D打印、一次成型等先进制鞋技术,推动智能制造对制鞋产业的改造,促进制鞋工艺和生产效率的全面提升;推动制鞋产业实施"互联网+",通过大数据的应用,向以市场和消费者为主导的大规模个性化定制和柔性化生产方式转变,向服务型制造业转变;引导品牌鞋业企业实施差异化、多品类战略,紧盯个性化消费群体和户外运动流行趋势,深度开发功能型、时尚型、专业型、智能型鞋类产品,向细分化、精品化、专业化不断延伸拓展。

(3)推动产业集聚发展和产业链的有机合作。发挥龙头企业品牌带动效应和区域品牌集聚效应,努力推动上下游相关行业的集聚发展,促进产业链的有机合作。主要包括加大对龙头企业的扶持力度,在用地、科研、人才引进等方面强化服务保障,重点引导有条件的龙头企业兼并重组、上市融资,促进资本、技术、劳动力资源等要素向优势企业流动,推动品牌资源优化

①　吴剑锋."国潮"之下,晋江鞋服集体迎来"高光时刻"[EB/OL].(2021-11-11)[2022-11-21].https://baijiahao.baidu.com/s? id=1716104320966199114&wfr=spider&for=pc.

②　林德韧.安踏与华为将共创未来智能运动产品[EB/OL].(2022-08-09)[2022-11-21].https://baijiahao.baidu.com/s? id=1740617277466197310&wfr=spider&for=pc.

组合；鼓励品牌企业率先"走出去"布局国际市场，创建国外销售渠道，参与国际并购，通过并购国外同行业企业，整合国外的研发团队、设计资源和销售渠道，整合国际高端优质资源，争取培育若干个国际知名品牌，打造能引领产业发展的龙头企业集团；落实扶持中小企业发展的政策措施，培育一批"专、精、特、强、新"企业，形成独特的竞争优势；筛选确定一批在质量管控、产品开发上具备一定实力的鞋业二、三线品牌，重点支持其开展相关资质认证、员工素质提升内训、生产现场管控变革等工作，转型进入全球知名鞋业品牌供应链从事 OEM、ODM 代工；探索建设品牌企业代工授权中心，从政策上支持和吸引全球知名鞋业品牌商授权贸易机构入驻并向晋江具备代工条件的二、三线鞋业品牌下单，密切区域产能协作。

（4）促进鞋材辅料链的发展。推动华宇、信泰、夜光达、成昌、普斯特等企业主导的鞋材辅料链条发展，增强晋江鞋业转型发展的产业基础。在引入外部研发资源支持下，深度发展高性能、多功能的经编纬编面料，可降解材料，新型纳米材料，TPU 纤维等高端鞋面鞋材，以及改性橡胶、高性能PU、TPU、TPR、EVA、MD 及其他高性能、可降解的新型高端鞋底鞋材，以及具有超轻超强、透气轻便等功能性的石墨烯技术材料、高分子抗菌鞋垫和高透气防水材料等功能性鞋材辅料，促进晋江鞋材辅料全面升级换代。

与晋江鞋材辅料链发展相伴随的是晋江鞋材市场的发展。事实上，20世纪 80 年代末期，晋江陈埭镇就建设了面积 2 万多平方米、拥有 200 多个店面的陈埭（中国）鞋业材料市场，当时即吸引了来自全国各地的客商，甚至有意大利、韩国等国家和地区的客商前来设立办事处。为满足蓬勃发展的晋江鞋业对鞋材专业市场的需求，2006 年占地 200 亩、建筑面积近 20 万平方米、拥有更多店面的鞋材专业市场——中国鞋都在晋江陈埭镇开业，对于晋江鞋业的聚集发展产生了巨大的影响。但交通不便、管理不完善影响了鞋都市场的进一步发展，晋江于 2012 年开始建设第三个鞋材市场——总投资22.5 亿元的晋江国际鞋纺城，目标是打造中国乃至亚太地区规模最大、品种最全、产品最新的鞋服原辅材料、鞋服机械及与鞋服相关产业的贸易集散基地，并于 2017 年 10 月 31 日一期市场试开业，2019 年 10 月 8 日一期市场全面开业，入驻鞋材类商家近千户，商铺招商入驻率达 93.6%。作为具备"高配套、高智能、优服务、低成本"功能的专业鞋材市场，晋江国际鞋纺城通过完善鞋原辅材料一站式购齐、全产业链服务，集中开展采购节、鞋材专场展览会等系列活动，促进晋江鞋业"走出去、引进来""线上线下"等多渠道发展发挥了重要的作用。

三、晋江鞋业面临的不利因素

晋江鞋业发展面临诸多不利因素，这些因素包括：

一是 2012 年开始的库存危机对晋江鞋业作为我国中端运动品牌的形象带来了巨大的不利影响。晋江鞋业经过 20 世纪 80—90 年代的孕育，2001年因北京申奥成功、我国加入 WTO 和取得较好发展势头的中国男足等有利因素的影响下，在 2000 年到 2011 年间获得爆发式发展。也因此，晋江鞋业曾被我国消费者视为耐克、阿迪达斯等国际顶级运动品牌之下的典型中端运动品牌。但北京奥运会之后，此前预期运动用品将借奥运东风销量大增的情况并未出现，因而各大本土运动品牌为预期中的市场所备大量库存，因为同质化严重、供过于求，加上 2008 年全球金融危机以及 2012 年欧债危机之后国际国内整体经济形势走弱，导致之前爆发式增长阶段隐藏在晋江体育产业发展中的问题从 2012 年开始集中显现。2012 年开始的库存危机导致晋江鞋企陷于苦苦挣扎，众多晋江鞋业为清除库存而采取五折、六折甚至是一折两折的打折销售，导致众多晋江鞋企，甚至一些知名晋江鞋品牌如德尔惠、喜得龙、鳄莱特、闽超鞋业等不得不宣布破产倒闭，同时也大大影响了晋江鞋业在我国运动鞋市场上中端品牌的形象。

二是晋江系鞋企集体受到财务欺诈指控，导致晋江鞋业难以在资本市场上进一步融资以获得其发展所需的资源。2018 年，晋江鞋业集体受到 GMT会计研究有限公司的指控，其在报告中声称，基于过强的盈利能力（甚至高于全球最大的运动品牌公司耐克）、大规模的非生产性资本（现金或预付账款等的异常）、超额资本（为配合收入虚增衍生了大量现金流）、存货过低（存货相对于收入比例过低）、预付账款过高（预付账款相对于存货比例过高）等指标[1]，认

---

① 佚名."晋江系"鞋企遭做空？安踏、特步等发文澄清报告不属实[EB/OL].(2018-06-20)[2022-11-21].https://www.sohu.com/a/236846697_807570.

定中国 16 家体育用品上市公司中有 9 家被证明为"骗子"，剩下的 7 家公司中，安踏、特步和 361°的财务数据也与这些"骗子"公司间存在诸多相似。[①]尽管安踏、特步、361°随后发布澄清公告否则指控，但却让晋江制鞋企业的形象受到严重的打击。事实上，尽管 GMT 公司对晋江鞋企的整体财务欺诈指控有基于当时港股处于高位、获利盘太多，而且经济不景气从而处于比较好做空时点等方面的考虑，但不可否认的是，晋江鞋企在上市过程中的确存在诸多问题。2007 年前，晋江仅有恒安、凤竹、七匹狼等 5 家上市公司，但随着 2007 年安踏在香港上市，财富大增后，更多晋江企业并未遵从价值创造的规律，而是存在投机与攀比心理，通过财务造假、资本挪腾，甚至退市再转战其他市场等方式开展攀比上市。由攀比上市而带来的问题，也直接导致鸿星尔克于 2005 年在新加坡证券交易所上市之后，于 2011 年被停牌、2020 年被退市。

三是晋江鞋业面临的竞争压力不断加大。晋江鞋业面临的竞争压力有以下几个方面：首先，晋江鞋业整体生存能力减弱。在 2012 年到 2016 年的库存危机期间，除安踏、361°、特步、鸿星尔克外，晋江原鞋企中的二、三线品牌已几乎损失殆尽，因而晋江鞋业作为一个整体，其生存能力大大下降。其次，晋江鞋业，尤其是晋江中小鞋厂普遍遭遇"三荒"：由于贷款难出现了"现金荒"，因而抵抗市场风险能力差；由于物价普涨、鞋材大幅上涨带来了"原料荒"；由于工人劳动力结构性短缺造成"招工荒"。最后，现有晋江鞋业品牌，在国外顶级运动品牌如耐克、阿迪达斯等带来的激烈市场竞争下，面临日益严峻的竞争压力。2010—2019 年，运动鞋前五大品牌的市场占有率（CR5）和前十大品牌的市场占有率（CR10）分别从 51.0％和 72.2％提高到 2019 年的 72.8％和 86.2％，表明我国运动鞋市场的集中度越来越高。与该趋势相伴随的则是，我国运动鞋市场占有率最高的前二十位品牌中，国外品牌的市场占有率从 41％提高到了 62％，而国内品牌则从 59％下降到了 38％，表明国内运动鞋品牌在与国外品牌之间的竞争中，越来越处于劣势地位（见表 7-3）。

---

① 金立刚.十字路口上的"晋江鞋企"，向左还是向右[J]中国商界，2021(Z1):130-133.

表 7-3　2010—2019 年我国运动鞋市场分布情况

年份/年	市场集中度/%		前二十位国内外品牌占有率/%	
	CR5	CR10	国外品牌	国内品牌
2010	51.0	72.2	41	59
2011	53.2	74.3	43	57
2012	54.0	72.9	51	49
2013	53.9	70.1	56	44
2014	56.0	72.4	56	44
2015	59.4	75.7	56	44
2016	61.3	78.1	59	41
2017	64.1	80.0	62	38
2018	69.4	83.8	62	38
2019	72.8	86.2	62	38

资料来源:前瞻产业研究院.2020 年中国运动鞋服行业市场现状及竞争格局分析[EB/OL].(2021-01-14)[2022-11-21].https://www.chinaleather.org/front/article/114680/3.

　　四是在晋江鞋业的品牌化发展过程中,冒用或套用国际知名品牌或体育名人带来的"山寨品牌"的形象仍未完全摆脱。在晋江鞋业品牌中,与"耐克"同宗的"克"字号品牌很多,粗略统计就有美克、飞克、温克、别克、金莱克、鸿星尔克,多以 20 世纪 80 年代给耐克、阿迪达斯等国际大牌贴牌代工起家。其中 361°的前身别克运动鞋品牌,则因为与上汽通用汽车的别克品牌相冲突而不得不更名。此外,2000 年在晋江成立的"乔丹"品牌,依靠和美国"乔丹"同名及与美国男子篮球职业联盟标志极为相似的商标图案,虽然塑造了别样的品牌形象和市场地位,但也遭到迈克尔·乔丹自 2012 年开始长达三年的起诉,并最终于 2016 年底败诉。但即便如此,乔丹体育仍然于 2017 年 7 月赞助天津全运会,并因此再次收到美国乔丹的律师函。虽然乔丹体育曾反诉美国乔丹名誉侵权,但却在消费者中严重失去了未来的发展潜力。在早期套用国际知名品牌或体育名人对晋江鞋业品牌发展带来不利影响等因素下,晋江鞋业仍然没有完全摆脱"山寨品牌"的形象。

第二节　晋江鞋博会及其对晋江运动鞋业发展的作用

一、晋江鞋博会的发展历程

第一届中国（晋江）国际鞋业博览会（以下简称晋江鞋博会）于 1999 年 3 月 19 日召开，吸引了近 10 万客流量，也开启了晋江鞋革产业发展的新纪元。2000 年，第二届晋江鞋博会改为 4 月 19 日举办，并自此之后将每年 4 月 19 日定位为晋江鞋博会的举办日期。第二届鞋博会吸引了德国、意大利、法国、日本、韩国、新加坡等 15 个国家和地区，以及来自我国香港和台湾地区的企业参展，展位 193 个，占总展位数的 22.5%，超过公认的国际性展会标准。[①] 在 2001 年第三届鞋博会开幕式上，晋江被授予"中国鞋都"称号。至 2002 年第四届，参会的国家或地区达到 31 个，有 21 个省（区、市）参加，并且越来越多的台湾地区企业也亮相晋江鞋博会。2003 年，经国务院批准，第五届晋江鞋博会升格由福建省人民政府和中国轻工业联合会共同主办，中国皮革工业协会、中国皮革和制鞋工业研究院、福建省对外贸易经济合作厅、福建省乡镇企业局、泉州市人民政府协办，晋江市人民政府承办，并将沿用了四年的"晋江（国际）鞋业博览会"更名为"中国（晋江）国际鞋业博览会"，展会等级也由区域展会升格为国家级的国际性制鞋工业展会，展会的影响力与品牌效应不断扩大，展会开始走向市场化、规模化轨道，参展企业数量继续增多，晋江城市的知名度也随之大增，城市形象得到质的提升。

晋江鞋博会的理念是"规模化、国际化、专业化、精细化"，目标是加强国内外鞋业界的经济技术的交流与合作，在晋江形成全国成品鞋、制鞋材料与制鞋工具的贸易市场，保持中国制鞋业持续稳定发展。中国（晋江）国际鞋

---

① 国（境）外展位比例为 20%。

业博览会被誉为"中国十大魅力展会"之一,到 2021 年[①]已经举办了 23 届,累计展出总面积逾 61 万平方米,参会企业、客商遍及国内上百个城市,以及世界 70 多个国家和地区,在国内外鞋业界的知名度和影响力与日俱增,成为海峡西岸制鞋行业打响区域品牌、拓展国际市场、扩张产业优势、服务海西两个先行区建设的重要平台。

从历届晋江鞋博会的主要数据看,整体上呈现出展会规模不断扩大、成交金额不断提升、展出范围不断深化的演变趋势(见表 7-4)。

表 7-4　2000—2021 年晋江鞋博会主要数据

年份/年	展会面积/平方米	展位/个	参展企业/家	成交额/亿元	客流量/人	展出内容
2000	20 000	858	287	14.50	60 000+	—
2001	20 000	1 018	304	17.50	50 000+	—
2002	20 000	1 219	350	24.60	60 000	—
2003	40 000	1 419	—	31.00[a]	—	鞋类制成品、鞋革化工制品、制鞋制革机械设备和鞋业科研、设计
2004	40 000	1 500	500+	41.70	70 000+	鞋类制成品、鞋革材料、皮革化工制品、制鞋制革机械设备
2005	43 000	1 600	500+	44.70	57 000+	—
2006	43 000	1 600	500+	50.70	80 000+	—
2007	43 000	1 600	800+	52.50	20 0000+	运动鞋成品、皮革制品各类制鞋材料及配件、化工原料、制鞋制革机械设备
2008	40 000	1 600	800+	50.00	200 000+	鞋机、鞋材、鞋类成品馆、中小企业精装区、欧洲鞋业时尚展区
2009	40 000	1 350	400+	57.60	50 000	鞋机、鞋材、鞋类成品
2010	50 000	1 600	500+	64.30	50 000	鞋类制成品、鞋材及辅件、化工原料、鞋机、皮革

① 2022 年晋江鞋博会因新冠疫情原因停办。第二十四届晋江鞋博会官网显示,第二十四届中国(晋江)国际鞋业暨第七届国际体育产业博览会将于 2023 年 4 月 19—22 日在福建省晋江市举行,展览面积 60 000 平方米,设置 2 200 个国际标准展位,展出范围包含鞋类成品、体育用品、鞋材辅料、鞋机等。

续表

年份/年	展会面积/平方米	展位/个	参展企业/家	成交额/亿元	客流量/人	展出内容
2011	50 000	1 600	500+	100.38	—	鞋类制成品、鞋材及辅助材料、化工原料、鞋机、皮革机械设备、皮革制品
2012	50 000	1 600	500+	118.65	60 000+	鞋类成品、鞋材及辅材、鞋机、设计
2013	50 000	1 700	500+	133.10	60 000+	鞋类成品、鞋业机械、鞋材辅料、品牌产品馆、中小企业参展精装区
2014	50 000	1 700	500+	136.80	64 200	鞋类、鞋材及辅材、化工原料、鞋机、皮革机械、皮革制品、户外运动装备
2015	61 200	1 700	500+	147.50	86 300	鞋类制成品、鞋材及辅助原料、化工原料、鞋机、户外运动装备
2016	50 000	1 800	—	163.87	123 200	鞋类产品,鞋材及配件、皮革,制鞋、制革机械,信息媒体
2017	60 000	2 200	—	183.37	142 700	体育用品、鞋纺材料、机械设备、立"一带一路"品牌、石墨烯产业应用展示
2018	60 000	2 200	—	205.92	159 400	鞋类、体育用品、鞋纺材料、机械设备、"一带一路"品牌、台湾鞋机馆
2019	60 000	2 200	500+	238.20	178 700	鞋类成品、体育用品、鞋纺材料、机械设备、"一带一路"品牌、体育产业展示区和台湾鞋机馆
2020[b]	—	—	1 000+	238.28	40 000	鞋类成品、体育用品、鞋材辅料、鞋机
2021[c]	60 000	2 300	469[d]	303.20[e]	103 000	鞋机、鞋材、成品鞋、冰雪、户外等领域新趋势、新工艺、新材料及体育旅游

资料来源:整理自历届展会的网络资料。

注:a.为测算值。前三届45.5亿元,到2007年合计290多亿元,由此测算1999年晋江鞋博会的成交金额为13亿元,2003年成交金额超过31亿元。b.2020年为线上展会,参展企业为线上参展企业数,客流量为开幕式线上观众。c.2021年晋江鞋博会为线上线下合办展。d.为线上参展企业。线下参展企业数未知。e.线上15.6亿元,线下287.6亿元。

结合表7-4中历届晋江鞋博会的数据,可以将晋江鞋博会划分为六个阶段:

　　第一阶段为第一届到第四届的起步阶段。晋江市以小地方办大展会为理念,凭借逐步健全的制鞋产业链,面对鞋业蓬勃发展的需求,开办了鞋博会。政府在该阶段作为主导力量,一步一步优化与展会相关的配套设施,吸引企业参与,但展会规模小、功能单一。

　　第二阶段为第五届到第七届的发展阶段。使用了四年的"晋江(国际)鞋业博览会",改名为"中国(晋江)国际鞋业博览会",展会的影响力与品牌效应扩大,展会一步步走向市场化、规模化的轨道,参展企业增加,企业开始起主导作用,政府转而成为配合的角色。

　　第三阶段为第八届到第十届的调整阶段。由于缺少权威性、综合性、应用性,加上地处东南一隅的区域限制性,晋江鞋博会开始出现了颓势,但当地政府、鞋企和组委会在反思和检讨之后,晋江鞋博会做出了调整,展会向精致、专业、环保和国际化方向转变。在规模上,更加注重展览会的质量,提供更加全面、专业的服务,国际化道路越来越宽。同时首设于第八届鞋博会的台湾馆,代表了海峡两岸鞋业合作交流发展到一个新阶段。

　　第四阶段为第十一届到第十四届的初期转型升级阶段。通过突出行业交易市场、产业纽带及展示创新成果窗口的定位,晋江鞋博会为越来越多的晋江鞋企发展提供支持。

　　第五阶段为第十五届到第二十一届的中期转型升级阶段。第十五届鞋博会实行了第一届网上鞋博会,并在官方网站上建立 3D 数字展厅,利用历届鞋博会积累的庞大数据库资源,指引晋江鞋企加入 3D 展馆,打造不停息的线上鞋博会,参展的晋江鞋企、优质采购商能在此进行信息交流,提高其他商贸合作的可能性。同时,第十八届鞋博会升级为中国(晋江)国际鞋业(体育产业)博览会,"体育＋"和"互联网＋"的共同合作,增强晋江的整体实力和区域品牌竞争力。

　　第六阶段为第二十二届起的后期转型升级阶段。会展经济随着中国经济的发展,也进入了新常态阶段,从原来的粗放型增长升级为高质、高效和高水平的集约型增长。转型升级和提质增效,是会展业目前和未来的发展策略。而新一代信息技术的发展,是该策略能实施成功的关键之举,利用新一代信息技术,突破会展活动时间、空间上的约束,提升鞋博会的服务和运行水平。在受到新冠疫情影响之后,晋江鞋博会运用新一代信息技术,通过举办线上展会和线下展会相结合，推进鞋博会的发展，提高晋江鞋博会的品牌知名度和竞争力。

二、晋江鞋博会对晋江运动鞋业发展的意义

从第一届晋江鞋博会开始，就致力于加大对晋江鞋业产品的展示宣传，为鞋子的交易提供一个全新的平台，增加销售量。晋江鞋业和晋江鞋博会是一种互相依靠的合作模式，前者为后者的举办提供物质基础，后者为前者进一步发展提供支持。晋江鞋博会对晋江鞋业而言，具有很重要的作用。

1.促进了晋江鞋业的对外交流

晋江鞋业的起步源于对外交流。正是晋江本地居民与海外晋江华侨华人之间的物资、信息和资金交流，才会在改革开放后晋江"三来一补"加工业的发展过程中，创办并发展了晋江鞋业。在晋江鞋业进入 20 世纪 90 年代的快速发展、新世纪的爆发式发展以及转型升级的过程中，晋江鞋业同样离不开对外交流。正因为如此，晋江鞋博会从一开始就注重吸引国外、境外制鞋企业的参与，并将境外企业占晋江鞋博会展位的比例作为衡量鞋博会成功与否的重要指标。

晋江鞋博会自创立开始，对外交流与合作主要体现在：从一开始仅有来自德国、意大利、法国、日本、韩国、新加坡等十几个国家和地区以及我国香港和台湾地区的企业参展，到 2014 年第十六届有 70 多个国家和地区参与晋江鞋博会并在之后保持长期的交流与合作；从 2000 年境外展位数 193 个，到 2012 年境外展位达到 413 个，翻了一倍多；境外客商由早期基本限于鞋品鞋材采购或销售，到近年来经贸交流与产业发展相结合，从企业的经贸交流与合作到政府间的经贸、文化、人文交流与合作全面展开；从 2016 年设立"韩国潮流馆"，引进韩国的时尚设计，对接韩国最新鞋服潮流动态，以及设立"越南馆"引入异域元素，到 2017 年设立"一带一路"品牌，对接融入"一带一路"倡议愿景，促进双向投资和贸易往来。

依靠晋江鞋博会展开对外交流，有利于晋江鞋业学习展会上展示的新技术、新潮流、新设计，巩固与国内外其他鞋业产业集群间的合作联盟关系，

拓展与国内外鞋业企业新的合作关系,促进晋江鞋业在制鞋工艺、制鞋原材料、鞋业机械设备、制鞋工具等产品方面的升级。

2.促进了晋江鞋业的销售增长

如表 7-4 所示,晋江鞋博会成交金额从 1999 年的 13 亿元,到 2011 年突破 100 亿元,再到 2021 年突破 300 亿元,22 年间增长了 9.48 倍。与表 7-2 中历年晋江鞋业产值相比较,历届晋江鞋博会成交金额占当年晋江鞋业产值的比例最低的(2010 年)也有 12.32%,最高的(2004)则达到 33.89%,并在 2010 年之后呈不断升高的趋势,到 2021 年达到了 20.09%。如果考虑到会展业对产业发展所具有展后交流、经贸合作等功能,则晋江鞋博会对晋江鞋业销售增长的拉动作用还将更大。①

3.促进了晋江鞋业的转型升级

经过了 20 世纪八九十年代的自发式发展,和 2000—2011 年外部因素拉动下的爆发式增长的晋江鞋业,在 2012 年开始因库存危机而将之前长期存在于晋江鞋业发展过程中的问题暴露出来。晋江鞋业在此期间既面临由之前产品同质化而带来的产品升级,也面临之前自发发展和贴牌生产过程中冒牌、靠牌等生产经营观念的转变,还需要引进更先进的制鞋技术从根本上提升晋江鞋业产品的质量、引入国际化的鞋业产品设计理念以生产更符合消费者需求的鞋业产品、扭转晋江鞋业在长期发展中给消费者留下的山寨产品形象。

晋江鞋业面临的这些转型升级问题,大多可以在晋江鞋博会上获得相应的支持:通过吸引来自美、英、德、意、韩、日等国家以及我国香港和台湾地区的企业参展,学习和吸收更先进的鞋业产品生产技术和设计理念;通过"一带一路"品牌馆,寻求晋江鞋业新的生产和销售途径;通过《福建省文化厅、晋江市人民政府关于推进晋江文化繁荣发展战略合作框架协议》《福建日报报业集团与中共晋江市委、晋江市人民政府关于文化产业合作战略框架协议》等协议,以鞋文化馆对比"古代鞋履文化"与"晋江制鞋文化",在促进晋江文化产业发展、增强晋江区域文化软实力、提升晋江经济的综合实力

---

① 国际上一般认为,会展对地区经济发展的带动系数一般为 1∶5～1∶10。参见:李杰.对会展产业带动系数的理性分析[J].经济纵横,2007(10):41-43.

和竞争力的同时，也提升了晋江鞋业等工业产业发展中的文化内涵；通过展会促进晋江鞋纺城的发展，增强了晋江鞋业发展的配套能力；通过科技馆展示顶尖鞋业科技成果、企业创新产品以及晋江市鞋业企业的科技创新产品等，引导企业加强技术创新，提高市场竞争力。

在晋江鞋博会的带动下，到 2017 年，晋江全市 1 467 家传统产业企业中，有 176 家企业已率先转型成功，811 家企业正在往智能制造、产品创新、渠道变革、管理变革等方向转型，更多的传统企业正在加快转型升级的步伐。[①]

4.促进晋江鞋业的产业集群式发展

在产业集聚方面，晋江鞋博会从 2016 年起融入了体育产业元素，从而使得晋江制鞋产业在由鞋成品向鞋材、鞋机等领域延伸的同时，进一步向体育产业方向拓展。在这种转变下，晋江鞋博会在原有鞋机、鞋材、鞋类成品馆等三大展区的基础上，新设立了泳装馆、体育装备馆、"互联网＋电商"专馆等，逐渐实现了由"鞋博会"向"鞋业和体育产业博览会"的转变；展出范围也拓展到包含鞋类制成品、体育运动装备、户外用品、鞋材及辅助材料、皮革制品、化工原料、鞋机、皮革机械设备及相关科研、设计等领域；吸引舒华、卡尔美、森地客、金苹果、喜攀登等知名体育用品企业和品牌，圣弗莱、JEEP、骆驼户外等运动户外装备品牌，浩沙、天姿等知名泳装企业及梅花伞、雨丝梦等户外伞企业将加盟泳装专馆和沙滩用品专馆，并在展会期间举办走秀、"晋台"大学生篮球邀请赛、"晋华杯"群众羽毛球赛等以形成全民参与体育的良好氛围。由此，晋江鞋博会成为汇集体育用品、体育营销资源、体育文化与科技的综合性体育产业盛会、体育产业发展高端平台。

在招商引资方面，主要涉及制鞋产业链的延伸，从而形成晋江鞋业的纵向集群化发展。比如 2020 年晋江鞋博会签约的 10 个项目，计划总投资134.57亿元，涵盖成品鞋智能制造、高性能鞋材生产、鞋服产业直播平台等领域。但晋江鞋博会的招商引资，主要集中于 2012 年之前，比如 2012 年第十四届晋江鞋博会，签约 33 个投资与科技创新项目，总投资 174.83 亿元，其中纺

---

① 曾斌.第十九届中国（晋江）国际鞋业博览会召开[N/OL].(2017-04-26)[2022-11-21].
http://news.ijjnews.com/system/2017/04/26/010994618.shtml.

织、制鞋、机械、光电等优势产业的 7 个项目总投资 57 亿元;2011 年第十三届晋江鞋博会签约产业项目 33 个、科技创新类项目 5 个,总投资达 151.75亿元,涉及科技、影视制作、电动汽车、现代仓储、物流、动漫、酒店、商场、电子、食品、机械制造、服装、制鞋等多个行业;2010 年第十二届晋江鞋博会,涉及现代仓储、物流、信息、贸易、酒店、商场,以及电子、农业、机械制造业、服装、鞋业等行业的 16 项外商投资签约项目,投资金额达到 16.9 亿美元(按当年汇率折算人民币为 114.40 亿元);以及 2009 年的 10 个项目投资 4.61 亿美元,2008 年的 8 个项目投资 2.14 亿美元,2007 年的 50 个项目投资 4.06 亿美元,等等。这种情况表明,在发展形势较好的 2012 年之前,晋江鞋业确实吸引了更多国内外投资者的关注,也因此通过制鞋产业链的延伸、制鞋相关配套产业的发展,为晋江鞋业的后续发展打下了良好的发展基础。而在 2012年之后的行业调整和转型升级时期,国内外投资者也相对远离晋江鞋业,意味着在此期间,晋江鞋业更多依靠自身的产业发展潜力。

第三节　晋江鞋博会与晋江运动鞋业创新发展

一、晋江运动鞋业面临的总体产业发展趋势

1.世界鞋业发展趋势

世界鞋业市场仍在快速增长。据德国 Statista 数据公司跟踪预测,尽管受新冠疫情影响,导致 2020 年世界鞋业销售收入出现了较大幅度的下滑,但仍达到了 3 694 亿美元。在 2021 年只增长 3 914 亿美元之后,2022 年全球制鞋业的销售收入再次下降到 3 819 亿美元。据 Statista 数据公司测算,2022—2027 年,世界鞋业销售收入年均增长率将达到 5.88%,由此,预计2023—2027 年,世界鞋业销售收入将分别达到 4 044 亿美元、4 281 亿美元、4 533 亿美元、4 800 亿美元和 5 082 亿美元,如图 7-1 所示。

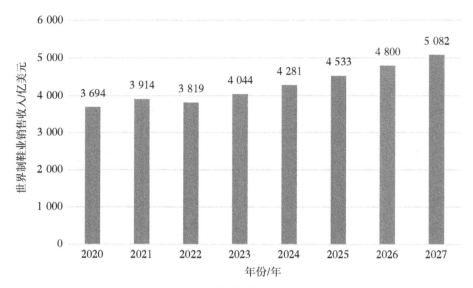

图 7-1 2020—2027 年世界制鞋业销售收入演变趋势

资料来源:①2020—2021 年的数据来源于:德国 Statista 数据库.Statista 消费市场展望:运动休闲鞋年度报告(2022)[R/OL].(2022-02)[2022-11-21].https://www.statista.com/studies-and-reports/;②2022 年的数据来源于 Statista 数据公司 2022 年鞋业市场展望,而2023—2027 年的数据则依据该公司关于世界鞋业市场销售收入综合增长率将达 5.88% 计算得到。参见:Footwear-Worldwide[EB/OL].(2022-10-15)[2022-11-21].https://www.statista.com/outlook/cmo/footwear/worldwide.

在鞋业市场中,市场占有率依次为纺织和其他类鞋、皮鞋、运动休闲鞋、(竞技用)运动鞋,2021 年四种鞋产品在鞋业市场中的占有率分别为 37%、33%、18%、12%。从表 7-5 中的数据可见,虽然四类鞋产品的销售收入在2020—2022 年都因为新冠疫情的影响而波动,但预期 2023 年之后将保持稳定增长。到 2025 年,(竞技用)运动鞋、运动休闲鞋、皮鞋、纺织和其他类鞋的销售收入将分别达到 572 亿美元、842 亿美元、1 308 亿美元、1 811 亿美元,销售数量则分别达到 6 亿双、18 亿双、20 亿双和 82 亿双。

表 7-5　2012—2025 年各类鞋销售收入和销售数量演变趋势

年份/年	金额/亿美元				数量/亿双			
	(竞技用)运动鞋	运动休闲鞋	皮鞋	纺织和其他类鞋	(竞技用)运动鞋	运动休闲鞋	皮鞋	纺织和其他类鞋
2012	347	372	1 452	1 305	3	7	25	81
2013	369	409	1 480	1 390	3	7	24	82
2014	393	452	1 482	1 467	3	8	24	83
2015	399	480	1 335	1 380	4	9	23	82
2016	430	535	1 350	1 437	4	10	23	81
2017	462	590	1 403	1 551	4	11	23	81
2018	494	651	1 428	1 631	4	12	22	82
2019	516	696	1 432	1 688	5	13	22	82
2020	457	635	1 208	1 394	4	11	18	66
2021	482	686	1 280	1 465	4	12	18	64
2022	476	678	1 185	1 480	5	15	20	78
2023	507	729	1 217	1 591	6	16	20	82
2024	538	784	1 261	1 698	6	17	20	82
2025	572	842	1 308	1 811	6	18	20	82

资料来源：德国 Statista 数据库于 2022 年 2 月发布的《Statista 消费市场展望》，其中包含《运动鞋年度报告(2022)》《皮鞋年度报告(2022)》《纺织和其他类鞋年度报告(2022)》，参见：www.statista.com/outlook/consumer-markets。

注：表中 2022—2025 年的数据，依据 Statista 数据公司 2022 年鞋业市场展望中，鞋业关于销售收入增长率的最新预测做了相应的调整。参见：https://www.statista.com/outlook/cmo/footwear/worldwide。

从表 7-6 所示的世界鞋业销售收入前十位公司的情况来看，美国的耐克和德国的阿迪达斯占绝对优势，年销售收入均超过了 200 亿美元。亚洲的鞋业公司进入世界前十位的只有排第三位来自中国台湾的宝成国际集团、第八位来自日本的 ABC 马特和第九位来自中国台湾的丰泰企业。从销售收入和雇员数量的对比看，中国台湾的宝成国际集团和丰泰企业的单位销售收入所需劳动投入远高于其他鞋业公司，显然都是属于偏劳动密集型的鞋业代工企业。而中国大陆的鞋业公司，则没有一家能够在销售收入进入世界前十，表明与世界大型鞋业公司相比，我 https://www.statista.com/

outlook/cmo/footwear/worldwide.从表 7G6 所示的世界鞋业销售收入前十位公司的情况来看，美国的耐克和德国的阿迪达斯占绝对优势，年销售收入均超过了 200 亿美元.亚洲的鞋业公司进入世界前十位的只有排第三位来自中国台湾的宝成国际集团、第八位来自日本的 ABC 马特和第九位来自中国台湾的丰泰企业.从销售收入和雇员数量的对比看，中国台湾的宝成国际集团和丰泰企业的单位销售收入所需劳动投入远高于其他鞋业公司，显然都是属于偏劳动密集型的鞋业代工企业.而中国大陆的鞋业公司，则没有一家能够在销售收入进入世界前十，表明与世界大型鞋业公司相比，我国的鞋业企业规模仍有待扩大，竞争力有待提高.253 国的鞋业企业规模仍有待扩大，竞争力有待提高。

表 7-6　2020 年世界制鞋业营业收入前十位公司

公司名称	销售收入/亿美元	雇员数量/万人
耐克	374	75
阿迪达斯	219	62
宝成国际集团（中国台湾）	83	302
富乐客（FL）	80	51
斯凯奇（Skechers）	46	12
DSW 鞋类专卖	35	16
卡雷斯鞋业	29	11
ABC 马特	25	6
丰泰企业（中国台湾）	23	120
格涅斯科公司	22	22

资料来源：德国 Statista 数据库.Statista 消费市场展望：运动休闲鞋年度报告（2022）[R].2022.

2.我国鞋业发展现状

（1）产业发展趋势.2012—2021 年，我国的皮革、毛皮、羽毛及其制品和制鞋业[①]的各项指标总体上以 2016 年为分界线，之前呈上升而之后则呈下降的趋势。如表7-7所示，皮革、毛皮、羽毛及其制品和制鞋业的营业收入从

---

① 　在我国的各类产业统计数据中，并没有专门的鞋业相关统计指标。但从工业行业分类角度看，制鞋业包含在"皮革、毛皮、羽毛及其制品和制鞋业"。

2016 年的 15 163.04 亿元下降到 2021 年的 11 420.24 亿元,几乎回到 2012 年的状态,而且 2021 年整个产业的利润甚至比 2012 年还低 147.31 亿元,表明我国的皮革、毛皮、羽毛及其制品和制鞋业整体发展状况并不乐观。

表 7-7　2012—2021 年我国制鞋相关产业主要指标演变趋势

年份/年	资产总额/亿元	营业收入/亿元	利润/亿元	用工人数/万人
2012	5 598.74	11 268.72	822.05	—
2013	6 094.77	12 493.09	818.67	—
2014	7 013.90	13 896.08	949.57	303.94
2015	7 323.85	14 659.82	980.80	293.94
2016	7 396.26	15 163.04	988.07	274.04
2017	6 978.99	14 105.61	910.31	250.99
2018	6 511.30	12 130.50	721.00	214.00
2019	6 717.40	11 861.50	800.70	211.50
2020	6 613.80	10 129.00	639.60	180.80
2021	7 045.57	11 420.24	674.74	179.72

资料来源:历年《中国统计年鉴》。

注:①2012 年开始,我国统计口径发生变化,由 2011 年及之前的"纺织服装、鞋、帽制造业"和"皮革、毛皮、羽毛(绒)制品业"变为"纺织服装、服饰业"和"皮革、毛皮、羽毛及其制品和制鞋业"。②2016 年及之前为主营业务收入,2017 年及之后为营业收入。

(2)制鞋行业发展状况。2021 年我国制鞋行业销售收入为 7 355.9 亿元,较 2020 年增长 1 232.6 亿元;同期进口金额为 395.4 亿元,较 2020 年增长 61.1 亿元;出口金额为 3 094.3 亿元,较 2020 年增长 1 039.2 亿元;我国鞋类市场规模为 4 657.0 亿元,较 2020 年增长 254.5 亿元(见表 7-8)。表 7-8 为 2015—2021 年我国制鞋行业主要指标。表 7-8 中的数据同样显示,我国制鞋业在近年来波动较大,销售收入先后在 2017 年和 2020 年出现20.17%[1]和 10.19%的下降。2015—2021 年,我国制鞋行业进口金额较低,整体上只占行业销售收入的 5.5% 以下,不到市场规模的 10%;出口占我国制鞋行业销售收入的 40% 左右,但 2020 年受新冠疫情影响,我国制鞋行业出口锐减

---

[1]　此处数据仅供参考。其他数据源显示,2017 年我国制鞋行业销售收入下降近 3%。

1 000亿元以上出口仅为销售收入的 33.56%;剔除 2016—2017 年的数据变动后可以发现,我国鞋业市场消费规模不断扩大。

表 7-8　2015—2021 年我国制鞋行业销售收入、进出口与市场规模

年份/年	销售收入/亿元	进口金额/亿元	出口金额/亿元	市场规模/亿元
2015	7 498.00	153.20	3 182.40	4 468.80
2016	7 914.30	181.90	2 981.50	5 114.70
2017	6 318.10	218.60	3 084.40	3 452.30
2018	6 709.20	274.30	2 941.40	4 042.10
2019	6 818.30	348.70	3 107.70	4 059.30
2020	6 123.30	334.30	2 055.10	4 402.50
2021	7 355.90	395.40	3 094.30	4 657.00

资料来源:2022 年中国制鞋行业产业链及供需规模分析[EB/OL].(2022-11-01)[2022-11-21].https://m.sohu.com/a/601422203_120992537.

从鞋业生产角度看,2019 年,我国生产了全球 242.79 亿双鞋产量中的 134.75 亿双,占全球鞋产量的一半以上,为 55.50%。在我国,鞋业生产主要集中在温州、鹤山、东莞、晋江、青岛、成都、重庆、香港和台湾等 10 个产业集聚区。但我国的鞋业生产主要集中于中低端产品,与意大利等国鞋业产业集聚区主要集中于高端产品相比尚有不小的差距。[①]

3.福建鞋业发展历程与趋势

(1)产业发展趋势。2012—2021 年,福建省与制鞋业相关的皮革、毛皮、羽毛及其制品和制鞋业除 2020 年受新冠疫情影响而下降之外,总体上呈不断上升的趋势。尽管如此,皮革、毛皮、羽毛及其制品和制鞋业的各项指标占福建全省工业产业的比例却均呈不断下降的趋势,表明该产业在福建省工业产业发展中的重要性不断下降(见表 7-9)。

---

① 佚名.全球制鞋业发展现状及趋势分析,生产主要在亚洲[EB/OL].(2021-10-15)[2022-11-22].https://baijiahao.baidu.com/s? id=1713662217330730061&wfr=spider&for=pc.

表 7-9　2012—2021 年福建制鞋相关产业主要指标及其占全省工业产业比例演变趋势

年份/年	项目	资产总计	固定资产原价	主营业务收入	利润总额	利税总额
2012	行业数值/亿元	1 325.11	419.19	2 394.30	213.57	302.49
	占全省比例/%	6.20	4.10	8.20	10.56	9.23
2013	行业数值/亿元	1 468.65	479.02	2 651.81	208.63	312.27
	占全省比例/%	5.88	4.06	8.01	9.38	8.62
2014	行业数值/亿元	1 615.60	502.74	2 884.05	226.15	328.85
	占全省比例/%	5.77	3.70	7.77	9.65	8.52
2015	行业数值/亿元	1 602.35	524.41	3 123.47	224.33	330.12
	占全省比例/%	5.40	3.57	7.89	9.51	8.31
2016	行业数值/亿元	1 600.33	522.90	3 325.39	246.72	345.01
	占全省比例/%	4.99	3.20	7.82	8.54	7.94
2017	行业数值/亿元	1 587.17	542.81	3 547.10	292.47	400.97
	占全省比例/%	4.59	3.07	7.77	9.08	8.50
2018	行业数值/亿元	1 677.22	594.60	3 879.40	333.06	436.65
	占全省比例/%	4.55	2.95	7.66	7.97	7.54
2019	行业数值/亿元	1 870.84	735.96	4 236.90	375.79	477.88
	占全省比例/%	4.73	3.43	7.46	8.69	8.20
2020	行业数值/亿元	1 793.80	714.05	3 569.60	304.40	366.53
	占全省比例/%	4.27	3.12	6.71	7.71	7.13
2021	行业数值/亿元	2 010.46	651.91	3 916.37	318.95	386.20
	占全省比例/%	4.26	2.62	6.21	6.40	6.07

注：①2012 年开始，与国家统计口径发生变化相一致，由 2011 年及之前的"纺织服装、鞋、帽制造业"和"皮革、毛皮、羽毛（绒）制品业"变为"纺织服装、服饰业"和"皮革、毛皮、羽毛及其制品和制鞋业"。②2016 年及之前为主营业务收入，2017 年及之后为营业收入。

（2）福建制鞋行业发展现状。福建在我国制鞋行业中占有重要的地位。相关数据显示，福建生产了全国一半左右的皮鞋。2019 年，全国皮鞋产量

39.5 亿双,其中 20.55 亿双为福建生产,占全国 52.03％。① 而在我国运动鞋品牌占有率分布中,除了耐克、阿迪达斯、斯凯奇、新百伦、VF Corp 等国外品牌外,只有李宁不在福建(如图 7-2 所示)。

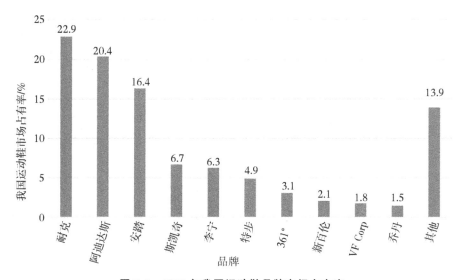

图 7-2 2019 年我国运动鞋品牌市场占有率

资料来源:2019 年中国运动鞋行业市场规模及龙头企业分析[EB/OL].(2020-11-18)[2022-11-22].https://baijiahao.baidu.com/s? id=16836470491716 11043&wfr=spider&for=pc.

二、晋江运动鞋业面临的产业发展环境

1.我国运动鞋业的总体需求趋势

中国居民参与运动以及居民对运动鞋服的消费相比发达国家仍有较大提升空间。根据弗若斯特沙利文统计,首先在运动参与程度上,2018 年中国 19 岁以上的居民参与常规运动的参与率为 18.7％,而美国这一数字达到 35.9％(常规体育运动参与率指各年龄段内每周至少参加三次体育活动的人口比例)。其次,在运动鞋服的消费上,2018 年中国居民购买运动鞋服的消

---

① 佚名.2020 中国皮鞋产量维持 30 亿双以上,福建皮鞋产量居全国第一[EB/OL].(2021-1-21)[2022-11-22].https://baijiahao.baidu.com/s? id=16888572226980119778&wfr=spider&for=pc.

费占鞋服类总消费的比例为12.5％,而美国达到31.8％,其他发达国家如英国、日本、韩国和德国的这一比例为24％~28％。如果从人均消费角度看则差距更加悬殊,2020年我国运动鞋服人均消费31美元,相比2015年增长幅度为83％,而日本、法国、德国、韩国、美国2020年的运动鞋服消费额分别达到110美元、114美元、126美元、139美元、307美元,是我国的3.55倍到9.90倍。[①] 相比之下,中国居民无论在运动参与程度,还是运动鞋服的消费程度上,均有较大的提升空间。因此,随着人均收入的提升、运动参与程度的提升、居民消费运动鞋服比例的上升,可以预计在未来中国运动鞋服消费增长将保持高于其他鞋服品类的增速,未被满足的消费需求为中国体育用品行业未来的发展提供了较好的空间。

2.国家的政策扶持推动运动行业蓬勃发展

体育锻炼关系国民身心健康。2019年我国体育产业规模达到2.95万亿元,经常参加体育锻炼人数已达总人口的37.2％,2021年在我国体育消费规模达到1.5万亿元的情况下,《"十四五"体育发展规划》进一步提出,到2025年,青少年普遍掌握1~2项运动技能,体育活动更加广泛深入,体育产业总规模达到5万亿元,居民体育消费总规模超过2.8万亿元。[②] 2019年印发的《体育强国建设纲要》(国办发〔2019〕40号)则提出,到2035年,经常参加体育锻炼人数比例达到45％以上,城乡居民达到《国民体质测定标准》中合格以上的人数比例超过92％,到2050年全面建成社会主义现代化体育强国,人民身体素养和健康水平、体育综合实力和国际影响力居于世界前列,体育成为中华民族伟大复兴的标志性事业。[③]

根据上述发展目标,到2025年,我国的体育产业年均增长率将超过9％,居民体育消费规模年均增长率将超过13％,人均体育消费将达到2 000

---

① 中金国货崛起系列研究.运动鞋服:国货崛起先锋[EB/OL].(2021-10-26)[2022-11-22].
http://finance.sina.com.cn/stock/hyyj/2021-10-26/doc-iktzscyy1786603.shtml.

② 体育总局.体育总局关于印发《"十四五"体育发展规划》的通知(体发〔2021〕2号)[EB/OL].(2021-08-20)[2022-11-22].http://www.gov.cn/zhengce/zhengceku/2021-10/26/content_5644891.htm.

③ 国务院办公厅.国务院办公厅关于印发体育强国建设纲要的通知(国办发〔2019〕40号)[EB/OL].(2019-09-02)[2022-11-22].http://www.gov.cn/zhengce/content/2019-09-02/content_5426485.htm.

元。为促进我国体育产业和体育事业发展，我国出台了多项支持体育产业和体育事业发展的相关政策，引导经常体育锻炼人数和人均体育消费额的增加，共同带动我国运动行业的蓬勃发展，运动的消费需求也将因此得到有效释放，如表 7-10 所示。

表 7-10　我国运动产业相关支持政策

政策名称	颁布时间	颁布主体	目标
《关于加快发展体育产业，促进体育消费的若干意见》	2014 年 10 月	国务院	到 2025 年，建立门类齐全的体育产业，体育产品和服务更加丰富，体育产业市场规模超过 5 万亿元人民币，经常参加体育锻炼人数达到 5 亿
《体育发展"十三五"规划》	2016 年 5 月	国家体育总局	到 2020 年，体育产业市场规模 3 万亿元，经常参与锻炼人数 4.35 亿，人均体育场地面积 1.8 平方米，人均体育消费额占人均居民可支配收入比例超过 2.5%
《全民健身计划（2016—2020 年）》	2016 年 6 月	国务院	到 2020 年，全民健身的教育、经济和社会等功能充分发挥，全民健身成为促进体育产业发展、拉动内需和形成新的经济增长点的动力源
《关于加快发展健身休闲产业的指导意见》	2016 年 10 月	国务院	中国健身休闲产业是体育产业的重要子行业，2025 年健身休闲市场规模有望超过 3 万亿元人民币
《"健康中国 2030"规划纲要》	2016 年 10 月	国务院	2020 年经常参与体育锻炼的人数达到 4.35 亿，2030 年达到 5.3 亿人
《关于加快发展体育竞赛表演产业的指导意见》	2018 年 12 月	国家体育总局	到 2025 年，体育竞赛表演产业总规模达到 2 万亿元，推出 100 项较大知名度的体育精品赛事
《关于促进全民健身和体育消费推动体育产业高质量发展的意见》	2019 年 9 月	国务院	加快发展冰雪产业，力争到 2022 年，冰雪产业总规模超过 8 000 亿元，推动实现"三亿人参与冰雪运动"目标
《体育强国建设纲要》	2019 年 9 月	国务院	到 2035 年，经常参加体育锻炼人数 45% 以上，城乡居民达标比例超过 92%；到 2050 年，人民身体素养和健康水平、体育综合实力和国际影响力居于世界前列，成为中华民族伟大复兴的标志性事业

续表

政策名称	颁布时间	颁布主体	目标
《全民健身计划（2021—2025年）》	2021年8月	国务院	到2025年,全民健身公共服务体系更加完善,人民群众体育健身更加便利,健身热情进一步提高,各运动项目参与人数持续提升,县(市、区)、乡镇(街道)、行政村(社区)三级公共健身设施和社区15分钟健身圈实现全覆盖,每千人拥有社会体育指导员2.16名

资料来源:整理自相关政策文件。

在国家相关政策引导下,我国居民运动热情持续提高。据 Frost & Sullivan统计,2018年国内19岁以上群体常规体育运动参与率达到18.7%,相比2014年增长4个百分点,并且2023年有望达到23.4%。近年来我国对马拉松赛事举办力度的加大也极大地提升人们体育运动的参与热情,马拉松赛事的举办场次从2015年的134场迅速上升到2019年的1 828场,参与人次逐年攀升到2019年的712万人,同比增长22.1%。根据 Frost & Sullivan 的统计,足球、篮球、乒乓球、跑步、健身步行等主流体育活动每一项现在中国都拥有2亿～3亿人的受众。

3.国内消费者对我国自有品牌的认知度不断提升

长期以来,中国运动鞋服市场多被耐克、阿迪达斯等国外运动品牌统治,国产运动鞋服品牌的市场份额则不断被竞争对手所蚕食。近年来,国内消费者对我国自有品牌的运动鞋服产品认知度正在不断提升。这主要源于以下两个方面的原因。一是社会事件,包括2020年初新冠疫情发生以来西方国家对我国严重的双重标准让国内消费者有了更清醒的认识、河南和陕西等地洪涝灾害之后国货品牌的援助所展现的企业社会责任,都大大激发了消费者对于我国自主品牌的消费热情。二是国货品牌在产品设计中,更多引入了中国元素以引领时尚潮流。事实上,本土文化元素融入设计有助于品牌商强化其民族品牌核心,并已成为国货运动品牌的重要发力点。例如李宁以"中国李宁"为首打造多条国潮产品线,安踏体育则借助冬奥会合作伙伴身份通过联名方式推出2022年冬奥会特许商品国旗款运动服装。

我国消费者对自主品牌认知度的提升,同样体现在运动鞋服产品的销售数据上。安踏财报显示,2022年上半年,安踏集团实现收益259.65亿元,同比增长 13.8％,超出市场预期。李宁公布的财务数据同样显示,截至 2022 年 6 月 30 日,公司收入达 124.09 亿元,较 2021 年同期上升 21.7％。此外,特步和 361°分别在 2022 年上半年实现营收 56.84 亿元与 36.54 亿元,同比分别增长 37.5％及 17.6％。与国内运动品牌营业收入大幅度增长形成鲜明对比的是,耐克和阿迪达斯在我国销售额则出现了较大幅度的下滑。根据阿迪达斯发布的 2022 年第二季度以及上半年财报,其在大中华区的销售额同比下降 28％,出现较大幅度的下滑。而且,这已经是阿迪达斯在大中华区连续一年多的销售额下滑。相关数据显示,2021 财年第二季度至第四季度,阿迪达斯大中华区销售额分别为 10.03 亿欧元、11.55 亿欧元、10.37 亿欧元,同比下滑 15.9％、14.6％和 24.3％。耐克在中国的销售情况同样不如从前。耐克 2022 年 4 月在天猫官方旗舰店的销售额也同比下滑了 59％。[①]

4.国内运动鞋产品的市场定位总体上处于中低端

我国市场销售的主要品牌运动鞋价格区间分布数据显示,耐克运动鞋价格主要为 300～899 元,占全部产品的 80.40％;阿迪达斯则为 300～799 元,占 67.6％;而乔丹运动鞋(Air Jordan)的主要价格则介于 600～999 元,占 62.3％。无论是耐克、阿迪达斯还是乔丹运动鞋,都有一定比例价格在 1 000 元以上产品,分别占 6.50％、11.30％、20.30％。而国内的运动鞋品牌,除安踏收购的斐乐(FILA)外,李宁、安踏、特步和 361°等主流产品价格都介于 100～399 元,分别占 73.00％、83.20％、92.30％和 89.30％。而且,价格超过 1 000 元的运动鞋产品,李宁、安踏和 361°分别只有 0.30％、0.20％和 0.10％,而特步则没有价格超过 1 000 元的运动鞋产品。如表 7-11 所示。

表 7-11 主要运动鞋品牌价格区间分布

单位:％

价格区间/元	耐克	阿迪达斯	乔丹	李宁	安踏	斐乐(FILA)	特步	361°
0～99	0.00	0.00	0.00	0.20	0.30	0.00	1.00	0.20
100～199	1.90	1.40	0.20	17.10	28.40	0.30	51.60	51.00

① 周丹.势头正盛,国潮运动品牌消费升温[EB/OL].(2022-10-14)[2022-11-22].https://baijiahao.baidu.com/s? id＝1746658952242041912&wfr＝spider&for＝pc.

续表

价格区间/元	耐克	阿迪达斯	乔丹	李宁	安踏	斐乐（FILA）	特步	361°
200～299	7.10	9.10	0.40	36.20	31.90	1.40	28.40	29.80
300～399	14.30	15.50	2.80	19.70	22.90	2.60	12.30	8.50
400～499	17.00	16.60	7.70	9.10	9.90	29.00	4.10	4.30
500～599	12.30	14.50	6.20	11.30	3.40	19.70	1.40	4.10
600～699	11.00	10.90	11.40	4.10	1.70	32.70	0.30	1.90
700～799	14.90	10.10	16.50	0.90	0.60	8.60	0.70	0.20
800～899	10.90	5.90	14.70	0.90	0.40	3.90	0.20	0.00
900～999	4.10	4.30	19.70	0.20	1.50	0.10	0.10	0.00
1 000～1 099	1.20	5.50	5.20	0.00	0.10	0.10	0.00	0.00
1 100～1 199	1.30	2.70	4.40	0.00	0.00	0.10	0.00	0.00
1 200～1 299	1.10	1.60	4.20	0.10	0.10	0.10	0.00	0.00
1 300～1 399	1.20	0.80	2.80	0.00	0.00	0.00	0.00	0.00
1 400～1 499	0.30	0.20	2.60	0.00	0.00	0.00	0.00	0.00
1 500＋	1.40	0.50	1.10	0.20	0.00	0.00	0.00	0.10

资料来源:国信证券经济研究所.2021 年运动鞋服行业竞争格局与发展趋势分析报告[R].郑州:国信证券经济研究所,2021.

注:数据为阿里第三方数据,取各品牌旗舰店 2020 年 3 月、6 月、9 月、12 月数据计算而得。

三、晋江鞋业创新发展路径

1.依托鞋博会构建晋江鞋业新发展范式

晋江鞋业经过 20 世纪 80 年代到 90 年代中期初创时期主要依靠模仿、手工作坊和为耐克、阿迪达斯等国际品牌代工,到 90 年代后期至 2000 年初转向自主品牌培育、自建产销渠道,以及 2000 年到 2011 年北京奥运会、我国加入 WTO 及中国男足等外部因素引导下的爆发式发展,加上 2000—2012 年晋江鞋博会签约项目中国内外资本的投入,晋江鞋业已经形成了良好的发展基础。尽管 2012 年到 2016 年的库存危机对晋江鞋业进行了深度的行业调整,但晋江鞋业的发展基础并没有被破坏。如今晋江鞋业虽然存在诸多问题，但仍然有安踏、361°、特步、匹克、鸿星尔克、贵人鸟、乔丹等知名的运动鞋品牌，上千家鞋业企业，自 2016 年起年产值超千亿元，如安踏、361°、特步等制鞋企业都拥有众多且具有较高水平的鞋业技术、经营管理人才及制鞋相关专利技术，在已经举办 20 多届晋江鞋博会和长期的运动鞋服市场运营中也具备了足够的市场和政策关注度。

但与国外尤其是美国顶级运动品牌耐克等相比，晋江鞋业缺乏成熟的发展范式，因而难以进一步提升其在我国乃至世界运动鞋服市场中的地位。

运动鞋业产品属于典型的快速消费品。而快速消费品产业的发展，必然需要构建起适应自身的发展范式，以适应不断变化的市场需求、不断转变的消费者观念、不断变迁的社会时尚。这种发展范式对于运动鞋业产品的发展尤其重要，如耐克（Nike）、阿迪达斯（Adidas）、安德玛（Under Armour）等国际顶级运动鞋服品牌在美国乃至全球市场上取得的成功，无不遵循运动鞋服产品的典型发展范式。事实上，无论耐克、阿迪达斯，还是安德玛等运动鞋服品牌，其产品都不是以耐穿、耐磨见长，甚至在耐穿、耐磨等方面的品质比一般运动鞋服产品的要求更低，但它们能够被更多消费者所选择、能够在市场上取得成功，依靠的主要是根据变化的消费者需求调整产品的市场定位、不断反映变化的时尚甚至是引领运动鞋服时尚变化，适时推出甚至是打造不断变化的消费者偶像以树立消费者选择的标识形象等为主导的发展范式，并在此范式下以消费者的视角不断更新并发布最新产品。

晋江鞋业的未来发展，同样需要依靠鞋博会构建起适应晋江鞋业发展的新范式。事实上，自 2016 年 4 月开始，晋江鞋博会就开始发布晋江鞋业发展指数。晋江鞋业发展指数是对鞋业企业采集的数据进行科学计算，全面反映晋江鞋材、成品鞋市场价格变化情况、鞋产业发展态势及外贸行情趋势的综合指数，由鞋产品价格指数、鞋业景气指数和成品鞋外贸指数三部分构成。晋江鞋业发展指数作为晋江鞋业发展的风向标，对引导晋江鞋业的发展起到了重要的作用。但晋江鞋业发展指数只能反映鞋产品市场的价格变化、生产和销售景气状况和外贸情况，对于引导晋江鞋业发展是远远不够的。要通过晋江鞋博会构建晋江鞋业发展的新范式，还需要在晋江鞋业发展指数的基础上，依托晋江鞋博会，追踪国际运动鞋服产业发展的新风向，为晋江运动鞋产业的发展提供先导性的发展方向指引；通过邀请专家分析、委托专业机构做相关的研究等方式,分析国内消费者对运动鞋服产品在样式、品质、风格等方面消费观念的演变,找出晋江运动鞋业的产品需求发展方向;追踪国内外消费者对运动鞋服产品的时尚和潮流演变,为晋江鞋业新产品设计提出指导性思路;通过与运动鞋服产业相关产业的发展,以及国家政策的调整,寻求晋江运动鞋产业发展的新方向;以具有消费者指向性的人物或事件,提出晋江运动鞋产业发展的产品设计新模式或新理念;等等。

在此基础上,构建以晋江鞋业企业和产品品牌为基础,以晋江鞋业发展指数为企业生产调节指示器,以国际产业发展风向和相关产业发展、国家政策调整引导晋江鞋业发展方向,以运动鞋服消费者消费观念为产品设计的基础原则,以时尚和潮流转变、消费指向性人物或事件为晋江鞋业产品设计聚焦理念的产业发展范式,形成不断推动晋江鞋业发展的动力机制。

2.适应高度差异化的运动鞋消费者偏好新趋势

差异化意味着消费者希望其所购买运动鞋产品能够充分体现自己的认知,并以此形成众多不同偏好的消费需求。

现代经济条件下,消费者偏好呈现出高度的差异性和善变性。西方经济学从文化水平、收入高低、性别、年龄、宗教信仰等角度探讨消费者的偏好差异性。而在现代经济条件下,影响消费者偏好差异性的因素大大增加,社群(虚拟或现实的社群)、经济社会条件的改变(新技术或新产品的出现,新的生活方式)等因素都会对消费者偏好产生重要的影响。同时,消费者偏好还呈现出随经济社会的发展而快速变化的特点。

首先,随着收入的增加,人们需求从广度和深度两个方向都大大拓展了。人们需求广度的增加,就是人们需求的种类增加。收入较低的时候,只能满足温饱。随着收入的增加,还会增加健康、教育、文化娱乐等非物质产品的需求。例如出现在美国的超级富豪太空游,则是消费者需求种类增加的进一步体现。人们需求在深度方面的拓展,则是人们需求的层次增加了,对所消费商品的质量、样式提出了更高的要求。

其次,信息的传递也会对消费者的偏好产生影响。消费者的消费需求会受到其所接触的消费者群体性交流的影响。也就是说,消费者的需求函数,除了如西方经济学所述取决于价格、收入等直接因素之外,其周边消费者的消费需求也是影响消费者需求的重要因素,从而产生了搭便车效应和攀比效应。但消费者群体性交流因素对消费者需求的影响,在互联网普及之前,会由于消费者所接触的消费者群体数量较少、交流不顺畅、信息传播速度较慢等原因,从而对消费者的需求影响较弱。而在信息网络普及之后,消费者所接触的消费者群体数量大大增加,信息的传递速度大大加快,从而消费者群体性交流因素对消费者需求的影响也大大增强。而与传统人与人面对面交流的实体性社群相对应的虚拟社群,则因为社群内成员具有某些相同或相似的特性,从而成为最重要的信息传递渠道之一,也成为现代经济条件下影响消费者需求的重要因素。

最后,消费者掌握的知识增多,文化水平的提高,面对不断推陈出新的技术和产品,其在有意无意间会主动参与到技术进步和新产品的设计之中,因而会将个人的偏好反映到新产品的进程中。尽管在市场营销理论中也注重邀请消费者参与产品的创新过程,但消费者的参与是被动的,因而可能不会对产品或技术的创新做出实质性的贡献。而且,在消费者知识水平和文化层次不高的情况下,能够参与的消费者数量是有限的,其对产品创新的作用有限,也很可能不能代表更广大的消费者偏好。而在现代经济条件下,消费者是主动参与产品或技术的创新,因而其能够更加积极地发挥主观能动性,从而对产品或技术的创新做出更大的贡献。而消费者知识水平和文化层次的普遍提升,也会使主动参与产品或技术创新的消费者无论是在数量上还是比例上都会大大增加,从而对产品或技术的创新产生更大的推动力,也能够代表更广大的消费者偏好发展趋势。

晋江运动鞋产业的发展,必须在充分认识上述消费者偏好差异性的基础上,以大规模的产品定制等方式,在产品设计中体现消费者偏好的高度差异性,并通过提高新产品设计中的消费者参与度等方式追踪善变的消费者偏好,从而使晋江鞋业产品始终体现出作为消费者需求的表达符号、与消费者融合为一体的形象和理念。

3.体现运动鞋产品标签化消费者选择的新趋势

标签化的含义是指消费者对于自身消费选择的认知,往往体现为对一些代表性消费者的追随,并以代表性消费者的消费选择作为区分于其他消费者之间差异的标签。事实上,消费者的高度差异性和善变性,导致消费者对于自身偏好的完美认知,即使对于具备越来越高的知识文化水平的消费者而言,也是非常困难的。因此,消费者对于自身偏好的认知,呈现出碎片化和参照化两个趋势。所谓碎片化,即消费者对自身的偏好,往往只能从不同的角度认知自身某一方面的偏好,往往难以构建其自身完美的偏好认知体系。所谓参照化,则是消费者通过某一或某些信息传递渠道,看到其他消费者的某一消费偏好之后,会结合自己与该消费者的特征或特性对比,从而确定自身与之相同或相似的偏好。

关于消费者偏好的标签化,在互联网普及之前,主要依靠代言人的广告来实现。尽管在平面媒体的广告中,代言人的广告词或示范性使用主要着重于产品的介绍,但人们在依据广告做出产品消费选择的时候,都或多或少带有对广告代言人的某一特性的认可。否则,该广告的消费促进效应就会大大降低。

在互联网普及之后,特别是以微信为代表的社交媒体、以抖音为代表的短视频平台、以微博为代表的文字交流平台,大大拓展了消费者偏好标签化的内涵。首先,消费者的标签化已经不再局限于以明星为代表的广告代言人,而是更多地体现为普通大众。由于以明星为代表的广告代言人,其收入水平、消费习惯、所接触的消费者群体或圈子,与普通大众都有很大的差别。因此,普通消费者往往难以在明星广告代言人身上找到更多与自身相同或相似的特性。社交媒体、短视频、微博等平台则给更多普通消费者展示其特征或特性的机会。而普通消费者对自身特征或特性的展示,往往能够与普通消费者产生更多的共鸣。而且,由于有更多的普通消费者(而不是少数的明星广告代言人)展示自身的特征或特性,从而对消费者不同偏好的揭示也就更加全面、更加丰富。

事实上,标签化的消费者在选择运动鞋产品的设计和销售中有充分的体现。比如美国男子职业篮球联盟中,耐克和阿迪达斯都分别以长期合同的方式签约联盟中的顶级球星,然后以他们为标签,推出符合易于以此为标签做出消费选择的消费者需求的产品。而在标签化的消费选择中,品牌的国家归属,甚至产品的品质都居于次要的地位,价格的敏感性也大大降低。正因为如此,安踏从推出的汤普森球鞋系列(安踏 kt1～安踏 kt6)在美国取得成功,其中的 KT3-Rocco,限量发售 200 双,却引来上千人排队等候的场景。

标签化的消费者选择同样应该体现在晋江运动鞋业发展中。这就要求晋江市以晋江鞋博会为基础平台,发布能够形成标签化消费者选择的人物或事件作为晋江鞋业企业调整产品设计理念的参考，并对标签化消费者选择的产品设计提供适合的指导意见或建议，从而促进晋江鞋业相关产品的设计、生产和销售。

4.关注群体性事件带来的消费者群体新转变

大数据时代消费者选择的群体化特征体现在两个方面：一是消费者的分布群体化，二是消费者的决策群体化。

首先是消费者分布群体化。尽管消费者的偏好是高度差异化的，但在现实经济社会中，消费者的偏好更多地体现为以社交媒体、短视频、微博等平台上某一特征为代表群体化聚落。这里所讲的消费者群体化分布，除了传统意义上的以收入、文化程度、肤色等为标志的族群聚落式分布外，更主要的是以标签化的消费者特征为体现形式的消费者群体化分布。因此，消费者偏好的群体化表示，差异化的消费者往往以作为标签的代表性消费者为标准，形成了多层次、涵盖多领域、不同数量的消费者群体。而且，与传统的消费者聚落式分布下同一个消费者通常只会分布在某一个或少数几个消费者聚落不同，标签化的消费者分布下同一个消费者可能分布在多个群体，因为消费者群体化分布的门槛小，因而消费者每一个潜在的偏好都可能促使消费者加入一个消费者分布群体。

其次，消费者决策群体化。由于消费者选择的群体化特征，因而呈现出消费者偏好的多聚落群体化决策趋势。这就意味着，对某一产品或服务的偏好，可能因为某一或某些消费者的偏好转移，在边际效应递增的作用下，带来对该产品或服务消费者数量的大量减少。

因此，晋江鞋业的发展，同样需要依托晋江鞋博会这一平台，在出现有利于消费者向晋江鞋业产品群体性转变的时候，引导晋江鞋业企业充分利用这种转变促进自身的发展；或者在出现不利于晋江鞋业产品的消费者群体性转变时，引导晋江鞋业企业规避或减小由此带来的不利影响。

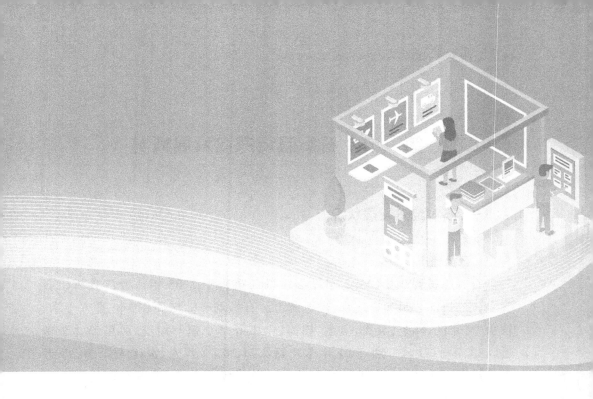

第八章　服装博览会与石狮服装产业品牌化发展

第一节　石狮服装产业发展概况

一、石狮经济发展状况

1.石狮概况

石狮原属晋江县（1992 年设县级晋江市），于 1988 年从晋江县析出石狮、永宁、蚶江 3 镇和祥芝乡，建石狮市。石狮现有陆域面积 160 平方千米，辖永宁、蚶江、祥芝、灵秀、宝盖、锦尚、洪山等 7 个镇和湖滨、凤里等 2 个街道，128 个村（社区），到 2021 年末户籍人口 36.59 万人，常住人口 68.90 万人。作为滨海城市，石狮是著名侨乡。相关数据显示，祖籍石狮的海外华侨、港澳同胞 37.16 万人，比本地户籍人口还多。石狮籍海外华侨分布在世界 49 个国家和地区，其中近 90% 居住在东南亚各国，全市 9 镇（街道）127 个村（社区）均为侨乡侨村，主要侨乡侨村有大仑、彭田、永宁等 33 个村（社区）。石狮还是重要的台胞祖籍地，祖籍石狮的台湾同胞 30 多万人，接近石狮本地户籍人口数量。

2.石狮建市以来的经济发展状况

石狮设县级市的 1988 年，地区生产总值只有 4.07 亿元，如图 8-1 所示。到 2001 年地区生产总值超过 100 亿元，再到 2013 年超过 500 亿元，2021 年达到 1 072.51 亿元。1988 年以来，石狮的地区生产总值增长率只在 2000—2002 年、2016—2020 年低于 10%，1989—1995 年连续 7 年超过 20%，1988—2021 年平均增长率达到 17.76%，超过同期泉州市年均地区生产总值增长率 1.88 个百分点，是同期福建省平均地区生产总值增长率的 1.54 倍，同期全国整体平均增长率 8.89% 的 2 倍。

经过建市以来 33 年的发展，石狮市的三次产业结构从 1988 年的第一产业占主导地位的 41.54∶33.77∶24.69，演变到 1992 年第一产业所占比重低于 10%、第二产业所占比重超过 50% 的 9.88∶56.10∶34.02，到 2002 年第一产业低于 5%、第三产业超过 40% 的 4.75∶53.76∶41.49，2018 年后第三

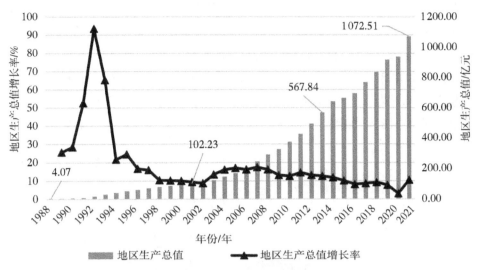

图 8-1　1988—2021 年石狮市地区生产总值及其增长率演变趋势

资料来源:2020 年之前的数据来源于历年《石狮统计年鉴》;2021 年的数据来源于《泉州统计年鉴(2022)》。

产业超过第二产业占主导地位,到 2021 年演变为 2.59∶44.44∶52.97;以户籍人口计算的人均地区生产总值从 1988 年的 1 672 元提高到 2021 年的 293 120 元,以常住人口计算的人均 GDP 则从 2000 年的 18 880 元提升到 2021 年的 136 920 元;农村居民人均纯收入和城镇居民可支配收入分别从 1988 年的 780 元和 1 421 元,增长到 2021 年的 31 981 元和 69 759 元。

3.石狮市产业发展状况

从第三产业内部结构来看,批发和零售业,尤其是批发业,在石狮市第三产业发展中占有重要的地位。2021 年,石狮市第三产业实现增加值 568.09亿元,其中批发和零售业实现增加值 316.24 亿元,占石狮市第三产业增加值的 55.67%。而从 2018—2020 年的数据看,批发和零售业分别实现增加值 221.79 亿元、254.59 亿元、266.35 亿元,占当年石狮市第三产业增加值的 53.83%、54.99%、54.38%,其中批发业的增加值分别为 161.34 亿元、171.99亿元和 179.35 亿元,占当年石狮市批发和零售业增加值的 72.74%、67.55%和 67.33%。

而从工业制造业内部结构看,2021 年石狮市规模以上工业制造业企业主营业务收入为 1 189.25 亿元,其中纺织服装、服饰业为 438.48 亿元,纺织业为 254.48 亿元,计算机、通信和其他电子设备制造业为 174.40 亿元,农副食品加工业为 77.68 亿元,皮革、毛皮、羽毛及其制品和制鞋业为 63.76 亿元,分别占 36.87％、21.40％、14.66％、6.53％ 和 5.36％。其他行业的主营业务收入合计只有 180.45 亿元,占石狮市 2021 年规模以上工业制造业主营业务收入的 15.18％,如图 8-2 所示。

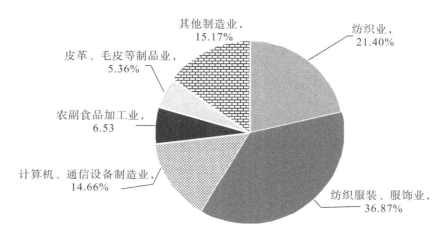

图 8-2　2021 年石狮市工业制造业结构分布

资料来源:依据《石狮统计年鉴(2022)》中的数据计算而得。

二、石狮纺织服装业发展历程

石狮服装产业发展历程,可以分为以下几个阶段。

1.20 世纪 80 年代中期以前海外服装寄回的商贸发展阶段

石狮拥有 30 多万海外华侨和港澳同胞、30 多万石狮籍台胞。外出的海外石狮侨胞通过与家乡长期的频繁交往,把海外先进的观念、意识和文化带回故里,不断冲击着石狮本地单一的、自足自给的小农经济。石狮人从中领悟到的无商不富的道理,成为石狮服装业发展的思想根源。

石狮服装产业的发展,可以追溯至 20 世纪 40 年代。闯荡东南亚各地的石狮籍海外华侨,利用在海外打拼积攒下来的资金,回到石狮投资建起 18

条商业街,形成了石狮旧城区的基本框架。[①] 20 世纪六七十年代,我国计划经济时代物资极度匮乏,石狮籍的海外华侨和港澳台同胞将大量自己不合适或穿旧的服装寄回石狮。石狮侨属在自用有余的情况下,将这些衣服偷偷拿到路边出售,形成了石狮特有的服装交易方式"估衣摊"。到 1975 年,"估衣摊"已遍布石狮的街头巷尾,石狮的个体商贩则已发展到上千家。但这些"估衣摊"或个体商贩,在多次打击下,大多被取缔。

改革开放后,随着政府对华侨和港澳同胞回国探亲携带物品限制的放宽,导致大量的海外物资流入石狮。相关统计资料显示,除石狮籍华侨回国自带物资外,每年托运或邮寄回石狮的包裹和行李,包含服装、布料、日用品、家用电器等超过 1 000 吨,而这些物品大多流入自由市场,导致石狮的小商品市场再度活跃。随着我国居民收入的不断提高从而对消费需求也不断增加,但我国劳动密集型服装等产业的发展严重不足。在短缺经济下,大量从海外涌入石狮、款式新颖而且价格低廉的"洋服",成了国内消费者追逐的对象。全国各地采购者汇聚石狮,使得石狮成为全国知名的"洋货"市场。1983 年 1 月,石狮首先开辟了 4 个小商品市场和 3 个农贸市场,随后又在 15 条主要街巷布满商店和摊点。

2.20 世纪 80 年代从舶来品向本地生产转变的阶段

仅仅依靠石狮籍海外华侨和港澳台同胞通过各种渠道带回或寄回的商品,已经无法满足石狮多个小商品市场、农贸市场、街巷商店和摊点上来自全国各地采购者的需求。于是,一部分石狮居民开始利用"三闲"条件合伙创办了家庭作坊式的小工厂,仿制国外服装投放到市场。随着"三闲"工厂的逐渐增多,石狮市场上销售的服装产品逐渐由舶来品向本地生产转变。到 1984 年,石狮服装厂已发展到 300 多家,实现产值 1 950 万元。大量物美价廉且款式新颖的"国产洋货"投放石狮商品市场,经营服装摊点 1 500 多个,贸易额近 2 500 万元。[②]

"三闲"工厂的成功,大大推动了石狮服装生产的本地化进程。到 1987 年,石狮共有大小企业 592 家(年产值为万元以上企业有 20 家),个体商贩

---

① 天来,杜薇.解读闽南服装产业发展历程[N].福建工商时报.2009-04-01(B06).
② 王文坤.石狮市服装产业的发展与融资方式的演进[J].银行家,2012(6):116-118.

3 400多户，与外地联营的各企业164家。外地在石狮从事经营活动的人员有4万余人，日客流量3.6万人。并且已形成各种类型市场12个，各类商业和服务业网点2 801个。从业人员11 366人，年营业额26 263.7万元，其中国营7 415万元，县办集体232万元，乡镇办639万元，个体17 977.7万元。[1]

3.1988年石狮设市之后的服装产业化发展阶段

1988年，石狮设县级市之后，石狮服装产业化发展主要体现在以下几个方面：

一是服装产业的产值不断增长。1988年，石狮服装制造业和纺织业的产值分别只有0.72亿元和0.05亿元，两大产业的产值先后于2005年和2009年超过100亿元。到2021年，石狮服装制造业的主营业务收入达到411.61亿元，而纺织业的收入也达到了254.18亿元（见表8-1）。与两大产业产值不断增长相对应的是两大产业占石狮市工业总产值的比重保持在较高水平，从1990年超过50%之后，最高曾于1996年达到65.39%。之后虽然有所波动，但到2021年仍然达到了52.16%。与两大产业在石狮工业产值中保持较高占比相伴随的是，纺织业和服装制造业对石狮地区经济发展的高贡献率。虽然没有这方面的官方统计数据，但依据石狮工业总产值的增加值率[2]，以及批发零售业所产生的增加值来源于纺织业和服装制造业的部分测算[3]，2020年纺织业和服装制造业对石狮市的地区经济增长贡献率在40%以上[4]。

---

① 王文坤.石狮市服装产业的发展与融资方式的演进[J].银行家,2012(6):116-118.

② 依据2000—2017年石狮市的工业增加值与工业总产值数据,石狮工业产业产值增加值率约为33%。

③ 按照全国第三产业增加值的构成,2021年批发和零售业占比为18.20%。

④ 2021年石狮纺织业和服装制造业合计主营业务收入665.79亿元,按照增加值率33%计算,两大产业贡献增加值为219.71亿元;第三产业中批发零售业增加值为316.24亿元,按照全国整体批发零售业含第三产业比例18.20%计算,由纺织业和服装制造业方面贡献的批发零售领域增加值212.85亿元。两项合计432.56亿元,占2021年石狮地区生产总值的40.33%。

表 8-1　1988—2021 年石狮市纺织业和服装制造业产值和企业数量

年份/年	纺织业			服装制造业		
	产值/亿元	占比/%	企业数/家	产值/亿元	占比/%	企业数/家
1988	0.05	1.48	62	0.72	21.28	493
1989	0.63	14.68	75	0.89	20.82	501
1990	0.65	11.67	133	2.43	43.57	826
1991	0.49	5.51	193	5.48	61.00	1 317
1992	2.86	14.31	287	9.51	47.50	1895
1993	6.55	15.86	293	18.40	44.55	2 219
1994	8.80	15.86	345	26.18	47.17	2 325
1995	10.87	15.95	280	31.63	46.39	2 240
1996	15.20	18.43	290	38.71	46.96	1 982
1997	16.73	15.86	319	49.53	46.97	1 975
1998	17.04	14.41	325	51.38	43.43	2 022
1999	18.36	14.09	335	52.92	40.62	2 285
2000	19.78	14.09	348	55.45	39.52	2 198
2001	25.31	16.39	350	56.85	36.82	2 350
2002	34.85	20.84	421	57.12	34.16	2 247
2003	51.82	25.51	495	62.18	30.62	2 195
2004	51.09	20.14	576	86.03	33.92	2 767
2005	61.84	20.05	585	103.49	33.55	2 792
2006	71.97	20.40	597	120.26	34.08	2 831
2007	82.15	19.48	599	134.99	32.01	2 890
2008	93.03	19.25	844	142.66	29.52	5 030
2009	103.38	18.94	832	161.35	29.56	5 110
2010	80.43	12.34	802	231.37	35.50	5 212
2011	172.02	19.43	520	240.19	27.13	3 840
2012	110.26	13.37	854	242.49	29.41	3 974
2013	121.79	13.01	860	327.66	35.01	4 155
2014	148.37	14.11	880	345.83	32.88	4 385
2015	150.04	15.13	773	349.31	35.21	3 926

续表

年份/年	纺织业			服装制造业		
	产值/亿元	占比/%	企业数/家	产值/亿元	占比/%	企业数/家
2016	163.98	15.65	795	353.20	33.70	3 573
2017	156.08	14.46	79	373.27	34.59	169
2018	149.08	14.73	78	303.71	30.01	167
2019	194.91	14.96	91	406.76	31.22	188
2020	217.94	18.57	97	362.51	30.90	189
2021	254.18	19.91	—	411.61	32.25	—

资料来源：整理自历年《石狮统计年鉴》和 2022 年《泉州统计年鉴》。
注：2017 年之后为规模以上企业数据。2021 年为主营业务收入。

　　二是形成了中、小、微企业的集群式发展道路。20 世纪 90 年代初，石狮服装制造业已具备了良好的发展基础。到 1991 年，石狮服装产量已达 5 000 万件（套），服装及服装配套企业 1 600 多家，其中包括西服西裤生产企业 240 家，茄克、女装生产企业 431 家，童装生产企业 165 家，鞋帽企业 60 多家，牛仔系列企业 50 家，针织内衣系列企业 150 家，针织漂染企业 55 家，以及纽扣、装饰品等服装配件加工企业。[①] 但受 20 世纪 80 年代石狮服装产业发展阶段的家庭手工作坊生产方式下人人皆创业、户户皆工厂发展模式的影响，石狮纺织服装企业规模均不大。以 2016 年石狮发布的全部（规模以上和规模以下）纺织业和服装制造业企业数据，与 2017 年石狮发布的规模以上纺织业和服装制造业数据对比[②]，石狮纺织业和服装制造业规模以上企业数量只占全部企业数的 9.94% 和 4.73%，规模以下的小微企业数量占比超过了 90%。即使是规模以上工业企业，石狮市纺织业和服装制造业企业的规模也普遍不大，2017—2020 年平均产值规模也只有 1.98 亿元、1.91 亿元、2.14 亿元、2.25 亿元和 2.21 亿元、1.82 亿元、2.16 亿元、1.92 亿元。因此，石狮服装产业仍然体现为大量中小企业甚至是小微企业的集群式发展模式。

---

① 王文坤.石狮市服装产业的发展与融资方式的演进[J].银行家，2012(6)：116-118.
② 2016—2017 年，石狮工业企业产值数据统计口径发生改变，由 2016 年及之前统计全部工业企业的产值，转变为 2017 年之后仅统计规模以上工业企业的产值。

　　三是石狮纺织服装产业已发展成包括服装、服饰、面辅料、服装印染、服装研发、后期市场推广于一体的专业化分工协作产业体系。石狮市纺织服装企业,既有从事运动装、休闲装、茄克、童装、西裤、内衣等成品服装生产,也有专业从事针织布、梭织布、复合布以及鞋辅料织造等纺织染整业,还有从事拉链、商标、衬布、纽扣、缝纫线、电脑绣花、织带等服装辅料生产,形成了石狮纺织服装业的链式专业化分工协作体系。石狮已经形成了包含泉州高新技术产业开发区(石狮园)、石狮经济开发区、宝盖鞋业工业园区、灵秀服装工业园区、石狮市祥芝镇大堡工业区、石狮市宝岛路塘后工业区等以工业区为主导的服装产业链式集群生产体系。此外,石狮还大力发展专业化的本地服装市场和全国性乃至世界性的专业销售系统。事实上,20世纪90年代初,石狮就开始发展专业的服装市场。1992年石狮市有18条商业街、8个专业市场、3座商业城、7 000多家大小商店,服装市场经营面积近11万平方米,服装从业人员近4万人。如今,石狮已经建成了包括作为中国东南沿海最大的服装及其原材料集散地之一的石狮服装商城,以鸳鸯池布料市场、新兴的亚太纺织面料市场和南洋街布料商业街为代表的面料市场,以及凤里街道与宝盖镇之间形成的辅料专业市场街在内的本地服装专业市场体系。而在构建专业销售系统方面,石狮企业从1990年开始在全国各地建立服装销售网点,到1992年已在全国28个省、市、区设立办事机构,在20多个大中城市的大商场建立了1 500个销售专柜,2 100多名供销人员遍布全国各地;在60多个国家和地区设立了代理处,组成了一个联结海内海外的庞大的销售系统。如今,石狮的专业市场主要有石狮灵秀路服装辅料市场、石狮跃进路服装市场、石狮新华服装市场、石狮大仑街服装批发市场、石狮服装城、石狮国际商贸城、石狮国际食品城、石狮校园服饰专业市场、石狮青创城国际网批中心等。这些专业化生产基地,使石狮地区的工业集群效应更加明显,形成了以服装产业为主的产业优势,推动了石狮服装产业的快速发展。

三、石狮主要服装品牌发展现状

　　石狮部分服装品牌主要指标如表8-2所示。

表 8-2　石狮部分服装品牌主要指标

品牌	创办年份/年	主要产品	市场定位	营业收入、净利润/亿元	品牌价值/亿元	品牌荣誉
卡宾	1989	个性休闲男装	中高档、一线品牌	13.73、1.64（2021 年）	—	首个中国设计师品牌登上纽约时装周
九牧王	1989	休闲男装	时尚、精致、经典、流行	30.50、1.95（2021 年）	76.18（2020）	中国十大最具影响力品牌、中国西裤行业最具影响力第一品牌
柒牌	1979	男装	—	20、—（2019 年）	13.56（2020）	中国纺织十大品牌文化企业
七匹狼	1990	男装、针纺、童装、	商务休闲、高级成衣	35.14、2.31（2021 年）	27.51（124.15ᵃ）（2020）	中国名牌产品、福建名优产品、工信部重点培育纺织服装百家品牌
富贵鸟	1993	皮鞋、皮具、服饰	中高端	20.32、3.92（2015 年）	31.8（2004）	"中国驰名商标"、"国家质检总局免检产品"、"中国名牌产品"
与狼共舞	1998	时尚男装		0.6（2021 年）	—	—
华飞	1993	运动休闲服装	—	—	—	福建省著名商标
斯得雅	1991	时尚男装	创享时尚潮雅生活	—	—	中国服装十大影响力品牌、福建省著名商标

资料来源：整理自多个网络数据来源。

注：根据过硬网发布的 2020 年《中国 500 最具价值品牌》排行榜分析报告，七匹狼 2020 年的品牌价值为 124.15 亿元，排第 411 位。部分品牌价值来源于：综合泉州品牌中心.泉州 18 个品牌荣登 2020 中国品牌价值 5 亿元榜单[EB/OL].(2020-05-20)[2022-12-03].https://mp.weixin.qq.com/s?_biz＝MzA5NTcxMjQ1NQ＝＝&mid＝2650168093&idx＝1&sn＝e8f7e57001f7387ebda9 aaa520f35a44&chksm＝88b9deb5bfce57a30d92c4d9ff270991805ef6e5054e42739588bb60986 884f5c96b47d66fa8&scene＝27.

1.九牧王

九牧王创办于 1989 年,以"中国裤王"为志向。2000 年,九牧王男裤首次全国市场综合占有率第一;2011 年 5 月 30 日,公司 A 股股票成功在上海证券交易所挂牌上市;2018 年成为中国体育代表团 6 年礼服供应商,并为第 18 届亚运会独家定制礼服。九牧王品牌名称源于唐代林披公,其九子均官居刺史,世称"唐九牧",因此在闽南地区,常刻"九牧传芳"牌匾,表示对教育和文化传承的重视。九牧王秉承"牧心者牧天下"的经营理念,深信成功经营的秘诀在于成功经营人心。九牧王的"牧心"理念源自中国儒家"得人心者得天下"的思想,兼备"仁、义、礼、智、信"等内涵。以经营人心为最终目标,内牧员工的心,外牧消费者的心,是九牧王"牧心文化"的精髓。公司除九牧王主品牌外,主要副品牌为自有孵化的 FUN、NASTYPALM(原 J1 品牌)、VIGANO 和对外投资收购的 ZIOZIA。九牧王自上市以来,营收规模从 2008 年的 12.30 亿元左右增长至 2022 年的 26.20 亿元左右,年复合增长率 5.99%;归母公司净利从 2008 年的 1.90 亿元到 2012 年的 6.7 亿元、2018 年的 5.3 亿元、2021 年的 1.90 亿元、2022 年的－0.93 亿元,2008—2022 年实现归母利润总额 65.17 亿元。截至 2022 年底,主品牌九牧王店铺数量2 204 家,副品牌 FUN 有 133 家,ZIOZIA 有 107 家。但近年来,九牧王主品牌渠道一直处于调整期,其中直营店铺数量从 2013 年的 741 家下降到 2022 年末的 569 家,加盟店数量从 2013 年的 2 346 家下降到 2022 年末的 1 635 家,主要是低效店的关闭和商场店的调整。①

2.七匹狼

七匹狼集团于 1990 年创立,已发展成为一家以服装为主业,兼营股权投资及房地产文旅项目的综合性公司。2004 年七匹狼实业股份有限公司成为中国首家上市服装业公司。2014 年,七匹狼启动战略升级,确立了多品牌产业发展,秉承"用时尚创造美好生活,让生活充满创意和自信"理念,除经营自主品牌七匹狼男装、针纺、童装、高级成衣定制外,还通过投资潮牌"16N"以及全球顶级时尚品牌"KARL LAGERFELD",逐步完善在时尚产业的布局。2021 年度,七匹狼实现营收 35.14 亿元,同比增长 5.52%;净利润 2.31 亿元,同比增长 10.65%。

---

① 浙商证券.男裤专家逆势启航,复刻国货蜕变之路——九牧王深度报告[R].2023 年 5 月 1 日.

3.卡宾

卡宾（Cabbeen）服饰有限公司是中国领先的男装设计师品牌，以颠覆流行的品牌理念，探索独特的时尚定位和坚持前卫的原创设计为标志性特色。2007 年 2 月，卡宾成为首个登上纽约时装周的中国设计师品牌。2013 年 10 月，卡宾服饰成功在香港上市，成为首家在香港上市的中国时尚服装设计师品牌。卡宾服饰旗下已形成 Cabbeen、Cabbeen Urban、2AM、Cabbeen Love 等以时装业务为核心，延伸至时尚家居、时尚生活服务领域的品牌。卡宾服饰有限公司发布的 2021 年业绩公告显示，2021 年卡宾实现营业收入 13.73 亿元，同比增长 6.54％；年内溢利 1.64 亿元，同比下降 13.5％。

4.富贵鸟

富贵鸟集团公司创办于 1984 年，始终坚持以"创新求发展、质量求生存、管理创效益"为经营宗旨，是一家集鞋业、服装、皮件等行业为一体的大一型工业企业。曾被授予"国家大一型工业企业"，现拥有包括石狮市福林鞋业有限公司与石狮市富贵鸟鞋业发展有限公司在内的 8 家子公司，其主导产品"富贵鸟"牌系列产品已形成四大系列（男、女休闲装系列，时装鞋系列，童鞋系列，皮具系列），先后荣获"中国驰名商标""国家质检总局免检产品""中国名牌产品"等荣誉称号。到 2015 年 6 月 30 日，富贵鸟的零售网络覆盖全国 31 个省、自治区及直辖市（不含港澳台），门店数量 3 127 家，其中 2 879家零售门店由经销商及第三方零售商拥有并经营，余下 248 家门店为直营。富贵鸟 2011—2015 年营业收入和净利润都增长强劲，营业收入分别为 16.52 亿元、19.32 亿元、22.94 亿元、23.23 亿元、20.32 亿元，净利润分别为 2.54亿元、3.24 亿元、4.44 亿元、4.51 亿元、3.92 亿元。但从 2015 年开始，公司经营全面下滑，富贵鸟自 2016 年 9 月 1 日起公司股票停牌。①

四、石狮服装产业发展存在的问题

1.服装产业科技含量较低

从调查的情况来看，除了一些大型企业具有较强的开发能力以外，石狮

---

① 佚名.富贵鸟的花样"作死"之路：从年入 30 亿到取消上市地位［EB/OL］.（2019-08-15）［2022-12-04］. https://baijiahao. baidu. com/s? id ＝ 1641896802628517725&wfr ＝ spider&for＝pc.

绝大多数服装、纺织行业规模较小,研发能力薄弱,仍然处于模仿阶段。虽然很多企业也成立了设计部门,但高级设计人才很少,先进手段还没有普及,设计能力不强。从生产过程来看,生产设备条件参差不齐,石狮绝大多数企业属于劳动密集型企业,科技含量低,产品附加值不高。服装产品主要为中低档产品,附加值不高。统计数据显示,2017年全年,石狮市各种梭织针织服装年产量8亿件、童装2亿件①,服装制造业产值仅373.27亿元,平均每件服装产值仅37元左右。

从长远来看,缺乏创新能力的企业必定缺乏竞争能力。20世纪80年代,石狮服装企业主要靠快速模仿港台设计和进口优质面料以及引进海外设备取得竞争优势,但是现在这种优势已经越来越不明显了。由于面料开发和服装设计能力总体水平不高,石狮服装行业的产品更新换代的速度较慢。石狮面料企业和服装企业的设备水平仍然只有海外20世纪90年代初期的水平,产品竞争力必然与国际水平相差较大。

2.信息化进程相对滞后

信息化对于企业捕捉获利机会和降低企业的交易成本具有重要的作用,也利于政府进行管理和服务。由于绝大多数中小企业缺乏足够的投入能力和人才储备,因此它们对信息化的作用认识不够,不重视对信息化的投入。大多数企业仍然处于"跟风"阶段,别人生产什么,自己就生产什么。这一问题导致市场同步振荡,"一窝蜂上、一窝蜂下"的现象非常明显。如果市场信息不灵,设计能力差,企业就很难进行市场细分和对自己进行准确定位。由于缺乏差别化生产的能力,大多数企业挤在狭小的市场空间内,结果形成过度竞争。

3.与国内一线品牌差距大

石狮服装产业一直处在价值链最底层,产业结构进入门槛较低。在设计、纺织、漂染、印花、成衣加工、辅料、市场营销、品牌运营等环节构成服装纺织的价值链中,石狮企业扮演的基本是附加值较低的纺织、漂染、成衣加工三个角色,品牌成衣发展与国内一线品牌的差距较大。从2022年8月中

---

① 周进文.石狮纺织服装行业呈现六大新趋势[EB/OL].(2018-03-16)[2022-12-04].
https://www.qzwb.com/gb/content/2018-03/16/content_5791169.htm.

国服装协会正式发布"2021 年服装行业百强企业"名单看，七匹狼、九牧王、柒牌等三个石狮服装品牌进入全国服装企业销售收入 100 强，但如表8-2所示，这三个品牌 2021 年的营业收入和净利润分别只有 35.14 亿元和 2.31 亿元、30.5 亿元和 1.95 亿元、20 亿元（2019 年，净利润未知），与雅戈尔（营业收入136.07亿元、净利润 51.27 亿元）[①]、海澜（营业收入 201.88 亿元、净利润24.91亿元）、杉杉（营业收入 206.99 亿元、净利润 33.39 亿元）、太平鸟（营业收入 109.21 亿元、净利润 6.71 亿元）、波司登（营业收入 135.17 亿元、净利润17.05亿元）、森马（营业收入 154.2 亿元、净利润 14.86 亿元）等 14 家营业收入超 100 亿元的一线服装品牌，差距较大。

4.市场体系亟待进一步完善

石狮服装产业最初的发展是由市场带动起来的，20 世纪 80 年代之所以产生"全国跑石狮"的局面，就是因为石狮有"洋货市场"。石狮建市以后，进一步加强了市场建设。但总体来看，石狮的市场体系还存在诸多不完善之处。主要表现在以下四个方面：一是专业市场体系还不完善，大部分服装产品门类没有专门的市场。现在石狮已经是"中国著名休闲服装城"，但是服装交易被零散地分布在各处。"地摊交易"随处可见，这不利于市场的规范化管理。二是市场秩序还不规范。假冒伪劣的现象时有发生。三是缺乏专门的外销市场，不利于石狮服装业的国际化发展。四是金融、技术、信息等市场还不成熟，不利于生产要素合理流动。

5.行业组织的作用需要进一步得到发挥

石狮共有纺织服装商会、布料同业公会、染整同业公会、休闲裤同业公会、童装与儿童产业联合会、服装鞋帽辅料行业协会、服装城商会、电子商务协会、设计师协会等 9 个行业协会。这些行业协会在提供信息资讯服务引导企业技术能力升级、构建集群学习网络拓展知识技术来源、开展技术培训提升企业技术水平、知识产权保护培训强化知识产权保护意识、制定行业发展规划和行业标准、协助政府办展搭建服务平台、组织企业参展打造区域品

---

① 另有数据显示，雅戈尔集团 2021 年度实现销售收入 1 439 亿元，利润总额 68 亿元，实缴税收 46 亿元，位居中国民营企业 500 强第 68 位。参见：2021 中国服装质量标杆企业 [EB/OL].（2022-08-31）[2022-12-04].https://www.sohu.com/a/581397584_120624034.

牌等方面都起到了明显的作用。① 然而，由于行业协会成立时间短，起步迟，还存在以下一些主要问题：一是缺乏一个统一的领导和协调机构，各自为战，自生自灭。二是职能定位不够明确，基本上是政府行政管理部门的附庸，或者当"第二政府"。由于"身份"问题长期困扰着行业协会，造成其独特的服务功能、自律性功能等优势以及在市场经济中应有的作用不能充分发挥。三是职能不完善，不能很好地为会员提供应有的服务，个别协会形同虚设。四是协会的会务活动尚未走向制度化、规范化，驻会人员力量单薄，个别协会连一个固定的办公地点也没有，普遍存在活动经费缺乏、人才短缺等问题。

6.石狮市民营企业面临紧迫的人才紧缺问题

作为县级城市，石狮市服装产业难以吸引符合自身产业发展所需的人才资源。石狮服装企业最缺乏的人才有两类：一是设计师。对服装业来说，服装的款式、花样、用料等是吸引购买者的重要影响因素，而这个问题的解决主要在于设计师。现在石狮绝大多数服装企业没有高水平的设计师，绝大多数靠模仿其他企业的款式和花样。二是管理人才。石狮企业最初发展起来的时候，竞争压力小，主要靠企业家的敢闯敢干。但是，随着市场竞争压力的增大，仅仅靠这种精神是远远不够的，而要依靠高水平的、规范的管理。由于绝大多数企业家缺乏先进的理念，也缺乏系统的管理知识，因此企业仍然停留在家长式的、经验式的管理阶段。在现代市场经济中，这种管理方式已经难以适应激烈的市场竞争要求。

7.家族式企业管理问题

石狮市服装企业以家族企业为主，家族式管理已经成为石狮服装企业发展所面临的巨大障碍。据统计，在石狮地区拥有 4.2 万家规模以上的民营企业中，90％左右的公司都是家族企业，其中大部分还是由家族成员经营的。而石狮家族企业的管理面临的主要问题包括：一是代际传承缺乏计划性。石狮家族企业普遍没有意识到继任计划的重要性，仅仅只有 6.7％的企业具有较为正式的书面形式的继任计划，并且 47.3％的企业主认为年龄太

① 李俊鹏.石狮市纺织服装业行业协会在产业集群升级中的作用研究[D].泉州：华侨大学，2016.

轻、没有制订继任计划的必要性。这说明企业家们的继任计划制订意识相当薄弱。二是企业创始人不愿意放权，导致接班人没有得到应有的领导能力、组织能力以及一些企业领导应具备的基本能力。三是家族企业接班人因为缺乏创业意识、缺少企业经营训练而不愿意继承企业。四是石狮市服装行业中职业经理人市场还不够成熟、不够完善，因而职业经理人制度并没有在石狮服装行业中系统推行。

第二节　海峡服装博览会对石狮服装产业发展的意义

一、海峡服装博览会的发展历程

自 1992 年以来，石狮已连续举行十几个以服装贸易为主的商品展销会，这些展销会最终于 1995 年被整合确定为每年 3 月 9 日举办，由福建省政府开放办、石狮市政府和台湾国贸协会共同举办，名称为"海峡服装博览会"（以下简称海博会）。在影响力和号召力不断增强的情况下，海博会于 1998 年升格为由福建省人民政府、中国国际贸易促进会、中国纺织工业协会等参与主办，以推动两岸产业对接、促进海内外经贸交流为主要目的，以"相聚服装名城、共拓两岸市场"和"两岸、规模、专业、休闲、时尚"为理念，推动石狮乃至福建纺织服装业发展为目标的全国性专业服装博览会。[①]

海博会自 1998 年升级为全国性博览会之后，于 2005 年起每年定为 4 月 18 日举办，到 2021 年共举办了 24 届。其中 2004—2021 年海博会的展位数、成交金额如表 8-3 所示。

---

① 陈铭勋.海峡西岸崛起华夏闽台共赢[J].发展研究,2005(5):84-86.

表 8-3 2004—2021 年海峡两岸纺织服装博览会概况

年份/年	主馆面积/平方米	参展企业/家	分展区面积/平方米	展位数量/个	成交金额/亿元
2004	20 000	500	—	1 000	31.20
2005	40 000	—	200 000	1 500	42.60
2006	40 000	—	200 000	4 000	48.50
2007	40 000	—	200 000	4 000	54.20
2008	40 000	3 000	300 000	3 500	60.70
2009	36 000	462	278 200	3 600	67.02
2010	45 000	—	—	3 500	78.13
2011	45 000	500	400 000	3 000	87.50
2012	45 000	250	450 000	3 200	102.60
2013	45 000	200	450 000	3 000	115.00
2014	45 000	500	470 000	4 200	—
2015	50 000	471	450 000	4 500	—
2016	45 000	700	—	4 500	—
2017	40 000	652	500 000	4 500	—
2018	65 000	638	—	4 800	—
2019	45 000	120	650 000	4 800	—
2020	30 000	2 000＋	300 000	5 000	—
2021	25 000	160	450 000	5 000	—

资料来源:整理自海博会的相关报道或文献资料。

注:(1)2004 年之前的展会相关数据无法查到。(2)2014 年之后,海博会未再公布意向成交金额。(3)2022 年海峡两岸纺织服装博览会因新冠疫情原因延期。

从历届海博会的举办情况来看,总体上体现为以下几个特点:

1.以分设主展区和交易区的方式拓展海博会的展出规模和功能

海博会一般由主展区和交易区构成,主展区主要承担综合性的商品展示或展会活动,交易区则承担专业性的产品展示、交易或活动。分设主展区和交易区可以克服石狮展馆规模不足、减轻石狮作为县级市建设和维护超大型展馆的成本的同时,大大拓展海博会的展出规模和展出功能。以 2019 年第二十二届海博会为例,主展区位于石狮服装城展览艺术中心二号馆,展区面积 45 000 平方米，设置流行趋势馆、台湾馆、纺织新技术展示区、面料展区、辅料展区等。除此之外，还在石狮服装城展览艺术中心一号馆一层部分设置进出口贸易展示区，展示外贸企业形象；在石狮国际轻纺城仓储配送中心设置纺织服装机械分展区，参展面积 5 000 平方米；在石狮服装城设置 8 大交易区作为纺织服装交易分展区，包括男装、女装、童装等。[①] 整个展会共设 4 800 个展位，总展出面积 70 万平方米。[②]

2.海博会的规模和质量不断提高

海博会通过提升办展规格、扩大办展规模、提高参展档次、丰富展会内涵、提高服务水平，不断朝着国际化、专业化、规模化方向发展。海博会通过融合商品展示中心、物流中心、品牌展示中心、采购中心、技术研发中心、贴牌加工中心、文化交流中心多种功能为一体，强化城市品牌吸引力，成为整个服装业的助推器，并以服装业带动其他六大行业的发展，以"一城带六城"，推动以石狮为中心的福建纺织服装特色产业区域持续繁荣。由此，海博会的展出规模不断扩大，从早期的总展出面积 20 万平方米扩大到 2011 年之后的 40 万平方米，并在 2019 年达到最高的 70 万平方米，展位数量也从早期的不到 1 000 个提升到近年的 5 000 个左右；展出质量不断提高，到 2013 年第十六届海博会，已累计达成交易金额 757.91 亿元，并且交易额呈逐年上升的趋势，从 1998 年的 7.48 亿元提升到 2007 年的 54.20 亿元，到 2012 年超过 100 亿元，2013 年达到 115.00 亿元，如表 8-3 所示。

3.在保持展会理念不变的情况下不断改变主题和展示范围以适应变化的产业发展形势

"两岸、规模、专业、休闲、时尚"是海博会的展会理念。在这一理念下，每一届海博会的展会主题和展示范围都会因应当前的经济社会和产业发展形势做出相应的调整。从 2011—2021 年海博会的主题和展示范围，大多会因为每一年国际国内形势以及由此带来石狮纺织服装产业所面临的产业发

---

① 佚名.三展合璧谋新篇以海为媒促发展[EB/OL].(2019-04-03)[2022-12-04].https://baijiahao.baidu.com/s? id=1629755795198867293&wfr=spider&for=pc.

② 主展区 4.5 万平方米，机械展区 0.5 万平方米，交易区 65 万平方米，三者合计 70 万平方米。

展形势的改变,而做出相应的改变(见表 8-4)。在此期间,2011 年大陆与台湾地区签订海峡两岸经济合作框架协议(ECFA),2012 年开始的欧债危机和世界性经济复苏乏力,2013 年开始的"一带一路"倡议和 2015 年福建省被确定为 21 世纪海上丝绸之路核心区,2015 年提出供给侧结构性改革,2017年开始的中美贸易战,2020 年提出构建以国内大循环为主体、国内国际双循环相互促进的新发展格局,都给石狮服装产业的发展带来了国际性、全国性和区域性产业发展环境的变化,因而要求海博会据此不断调整展会主题和展示范围,推动石狮纺织服装产业调整发展方向,以适应市场发展的需要。

表 8-4　2011—2021 年海博会的主题、展示范围及其面临的形势演变

年份/年	主题	展示范围	面临的形势
2011	培育精品展会、助推产业升级	品牌服装、面辅料、机械设备、时装品牌和设计师作品、流行趋势	两岸签订(ECFA)第一年,"十二五"纺织工业深化调整升级、加快发展方式转变的攻坚时期的开局之年
2012	深化交流、扩大合作、创新发展、共谋双赢	纺织面料、成衣、精密机械、台商板块	欧债危机及欧美消费需求低迷,但台湾纺织服装业却能维持竞争力;ECFA 货品降税进程第二阶段;库存危机
2013	二次创业、石狮智造	纺织服装产业链、面辅料、外贸加工、台湾服饰	深度对接助推两岸产业融合,石狮品牌不断以"差异化"手段实现"石狮智造"
2014	整合天下赢	台湾服饰、福建产业群产业链、新锐设计作品、创意及趋势、流行资讯	"闽派服饰"打造"强势集群、优势链条",推动两岸在面料业、纺织机械业和市场建设方面合作共赢
2015	创新、创意、创造、创业	服装、面料、科创新品、台湾服饰、互联网＋、面辅料	融入"海上丝绸之路"纺织服装经济带
2016	新丝路、新合作、新融合及两岸、休闲、时尚	丝绸之路精品、台湾服饰、轻纺交易流行趋势展区暨海丝合作、设计师作品、科创新品	第二届海丝品牌展和第十九届海博会双会同期举办,海博会第一次全面嫁接"一带一路"
2017	新丝路、新合作、新融合及两岸、休闲、时尚	服装、服装机械、纺织面料、辅料	凸显泉州作为"海丝"起点城市地位,提升石狮、泉州乃至福建的对外影响力和辐射力,实现融合发展的共赢目标
2018	共享共创、时尚石狮	台湾馆、流行趋势、纺织机械、染整、面料、纺织技术创新、产学研合作	推介石狮的城市和产业加快对接"一带一路"经贸合作区,拓展国际新兴市场

续表

年份/年	主题	展示范围	面临的形势
2019	新丝路、新合作、新生活和时尚石狮,魅力海丝	进出口贸易、流行趋势、台湾服饰、纺织新技术、面辅料	对接"一带一路"经贸合作,拓展新兴市场和国际商品进出口业务,助力石狮高质量推进"创新转型、实业强市"
2020	融合创新,共享时尚新生活	面辅料、裤业、校服、台湾服饰、网商	紧抓市场机遇,推动市场、产业、企业、商户合作共赢,形成国内国际双循环相互促进的新发展格局
2021	融合创新、共享时尚新生活	两岸融合、跨境电商、全国面辅料、裤装、石狮面辅料、石狮校服	深度融入"双循环",推动纺织服装业数字化、智能化改造,建设世界级面辅料产业集群先行区和千亿规模电商区域中心和千亿级别国际贸易集散中心

资料来源:收集整理自历届海博会相关报道。

4.重点突出休闲主题

石狮是中国休闲服装名城,同时也是福建省休闲服装产业集群的中心区,全市现有35枚中国驰名商标、3个中国名牌、1个中国出口名牌、20个国家免检产品,品牌总量位居全国县级市第二位。从参展比例和参展企业性质来看,参展的服装企业主要是泉州的大中型服装企业,尤其是生产休闲服装的企业居多,如七匹狼、九牧王、劲霸、富贵鸟、爱登堡、大帝、大赢家、斯得雅、皇宝、盖奇、威兰西等,约占服装展位总数的80%,占据绝大比重。而且参展企业以突出企业核心品牌形象进行展位的包装布置,突出了展会的休闲特色和闽南板块休闲服装群体的优势。展会宣传推广及休闲面料、休闲服装流行趋势发布等一系列以休闲为主题的活动的举办,更充分展现了"闽派"服装引领休闲时尚的整体实力。

二、海峡服装博览会对于石狮服装产业发展的作用

1.提升石狮服装产业在我国乃至世界服装市场的影响力

海博会为石狮本地中小型企业树立了良好的市场和市场形象,为经营者提供个性化、专业化服务,加强品牌培育、渠道营销等提供了良好的平台。"高规格、高品位、重文化、重质量、树形象"已成为海博会日益突出的特色。

在海博会的带动下,石狮市从中国休闲服装之都向打造国际休闲服装之都转变,在提高城市和产业发展层级的同时,也将石狮市服装行业推向全国、推向全世界。随着展会规模逐渐扩大,包括日本、韩国、美国、意大利、德国、英国、法国、新加坡、马来西亚等国家和地区参展企业、人数越来越多,对提升石狮市服装产业在我国乃至世界市场的影响力也发挥越来越重要的作用。

2.促进两岸服装产业融合发展

台商和台资企业对于石狮服装产业的发展发挥了重要作用。到 2020 年,石狮全市累计台上投资项目 321 个,投资总额 31.90 亿元,合同外资金额 26.93 亿元。通过与台湾同业联系与沟通,台湾纺拓会、台湾毛衣编织工业同业公会、台湾制衣工业同业公会和台湾针织工业同业公会已经与海博会构筑了紧密的合作关系。而借助海博会平台,能够充分发挥福建在两岸合作交流中的独特优势和石狮作为全国重要纺织服装业生产基地的良好基础,促进石狮纺织服装业与台湾业界新面料、新信息的交流与合作,使台湾企业了解大陆纺织服装业的需求,推动两岸业界在面料业、纺织机械业和市场建设方面的合作共赢,实现两岸产业对接。

3.推动石狮服装产业转型升级

经过 20 世纪 80—90 年代的发展,石狮服装产业经历了家庭作坊式生产工厂,到合资合作兴办小型服装公司以从事"三来一补"、贴牌生产,把服装产品销到全国各地;再到创立自有品牌,在产业升级中寻求上市融资、追寻全国乃至全球服装潮流,通过自主创意设计最终把产品卖向全球市场。在这个过程中,海博会举办期间的签约项目,对推动石狮服装产业转型和升级做出了重要的贡献。

2010 年海博会签约 12 个项目,投资总额 151.80 亿元,其中的辅料市场、钢贸城、虹都百货等对石狮市商贸、物流业的发展起到了重要的作用;2011 年海博会期间,香港斯舒郎(国际)股份有限公司、香港卡宾投资有限公司、澳门华飞国际有限公司分别增资 3 亿元、3 亿元、2 亿元,扩大石狮服装产业的生产规模;2015 年海博会签约的纳米碳纤维加热染色仪、互联网＋数控刺绣机、电脑无缝提花经编机、入驻云衣尚 O2O 全渠道销售云平台、入驻星期 YI 服饰创意博览园、入驻石狮蚶江西裤基地等 6 个项目,投资金额达 6.04 亿元,有力地拉动了石狮市纺织服装产业结构的调整和升级;2016 年海博会签约的 6 个项目涉及金额 32 亿元，都是与石狮纺织服装产业升级密切相关的项目或技术；2021 年的签约项目虽然没有明确的投资金额，但"织就梦想·锦绣中华"纺织服装融合发展、跨境电商职业技能培训鉴定实验基地、深圳市跨境电商协会与石狮市人民政府战略合作、校园服饰供应生态链采购合作协议、"阿里巴巴速卖通石狮服装跨境专区"、华山古民居项目商业合作、中国裤业新零售生态链战略合作等项目同样对于石狮服装产业的未来可持续发展具有重要的意义（如表 8-5）。

表 8-5　部分年份海峡两岸纺织服装博览会签约项目情况

年份/年	签约项目/个	投资金额/亿元	主要项目或投资领域
2010	12	151.80	投资 20 亿元的黄金海岸续建改造，鸿山热电厂二期工程投资 76 亿元，以及辅料市场、钢贸城、虹都百货等项目
2011	18	81.5	投资总额 39.5 亿元的"中国休闲服装名城"，台湾永顺发投资有限公司投资 13 亿元兴建石狮台湾城，香港斯舒郎（国际）股份有限公司、香港卡宾投资有限公司、澳门华飞国际有限公司分别增资 3 亿元、3 亿元、2 亿元扩大石狮服装生产规模
2015	6	6.04	纳米碳纤维加热染色仪、互联网＋数控刺绣机、电脑无缝提花经编机、入驻云衣尚 O2O 全渠道销售云平台、入驻星期 YI 服饰创意博览园、入驻石狮蚶江西裤基地
2016	6	32	选料宝—面辅料线上采购平台、服饰商标吊卡全自动烫压机器人项目、全球面料趋势发布中心 O2O 平台石狮交易中心
2021	—	—	"织就梦想·锦绣中华"纺织服装融合发展，跨境电商职业技能培训鉴定实验基地、深圳市跨境电商协会与石狮市人民政府战略合作、校园服饰供应生态链采购合作协议、"阿里巴巴速卖通石狮服装跨境专区"、华山古民居项目商业合作、中国裤业新零售生态链战略合作

资料来源：整理自多个网络数据来源。

注：(1)前 11 届海峡两岸纺织服装博览会合计签约投资项目 151 个，投资总金额达17.06 亿美元（按历年人民币兑美元汇率，折合人民币 131.63 亿元）。参见：第十二届海峡两岸纺织服装博览会在福建石狮开幕［EB/OL］.(2009-04-20)［2022-12-05］.http://www.gov.cn/jrzg/2009-04/20/content_1290035.htm；(2)2012 年之后，尤其是 2016 年之后，海博会未再公布签约项目和投资金额等数据。

4.提升石狮服装产业的创新能力和创意水平

石狮已经发展成为中国休闲服饰之都,这和海博会的成功举办有很大关系。海博会为石狮市的城市、商业、交通等带来了巨大的直接经济效益,对石狮纺织服装产业起到重要的推动作用,使石狮的区位优势得到进一步的增强,从而提高了区域聚集能力,提升了石狮服装产业的创新能力和创意水平。在海博会举办的各种对接会、时尚发布会等活动的带动下,石狮市委、市政府高度重视企业在技术、生产、营销模式等方面的创新意识并出台相关政策给予支持,促使卡宾、爱登堡、盖奇等石狮品牌企业争当"创意先锋",不断以"差异化"手段实现"石狮智造";建设完成了石狮星期 YI 服饰创意博览园,对打造"东方米兰、创意石狮"形象,推进石狮纺织服装产业往个性化、时尚化、高端化、国际化发展具有重要的作用。

5.增强石狮服装产业集群化发展能力

首先,海博会推动了石狮服装产业链延伸。服装产业集群包含从原材料纤维等加工成织物,然后将织物加工成成品服装,再进行设计、包装、销售的完整产业链。服装产业集群可以降低石狮服装产业的竞争成本、交易成本,提高服装产业高效协作。因此,延伸产业链对于石狮纺织服装产业来说,具有举足轻重的作用。在历届海博会涉及纺织化纤、服装产能扩张、服装交易中心、创意设计园等签约项目的带动下,石狮的纺织服装产业链已经涵盖了化纤、纺织、漂染、成衣加工生产、辅料生产、市场营销等上中下游各领域,形成了覆盖整个华东乃至全国的石狮布料市场,涌现出了七匹狼、九牧王、柒牌、野豹、爱登堡、哈德利、彬伊奴、卡宾、威兰西等一批著名服装品牌,增强了石狮纺织服装产业集群化发展的能力。

其次,海博会推动了石狮服装产业发展的区域整合。福建是海上丝绸之路的核心,北接长三角,南接珠三角,东连粤港澳大湾区,西接"一带一路",处于中国经济发展新常态下国家战略机遇期和新一轮对外开放大潮中。因此,第二十四届海博会将重点放在全国范围内的产业集聚上,以推动石狮纺织服装产业与长三角、大湾区、台湾等区域的供应链与产业链相结合,凸显了海博会推动石狮服装产业发展的区域整合功能。

第三节　海峡服装博览会与石狮服装产业品牌化发展路径

一、全国、福建及石狮的纺织服装产业发展趋势

1.我国服装产业发展趋势

纺织服装业在我国经济发展中占有重要的地位。其产值从改革开放初期[①]的 1 083.04 亿元,上升到 2016 年的 63 950.88 亿元,之后有所下降,到 2020 年受新冠疫情影响降到最低的 37 342.40 亿元。2021 年虽然有所上升,为 41 840.33 亿元,但纺织业和纺织服装、服饰业产值之和占我国工业总产值(或营业收入)[②]的比重仍在不断下降,从改革开放初期的 15.6%,到 2000 年下降到 9.90%,再到 2021 年下降到 3.18%,表明纺织服装业在我国工业产业产值中的重要性已经大大下降(如图 8-3)。

但纺织服装业在我国经济社会发展中的地位仍然十分重要。这体现在,首先,2020 年,全国纺织行业规上企业实现营业收入 4.52 万亿元,占全国工业 4.3%;利润总额 2 065 亿元,占全国工业营业收入 3.18%。服装产品是满足人们不断增长和不断升级消费需求的必需品。相关研究显示,我国服装行业虽然在 2020 年因新冠疫情影响,但整体规模仍然达到了 2.30 万亿元,而且在未来仍将呈现出 5% 左右的稳定增长。[③] 其次,作为劳动密集型产业,其在生产和销售、服务等领域,吸收了大量的劳动力就业。2021 年,纺织业和纺织服装、服饰业虽然只占我国工业产业营业收入的 3.18%,如图 8-3

---

① 1987 年之前,我国工业产业统计数据中只有纺织业,1988 年开始分为纺织业和缝纫业,1990 年开始分为纺织业和纺织服装、鞋、帽制造业,2012 年开始分为纺织业和纺织服装、服饰业,制鞋业归属到皮革、毛皮、羽毛及其制品和制鞋业中。

② 2016 年及之前为工业总产值,2017 年及之后为营业收入。

③ 佚名.中国服装行业市场规模分析及未来发展趋势预测报告[EB/OL].(2022-08-08) [2022-12-05].https://www.sohu.com/a/572383398_121396994.

所示,但却吸纳了 536.80 万就业劳动力,占全部工业产业就业人数的 6.75%,是营业收入比例的 2 倍多。另据相关数据,服装流通领域吸纳的就业劳动人口数量达到 794 万人。[①] 这意味着,服装生产和服务流通的总劳动就业人数超过 1 300 万人。除此之外,与服装业上下游产业相关的就业人口还会更多。但受新冠疫情影响大量服装销售门店的关闭,对我国的劳动就业和居民收入都带来了较大的不利影响。

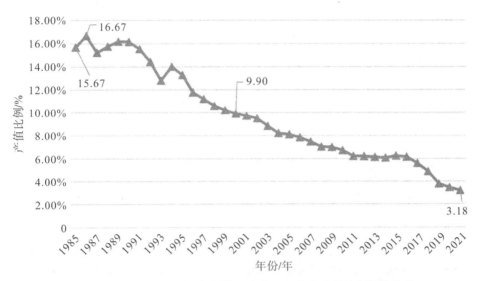

图 8-3 纺织业和纺织服装、服饰业占我国工业总产值比例演变趋势

资料来源:依据历年《中国统计年鉴》中的数据计算制作。

2.福建服装产业发展现状

福建的纺织服装产业发展起步较晚。1985 年,福建纺织业产值只有 9.5 亿元,占福建省工业总产值的 8.10%,但却只占全国的 0.88%。20 世纪 90 年代中期,福建纺织服装业发展开始加速,先后于 1994 年产值超过 100 亿元、2003 年超过 500 亿元、2006 年超过 1 000 亿元,到 2021 年达到 6 485.34 亿元。在这个发展过程中,纺织服装业占福建省工业产业产值的比例虽然仍保持在 10%左右,但占全国纺织服装业产值的比例却不断提高,从 20 世

---

① 三千纺织.纺织业就业人口[EB/OL].(2022-12-05)[2022-12-26].http://www.ljsweb.cn/pengbu/2022/1216/41865.html.

纪 80 年代中期不到 1％，提高到 2004 年 5％、2018 年 10％，到 2021 年达到 15.50％，如图 8-4 所示。与国内纺织大省相比较，2021 年福建纺织业和纺织服装、服饰业产值，仅低于浙江（产值 7 001.80 亿元，占全国 16.73％）和江苏（产值 6 856.96 亿元，占全国 16.39％）两省，高于山东（产值 4 710.95 亿元，占全国 13.72％）和广东（产值 3 138.64 亿元，占全国 7.50），是我国第三大纺织大省。

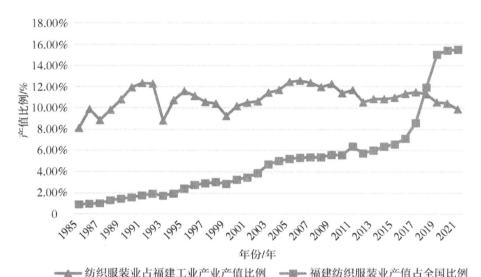

图 8-4　1985—2021 年福建纺织服装业占本省工业总产值和全国纺织服装业产值比例演变趋势
资料来源：依据历年《中国统计年鉴》《福建统计年鉴》中的数据计算制作。

3.石狮市在福建省服装产业中的地位

石狮市对福建纺织服装产业的快速发展做出了重要的贡献。20 世纪 90 年代后期福建纺织服装业的快速发展，也同样是石狮纺织服装业的快速发展时期，甚至在 20 世纪 90 年代，石狮的纺织服装业发展速度远远超过福建省的纺织服装业发展，从而石狮的纺织服装业产值占福建省的比重曾于 1999 年超过福建省的 1/3，达到 38.26％，如图 8-5 所示。

由图 8-5 可知，1988—2021 年，石狮服装业占福建省的比例远高于纺织业。石狮作为一个县级市，其纺织服装、服饰业占福建省的比例曾于 1999 年达到 56.36％，占福建省纺织业和纺织服装、服饰业的比例为 38.26％。之后虽然呈下降趋势，但到 2021 年，其占福建省纺织服装、服饰业的比例仍然

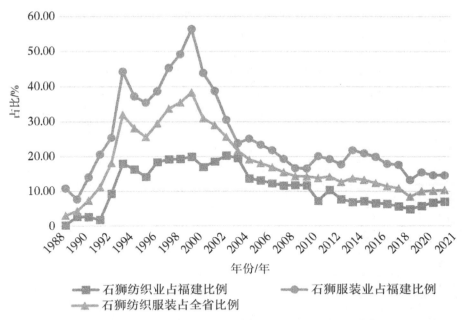

图 8-5　1988—2021 年石狮纺织服装业占福建省比例演变趋势

资料来源:依据历年《福建统计年鉴》、《石狮统计年鉴》和 2022 年《泉州统计年鉴》中的相关数据计算制作。

达到了 14.50%,纺织业和纺织服装、服饰业则占福建省的 10.27%,可见石狮纺织服装业在福建省的重要地位。

　　依据前述分析,总体上,我国纺织服装业在国民经济发展中的比例呈下降趋势,但在满足居民不断增长的消费需求和吸纳就业人口方面仍占有十分重要的地位。对于福建省来说,纺织服装业仍呈快速发展趋势,在全国纺织服装业中的地位也在不断提高。而对于石狮,尽管面临福建省其他地区纺织服装业的快速发展,从在福建省纺织服装业的比例不断下降,但纺织服装业仍在石狮占绝对主导地位。

二、石狮服装业发展面临的总体环境

1.服装业市场规模仍然持续稳定增长

从全球服装销售收入看,尽管在 2015 年、2019—2020 年出现下滑,但总体

上到 2025 年仍保持 2％左右的增长，服装销售额也将从 2013 年的 14 968.60
亿美元增长到 2025 年的 19 046.60 亿美元（见表 8-6）。

表 8-6　2013—2021 年我国服装市场销售主要指标及至 2025 年预测

年份/年	全球服装销售收入/亿美元	我国服装零售额/亿元	男装销售额/亿元	童装销售额/亿元	女装销售额/亿元	运动服饰销售额/亿元	城镇人均鞋服支出/元
2013	14 968.60	—	4 423.00	1 164.00	7 265.00	—	1 551.50
2014	15 410.60	16 228.00	4 590.00	1 271.00	7 375.00	1 483.00	1 626.60
2015	14 484.10	17 141.00	4 797.00	1 400.00	8 332.00	1 669.00	1 700.50
2016	14 634.60	18 100.00	4 994.00	1 571.00	9 460.00	1 904.00	1 738.40
2017	15 243.30	19 279.00	5 244.00	1 800.00	9 232.00	2 215.00	1 757.90
2018	15 837.40	20 774.00	5 587.00	2 091.00	9 739.00	2 637.00	1 808.20
2019	15 824.50	21 854.00	5 806.00	2 391.00	10 572.60	3 199.00	1 831.90
2020	13 956.90	19 700.00	5 108.00	2 292.00	9 406.50	3 150.00	1 645.00
2021	15 471.60	—	5 779.00	2 869.00	10 232.00	—	1 843.00
2022e	17 109.40		5 955.00	3 290.00	10 446.00		
2023e	18 046.20		6 158.00	3 742.00			
2024e	18 554.50		6 366.00	4 232.00			
2025e	19 046.60		6 570.00	4 738.00	12 311.00		

资料来源：整理自《2022 年中国服装产业分析》（远瞻咨询，研究报告）等多个数据来源。
注：2022 年及之后的数据为预测值。

与全球服装市场销售收入缓慢增长相比，我国的服装销售额增长明显
更快。2014—2020 年，我国服装零售额从 16 228.00 亿元增长到 2020 年的
19 700.00 亿元。其间，除 2020 年下滑 9.88％外，2015—2019 年的销售额增
长率分别为 5.63％、5.69％、6.51％、7.75％、5.20％，均超过了 5.00％。从细
分市场来看，男装、童装、女装、运动服饰分别从 2013 年的 4 423.00 亿元、
1 164.00 亿元、7 265.00 亿元、1 483.00 亿元（2014 年）增长到 2019 年的
5 806.00亿元、2 391.00 亿元、10 572.60 亿元、3 199.00 亿元，分别增长了
31.27％、105.41％、45.53％、115.71％。据预测，到 2025 年，我国男装、童装
和女装的销售额将比 2021 年增长 13.69％、65.14％和 20.32％，年均增长

3.42、16.29、5.08 个百分点。

2.我国服装行业呈明显的时代标志性发展趋势

服装行业的发展具有鲜明的时代特征。从近几年的情况来看,服装行业呈现出以下几个方面的发展趋势:

一是细分市场兴起。服装行业的发展受社会各项因素的影响。比如"跑步经济"带来了运动服饰的快速增长,2016 年开始的"全面二孩"、2021年开始的"三孩"政策,则大大加速了童装市场的发展(如表 8-6 所示),童装和运动服饰销售额的增长要远快于男装、女装。激烈的市场竞争使得细分市场成为必然。未来服装行业的发展,还可能因为经济社会出现新的时代特征而出现越来越多的细分市场,因而服装行业的企业也必须针对细分市场做出适应性调整。

二是消费群体年轻化、个性化。中国的服装市场在 2021 年已经达到3 033.48亿美元,接近于美国的 3 175.63 亿美元,并将在未来成为全球最大的服装消费市场。在我国快速增长的服装消费市场中,以"90 后""00 后"的新中等收入群体正成为消费主力。这部分消费者拥有独立自我、个性张扬的特征,敢于接受新事物,对潮流资讯拥有自己的独特看法。以海澜之家为首的国产鞋服品牌纷纷向年轻消费者靠拢,如路易威登(LV)、香奈儿(CHANEL)、古驰(GUCCI)等奢侈品牌也在 2018 年向流量低头,更换中国千禧一代热爱追捧的代言人。消费群体转移,年轻化、个性化为服装企业的品牌重燃新生提供了良好的机遇。服装行业企业也应更重视数据分析以追踪消费者喜好,对自身设计做出调整,增加个性化体验。

三是新消费形态逐渐形成。由于社会生产力的发展,消费者的收入也随之提高,从而消费者的消费能力也大大提升。但在当今社会经济条件下,由于消费者作为社会生产过程中劳动力的供给方,其知识技能水准的提升、个体在生产过程中占有和支配的资本数量的增加,加上生产流程的优化和管理水平的提升,都大大提升了个体劳动效率,即劳动者的边际产出大大提升,因而劳动者的边际产品价值(劳动的变价产品收益),即劳动工资大大提升。不断提升的工资与不断下降的产品价格,使消费者在做出消费选择的时候,其消费可行集大大扩充,即消费者的消费能力大大提升。在这种情况下,消费者的消费选择必然转向以满足消费者的偏好和以满足消费者的更大效用为目标的消费形态。

四是自媒体时代与粉丝经济的崛起。这意味着消费者选择的标签化与群体化成为影响服装行业发展的重要因素。"90后"和"00后"出生的潮流新人群对互联网有着很高的依赖性，纸媒这样传统的媒介渠道已经无法引起他们的关注。相反，快速兴起的社交网络是品牌垂直攻略年轻受众的最有效途径。许多消费者会选择听从一些对他们具有标签性意义的同类消费者的建议，这些人的意见对他们来说可能比传统的公司广告更真实。而这些具有标签性意义的同类消费者，既可能是拥有较多"粉丝"的网络名人，也可能就是与消费者自身身处相同或相类似环境的普通消费者个体。但无论是哪一种类型，都可能成为消费者实施消费选择的标签，并可能因为该标签所做选择的改变而导致消费者群体性的转向。

3.我国出台了一系列鼓励和促进服装行业有序、健康发展的政策措施

在我国从纺织大国向纺织强国转变的过程中，我国的五年规划对服装行业的要求也在不断改变："十五"期间对于服装行业的关注重点在于推进名牌服装的深加工，"十一五"期间则是着力打造自主品牌、提高质量、增加品种以满足多样化的需求，"十二五"期间提出要强化环保和质量安全、加强企业品牌建设、提升工艺技术装备水平，"十三五"期间要求实施制造业重大技术改造升级、实现重点领域向中高端的群体性突破，"十四五"期间则重点开展中国品牌创建行动、保护发展中华老字号、提升自主品牌的影响力和竞争力、率先在服装等消费品领域培育一批高端品牌。由此可见，国家对服装行业的发展，在不同的时期有不同的关注点，对整个产业的发展也提出了越来越高的要求。

在历次五年规划对服装行业提出相应要求的基础上，我国还出台了相应的政策以支持服装行业有序健康发展。比如2015年国务院出台的《中国制造2025》中，就明确提出要加快纺织行业生产设备的智能化改造，提高精准制造、敏捷制造能力，提升设计、制造、工艺和管理水平，促进纺织行业向价值链高端发展；2016年发布的《中国服装行业"十三五"发展纲要》中提出，要以量化深度融合为基础，以中华文化为核心的现代产业文化体系为支撑，以高质高效产业链供应系统为保障，以具有持续创新能力、跨国资源配置能力及资本运作能力为核心竞争力，将中国服装业建设成具有国际竞争优势的创新型产业；2017年工信部出台的《产业关键共性技术发展指南（2017

年)》中指出,要支持高性能非织造材料加工关键技术、高速梳理技术、纺丝牵伸技术、双组分复合纺丝技术、高速稳定均匀铺网成网技术、高速宽幅纺绒技术等;2019 年 4 月国家发改委《产业结构调整指导目录(2019 年本)》中提出,鼓励纺织业智能化发展,鼓励采用非织造等多种工艺复合、长效整理等新技术;2021 年 3 月在《"十四五"规划和 2035 年远景目标纲要》中提出要实现在服装等消费品领域培育高端品牌;2021 年 10 月在《"十四五"国家知识产权保护和运用规划》中指出要完善服装设计等时尚产业知识产权保护政策;2021 年 10 月在《中国服装行业"十四五"发展指导意见和 2035 年远景目标》中提出到 2035 年我国服装行业要成为世界服装科技的主要驱动者、全球时尚的重要引领者、可持续发展的有利推进者。

4.服装行业品牌集中度低

2021 年,除运动装外,我国主要服装细分领域的品牌市场份额集中度都相对较低。童装、女装、男装、休闲装市场份额最高的几个品牌总共只占12.10％、4.80％、11.40％、14.80％,但运动装却高度集中,前五位运动服饰品牌的市场占有率高达 71.00％(见表 8-7)。品牌集中度低,说明我国服装行业的市场竞争较为激烈,如果不能适应变化的市场环境和消费者需求,则可能逐步没落并退出市场,如班尼路、真维斯等。

表 8-7　2021 年我国主要服装细分市场品牌占有率

排名	童装		女装		男装		运动装		休闲装	
	品牌	份额/%	品牌	份额/%	品牌	份额/%	品牌	份额/%	品牌	份额/%
1	巴拉巴拉	7.10	优衣库	1.60	海澜之家	4.40	耐克	25.20	海澜之家	7.40
2	安踏	1.60	阿迪达斯	0.90	绫致	2.50	安踏	16.20	森马服饰	2.30
3	优衣库	1.30	波司登	0.90	迅销	1.80	阿迪达斯	14.80	美邦服饰	2.60
4	阿迪达斯	1.30	奥莉	0.70	波司登	1.60	李宁	8.20	太平鸟	2.50
5	耐克	0.80	太平鸟	0.70	马克华菲	1.10	斯凯奇	6.60	其他	85.20
6	其他	87.90	其他	95.20	其他	88.60	其他	29.00		

资料来源:李捷.纺织服装行业研究框架[R].上海:东吴证券,2002.

5.服装产业向智能制造和数字化发展转变

我国是服装制造大国。2020年，我国纺织纤维加工总量达5 800万吨，占世界纤维加工总量的比重保持在50%以上，化纤产量占世界的比重70%以上。2020年，我国纺织品服装出口额达2 990亿美元，占世界的比重超过1/3，稳居世界第一位，其中纺织品出口额占全球的比重从2016年的36.6%提升到2019年的39.2%。[①] 一直以来，纺织服装业作为传统产业，是我国的支柱产业。随着智能技术的高质量快速发展，纺织服装业也承受着前所未有的冲击。我国要实现从纺织大国向纺织强国转变，就需要在"中国制造2025"引导下，在服装制造业中融入智能制造技术，实现服装企业的智能制造转型升级。服装企业的智能制造转型通常包括：消费者体型数据库的建立和布局，可以提高服装设计师的创新能力，同时利用互联网技术建立消费者需求数据库；为了取得时尚潮流讯息设立销售端市场和电子营销渠道，让企业的研发设计团队紧跟市场和终端消费者的需求来设计合适的产品；为了实现智能化制造的目标，企业设计团队利用不同的设计软件和网络技术与面料供应商实现信息共享；为了使消费者及时发现和了解产品的出货情况以及物流动态，生产部门、物流和仓储可以提供智能化的工厂与消费者之间的物流供应链。[②]

三、石狮服装产业品牌化发展路径

1.服装生产与服装品牌运作的空间分离

（1）服装生产与服装品牌运作空间分离是石狮服装产业发展的必然要求。石狮在我国服装产业发展历程中占有重要的地位。石狮服装产业经过20世纪90年代和2012年之后两个阶段的快速发展，石狮服装产业占全国的比例，从1988年设市之初的0.04%提高到1999年的1.09%，在经历1999

---

① 中国纺织工业联合会.纺织行业"十四五"发展纲要[EB/OL].(2021-07-14)[2022-12-05]. http://jj.ffib.cn/news/20210714165256.

② 张洁,吕佑龙,汪俊亮,等.大数据驱动的纺织智能制造平台架构[J].纺织学报,2017,38 (10):159-165.

年到 2012 年的下降之后,再次从 2012 年的 0.72% 提高到 2021 年的 1.59%。如图 8-6 所示。

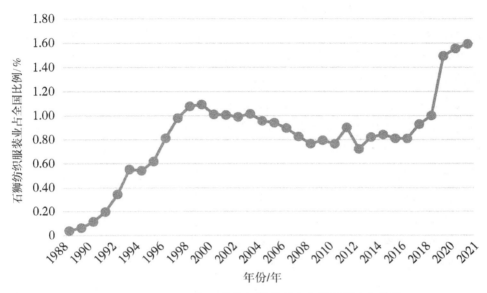

图 8-6　1988—2021 年石狮纺织服装业占全国比例演变趋势

资料来源:依据历年《石狮统计年鉴》、《中国统计年鉴》和 2022 年《泉州统计年鉴》中的数据计算制作。

　　但石狮毕竟只是县级城市,其在区域、全国的地位较低,因而资源集聚的能力和空间相对有限。影响一个城市的资源集聚能力,主要包括政府干预程度、对外开放水平、市场完善程度等制度因素,人均 GDP、基础设施水平、运输成本、资源配置能力、产业联系、固定资产投资占 GDP 比重等经济因素,创新能力、技术溢出机会、人力资本水平、信息共享程度、教育水平等科技因素,以及区位优势、资源禀赋差异、市场规模等自然因素。[①] 而石狮作为县级市,仅有 160 平方千米土地面积,68.6 万常住人口,2021 年地区生产总值刚超过 1 000 亿元,县级市人口规模其在国际国内的影响力相对较小,金融设施、信息设施、高等级的交易场所、高水平的科研院所等机构也相对

①　郭庆宾,许泱,刘承良.长江中游城市群资源集聚能力影响因素与形成机理[J].中国人口·资源与环境,2018(2):151-157.

较少，无法集聚足够的资金、人才、技术、生产者服务业等资源，以进一步做大做强石狮服装产业。

（2）服装生产与服装品牌运作空间分离的成功案例。生产与品牌运作的空间分离，是石狮服装产业，尤其是服装品牌做大做强的必然选择。这意味着，从产业配套的角度，石狮仍应作为服装产业的生产基地。但从品牌运作的角度，石狮服装需要走向厦门，甚至是北京、上海、广州等城市，以大幅度提升品牌运作的空间。事实上，源于晋江、创办于1980年的劲霸男装，在专注于男装夹克生产和销售并迅速占领福建市场，2007年销售额即突破10亿元。但为求更大的发展空间，其于2009年将总部迁往上海。虽然自2012年起面临国内服装企业相同的库存危机，但劲霸男装在上海更易于了解消费者需求观念转变的环境下，将品牌形象从"中年直男"转向年轻化风格，同时将中国元素融入男装设计中，借助于上海的科技创新资源建设了国家级实验室专门研发男装夹克，发展成为引领国内服装服饰潮流的男装企业，拥有3 000多家形象统一管理规范的品牌专卖店，是中国商务休闲服饰的开创性品牌、唯一一家专注于专业茄克研发设计并是唯一入选巴黎卢浮宫的中国男装品牌。同样的情况也曾发生在国内知名男装品牌雅戈尔。雅戈尔源于宁波青春服装厂，于1990年更名为雅戈尔（YOUNGOR），2012年即实现销售收入444亿元，利润总额25.88亿元，进出口总额21.78亿美元，上缴税收30.16亿元。总资产近620亿元，净资产168亿元，中国企业500强第252位，中国民企500强第39位。① 虽然因宁波地方政府出面挽留，雅戈尔未将公司总部迁往上海，但2000年雅戈尔即注册了上海雅戈尔商业广场有限公司，经营服饰、皮革制品、家用纺织品的生产和销售，服饰设计及技术服务等业务，实际上类似于雅戈尔的上海营销总部；2021年成立了雅戈尔时尚（上海）科技有限公司，进军时尚科技领域以进一步强化时尚服装产业运营，同时与挪威国宝级户外品牌海丽汉森（Helly Hansen，简称HH）达成合作，使雅戈尔的品牌矩阵进一步升级。可见，即使身处长三角区域核心城市之宁波，在地方政府以较大政策优惠力度挽留的情况下，雅戈尔仍然在不断尝试

---

① 佚名.李如成：雅戈尔的发展历程［EB/OL］.（2013-06-20）［2022-12-05］.https://zj.qq.com/zt2013/czh21/index.htm.

迁往上海获得更大的发展空间。

（3）服装生产与服装品牌运作空间分离对石狮服装产业发展的意义。在保留品牌发源地作为产品产地，而将品牌运作转向区域乃至全国、全球性中心城市，即实现生产与品牌运营在空间上的分离，是诸多企业，尤其是需要与时尚前沿密切联系的服装品牌谋求更大发展的理性选择。生产与品牌运作在空间上的分离，看似会导致石狮服装产业的品牌虚化，但却能够通过不断发展壮大的服装品牌在资金、技术等回馈为石狮服装产业发展带来更多资源，并通过返回石狮参加海峡两岸纺织服装博览会，以提升海博会作为石狮服装产业发展的平台能级，从而为石狮服装产业发展聚集更多来自全国乃至全球资源，进一步促进石狮服装产业的发展。

2.提升品牌价值与精准化品牌定位

（1）石狮服装品牌发展中存在的主要问题。服装品牌的定位，通常需要考虑地理因素，按地理区域不同划分市场；人口因素，按照年龄、性别、收入等变量划分市场，这是最常用的细分方法；行为因素，按购买行为和寻求利益来划分；心理因素，了解消费者的观点、兴趣、生活方式等个性差异或其他变量。[①] 除此之外，品牌定位还可以从品牌产品价位角度，以高质高价瞄准高收入消费者群体、以质价俱优瞄准中等收入消费者群体，或以高性价比瞄准中低收入群体。但实际上，每一个消费者都可以通过上述各方面因素的某一具体指标，以特定人群、收入水平、年龄、风格、职业、着装场合、营销地域等因素勾勒出与之相对应的消费者画像。而服装品牌定位，就需要将这些消费者画像进行分类，以某一或某些消费者分类为主要目标展开相应的市场营销活动。

石狮服装业的品牌定位仍然存在诸多问题。这些问题包括：一是石狮服装品牌的价值仍然较低。如表 8-2 所示，石狮服装品牌中，价值最高的七匹狼，也仅仅 124.15 亿元，与价值 365.12 亿元的鄂尔多斯、313.63 亿元的海澜之家、304.74 亿元的波司登、254.18 亿元的雅戈尔仍有较大的差距，而其他品牌如九牧王的 76.18 亿元、柒牌的 13.56 亿元则与上述品牌的差距更大，甚至与 146.27 亿元的森马、128.80 亿元的百丽都有很大的差距。二是品

---

① 李敏,唐晓中.服装品牌定位及多元化品牌策略[J].纺织导报,2003(2):49-52.

牌定位不明晰，从石狮主要的服装品牌来看，在品牌定位上既无法清晰地体现其作为高端消费者品牌以高附加值取胜，也无法体现出以中低端、大众消费品牌扩大消费者群体和消费需求量以量取胜，或者以较高的性价比呈现于消费者面前在同等价位下以质取胜。由于品牌定位不清晰，就意味着难以制定品牌营销战略目标，或品牌营销战略目标往往难以实现。

（2）石狮服装品牌精准化定位的实现途径。石狮服装产业发展需要精准的品牌定位。在大数据时代，借助大数据实现石狮服装品牌的精准定位，是石狮服装产业发展的必然要求。大数据时代，可通过以下公式的效用函数刻画消费者的偏好：

$$U(p_1,p_2,\cdots,p_k)=F(x_1,x_2,\cdots,x_m;y_1,y_2,\cdots,y_k;z_1,z_2,\cdots,z_r;\cdots)$$
$$(8\text{-}1)$$

其中，$p_1,p_2,\cdots,p_k$ 为消费者的各种偏好，$x_1,x_2,\cdots,x_m;y_1,y_2,\cdots,y_k;z_1,z_2,\cdots,z_r;\cdots$则代表消费者特征值的递进型多维度的多个自变量。

在（8-1）式的多维度自变量矩阵中，$x_1,x_2,\cdots,x_m$ 代表消费者基本特征的参数，比如一般在探讨消费者偏好时所涉及的性别、年龄、收入水平、文化程度、民族、宗教信仰、职业等基本因素；$y_1,y_2,\cdots,y_k$ 则可能表示基于基本因素的不同消费者的某些消费行为特征，如购物习惯、爱好等进阶因素；$z_1,z_2,\cdots,z_r$ 则表示消费者在某一习惯或爱好下的具体选择，比如在体育运动爱好下的何种体育运动，在某种购物习惯下（比如网络购物、实体店购物等）的平台或店面的选择等。由此，通过递进多维度多因素所刻画出的消费者偏好（$p_1,p_2,\cdots,p_k$），通过进一步依据消费者的递进型多维度多变量特征值计算提取出其有效偏好，即可服务于石狮服装产业的品牌定位与产业发展。

（3）依托海博会促进石狮服装品牌精准定位并提升品牌价值。大数据时代，石狮服装业要提高自身的市场竞争力，就必须重视品牌的树立，强化企业文化，提高品牌的文化内涵。同时还要重视对本土文化资源进行挖掘与创新应用，打造具有中华文化特色的服装品牌。首先，应委托相关研究机构，就石狮服装品牌定位展开相关大数据分析和研究，并在每年的海博会期间发布相关研究成果，引导石狮服装品牌不断依据市场行情和消费者偏好的变化而调整自身的品牌定位。其次，依托海博会举行石狮服装品牌产品发布会,在提升石狮服装品牌价值的同时,为石狮服装品牌向更高水平的服装品牌发布会打下坚实的基础。从海博会的展会活动安排来看,其以服装产品交易为主,而关于石狮服装品牌的发布,则未见于海博会的相关展会活动计划中。海博会从20世纪90年代初期的服装产品展销会开始,到1995年固定展会举办日期,再到1998年升级为全国性博览会,已经经历了近30年的发展历程,并在国际国内服装产业领域具有较强的影响力。在此基础上,以石狮在国际国内服装产业中的地位,在海博会上举办服装品牌发布会,对于增强海博会本身的平台能级,提升石狮服装品牌的价值,都具有重要的作用。而且,通过在海博会期间举办石狮服装品牌发布会,能够为石狮服装品牌在产品设计、品牌运营等方面积累足够的经验,从而为石狮服装品牌走向国际国内更高水平的服装品牌发布会打下坚实的基础。

3.注重与区域关联产业的协同发展

置身区域经济体系的石狮服装产业,应注重与区域关联产业的协同发展。所谓产业关联,是指集群内的企业处在相同或是相近的产业链上,具有前向、后向、横向的产业联系。[①] 而产业协同则是指开放条件下,作为国民经济运行的子系统,各产业或产业群相互协调合作形成宏观有序结构的过程。[②] 区域产业的协同发展,更多是关于京津冀、长三角、珠三角、成渝经济区产业协同的研究。比如,在京津冀产业协同发展上,应积极推动京津冀形成基础设施衔接、支柱产业配套、新兴产业共建、一般产业互补的梯度开发模式与分工协作体系。[③] 成渝经济区要充分利用主导产业和支柱产业相关性强的特点,在重点发展区域产业集群时,注意新产品的研发和区域内的互补,加强两省市各级政府的规划、引导、激励和协调[④],同时依托天府新区和两江新区的合作推动两极核城市的产业协同。[⑤] 长三角则强调产业部门在空间结构、产业链分布、产业政策与市场规则等方面形成的同质对接和共

---

① 胡大立.产业关联、产业协同与集群竞争优势的关联机理[J].管理学报,2006(6):709-714.

② 徐力行,高伟凯.产业创新与产业协同[J].中国软科学,2007(6):131-135.

③ 纪良纲,晓国.京津冀产业梯度转移与错位发展[J].河北学刊,2004(6):198-201.

④ 王崇举.对成渝经济区产业协同的思考[J].重庆工商大学学报(西部论坛),2008(3):1-5.

⑤ 李优树,冯秀玲.成渝地区双城经济圈产业协同发展研究[J].中国西部,2020(4):35-45.

融，以企业、科研机构、高校等为载体整合创新资源展开协同创新与协同制造，以共同利益为导向创造整体竞争优势。[①] 珠三角要推动核心城市的引领作用，鼓励城市在价值链上的差异化分工合作，发挥市场和政府两只手的共同作用。[②]

事实上，石狮服装产业发展有良好的周边协同环境。晋江是在全国乃至世界都占有重要地位的运动鞋生产基地，而且晋江作为我国四大"制鞋基地"，拥有鞋业生产经营企业 3 000 多家，年产量 18 亿双，旅游运动鞋产量占全国总产量的 40%、世界的 20%。此外，晋江的安踏、361°、特步、乔丹、贵人鸟等知名运动品牌在我国运动鞋业中具备较高知名度，其中安踏以品牌价值 431.15 亿元排在 2020 年我国品牌 500 强的 161 位，特步以品牌价值 209.06 亿元排在 2020 年我国品牌 500 强的 302 位。[③] 莆田同样在我国运动鞋生产中占有重要的地位。从 20 世纪 70 年代即开始发展的莆田制鞋业，是莆田的支柱产业之一。官方数据统计显示，2021 年莆田规模以上制鞋企业 314 家，全市鞋产量从 2008 年的 1.06 亿双增长到 2016 年的 8.23 亿双，到 2021 年达到 13.9 亿双，产值 1 311 亿元，占全国 1/10、全省 1/3 的规模。[④]

鞋、服产业是紧密相关的关联产业。与晋江、莆田等周边地区生产运动鞋企业合作发展运动鞋服产业，对石狮服装产业的发展具有重要的意义。但从石狮服装产业主要品牌的产品来看，卡宾的主要产品是个性休闲男装，九牧王为休闲男装，柒牌为男装，七匹狼为男装、针纺、童装，劲霸为商务休闲男装夹克，与狼共舞为时尚男装，斯得雅为时尚男装，只有华飞公司的主要服装产品为运动休闲服装。可见石狮服装产业总体上以男装为主，而与

---

① 张明之.区域产业协同的类型与运行方式：以长三角经济区产业协同为例[J].河南社会科学，2017(4)：79-85.

② 睦文娟，张昱，王大卫.粤港澳大湾区产业协同的发展现状：以珠三角 9 市制造业为例[J].城市观察，2018(5)：24-30.

③ 过硬研究院.2020 中国最具价值品牌 500 强排行榜发布[EB/OL].(2020-09-22)[2022-12-06].https：//baijiahao.baidu.com/s？id＝1678516061782087560&wfr＝spider&for＝pc.

④ 覃澈.从莆田鞋到"莆田鞋"：阵痛后的鞋都品牌突围之路[EB/OL].(2022-04-29)[2022-12-06].https：//baijiahao.baidu.com/s？id＝1731423011723299489&wfr＝spider&for＝pc.

周边区域发展较好的运动鞋产业密切相关的运动服饰方面的服装产品或品牌则相对较少。因此,总体上可以认为,石狮服装产业发展的自发性较强,而与周边区域的产业协同性较弱。

因此,石狮服装产业的发展,应依托海博会强化与晋江、莆田等主要制鞋产业地区间的产业协同发展。主要措施包括,一方面,在海博会期间,组织石狮服装产业与晋江、莆田制鞋业的协同发展主题活动,探讨三地产业协同发展的领域与方向;另一方面,则要积极参与晋江鞋博会,主动融入晋江鞋业发展体系,寻求与晋江、莆田鞋业协同发展的方式与路径。

4.石狮服装产业的专业化与产业深化发展

(1)石狮服装产业的专业化。产业地方化、地方产业发展专业化是一个国家或地区工业化进程中的总体趋势。从我国区域经济发展进程来看,随着地区经济发展水平的提高,区域产业发展也经历了以单一产业主导、产业多元化和产业专业化的发展历程。浙江块状经济、珠三角的专业镇都是产业专业化发展的成功案例。而石狮服装业的发展,在注重服装制造的同时,辅料等领域的发展也占有相当的比重,并通过辅料等领域的发展实现石狮服装产业在产业链延伸的基础上集群化发展。但作为县域经济的石狮,难以实现服装产业的全产业集群发展。因此,专业化才是石狮服装业的发展方向。这种专业化发展方向,一是专业化于男装生产和销售,这在石狮服装产业发展已经有较好的基础。另一个专业化方向是与区域产业协同发展基础上,推动区域产业发展的专业化,比如与晋江、莆田等地的运动鞋、运动设备生产相协同,形成区域运动鞋服专业化生产基地。

(2)石狮服装产业的深化发展。产业深化,指一国产业总体状态上或者某一产业内部的加工和再加工程度逐步向纵深化发展,实现高加工度化与技术集约化的趋势,即一个国家或地区从只能生产初级产品或加工原材料,到能够生产高技术产品;从只能生产较为粗糙的、低质量产品,到能够生产高质量产品等等。[①] 对于产业深化概念的理解,大致可以认为其描述了一个地区对于产业发展的关注应当遵循"产业—行业—产品—区段—环节"的深化发展路径,而在该路径的每一个阶段都对应了一个国家或地区的经济发

---

① 李江涛.产业深化理论:一个新理论框架[D].北京:中共中央党校,2004.

展阶段,从而政府的政策侧重点是有差别的。

石狮服装产业的深化发展路径包括:一是基于部门分工基础的产业深化,即在研究与开发部门、中间产品生产部门、最终产品生产部门之间实现石狮服装产业的深化发展,即从最终产品生产逐渐向产品设计、产品全球化营销等部门深化;二是基于产品类别的产业深化,通过不断发掘差异化的消费者需求,并根据细分化的消费者目标市场开发适销对路的商品以满足不同消费者的需求;三是基于产业链环节的产业深化,重点是引导石狮服装产业向附加值高的产业链延伸;四是基于产品质量提升的产业深化,要引进利用全球服装产业发展中的新技术、新工艺、新理念,促进石狮服装产业生产流程向智能化、数字化转变,以工业生产流程再造提升产品质量;五是基于产品品牌化战略的产业深化,形成石狮服装产业发展完整的品牌战略思路和支持政策体系,加快石狮服装品牌的成长,促进石狮服装产业升级和发展模式的转变。

(3)海博会与石狮服装产业的专业化与深化发展。海博会对于石狮服装产业的专业化与深化发展有重要的作用。首先,在促进石狮服装产业专业化发展方面,重点是海博会的展馆设置、展出范畴和服装产品交易向石狮服装产业的专业化领域倾斜。海博会向石狮服装产业专业化领域的倾斜,不仅是针对参加海博会的石狮本地企业,要求他们围绕石狮服装产业的专业化领域布展、展出商品或服务,而且在邀请域外服装企业参加海博会的时候,同样要依据石狮服装产业的专业化领域做出相应的选择。其次,在促进石狮服装产业深化发展方面,除了如前文关于石狮服装品牌化发展所述展开相关活动外,还应通过发布消费者服装需求方面的新变化、服装生产的新工艺新技术新装备、服装设计新理念新范式、服装产业发展的新趋势等信息,或举办专家论坛、产业发展高峰会等活动,引导石狮服装企业依据自身的特点和优势,推进石狮服装产业的深化发展。

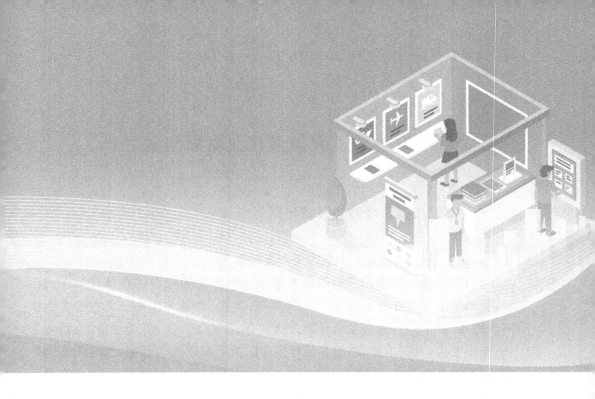

第九章　茶博会与武夷茶产业区域融合发展

第一节　武夷茶产业发展概况

一、福建主要茶叶种类及其产区

1.茶叶分类、茶产业链及我国茶产业概况

（1）我国茶叶分类。按照茶的发酵程度及与之相对应的色泽和加工方法，我国一般将茶叶分为绿茶、白茶、黄茶、青茶、红茶和黑茶。其中绿茶为不发酵茶，其中较多保留了茶叶的天然成分，代表茶为龙井、碧螺春、黄山毛峰、信阳毛尖、六安瓜片、恩施玉露等。白茶长有较多白色茶毫，为轻微发酵茶，发酵程度为5％～10％，一般呈芽芯白色、叶面绿色、叶背黄褐色，代表茶为银针白毫、白牡丹、寿眉等。黄茶为微发酵茶，依靠人为控制发酵程度10％～20％，为黄汤黄叶，代表茶为君山银针、蒙顶黄芽、北港毛尖等。青茶即乌龙茶，为半发酵茶，呈绿叶红边，代表茶为铁观音、黄金桂、永春佛手、冻顶乌龙［产地为台湾鹿谷乡凤凰村、永隆村、彰雅村（冻顶巷）］、武夷岩茶（大红袍）、闽北水仙。红茶为全发酵茶，发酵程度70％～90％，呈红汤红叶，代表茶为祁茶、滇红、宁红、宜红、正山小种、川红等。黑茶为后发酵茶，发酵程度会随时间变化而变化，一般干茶呈青褐色，汤色为橙黄色或褐色，代表茶为青砖、六堡茶、普洱茶、安化黑茶等。

（2）茶产业链。茶产业链一般包括上游的育种育苗、种植采摘、干毛茶，中游的粗加工形成茶叶产品，通过深加工形成烘焙、茶饮料、护肤品、茶酒、茶药、茶雕等产品，下游则包括批发零售、直销电商、便利店、茶楼茶馆、品牌门店，以及衍生产业茶展会、茶叶主题酒店、茶叶主题餐厅等。

（3）我国茶产业概况。根据中国茶叶流通协会发布的《中国茶叶消费市场报告》，2020年全年茶叶国内销售量达220.16万吨，增幅为8.69％；销售总额为2 888.84亿元，增幅5.45％。2021年，各主产区茶叶交易持续回稳，茶叶消费加快复苏，全国茶叶内销总量突破230万吨，内销总额跃升至3 000亿元。2021年，我国茶叶内销总量中，绿茶内销量130.92万吨，占总销量的

56.9％；红茶内销量 33.88 万吨，占总销量的 14.7％；黑茶内销量 34.41 万吨，占总销量的 14.7％；乌龙茶内销量 22.79 万吨，占总销量的 9.9％；白茶内销量 7.05 万吨，占总销量的 3.1％；黄茶内销量 1.14 万吨，占总销量的 0.5％。各茶类中，绿茶均价 152.3 元/千克，红茶均价 146.2 元/千克，乌龙茶均价 113.8 元/千克，黑茶均价 76.2 元/千克，白茶均价 129.8 元/千克，黄茶均价 122.2元/千克。[①]

2021 年，我国茶叶出口量和出口金额均创历史新高，出口量总计为 36.94 万吨，比 2020 年增长 2.05 万吨，同比增长 5.89％；茶叶出口额累计为 22.99 亿美元，比 2020 年增加 2.61 亿美元，同比增长 12.82％。[②]

2.福建主要茶叶种类及其产地

福建茶叶品种众多，有武夷地区的岩茶、金骏眉、正山小种，建阳、松溪等地的白牡丹，坦洋工夫茶，福鼎和政和的白毫银针，政和工夫茶，永春佛手，安溪铁观音、黄金桂、本山、毛蟹，尤溪绿茶，建阳和建瓯的闽北水仙茶，龙岩的斜背茶，漳平的水仙茶，诏安的八仙茶。

（1）铁观音。铁观音是我国的传统名茶，发源于安溪县西坪镇尧阳山麓，由福建安溪茶农于 1725—1735 年发明。铁观音为乌龙茶的代表，为中国十大名茶之一。优质的安溪铁观音茶条卷曲，肥壮圆结，沉重匀整，色泽砂绿，整体形状似蜻蜓头、螺旋体、青蛙腿。冲泡后汤色金黄浓艳似琥珀，有天然的兰花香，滋味醇厚甘鲜，回甘迅速持久，因而有"观音韵"之称。

铁观音主产区在安溪西部，以感德、西坪、长坑、祥华、龙涓、福田、桃舟、剑斗等地的茶叶品质较高。关于安溪铁观音的产量，并没有权威的数据发布。但安溪铁观音四季采制及其比例分布为：谷雨至立夏为春茶，产量占全年总产量的 45～50％；夏至至小暑为夏茶，产量占 25～30％；立秋至处暑为暑茶，产量占 15～20％；秋分至寒露为秋茶，产量占 10～15％[③]。而安溪铁

---

① 中商产业研究院.2022 年中国茶产业链上中下游市场分析［R/OL］.（2022-06-13）［2023-01-10］.https://m.163.com/dy/article/H9ORKMHN051481OF.html.

② 智研咨询.2021 年中国茶叶产业发展现状及产业发展趋势分析［EB/OL］.（2022-05-11）［2023-01-10］.https://www.chyxx.com/industry/1108201.html.

③ 佚名.福建泉州安溪茶［EB/OLZ］.［2023-09-05］［2023-10-06］. https://www.4000156651.com/gonglve/lvyou/specialty0100021428.

观音春茶产量大约 2 万吨。① 由此可以测算,安溪铁观音的年产量约 4～4.5 万吨。2022 年 9 月安溪铁观音以 1 430 亿元的品牌价值位列区域品牌（地理标志）价值第一,这是安溪铁观音连续三年位列区域品牌（地理标志）第一,也是连续七年名列全国茶叶类区域品牌价值第一。②

（2）岩茶。岩茶一般指武夷岩茶,产地为武夷山市。因"岩岩有茶,非岩不茶"而得名。属半发酵茶,青茶（乌龙茶）,以"岩骨花香"的独特岩韵著称。主产区为中国福建武夷山茶区。据调查,仅山北慧苑岩便有名枞 800 多种。岩茶中以大红袍、白鸡冠、铁罗汉、水金龟等著名,其他品种还有瓜子金、金钥匙、半天腰、四季春、万年青、肉桂、不知春、白牡丹等。而最负盛名的岩茶为大红袍。武夷岩茶外形呈弯条形,色泽乌褐或带墨绿,其条索紧结,汤色橙黄且清澈明亮,香气呈花果香,或兰花香馥郁,其滋味醇厚滑润,独具岩骨花香,叶底软亮,呈绿叶红镶边。茶性温和而不寒,冲泡五六次后余韵犹存。

（3）白茶。白茶产地主要为宁德市的福鼎、政和、松溪、建阳和周宁。福鼎白茶是福建省宁德市福鼎市特产,中国国家地理标志产品。主要品种分为：白毫银针、白牡丹、贡眉、寿眉。白茶具有性清凉,消热降火,消暑解毒等特点。2004 年 6 月,原国家质检总局正式批准"福鼎白茶"为原产地域保护产品（即地理标志保护产品）,为国家质检总局地理标志产品。

二、武夷茶产业发展历程

1.南平各地区茶叶生产情况

南平市的所有市辖区、县、县级市均生产茶叶。按 2021 年各地茶叶产量排序,南平市的主要茶产区有武夷山市（23 883 吨）、建瓯市（18 418 吨）、政和县（12 702 吨）、邵武市（9 876 吨）、松溪县（8 348 吨）和建阳区（6 615

---

① 今年安溪铁观音春茶产量预计在 2 万吨左右[EB/OL2].[2023-09-15][2023-10-06]. http://www.zmlytea.com/nd.jsp?id＝298
② 佚名.2022 年安溪县铁观音秋茶产销预测[Z].(2022-09-26)[2023-01-10].http://qzcoop. quanzhou.gov.cn/zcfg/202209/t20220926_2780361.htm.

吨)。除此之外,延平区(307 吨)、顺昌县(272 吨)、浦城县(2 008 吨)、光泽县(1 346 吨)的茶叶产量则相对较少。南平市各主要产茶县、市、区的茶叶品种如下。

(1)建阳区。南平市建阳区主要产建阳白茶和小湖水仙茶。建阳白茶又称水吉白茶,是福建省的传统名茶,其主要产品有寿眉、贡眉、白牡丹和白毫银针。因品质优良,加工工艺独特,冲泡的茶汤香气浓郁,口感醇厚,曾远销到东南亚等地区。小湖水仙是福建乌龙茶类中的一种,是建阳的特产茶叶。建阳作为水仙茶的发源地之一,种植水仙的历史悠久,生产的小湖水仙品质优良,口感香醇。

(2)建瓯。建瓯出产的茶叶有白茶、闽北水仙、北苑御茶、矮脚乌龙等。建瓯北苑贡茶(北苑御茶)是指宋代贡茶,主产区在古代建安县吉苑里,即今建瓯市东峰镇境内。建瓯市东峰镇所产的矮脚乌龙茶同样品质优异,至今还保存着拥有 160 年以上历史的 15 亩矮脚乌龙茶园。1991 年 6 月,南平地区行政公署、福建省茶叶学会和建瓯县人民政府对该茶园立碑保护。建瓯所产水仙茶是我国茶叶优良品种之一,也是福建乌龙茶类中的名茶。

(3)邵武。碎铜茶是福建省南平市邵武市特产,是优质的高山绿茶,生长环境多为云雾缭绕的乱石岩缝,具有鲜爽醇厚、茶多酚含量高等优异品质。邵武碎铜茶外形细秀,色泽绿润、匀整洁净,汤色嫩绿,香鲜爽纯,味鲜醇,粟香纯正,叶底嫩绿,耐冲泡。

(4)松溪。松溪县是福建省主要绿茶产区之一,也是福建省 12 个生态农业示范县之一。松溪县曾被赞誉为“茶叶状元县”,有“南有安溪,北有松溪”之说。松溪绿茶鲜叶持嫩性好,内含物丰富,特别是茶多酚、氨基酸和芳香物质含量高,酚氨比低。成品“松溪绿茶”外形秀美,色泽绿润,汤色黄绿明亮,滋味浓厚,香高味爽耐冲泡。

(5)政和。政和县主要生产白牡丹(白茶)、工夫红茶。清同治年间,江西茶商到政和创制红茶,以手工制作比较耗费工夫而得名工夫红茶。最早产于福建省建瓯县的白牡丹于 1992 年在政和县开始生产,政和逐渐成为白牡丹的主要产区。

(6)武夷山。武夷山市的茶叶品种主要有乌龙茶系的大红袍、武夷肉桂,以及红茶系的正山小种、金骏眉。

大红袍属乌龙茶,中国特种名茶。其外形条索紧结,色泽绿褐鲜润,冲泡后汤色橙黄明亮,叶片红绿相间。武夷肉桂也属乌龙茶类,至今已有100多年历史。其是以肉桂树品种的茶树命名的名茶,成茶外形紧结,呈青褐色,汤气香味扑鼻。

正山小种,又称拉普山小种,属红茶类,与人工小种合称为小种红茶。其首创于福建省崇安县(1989年崇安撤县设市,更名为武夷山市)桐木地区,是世界上最早的红茶,亦称红茶鼻祖,至今已经有400多年的历史。金骏眉茶属红茶中正山小种的分支,由正山小种红茶第二十四代传承人江元勋带领其团队在传统工艺的基础上通过创新融合于2005年研制出的新品种红茶。

2.武夷岩茶。武夷茶的生产已有1500年历史。以18世纪为分界线,之前称为"武夷茶",之后称为"武夷岩茶"。因此,武夷岩茶特指18世纪中叶后,生产于武夷山特定区域的乌龙茶。星村、赤石、下梅村为武夷山明清乃至民国时期三大茶叶集散地。星村镇被誉为武夷岩茶第一镇,有"茶不到星村不香"之说,是我国唯一一个"中国民间茶文化艺术之乡"。

3.武夷岩茶的发展历史

(1)始于南北朝时期的晚甘侯。创制于明末清初的武夷岩茶,脱胎于历史上的武夷茶(绿茶)。武夷茶的历史可追溯到1500年前的南北朝。其历程大致为:唐元和年间(806—820年),孙樵在《送茶与焦刑部书》中,将出产在"建阳丹山碧水之乡"的茶,美称为"晚甘侯"。清代蒋蘅(1672—1743)在《晚甘侯传》中也将"晚甘侯"作为武夷茶的名字。而据我国著名茶学家陈椽教授考证发现,南齐尚书右仆射王奂之子"晚甘侯"王肃(479—502),因嗜茶,死后同人送其谥号为"晚甘侯"。由此可以推断,武夷茶起源于南北朝齐时。因此,"晚甘侯"就成了武夷茶最早的名字。其含义为,"晚甘"指甘香浓馥,美味无穷之意;"侯",则是尊称。如今,武夷山莓茶、野生茶,有晚甘侯(喉)、土家神茶、长寿藤等别名。

(2)唐之后历朝历代武夷茶的发展历史。唐代的研膏茶和蜡面茶。唐贞元年间(785—804年),常衮为建州(现福建省北部建瓯周边地区)刺史时,蒸焙武夷岩茶而研之,谓之研膏茶。即采下茶芽稍晾后,便放在器具中蒸熏并压紧成饼状,然后烘干。饮用时将茶饼先研碎,再用沸水冲泡。后来因为茶艺发展,冲泡后的茶汤表面看起来像稠粥、熔蜡[①],所以又称蜡面茶。

宋代"龙团凤饼"(北苑茶)。北宋太平兴国初年,朝廷特置龙凤模印,遣使到建州,监造团茶以别一般的庶饮,龙团凤饼从此诞生。其制作工艺经过了最初的加香料到后来不加香料的历史演变过程。

元代"御茶园"。元大德六年(1302年),邵武路总管高久住(高兴之子)在武夷山九曲溪的第四曲溪畔创设皇家焙茶局,即"御茶园"。御茶园独立进贡,最鼎盛时,上交贡额占全国贡茶的四分之一以上,有"茶不到武夷不香"之说。

明代"绿散茶"与正山小种。明代初年,朱元璋诏令全国产茶之地按规定每岁贡额送京,并诏颁福建建宁(武夷山当时归属于建宁府)所贡的茶为上品。茶名有四探春、先春、次春、紫笋,并下令不得辗捣为"大小龙团",按新的制作方法改制成为芽茶入贡。嘉靖三十六年(1557年),郡守钱嶫上奏免贡茶芽,"崇安县令招黄山僧松萝法制建茶",武夷茶改制炒青绿茶。新技术的引进,促成了发酵的武夷红茶(正山小种)的出现。

清代"青茶、红茶"。清代是武夷岩茶全面发展时期,武夷茶区不仅生产武夷岩茶、红茶、绿茶,而且还有生产名枞。清初,武夷茶逐渐向烘青绿茶的方向发展,出现了龙须、莲心、紫毫、白毫、雀舌等烘青绿茶。与此同时,武夷山茶人对武夷茶的传统制作方法进行创新[②],创造了独特的做青工艺,形成"三红七绿"(绿叶红镶边)的独特风格,即介于红茶与不发酵绿茶之间的乌龙茶。清代武夷茶就已形成三大集散地,为星村街、下梅街、赤石街。同样在清代,大红袍从民间斗茶赛中脱颖而出,在"四大名枞"(大红袍、铁罗汉、水金龟、白鸡冠)中名列首位,被尊为"茶王"。

清末(1840年)至抗日战争前期。五口通商以后,武夷岩茶开始扬名海外,销量剧增,当时武夷山茶园近万亩,岩茶厂150多家,茶庄80多家,岩茶

---

① 另有一种说法是茶饼外涂一层蜡面以保护茶质。

② 我国最先发明绿茶制法,由蒸青团茶发展到蒸青散茶,继而发明炒青、烘青绿茶。武夷山星村则最先发明小种红茶制法。主要有萎雕、揉捻、发酵和干燥四道工序。青茶制法则先是红茶制法,后是绿茶制法,因而青茶兼有红茶和绿茶的优点。

产量五六十万斤,涌现出大红袍、白鸡冠、铁罗汉、水金龟等四大名枞,茶叶市场也由下梅迁移到赤石,为处于鼎盛时期的武夷岩茶,提供贸易市场。但受第一次世界大战的影响,加上自身品质下降、成本增加而在国际茶业市场中无法与荷属东印度(今印度尼西亚)、印度、锡兰(今斯里兰卡)等新兴产茶国家的优质机械制茶竞争,导致武夷茶业生产岌岌可危。1931—1934年,崇安建立苏维埃政府,政府提倡发展茶叶,鼓励茶农改良品种。抗战全面爆发后,海上交通受阻,武夷岩茶滞销。但一批茶界有志之士,选定了既产名茶且日寇未及的武夷山作为发展研究基地,并于1938年10月将福建省茶叶改良场由福安迁移到武夷山,在茶叶的栽培、育种、制造、化验、推广等方面进行科学研究,有力地推动了武夷山茶叶生产的发展。

4.新中国成立后武夷茶产业的发展

新中国成立初期,实行土地改革,分茶山到农民,以户进行个体生产。而后成立互助组,农户联户生产,扩大了加工规模,岩茶产量达3 000担。

1978年十一届三中全会后,崇安县把茶叶生产列为振兴当地经济的重要措施,并组织实施名枞开发项目,其中武夷肉桂茶基地荣膺全国"七五"星火计划成果博览会金奖,1984年在全国茗茶鉴评会上,肉桂被评为中国十大名茶之一。其后,肉桂又连续六年(1988—1993年)在全国乌龙茶类评比中荣获第一名。

1995年,武夷山茶叶研究所对大红袍无性繁育获得成功,并经鉴定认为,"无性繁殖的大红袍保持了母本的优良特征特性,在武夷山特定的生态环境下,可以大面积推广"。武夷山大红袍茶园面积达4万亩。2001年,"武夷山大红袍"地理标志证明商标注册成功。

2002年武夷岩茶被国家确认为"原产地域保护产品",规范了一系列生产、制作、产品标准。2003年,武夷山被文化部授予全国唯一一个"中国茶文化艺术之乡"。

2005年,金骏眉研发成功。2006年起武夷山市政府对6株大红袍母树实行停采留养,促其"延年益寿"。同年,武夷岩茶(大红袍)传统制作技艺作为全国唯一一个被列入国家首批非物质文化遗产名录,并开始申报世界非物质文化遗产。2007年,大红袍绝品作为首份现代茶样品入藏国家博物馆。

三、武夷茶产业的发展现状与存在的问题

1.武夷山设市之后的茶业发展历程

1989 年，属建阳地区[①]的崇安县撤销，改名为武夷山市。之后，武夷山茶叶生产快速增长。

1989 年，武夷山市的茶叶种植面积 40 134 亩，只有安溪（139 255 亩）的 28.82%，比南平地区的建阳、建瓯、浦城、松溪、政和，宁德地区的宁德市、福安市、福鼎县[②]、霞浦县、寿宁县、周宁县以及泉州地区的永春县都少，产量也只排在福建省县级单位第 17 位、南平地区第 6 位。1989 年，武夷山市的茶叶产量 956 吨，分别只有福建省（55 200 吨）和南平地区（13 733 吨）的1.73% 和 6.96%（见表 9-1）。

表 9-1　1989—2021 年武夷山茶业生产及其占南平市、福建省的比例情况

年份/年	福建省茶叶产量/吨	南平市茶叶产量/吨	武夷山市茶叶产量/吨	武夷山占福建比例/%	武夷山占南平比例/%	武夷山茶叶产量增长率/%
1989	55 200	13 733	956	1.73	6.96	—
1990	58 200	14 122	1 212	2.08	8.58	24.69
1991	65 300	14 702	1 134	1.74	7.71	−6.44
1992	70 500	15 772	1 232	1.75	7.81	8.64
1993	77 000	17 125	1 492	1.94	8.71	21.10
1994	82 400	17 374	1 642	1.99	9.45	10.05
1995	94 500	18 519	2 470	2.61	13.34	50.43
1996	101 800	19 458	2 795	2.75	14.36	13.16

① 1970 年，南平专区迁驻建阳县，1971 年专区改称建阳地区，建阳县为其专署驻地。到 1988 年，建阳地区专署迁驻南平并改称南平地区，1994 年南平地区撤销设地级南平市，同年建阳县改为县级建阳市，由地级南平市代管。2014 年 5 月，县级建阳市撤销，以其原行政区域设为南平市建阳区，南平市政府驻地也由南平区迁驻建阳区，到如今南平市政府也多迁到了南平市建阳区。

② 福鼎于 1995 年设县级福鼎市。

续表

年份/年	福建省茶叶产量/吨	南平市茶叶产量/吨	武夷山市茶叶产量/吨	武夷山占福建比例/%	武夷山占南平比例/%	武夷山茶叶产量增长率/%
1997	109 900	21 372	3 420	3.11	16.00	22.36
1998	118 900	22 009	3 734	3.14	16.97	9.18
1999	123 500	23 399	4 198	3.40	17.94	12.43
2000	126 000	24 266	4 482	3.56	18.47	6.77
2001	133 900	27 090	4 980	3.72	18.38	11.11
2002	143 300	29 189	5 348	3.73	18.32	7.39
2003	150 200	27 829	5 589	3.72	20.08	4.51
2004	164 400	29 977	6 315	3.84	21.07	12.99
2005	184 800	34 482	6 822	3.69	19.78	8.03
2006	200 100	36 694	7 609	3.80	20.74	11.54
2007	220 900	39 324	8 436	3.82	21.45	10.87
2008	240 700	42 859	8 918	3.71	20.81	5.71
2009	255 100	45 046	9 327	3.66	20.71	4.59
2010	258 300	45 949	9 770	3.78	21.26	4.75
2011	276 700	49 429	10 399	3.76	21.04	6.44
2012	296 000	53 503	11 516	3.89	21.52	10.74
2013	315 700	56 888	12 920	4.09	22.71	12.19
2014	334 000	60 993	14 146	4.24	23.19	9.49
2015	356 300	63 817	15 084	4.23	23.64	6.63
2016	372 900	65 880	16 174	4.34	24.55	7.23
2017	394 900	67 899	18 135	4.59	26.71	12.12
2018	418 300	72 449	19 481	4.66	26.89	7.42
2019	439 900	75 537	20 782	4.72	27.51	6.68
2020	461 400	79 346	22 482	4.87	28.33	8.18
2021	487 900	83 775	23 883	4.90	28.51	6.23

资料来源：整理自历年《福建省统计年鉴》《南平市统计年鉴》《武夷山市统计年鉴》。

　　1989 年之后,武夷山市的茶叶生产快速增长。1990—2000 年,除 1991 年茶叶产量有所下滑,1992 年、1998 年和 2000 年茶叶产量增长率低于 10% 外,其余 7 年武夷山市的茶叶产量增长率均超过 10%,其中 1995 年达到 50.43%。在此期间,武夷山市茶叶产量从 1989 年的 956 吨增长到 2000 年的 4 482 吨,占福建省和南平市的比例也分别从 1.73% 和 6.96% 提高到 3.56% 和 18.47%。到 2000 年,武夷山市的茶叶产量已经排在福建省各县、市、区的第 7 位,仅次于安溪(14 398 吨)、福安市(12 827 吨)、福鼎市(8 208 吨)、寿宁县(7 443 吨)、建瓯市(6 721 吨)和尤溪县(4 690 吨)。

　　2000 年之后,武夷山市的茶叶生产增长速度虽然有所放缓,但 2001—2021 年,武夷山市的茶叶产量增长率仍有 7 年超过 10%,而只有 2003 年、2009 年和 2010 年 3 年的增长率低于 5%,如表 9-1 所示。其间,武夷山市的茶叶产量增长率明显快于福建省和南平市的茶叶产量增长速度。因此,到 2021 年,武夷山市的茶叶产量达到 23 883 吨,占福建省和南平市茶叶产量的比例进一步提升到 4.90% 和 28.51%,武夷山市的茶叶产量在福建省各县、市、区的排名也进一步提升到仅次于安溪(78 715 吨)、福鼎市(37 499 吨)、福安市(27 204 吨),排名第 4。

　　2.武夷山市各地区主要茶叶种类种植与生产现状

　　2021 年,武夷山主要生产红茶、绿茶和青茶等三种茶叶,其中青茶的种植面积和产量均占绝对优势,分别占武夷山市茶叶总种植面积和总产量的 90.65% 和 84.65%。红茶是武夷山市种植面积和产量第二多的茶叶,分别占武夷山市茶叶种植面积和产量的 5.54% 和 8.98%。绿茶和其他种类的茶在武夷山市茶叶生产中,无论是种植面积还是产量占比都很小。如表 9-2 所示。

表 9-2　2021 年武夷山市各地区主要茶叶种类种植及产量

项目	茶叶		红茶		绿茶		青茶		其他茶	
	年末实有面积/亩	产量/吨	年末实有面积/亩	产量/吨	年末实有面积/亩	产量/吨	年末实有面积/亩	产量/吨	年末实有面积/亩	产量/吨
武夷山市	195 953	23 883	10 847	2 145	6 897	1 258	176 454	20 217	1 755	263
崇安街道	4 318	837	—	—	—	—	4 318	837		

续表

项目	茶叶		红茶		绿茶		青茶		其他茶	
	年末实有面积/亩	产量/吨	年末实有面积/亩	产量/吨	年末实有面积/亩	产量/吨	年末实有面积/亩	产量/吨	年末实有面积/亩	产量/吨
新丰街道	1 350	120	—	—	—	—	1 350	120	—	—
武夷街道	37 025	4 528	—	—	—	—	37 025	4 528	—	—
星村	82 428	9 134	9 438	1 981	—	—	72 990	7 153	—	—
兴田	31 438	3 951			780	181	30 658	3 770		
五夫	7 229	957	—	—	1 998	339	4 830	568	401	50
上梅	4 290	532					4 290	532		
吴屯	4 026	534	602	66	644	128	2396	291	384	49
岚谷	4 399	587	371	47	1 567	307	2461	233	—	—
洋庄	6 931	1 044	436	51	1 373	243	4 152	586	970	164
茶场	2 500	426	—	—	—	—	2 500	426	—	—
综合农场	1 300	189	—	—	—	—	1 300	189	—	—
华侨农场	4 288	507	—	—			4 288	507	—	—
其他单位	4 431	537	—	—	535	60	3 896	477	—	—

资料来源：整理自《武夷山统计年鉴（2022）》。

从表 9-2 中的数据可知，武夷山市的茶叶种植和采摘，主要集中在武夷街道、星村和兴田 3 个地方，种植面积分别为 37 025 亩、82 428 亩和31 438 亩，分别占武夷山市茶叶种植面积的 18.89％、42.07％和16.04％，而其他地方的茶叶种植面积总共只有 45 062 亩，占 23.0％。从产量上看，武夷街道、星村和兴田分别为 4 528 吨、9 134 吨和3 951 吨，分别占武夷山市茶叶种植面积的 18.96％、38.24％和16.54％，而其他地方的茶叶产量总共只有 6 270 吨，占武夷山茶叶产量的 26.25％。

而作为武夷山主要品种的青茶，同样主要集中在武夷街道、星村和兴田，三地的种植面积和产量分别占武夷山市青茶种植面积和产量的79.72％、76.43％。

3.武夷山市茶叶相关产业发展状况

武夷山市是福建省茶叶的主要产区。全市 14 个乡镇、街道、农茶场均产茶,有种植茶叶的行政村 96 个,占全市 115 个行政村总数的 83.48%。[①]到 2020 年,全市茶叶生产、加工、贸易、茶叶研究机构等各类公司或个体经营企业 1 286 家[②],涉茶人数 12 万余人[③]。正山茶产业已发展成为武夷山市绿色发展和精准扶贫开发的支柱产业。其中,"武夷岩茶"列入中国首批优势特色产业集群。2021 年,武夷山市茶业全产业链总产值达 75 亿元,农村居民人均可支配收入 22 430 元,其中有 1/4 来自茶叶。[④]

首先,茶产业发展。武夷山坚持全产业链发展方向,不断补齐生产、加工、流通等短板,做优做强做大茶产业。其一是第一产业方面,主要总结推广燕子窠生态茶园建设模式,全面推行茶园种树、留草、疏水等生态改良技术和茶园以虫治虫生物防治、间作特选绿肥植物等绿色防控技术,实施标准化生态茶园建设 5 万亩。其二是第二产业,重点加强茶饮料、保健品、工艺品等精深加工项目招商,大力实施茶叶加工、包装生产线和加工厂房等标准化、智能化、清洁化项目,推动产业转型升级,全市通过食品生产许可(SC)茶企 1 247 家,其中规模以上茶企 40 家。其三是第三产业,大力发展平台经济,建设"武夷山大红袍""正山小种"官方旗舰店、大众茶馆等交易平台,创新电商模式,完善物流配套设施,推动茶叶线上线下协同发展。[⑤]

武夷山茶叶种类较多,基本实现多元化发展。在引进推广金观音、黄观音、茗科一号、丹桂等 10 余个茶叶新品种后,改善了南平市过去以菜茶、水仙、福云 6 号为主的品种单一老化的状况。国家级品种有武夷水仙、黄旦、

---

① 詹友生,宋发友,等.金融助推武夷山茶产业融入"一带一路"发展研究[J].福建金融,2021(2):73-79.

② 整理自"商名网",http://www.b2bname.com/area350782ye1.htm.

③ 陈艳.武夷山:茶产业发展有路可循"小叶子"带富一方经济[EB/OL].(2021-02-25)[2023-01-10].https://baijiahao.baidu.com/s? id=1692632722339482191&wfr=spider&for=pc.

④ 佚名.武夷红茶再登百强榜单——武夷红茶排名[EB/OL].(2022-09-10)[2023-01-10].https://www.qgcy114.com/shenghuo/79580.html.

⑤ 福建省武夷山市茶产业发展中心.武夷山市以"三茶统筹"实现保护与发展双赢[EB/OL].(2022-05-11)[2023-01-11].http://journal.crnews.net/ncgztxcs/2022/djq/tbbd/947257_20220511013730.html.

毛蟹、梅占、铁观音、本山、大叶乌龙。福建省级品种有：肉桂、佛手、黄奇、悦茗香、白牙苦兰、丹桂、黄观音、九龙袍、春兰、金观音。其中大红袍 84 种、水仙 24 种、肉桂 24 种、茗枞 7 种、武夷红茶 2 种、正山小种 6 种等等。产品的多样性进一步促进了茶产业的发展，同时产品的多样性也满足了不同消费者的需求，提高了市场占有率。[①]

其次，茶叶品牌。武夷岩茶自 2002 年开始获得国家地理标志保护产品、中国驰名商标、"中国十大茶叶区域公用品牌"等多项荣誉。2022 年，武夷岩茶连续第六年蝉联全国茶类品牌第二。"2022 中国品牌价值评价信息"发布，武夷岩茶以品牌价值 720.66 亿元位居区域品牌（地理标志产品区）前 100 榜单第 4 位，武夷红茶则以品牌价值 118.58 亿元位居全国茶叶类第 7 位。[②] 武夷山市有中国驰名商标"武夷山大红袍""正山小种"，以及"武夷星""元正""正山堂"，前两个是公共品牌商标，后三个为企业品牌商标[③]，如表9-3所示。

表 9-3　武夷山茶叶品牌成果

年份/年	对象	品牌成果
1984	武夷岩茶	被评为"中国十大名茶"
1995	肉桂	中国农业博览会金奖
2001	大红袍	地理标志证明商标成功注册
2002	武夷岩茶	农产品地理标志
2003	武夷山	全国唯一一个"中国茶文化艺术之乡"
2006	武夷岩茶传统制作技艺	列入国家首批非物质文化遗产名录
2006	大红袍	福建省唯一一个获"中国名牌农产品"称号的茶产品
2006	大红袍绝品	入藏国家博物馆
2007	大红袍母树绝品	作为首个现代茶样品入藏国家博物馆
2010	大红袍	中国驰名商标
2011	武夷星	中国驰名商标

① 程长琴.武夷山市茶产业发展特征及对策研究[J].经济师,2013(3):225-226.

② 武夷山市人民政府.两大品牌价值超 800 亿！武夷岩茶、武夷红茶再登百强榜单[EB/OL].(2022-09-07)[2023-01-11].http://www.wys.gov.cn/cms/html/wyssrmzf/2022-09-07/1256795197.html.

③ 武夷微发布."正山小种"获中国驰名商标认定[EB/OL].(2020-08-27)[2023-01-11].https://baijiahao.baidu.com/s? id=1676114004913646155&wfr=spider&for=pc.

续表

年份/年	对象	品牌成果
2012	大红袍	中国驰名商标"武夷山大红袍"正式启用
2014	元正	中国驰名商标
2018	正山堂	中国驰名商标
2020	正山小种	中国驰名商标
2020	武夷岩茶、武夷红茶	农产品地域品牌价值标杆品牌
2020	武夷山大红袍、正山小种、武夷岩茶	入选《中欧地理标志协定》保护名录

资料来源:作者整理自多个网络数据来源。

其中,"武夷星"品牌的拥有者武夷星茶叶有限公司位居 2021 年度中国茶叶百强企业名单第 12 位,2021 年度茶叶畅销品牌第 28 位;"正山堂"品牌的拥有者正山茶叶有限公司位居 2021 年度中国茶叶百强企业名单第 24 位,2021 年度茶叶畅销品牌第 29 位。[①] 此外,"武夷山大红袍"顺利入驻上海世博会、米兰世博会,并荣获世博十大名茶称号;大红袍品种被审定为省级品种;母树大红袍和大红袍制作技艺传承人制作的茶叶被国家博物馆收藏;武夷山大红袍品牌获中国茶叶区域公共品牌价值十强;"正山小种"获得地理标志证明商标;武夷岩茶(大红袍)传统制作技艺列入国家首批非物质文化遗产名录,并开始申报世界非物质文化遗产;武夷山市也先后被评为中国茶文化艺术之乡、全国三绿工程茶业示范县(市)、全国绿色原料(茶叶)标准基地示范县等含金量较高的品牌,进一步提升了武夷茶品牌影响力。目前武夷山市共有茶业类有效注册商标 4 722 件,除 5 件中国驰名商标外,还有省著名商标 35 件、知名商标 120 件。武夷山市涉茶发明专利数 26 项,实用新型专利 62 项,外观专利 330 多项。[②]

4.武夷山茶产业发展中存在的问题[③]

(1)茶园效益有待提高。武夷山市许多茶园周边生态环境保持良好,风

---

① 佚名.2021 中国茶叶百强企业榜单出炉　2021 年中国茶叶百强企业名单一览[EB/OL].(2021-11-11)[2023-01-12].https://www.maigoo.com/news/607554.html.

② 叶元高,李远华.武夷山茶产业发展现状与措施[J].台湾农业探索,2016(8):59-63.

③ 张锡友.武夷山市茶产业发展研究[J].现代农业科技,2011(10):382-383.

景优美，交通便利，具有开发生态旅游、休闲观光、文化娱乐等多种潜在功能，但也存在以下问题：一是茶园的诸多功能并未有效地开发利用，造成茶业功能单一，综合效益和社会影响有待提高。二是全市许多茶叶初制加工厂房设计不合理，加工设备单调、数量少、不配套，造成加工能力有限，加工分散，规模偏小，影响了加工数量；加工环境的水、电、路及卫生配套跟不上，加工过程茶青随意摊放，加工设备未及时保养和清洁。三是全市大部分生产茶园都是 20 世纪 80 年代后期陆续建立起来的，许多茶园道路沟渠设计不合理，茶园平台大小不一、高低不平，茶园基础配套设施建设滞后，茶园抵抗自然灾害的能力弱，造成茶园管理成本增加，综合效益不高，难以满足产业发展之需。

（2）茶产业结构有待改善。武夷山市茶产业发展中存在种植地区和品种结构不合理的问题。在种植面积上过于集中在星村、武夷街道和兴田镇，茶叶面积达 15.09 万亩，占全市总面积的 77.00%。而这三个地区的山林多是景区和双世遗产保护地，生态保护任务重，与茶山开发矛盾冲突多。茶叶品种中迟芽种偏多，占茶山面积 70% 以上，早、中芽品种偏少，优化品种结构势在必行。

（3）龙头企业带动力不强。武夷山市虽然初步形成了若干龙头型或骨干型茶叶企业，但这些企业与茶农之间的关系仍是一种以茶叶购销为主的松散型买卖关系，并未结成紧密的利益共同体。同时，这些龙头企业规模不大、品牌知名度不高、市场竞争力不强、带动茶产业发展的能力有限，有待于进一步做强、做大产业。

（4）茶农科技素质有待提高。由于茶叶各企业负责人之间、茶农之间知识水平高低不同、观念新旧不同，对茶叶管理、加工、营销的观念和措施不同，造成生产经营效益不平衡，要进行有序、持续培训，提高茶农的生产管理技术、更新观念。全市茶叶从业人员素质偏低，一方面，武夷山的茶叶大部分由个体户种植，这些种植户大都是一些受教育程度较低的农民，种茶技术基本沿袭父辈祖辈的传统方法，茶园管理粗放，导致茶叶产量低，效益得不到提高。茶园管理应根据茶树不同年龄的生育特点，采用现代化的科学技术，为茶树生长发育创造优越的条件，达到高产、稳产、优质的目的，但传统的种植方法较落后，应将优良的茶品种、科学的茶园管理方法传递给农民。另一方面,茶叶加工企业缺乏加工技术培训,加工茶叶的先进技术推广、普及遇到障碍。大多数茶企业缺乏高素质的管理人员、出色的科研人员。茶企业的经济效益得不到提高,在茶企业竞争越来越激烈的今天,还可能面临着破产。[①]

(5)茶文化旅游商品过于单一。参加茶文化旅游的游客大都受大红袍的吸引,而一些非常知名的且具有文化气息的遗址却很少被人了解。通过参观遗址古迹,游客可以感受当地的茶文化,更全面、深入地了解茶文化的博大精深,但是如今的武夷山茶文化大发展依旧属于自然资源开发的初级阶段,对人文资源方面的挖掘依旧不够深入。而武夷山拥有独一无二的人文资源,许多茶文化遗址,例如御茶园、下梅村等值得游览和纪念的地方没有开发,同时也没有很好地利用"万里茶路"起点这一重要的人文景观带动武夷山茶产业发展。一些主题活动也是如此,具有很大的局限性,这使得武夷山茶文化旅游本身拥有的特色和优势不能很好地发挥。正因对茶文化的独特性缺乏研究,使得茶文化旅游产品无法进行资源组合,从而失去对旅客的吸引力,留不住游客的脚步。这样很难使武夷山茶文化旅游获得好的传播和口碑,包括景区出售的纪念品和其他地方也没有多大的区别,很难激发起消费者消费的需求,重游率较低。[②]

第二节　茶博会对武夷茶产业发展的作用

一、茶博会[③]

1.福建茶博会

福建曾经有两个茶产业方面的博览会。一个是 2007 年开始,依次由泉

---

① 程长琴.武夷山市茶产业发展特征及对策研究[J].经济师,2013(3):225-226.

② 宋磊,郑清华."一带一路"背景下武夷山茶文化旅游业发展研究[J].四川旅游学院学报,2018(6):43-46.

③ 本书中将 2010 年之后固定在武夷山市举办的海峡两岸茶叶博览会简称为"茶博会"。

州、武夷山和宁德举办的海峡两岸茶业博览会，但从 2010 年第四届开始固定在武夷山市举办。该博览会由福建省人民政府主办，并邀请国台办、农业部、国家质检总局、国家工商总局、中国国际茶文化研究会、中国茶叶流通协会、台湾省农会、台湾茶叶协会联合主办，泉州市人民政府承办，以"生态、健康、和谐"为主题，突出"对台农业、海峡西岸"、"茶为国饮、闽茶为优"和"全国一流、可持续办"三大特色，目标是进一步构建福建茶产业发展平台，打响闽茶品牌，建设福建茶叶强省，促进海峡西岸经济区建设和海峡两岸农业合作与交流。①

另一个是 2010 年开始在安溪举办的海峡两岸（安溪）茶机具博览会，以"科技进步助推产业提升"为主题，展览范围涉及茶叶机械、茶叶包装机械、茶具、茶文化产品、茶科技产品等，茶产业交流包括茶叶机械研发与制造高端论坛、茶文化表演及茶乡、茶叶庄园体验游等。② 目标是通过展示海峡两岸先进茶叶生产加工机械、茶叶包装、茶具等相关茶用品，开展茶叶机械研发与制造高端论坛等活动，打造茶机具"实物展销平台、项目对接平台、科技成果发布平台、网上展示平台"，促进茶产业专业制造市场的繁荣发展，提高茶叶机械行业科技创新应用水平。该博览会自 2013 年起更名为中国茶都（安溪）国际茶业博览会，以"聚集发展 合作共赢"为主题（2014 年起主题改为"中国茶·中国梦"），以打造现代茶业发展高端平台为目标，充分挖掘闽茶在海峡两岸乃至全国、全球的影响力，助推福建由茶叶大省向茶业强省跨越转变。但自 2016 年之后，中国茶都（安溪）国际茶业博览会停办。因而该博览会总共只举办了 7 届。

2.茶博会发展历程

茶博会自 2007 年在泉州举办、2008 年在武夷山举办、2009 年在宁德举办之后，于 2010 年正式定在武夷山市举办，到 2020 年已经举办了 14 届。③ 茶博会以"缘聚武夷、茶和天下"为理念，以茶为媒、茶旅互动，将重点展示海

---

① 张磊.第三届海峡两岸茶叶博览会即将在宁德举行[J].茶叶科学技术,2009(2):48.

② 佚名.首届海峡两岸茶机具博览会将在福建安溪举办[J].福建质量管理,2010(Z2):39.

③ 原定于 2021 年 11 月 16 日举办的第十五届茶博会先后于 2021 年 11 月 4 日和 2022 年 11 月 10 日两次延期。

峡两岸合作交流、产业融合发展,产品贸易成果。历届茶博会的相关情况如表 9-4 所示。

表 9-4　2007—2020 年海峡两岸茶叶博览会概况

年份/年	展出面积/平方米	成交金额/亿元	参展企业/家	展位数/个	采购商/人	展出范围	展会主题
2007	—	9.02	465	622	—	—	生态、健康、和谐
2008	—	—	519	600	—	茶叶、茶饮料、茶保健品、茶具、茶加工机械	武夷山、水、茶
2009	32 000	—	519	900	2 000	茶叶、茶具、茶叶加工产品	茶道宁德,缘结两岸
2010	31 700	30	500	1 055	1 000	茶叶产品、茶具	茶之乡、茶之祖、茶之缘、茶之韵
2011	41 000	50.7	600	1 100	1 000	茶叶、茶具、茶叶科技及加工、茶机械等	武夷茶道
2012	41 000	55.6	520	1 183	2 000	六大茶系、茶食品、茶业机械包装、茶具	茶与茶文化
2013	43 000	18.3[a]	500	1 200	3 000	茶叶、茶具、茶工艺品、茶叶加工机械	茶与养生
2014	43 000	59.92	615	1 257	6 000	茶叶、茶具、茶叶科技及加工、茶机械等	特色、开放、合作
2015	43 000	59.62	565	1 265	7 000	六大茶类茶品、保健茶等茶业全产业链产品	茶文化、养生、茶具、茶食品、茶设备
2016	43 000	59.92	520	1 230	7 000	六大茶类茶品、保健茶等茶业全产业链产品	低碳旅游与各产业融合发展
2017	43 000	62.4	618	1 230	6 000	茶叶、茶叶深加工品、茶叶机械等茶叶产业产品	绿色生态
2018	43 000	64.56	576	1 278	7 000	茶类、茶具、茶包装、茶机械、茶服装	优茶品质,响茶品牌,提茶价值,扬茶文化

续表

年份/年	展出面积/平方米	成交金额/亿元	参展企业/家	展位数/个	采购商/人	展出范围	展会主题
2019	43 000	66.06	571	1 363	7 000	茶叶、茶饮料、茶具、茶食品、茶机械、茶包装、茶科技、制茶工艺等	茶民宿、茶文化、茶养生、茶器具、茶食品、茶设备
2020	45 000	73.77	811	1 800	8 000	茶叶、茶饮料、茶具、茶食品、茶机械、茶科技、茶保健品等	绿色兴茶、以质取胜

资料来源:收集自历届展会相关资料。

注:a.仅包含首日意向成交金额。

如表 9-4 所示,从 2007 年在泉州举办首届海峡两岸茶叶博览会以来,尽管每一届茶博会的展出范围几乎保持不变,但茶博会的展出面积、参展企业、展位数和采购商都在不断增加,成交金额也从 2007 年的 9.02 亿元增长到 2020 年的 73.77 亿元。此外,每一届茶博会的主题都不同。2010 年之前,每一届茶博会都会依据茶博会举办地的实际情况提出主题,而 2010 年之后则在"缘聚武夷、茶和天下"的总体理念下,依据武夷山市茶产业发展需求,以及国家或区域发展战略与武夷山市茶产业发展实践相结合,提出每一届茶博会的主题。

二、茶博会对武夷茶产业发展的作用

1.促进了武夷山市茶产业的销售

2014 年以来,海峡两岸茶叶博览会意向成交金额都接近甚至超过 60 亿元。而从表 9-5 所示的 2017 年、2019 年、2020 年三年[①]的成交金额分布看,茶叶交易金额分别为 15.72 亿元、16.13 亿元、27.96 亿元,占成交金额的比例分别为 25.18%、24.42%、37.90%。而 2017 年、2019 年、2020 年武夷山市的茶叶产值分别为 21.12 亿元、21.42 亿元、22.00 亿元,则茶博会的茶叶交易金

① 其他年份的海峡两岸茶叶博览会并未公布成交金额分布数据。

额占武夷山市茶叶产值的比例分别达到 74.43％、75.30％、131.64％。2021 年,武夷山市茶叶全产业链产值为 75 亿元[1],则近年茶博会总成交金额占武夷山市产业全产业链产值的比例均已超过 80％[2]。

表 9-5　近年茶博会成交金额分布状况

年份/年	项目	总额/亿元	茶叶/亿元	茶包装、茶机械/亿元	茶器具/亿元	其他/亿元
2017	现场交易[3]	1.41	0.59	0.56	0.19	0.07
	意向交易[4]	61.01	15.13	28.06	10.59	7.23
2019	现场交易	1.63	0.63	0.70	0.21	0.09
	意向交易	64.43	15.50	29.56	11.80	7.57
2020	现场交易	2.47	0.86	0.96	0.42	0.23
	意向交易	71.30	27.10	23.97	12.90	7.33

资料来源:整理自历年茶博会相关数据。

2.促进了武夷山相关产业的融合发展

首先,茶博会促进了茶产业链相关产业的发展。茶产业链中,除了茶叶的生产和销售之外,还包括茶包装、茶机械、茶器具、茶科技等产业链环节。而如表 9-5 所示,海峡两岸茶叶博览会的成交金额中,除茶叶外,2017 年、2019 年、2020 年茶包装和茶机械成交金额分别达到 28.62 亿元、30.26 亿元、24.93 亿元,占当年茶博会成交金额的比例分别达到 45.85％、45.81％、33.79％;茶器具的成交金额分别为 10.78 亿元、12.01 亿元、13.32 亿元,占当年茶博会成交金额的比例分别达到 17.27％、18.18％、18.19％。此外,2017 年、2019 年、2020 年茶博会涉及茶配套及其他产品的交易金额分别为 7.23

---

[1]　福建省武夷山市茶产业发展中心.武夷山市:以"三茶统筹"实现保护与发展双赢[EB/OL].（2022-05-10）[2023-01-12].http://www.crnews.net/zt/xczxkfj/zxbd/947232_20220510060218.html.

[2]　估算值。因缺少之前年份武夷山市茶产业全产业链产值数据,因而此处以 2021 年武夷山市茶产业全产业链产值为基准与 2017 年、2019 年和 2020 年茶博会成交金额数据估算。

[3]　现场交易,指供需双方在展会现场达成的生意,参观者（需方）向参展商（供方）支付货款,或双方签署订货合同。现场交易主要面向普通观众的消费需求。

[4]　意向交易,来自于展后可能达成的交易。对于价值较高的产品,买家如有采购意愿,更多是相约参展商详谈于展后,或是参展商在展后持续联络买家。针对专业观众的专业展,展后交易更为重要。

亿元、7.57 亿元、7.33 亿元。表 9-5 中的交易额虽然并非全为武夷山市茶产业产品，但海峡两岸茶叶博览会的成功举办，促进了武夷山市各茶叶链环节相关产品销售，因而对武夷山市茶产业相关产业链行业的发展起到了重要的促进作用。

其次，促进了武夷山市"茶产业＋"的融合发展。以 2020 年茶博会为例，其在紧扣"茶"主题促进武夷山市文旅茶产业的融合发展起到了重要的作用。在"茶＋健康"融合发展方面，举办武夷岩茶品质化学特征与保健功能研究成果发布会，显示武夷岩茶含有丰富的茶多酚、茶儿素、茶氨酸等活性物质，具有降血脂、降血糖、延缓衰老、调节代谢、增强免疫、抑制肥胖等方面的健康功效；举办第五届两岸养老与健康产业论坛，探索两岸现代化养老与健康产业领域合作与发展。在"茶＋体育"融合发展方面，举办"万里茶道——环中国自驾游集结赛"，借助国家级赛事平台，探索培育文旅融合、文创助力的新形式。在"茶＋旅游"融合发展方面，举行"2020 心动武夷"武夷山文旅茶品牌盛典，通过武夷山"大红袍八段锦体验之旅"首批推荐企业授牌仪式、2020年"醉美武夷·心动美宿"评选活动颁奖仪式、2021 年"传承者·武夷岩茶（大红袍）传统技艺制茶大会"等活动，积极推动武夷山从茶旅结合向文旅茶全面融合转变。在"茶＋品牌"融合方面，举办武夷山水——武夷茶品牌营销活动，将武夷岩茶（大红袍）制作技艺、正山小种红茶制作技艺代表性传承人捐赠的联名武夷岩茶、武夷红茶产品在现场进行公益拍卖，吸引了来自全国各地近百位茶商竞拍。[①]

3.茶博会对于武夷山茶文化传承和提升在全国乃至全世界影响力具有重要的作用

武夷茶文化特性主要体现在得天独厚的自然环境赋予"岩韵"为特征的山水文化，自"晚甘侯"迄今 1500 多年产茶制茶发展历程形成悠久的历史文化特性，依托于武夷岩茶自身品质集香韵、味韵、和喉韵为一体的自然文化特性，朱熹等众多历史文化名人在武夷山地区以茶喻学、以茶明礼、以茶待

---

① 武夷微发布.中共武夷山市委宣传部.第十四届海峡两岸茶业博览会交易总额达 73.77 亿元［EB/OL］.（2020-11-20）［2023-01-13］. https://baijiahao. baidu. com/s? id＝1683869758085398878&wfr＝spider&for＝pc.

客过程中形成的独特品茶艺术文化特性，以及武夷山作为儒、释、道三教同山从而形成"儒学是中国茶道文化的筋骨，道学是中国茶道的灵魂，佛学为中国茶道增添了神韵"的宗教文化特性。

2010年茶博会固定在武夷山市举办之后，历届展会的同期活动，就是与武夷山茶文化传承紧密相关的，如表9-6所示。历届展会中的斗茶赛大致体现了武夷茶文化的自然文化特性，禅茶文化节和祭茶祈福大典则体现了武夷山茶文化的宗教文化特性，小茶人大赛总体上是对品茶艺术文化特性的传承，与万里茶道相关的活动则与武夷山悠久的茶文化历史密切相关。

表 9-6　2010—2020 年茶博会同期活动设置情况

年份/年	同期活动
2010	武夷山茶节、欢乐茶城、中国茶产业"安全、质量、诚信"联盟宣言
2011	海峡两岸茶叶高峰论坛、海峡两岸茶界民间斗茶赛、十里茶肆
2012	武夷山国际禅茶文化节、海峡两岸民间斗茶赛、海峡两岸祭茶祈福大典、《茶视界》品茗鉴赏会、大武夷旅游新亮点专场推介会
2013	中华茶博园开游体验、欢乐滨溪道、乐享茶趣、全球微茶客·茗动武夷山无我茶会、武夷山国际禅茶文化节、海峡两岸民间斗茶赛、海峡两岸祭茶祈福大典
2014	海峡两岸武夷茶道高峰论坛、"万里茶道"与城市发展中蒙俄市长峰会、武夷山国际禅茶文化节、海峡两岸民间斗茶赛、海峡两岸祭茶祈福大典等
2015	国际禅茶文化节、欢乐茶城、"茶和天下"海峡两岸祭茶祈福活动、海峡两岸民间斗茶赛、"进百店、走百企、入百园"产销对接系列活动、武夷茶企转型策略探讨、全国茶业经销商大会
2016	海峡两岸乌龙茶手工制茶技艺交流活动、"万里茶道再出发"主题活动、"武夷山海上丝绸之路低碳旅游养生体验"论坛、"禅茶文化节"、斗茶赛
2017	欢乐茶节、禅茶文化节、海峡两岸民间斗茶赛、武夷山海上丝绸之路低碳体验、海峡两岸乌龙茶手工制茶技艺交流、"万里茶道再出发"主题活动
2018	"走百企·进百店·入百园"系列专场茶会、中国茶业经济年会、海峡两岸民间斗茶赛、武夷岩茶优质商品茶评比大赛、欢乐茶节、"朱子故里、大美武夷"宣传武夷山活动
2019	海峡两岸小茶人大赛、海峡两岸民间斗茶赛、海峡两岸茶人围棋队际赛、茶文旅融合推介、南平市有机产业发展战略研讨、有机产品产销对接会
2020	海峡两岸民间斗茶赛、海峡两岸茶文化（武夷山）研习营、两岸养老与健康产业论坛、闽台（南平）经贸合作对接会、"万里茶道"环中国自驾游集结赛

资料来源：收集整理自历届展会相关资料。

通过茶博会，吸引全国各地乃至其他国家或地区茶商、展会观众和旅游者参与茶博会，不仅使得武夷山茶文化得到传承，还大大提升了武夷山茶文化的影响力。比如2019年第十三届海峡两岸茶业博览会，在打造"全国有特色、国际有影响"的茶文化盛会方面，以"民宿＋名茶＋茗人"茶会、"请到武夷来吃茶"系列品鉴、"大红袍"茶文化之旅暨武夷茶博园提升项目展示武夷山的城市魅力，以中蒙俄主题馆展示"万里茶道"沿线国家或地区经济、文化、旅游合作发展成果，推动"万里茶道"沿线城市的贸易合作，吸引了"一带一路"沿线的斯里兰卡、尼泊尔、韩国、日本等国企业，以及来自俄罗斯、蒙古国、韩国、法国、美国、英国、印度、墨西哥、瑞典等国家80余名客商前来参会，大大提升了武夷山茶文化在"万里茶道"沿线、一带一路沿线乃至世界其他国家或地区的影响力。[1]

4.通过签约项目夯实武夷山茶产业发展的基础

2007—2020年历届茶博会的签约项目数量和签约金额都较大，而且涉及的领域也比较宽泛（见表9-7）。尽管自2010年起茶博会固定在武夷山市举办之后的签约项目大多是以南平市域为投资对象，但其中仍有不少是直接投资于武夷山市的，并因此对强化武夷山市茶产业、茶相关产业、茶旅产业的发展基础起到了重要的作用。比如2020年第十四届茶博会期间，总投资12亿元的武夷山·深业生命健康中心项目、总投资3亿元的武夷山八马茶文化研学体验园项目正式开工建设[2]；2018年第十二届茶博会签约的武夷新区武夷保险康养小镇项目（总投资30亿元）、武夷新区储能电池生产项目（总投资12.8亿元）、武夷山市颐和东方旅游综合体项目（总投资5亿元）[3]；2016年第十届茶博会签约的总投资10亿元的武夷新区海峡联合医养小镇项目、总投资8亿元的武夷山市冰雪水世界项目[4]；等等。

---

① 王金晶.第十三届海峡两岸茶业博览会成果丰硕[EB/OL].(2019-11-19)[2023-01-13].http://www.rmzxb.com.cn/c/2019-11-19/2468856.shtml.

② 郑金富.第十四届海峡两岸茶业博览会举行重大项目开工仪式[N/OL].(2020-11-19)[2023-01-13].http://www.mnw.cn/news/np/2336945.html.

③ 赵锦飞.以茶为媒,两岸交流有更大舞台：第十二届海峡两岸茶叶博览会见闻[N/OL].(2018-11-19)[2023-01-13].https://news.fznews.com.cn/dsxw/20181119/5bf220b849d66_2.shtml.

④ 佚名.第十届海峡两岸茶业博览会项目招商工作取得成效[EB/OL].(2016-11-21)[2023-01-13].https://www.np.gov.cn/cms/html/npszf/2016-11-21/1182850110.html.

表 9-7　2007—2020 年历届茶博会签约项目、金额及项目覆盖范围

年份/年	项目/个	金额/亿元	项目涵盖范围
2007	116	32.17	茶叶产业、涉台农业
2008	—	25.60ᵃ	—
2009	5	0.42ᵇ	武夷山茶叶深加工、政和茶叶加工、建阳工夫红茶购销、松溪茶叶深加工及基地开发、建瓯生态绿硒茶开发
2010	38	14.45	茶业、农业、购销
2011	68	55.25	茶叶类项目 46 个，签约金额 8 亿元；其他农业类项目 22 个，签约金额 47.25 亿元
2012	77	217.78	除茶叶种植、观光、精深加工等农业项目外，还包括食品加工、林产加工、机械制造等工业项目以及度假、养生、休闲、文化、高档酒店等旅游文化商贸服务业项目
2013	198	420.83	食品加工、生态旅游、机电、度假休闲、养生保健、纺织等行业，以及以茶叶种植、观光、精深加工为主的农业项目
2014	166	312.13	电子科技、生物科技、食品加工、机电、生物、商贸服务、度假休闲、养生保健等行业以茶叶种植、观光、精深加工为主的农业项目
2016	38	289.00	水利、生技产业城、风能发电、新型生物质糖生产、海峡联合医养小镇、冰雪水世界、豪兔产业发展
2017	43	85.67	现代绿色农业、旅游产业、健康养生产业、生物产业、先进制造产业、文化创意产业
2018	27	90.17	现代绿色农业、旅游、健康养生、生物项目、先进制造业
2019	27	92.40	现代绿色农业、旅游、健康养生、先进制造
2020	20	128.42	医疗保健、现代农业、文创、金融、物流、商贸

资料来源：收集整理自历届茶博相关资料。但 2015 年第九届茶博会为公布签约项目数据。

注：a.包含签约投资、购销合同在内。b.第二届茶博会共签约投资、购销合同 127 个，111.1 亿元，包含投资项目和茶叶及相关产品的销售成交金额。此处仅列出包含南平市签约的投资项目。

第三节 武夷茶产业区域融合发展路径

一、区域产业融合发展

1.产业融合

植草益认为,产业融合是通过技术革新和放宽限制来降低行业间的壁垒,加强各行业间的竞争合作关系。格里塞特和卡纳(Grenstei & Khana)则认为产业融合是为了适应产业增长而发生的产业边界的收缩或消失。卢东斌强调产业融合是高新技术及其产业作用于传统产业,使得两种(或多种)产业合成一体,逐步成为新产业。综合各种观点,从更广泛的视野看,所谓产业融合是指不同产业或同一产业内的不同行业通过相互渗透、相互交叉,最终融为一体,逐步形成新产业的动态发展过程。其特征在于融合的结果出现了新的产业或新的增长点。[①] 产业融合成为产业发展及经济增长的新动力,主要是因为,随着产业融合在整个经济系统中越来越具有普遍性,它将导致产业发展基础、产业之间关联、产业结构演变、产业组织形态和产业区域布局等方面的根本变化。[②]

2.区域产业融合发展路径

随着我国区域经济发展水平的不断提升,区域之间产业差异性会越来越小,也必然导致地区之间产业相似系数的升高,即地区之间产业差异性缩小。在产业相似程度日趋提高的情况下,如果不能寻求到新的产业增长点,势必会造成未来区域产业发展中竞争性超过协作性。在这种情况下,就需要地区之间通过以下路径寻求产业融合发展。

(1)模块化的区域产业融合。基于模块化的产业融合,要求各地区加快发展自身优势产业的过程中,基于生产要素在地区乃至全国自由流动的前

---

① 厉无畏.产业融合与产业创新[J].上海管理科学,2002(4):4-6.
② 周振华.产业融合:产业发展及经济增长的新动力[J].中国工业经济,2003(4):46-52.

提下,由技术、需求、制度等多种因素驱动,经过模块化的价值分解和功能整合,使不同产业或同一产业内的不同行业在不断加强横向联系的同时,逐渐形成具有新产业属性或新业态的复杂性产业网络。[①]

(2)区域分工协作下的区域产业融合。区域分工协作下的区域产业融合,要求各地区在促进经济发展区域化的同时,主动融入基于内在经济联系的全国区域经济体系中,并在各经济区域之间就资本和技术密集型产业与劳动和资源密集型产业的分工协作,重点通过资本和技术密集型产业促进劳动和资源密集型产业的升级;在初加工产品与精、深加工产品在产业水平上的分工协作,重点促进地区之间石化工业、煤炭工业等资源型产业的产业链延伸不断向产业高端延伸;在区域装备制造业配套生产能力及产品多样性的分工协作下,以交通运输、专用和通用设备制造等为核心内容的泛长三角装备制造业,正在经历产业水平升级要求下的生产过程更专、更精、更细、更尖的分工和结构调整;以及建立区域产业一体化的政策协调机制,依靠加强省市之间各个类别和各种形式的对话平台建设。

(3)外部技术进步下的区域产业融合。产业技术进步是指产业发展的要素不断复杂化、高级化、知识化的过程,主要表现在产业资本、产业内容、产业组织、产业关系、产业布局、产业制度和产业标准的持续创新。[②] 而产业技术进步对于产业融合的作用主要体现在:一是通过新技术创造新的生产要素从而促进新产业的诞生,二是技术进步导致产业结构优化升级并促进优势产业自身融合。但对于我国各地区而言,尤其是并非我国技术创新中心的地区,通过产业技术进步促进地区产业融合还需借助于来我国东部或国外的外部技术进步。

(4)以区际贸易、国内价值链促进区域产业融合。事实上,根据钱纳里(1986)等人的研究,在大国工业化过程中,国内贸易的扩张对轻工业增长的平均贡献率约为80%,对重工业的贡献率约为65%,而小国分别为60%和

---

① 肖建勇,郑向敏.模块化与产业融合:耦合、机理及效应[J].科技管理研究,2012(14):13-16.

② 王洪波.产业技术进步在 IT 产业融合中的作用探究[J].华东经济管理,2009(3):149-153.

40％。尽管并没有关于我国国内贸易对工业产业贡献率的权威研究结论，但在我国从贸易小国到贸易大国的转变中，加快国内区际贸易的发展以减少对国外市场的依赖已经成为共识。

我国国内贸易发展具体表现在国内区际贸易具有较强的沿海指向性，区际间产业关联度低，区际产业结构趋同和产业分工度低等特点。陈秀山、张若研究得出在区际的贸易产品构成中，制成品贸易的沿海指向性更强。主要原因一方面是由于受到东部沿海经济核心区强大的经济辐射效应，另一方面也是内陆地区间贸易成本偏高，省际产业关联度低和产品结构趋同所致。由于沿海区域的产品贸易主要是以出口为主，而中部又纷纷制定南向、东向战略，积极融入沿海经济发达地区，因此一定程度上中东部地区都在出口导向型政策的指引下，本应以国内贸易为基础却转向发展国际贸易，国内区际市场贸易被大大忽视。①

构建以本土企业为主体国内价值链是加快国内区际贸易发展的基础。事实上，构建国内价值链对于区域产业融合至关重要。首先，正是在国内价值链引导下的地区间的合理分工，才会有利于各地区产业的不同生产模块在国内各经济区域形成合力的布局。其次，合理的国内价值链有利于地区之间在资本和技术密集型产业与劳动和资源密集型产业的分工协作，在初加工产品与精、深加工产品在产业水平上的分工协作，在装备制造业配套生产能力及产品多样性的分工协作，也有利于区域产业一体化的政策协调机制的建立和完善。最后，合理的国内价值链，有利于各地区通过完善的技术交易市场，从作为技术创新核心地区获得新技术以促进本地区优势产业发展中的产业融合。

二、福建茶产业区域融合发展的必要性

1.我国茶产业发展趋势及福建在我国茶产业发展中的地位

（1）我国茶产业发展趋势。2012—2021 年，全球茶产业市场规模从

---

① 陈秀山，张若.中部地区省际产品贸易流量估算与空间分析[J].华中师范大学学报，2007
（5）：36-42.

1 422亿美元增长到 2 071 亿美元,全球茶叶消费量从 493.69 万吨增加到
662.84万吨。与全球茶产业市场规模不断扩大、茶叶消费量不断增加相一
致,我国茶产业、茶叶市场规模也在不断扩张,分别从 2016 年的 3 518 亿元、
2 148 亿元提高到 2021 年的 5 221 亿元、3 049 亿元,茶叶市场占茶产业市场
的比例保持在 60% 左右。我国茶园面积从 2011 年的 205.55 万公顷增加到
2021 年的 330.78 万公顷,茶叶产量则从 2011 年的 160.76 万吨增长到 2021
年的318.00万吨,我国国内茶叶的销量也从 109.61 万吨增长到 2021 年的
230.19 万吨,内销占比略有上升,从 2011 年的 68.18% 提高到 2021 年的
72.39%。而我国的茶叶出口额则从 2011 年的 9.70 亿美元增长到 2021 年的
23.00 亿美元,增长了 121.15%。中国的茶叶市场发展快于全球茶叶市场。
与全球茶产业市场规模和茶叶消费量在 2012—2021 年分别增长了45.64%、
34.26%相比,我国茶产业市场规模、茶叶市场规模、茶叶产量、国内茶叶销
量、茶园种植面积的增长均更快,分别增长了 48.41%、41.95%、80.53%、
85.62%、50.27%。如表 9-8 所示。

表 9-8　我国茶叶发展趋势

年份/年	全球市场规模/亿美元	全球茶叶消费量/万吨	中国茶产业市场规模/亿元	中国茶叶市场规模/亿元	中国茶叶产量/万吨	中国国内茶叶销量/万吨	中国茶叶出口额/亿美元	中国茶园面积/万公顷
2011	—	—	—	—	160.76	109.61	9.70	205.55
2012	1 422	493.69	—	—	176.15	124.01	10.40	220.13
2013	1 526	517.86	—	—	188.72	133.83	12.50	236.7
2014	1 638	540.03	—	—	204.93	150.25	12.70	252.6
2015	1 658	560.97	—	—	227.66	167.91	13.80	264.08
2016	1 736	579.69	3 518	2 148	231.33	171.06	14.80	272.28
2017	1 860	599.18	3 956	2 406	246.04	181.70	16.10	284.87
2018	1 951	617.12	4 396	2 661	261.04	191.05	17.80	298.58
2019	2011	636.53	4 580	2 657	277.72	202.56	20.20	310.48
2020	1 787	630.08	4 857	2 889	293.18	220.16	20.40	321.67
2021	2 071	662.84	5 221	3 049	318.00	230.19	23.00	330.78

续表

年份/年	全球市场规模/亿美元	全球茶叶消费量/万吨	中国茶产业市场规模/亿元	中国茶叶市场规模/亿元	中国茶叶产量/万吨	中国国内茶叶销量/万吨	中国茶叶出口额/亿美元	中国茶园面积/万公顷
增长率/%	45.64	34.26	48.41	41.95	80.53	85.62	121.15	50.27

资料来源：我国茶园面积来源于《中国统计年鉴（2022）》，其他数据来源于《2022年中国茶产业分析报告》（远瞻咨询行业与市场研究报告）。

注：表中"中国茶产业市场规模""中国茶叶市场规模"增长率为2021年相对于2016年的增长率。

我国的茶叶产量中，绿茶占比最高，随后依次为红茶、黑茶（后发酵茶）、青茶（乌龙茶）、白茶和黄茶。2021年全国茶叶产量318.00万吨，其中绿茶、红茶、黑茶、青茶、白茶和黄茶产量分别为184.94万吨、43.45万吨、39.68万吨、28.72万吨、8.19万吨、1.33万吨，分别占全国茶叶产量的58.16%、13.66%、12.48%、9.03%、2.58%、0.42%，其他茶产量和占比分别为11.69万吨和3.68%。

（2）福建在我国茶产业发展中的地位。2021年，福建省的茶园面积为341.22万亩，在全国排名第五，远低于前四位的云南、贵州、四川和湖北，分别只有前五省的47.38%、47.75%、57.23%、62.61%。但福建省的茶叶产量居全国各省市自治区第二位，超过了贵州、四川、湖北等茶园面积更大的省份，并且只比全国茶叶产量最大的云南省50.21万吨少1.42万吨。而福建省的全茶产业链产值则是全国最高的，达到1 400亿元，高于浙江的1 300亿元、云南的1 071.10亿元、湖南省的1 012亿元、四川和湖北省的1 000亿元。如表9-9所示。

表9-9 2021年我国各省茶叶种植、产值与产量情况

省份	各省茶园面积/万亩	全茶产业链产值/亿元	各省茶叶产量/万吨	绿茶产量/万吨	红茶产量/万吨
云南	720.25	1 071.10	50.21	13.30	7.10
贵州	714.60	570.95	24.59	18.64	—
四川	596.20	1 000	37.48	22.00	—
湖北	545.01	1 000	40.44	28.41	4.19

续表

省份	各省茶园面积/万亩	全茶产业链产值/亿元	各省茶叶产量/万吨	绿茶产量/万吨	红茶产量/万吨
福建	341.22	1 400	48.79	12.48	5.70
浙江	307.70	1 300	18.10	9.00	—
安徽	295.73	615	13.73	11.73	—
湖南	298.10	1 012	25.85	12.20	2.56
陕西	233.66	196.30	9.32	—	—
江西	171.80	—	7.38	5.73	1.25
河南	208.60	137.40	7.50	7.04	
广西	142.44	260	9.60	—	
广东	123.13	—	13.95	5.33	
重庆	84.62		5.08		
江苏	51.45	—	1.09	0.84	0.25
山东	40.83	—	2.85		

资料来源：收集整理自各省 2022 年《统计年鉴》及多个网络数据来源。

注：(1)表中数据不包含油茶种植及产业数据。(2)我国红茶产地主要有福建武夷山、福建政和、云南凤庆、安徽祁门、四川宜宾、广东英德、河南信阳、浙江杭州、贵州遵义等，但除表中所示数据外，其他地区的红茶产量数据并未公布。

从不同茶叶种类产量来看，福建省在全国绿茶产业中不具优势，产量只有全国绿茶产量的 6.75％。但福建省的青茶（乌龙茶）和白茶产量则在全国青茶和白茶产量中占据绝对优势，2021 年福建省青茶和白茶产量分别为 25.07 万吨和 5.50 万吨，分别占全国青茶和白茶产量的 87.29％和 67.16％。此外，福建省的红茶产量在全国也占有相当的地位，其产量 5.70 万吨，占全国红茶产量的比例为 13.12％，仅次于云南。

(3)福建县域茶叶和茶叶企业在我国的地位。福建省的主要县域茶叶产区中，武夷山市于 2021 年 10 月 2 日在第十七届中国茶业经济年会开幕式上被评为 2021 年度茶产业、茶科技、茶文化"三茶"统筹先行县域，永泰县和政和县则同时获评为茶旅融合特色县域，安溪县获评为智慧茶叶样板县域。依据 2021 年中国茶叶流通协会发布的中国茶叶县域排行榜，福建省有 4 个县域进入前 30 位，为全国各省市最多，其中武夷山市、永泰县、政和县和安溪县分列第 3 位、14 位、15 位和 23 位。

而从茶叶企业来看，依据中国茶叶流通协会发布的 2021 年中国茶叶百强企业排行榜名单看，其中福建茶叶类企业有 17 家，同样是全国各省市自治区中最多的。排名比较靠前的分别是第 11 位的福建品品香茶叶有限公司、第 12 位的武夷星茶叶有限公司、第 15 位的福建春伦集团、第 24 位的正山茶叶、第 28 位的福建天湖茶叶、第 29 位的福建新坦洋集团、第 30 位的闽榕茶叶、第 40 位的鼎白茶叶、第 41 位的瑞达茶叶等。从入选名单中的茶叶公司看，主营茶叶品种也集中于乌龙茶（武夷星）、红茶（正山茶叶、新坦洋集团）和白茶（鼎白茶叶）。

2.福建各地区茶产业发展的相似性与差异性

（1）茶叶在福建各地区经济发展中均占据重要的地位。茶叶在福建各地区，尤其是县域经济发展中占有重要的地位。2021 年，福建茶产业全产业链产值超 1 400 亿元，茶叶产量、单产、茶树良种普及率、出口额增速等多项指标均居全国第一。

福建每一个地级市所辖地区均生产茶叶。全省 82 个市辖区、县、县级市中，有 70 个地区生产茶叶。2021 年，福建茶叶产量达到 487 901 吨，其中宁德产量最大，为 118 253 吨，占福建省 24.24%，随后依次为泉州、南平、漳州、三明、福州、龙岩、莆田和厦门，茶叶产量分别占福建省 19.24%、17.17%、12.80%、10.65%、9.56%、1.59%、0.82%、0.32%（如表 9-10）。

从表 9-10 中县级单位茶叶产量来看，福建茶叶产量最多的是安溪县。2021 年，安溪实有茶叶种植和采摘面积 653 695 亩，且均为青茶（即包括铁观音、黄金桂、本山和毛蟹等在内的乌龙茶），产量 78 715 吨。在安溪县，80% 的人从事涉茶产业，涉茶总产值 280 亿元，农民年均纯收入有 56% 来自茶产业。[①] 其次为福鼎市、福安市、武夷山市、华安县和寿宁县，茶叶产量均超过 2 万吨，分别为 37 499 吨、27 204 吨、23 883 吨、20 633 吨和 20 555 吨。

---

① 高雪莹，张锦川.安溪铁观音成为 2022 中国企业家博鳌论坛指定用茶[EB/OL].(2022-11-27)[2023-01-13].https://baijiahao.baidu.com/s? id＝17506509047922818178&wfr＝spider&for＝pc.

表 9-10 2021 年福建各地区茶叶产量

地区	产量/吨	地区	产量/吨	地区	产量/吨	地区	产量/吨	地区	产量/吨
全省	487 901	涵江区	784	丰泽区	1	南靖县	7 953	永定区	1 653
福州市	46 660	荔城区	19	洛江区	97	平和县	13 013	漳平市	13 653
晋安区	2 399	仙游县	3 165	泉港区	465	华安县	20 633	长汀县	1 885
长乐区	167	三明市	51 978	南安市	1 278	南平市	83 775	上杭县	1 848
福清市	472	三元区	599	惠安县	40	延平区	307	武平县	3 569
闽侯县	2 006	沙县区	4 326	安溪县	78 715	建阳区	6 615	连城县	1 601
连江县	12 805	永安市	2 154	永春县	11 577	邵武市	9 876	宁德市	118 253
罗源县	8 674	明溪县	3 857	德化县	1 703	武夷山市	23 883	蕉城区	7 914
闽清县	3 737	清流县	2 475	漳州市	62 466	建瓯市	18 418	福安市	27 204
永泰县	16 400	宁化县	6 228	芗城区	165	顺昌县	272	福鼎市	37 499
厦门市	1 575	大田县	14 870	龙文区	345	浦城县	2 008	霞浦县	9 057
集美区	6	尤溪县	13 876	龙海区	117	光泽县	1 346	古田县	1 072
同安区	1 565	将乐县	830	长泰区	2 683	松溪县	8 348	屏南县	645
翔安区	4	泰宁县	991	云霄县	1 510	政和县	12 702	寿宁县	20 555
莆田市	4 001	建宁县	1 772	漳浦县	275	龙岩市	25 317	周宁县	8 034
城厢区	33	泉州市	93 876	诏安县	15 772	新罗区	1 108	柘荣县	6 273

资料来源:整理自《福建统计年鉴(2022)》。

(2)福建各地茶产业的差异性。福建各县域所生产的茶叶均可归入绿茶、白茶、青茶(乌龙茶)、红茶等四类。首先,不同地区茶叶种类分布存在较大差异。一些地区的茶叶大类单一但小类众多,如安溪县的铁观音、黄金桂、本山、毛蟹均属于乌龙茶,福鼎市的白茶、白琳工夫、白牡丹、白毫银针、贡眉均属白茶;一些地区茶叶大类和小类均较多,如福安市则生产红茶(坦洋工夫)、绿茶(福安绿茶、茉莉花茶、工艺花茶)、白茶(福安白茶)等三类,武夷山生产青茶[乌龙茶,武夷岩茶包括大红袍、香梅1号、闽北水仙、肉桂)]、红茶(正山小种、金骏眉),建瓯市生产绿茶(北苑御茶)、乌龙茶(龙凤团茶、闽北水仙、矮脚乌龙)、白茶(白毫银针、贡眉),政和县生产红茶(政和工夫茶、香梅1号)、白茶(白牡丹、白毫银针、贡眉);还有一些地区的茶叶大类和小类均较为单一种,如周宁县的官司云雾绿茶、柘荣县的白茶寿眉、霞浦县的绿茶、平和县的白芽奇兰（乌龙茶）等等。其次，即使是同一类茶，在不同地区也因为具有不同品质而在名称、种类上有较大的区别。比如福鼎白茶与福安白茶，安溪乌龙茶（铁观音）与武夷山的乌龙茶（武夷岩茶），武夷山的红茶（正山小种）和寿宁（坦洋工夫茶），政和县的红茶（政和工夫茶）。如表9-11所示。

表9-11　2021年福建各主要县域生产的茶叶种类分布

地区	茶叶种类	地区	茶叶种类	地区	茶叶种类
安溪县	铁观音、黄金桂、本山、毛蟹	福鼎市	白茶、白琳工夫、白牡丹、白毫银针、贡眉	福安市	坦洋工夫、福安绿茶、茉莉花茶、福安白茶、工艺花茶
武夷山市	大红袍、正山小种、金骏眉、肉桂、香梅1号、闽北水仙	寿宁县	高山云雾绿茶、乌龙茶、红茶（坦洋工夫）	建瓯市	龙凤团茶、闽北水仙、北苑御茶（绿茶）、矮脚乌龙、白毫银针、贡眉
尤溪县	汤川普济茶、华口水仙茶、明山圣王茶、谙头山仙茶	政和县	政和工夫茶、香梅1号、白牡丹、白毫银针、贡眉	松溪县	绿茶（占90%～95%）、白茶（贡眉、白牡丹）
连江县	鹿池绿茶、"黑珍珠"（乌龙茶）、白茶	建阳区	闽北水仙、贡眉、白牡丹	浦城县	绿茶、红茶、乌龙茶、白茶
罗源县	七境堂绿茶、茉莉花茶	宁化县	孔坑茶（绿茶和红茶）	大田县	高山茶（乌龙茶）、绿茶
邵武市	邵武碎铜茶（绿茶）	云霄县	黄观音（乌龙茶）	新罗区	斜背茶
永泰县	永泰绿茶、茉莉花茶	诏安县	八仙茶	永定区	万应茶（绿茶）
仙游县	郑宅茶	南靖县	丹桂、毛蟹、铁观音	漳平市	水仙茶（乌龙茶）
沙县区	红边茶	平和县	白芽奇兰（乌龙茶）	武平县	武平绿茶
永安市	天宝岩茶	华安县	铁观音	长泰区	天竺岩茶
南安市	石亭绿	光泽县	小种红茶	周宁县	官司云雾绿茶
永春县	佛手	明溪县	君子红红茶	柘荣县	白茶寿眉
德化县	白毫银针	蕉城区	天山绿茶	霞浦县	绿茶

资料来源：整理自网络收集资料。

三、武夷茶产业的区域融合发展路径

1.精准市场定位下的茶产品融合

（1）茶产业市场产品的多样性。茶产业产品市场的多样性体现在：一是茶叶的多样性。茶叶有多种分类方法，按照发酵程度分为不发酵茶、微发酵茶、半发酵茶、全发酵茶、后发酵茶；按采制时间分为春茶、明前茶、雨前茶、夏茶、秋茶、冬茶；按加工程度分为基本茶类、再加工茶类；按产地海拔分为高山茶、平地茶；按茶叶外形可分为长条形茶、卷曲条形茶、扁形茶、针形茶、圆形茶、螺钉形茶、片形茶、尖形茶、颗粒形茶、花朵形茶、团块形茶等。即使按照基本的分类方法将茶叶分为绿茶、白茶、黄茶、青茶、红茶、黑茶，也因为各个地区所产茶叶存在的细微差别而分为多种类型，比如福建的乌龙茶就有安溪的铁观音、黄金桂、本山、毛蟹，武夷山的大红袍、肉桂、香梅1号、闽北水仙，连江县的"黑珍珠"，建瓯的龙凤团茶、矮脚乌龙，平和县的白芽奇兰等。

二是饮茶用品的多样性。饮茶用品及与泡茶相关的一切器具，或者由茶延伸的器具，包括茶则、茶针、茶漏、茶夹、茶匙、茶筒、茶壶、盖置、壶承、茶盘、品茗杯、闻香杯、盖碗、杯垫、随手泡、水盂、公道杯、茶荷、茶刀、滤网架、茶巾、过滤网、茶叶罐等多种类型，而上述饮茶器具又有瓷器、紫砂、木鱼石、漆器、竹木、玻璃、金属等材质，不同地区茶具的组合和样式又有所差别。

三是茶叶衍生产品的多样性。茶衍生产品包括，茶饮料，如速溶茶、抹茶、奶茶、瓶装如茶π、小米的平仄茶饮料等；茶食品，如加入茶叶成分制成的糕点、甜品；茶宠，即摆放在茶桌上把玩的"宠物"，一般由陶、瓷、木等材质做成，形式也有很多，比如动物、植物甚至是茶具的迷你版等；茶服，随着我国文化自信日益提高，在服饰方面不仅掀起了国潮热、汉服热，还有茶服热，包括古典茶服与新式改良茶服；茶字画，《萧翼赚兰亭图》《撵茶图》《调琴啜茗图》《惠山茶会图》等都是茶文化的见证；茶饰品，穿茶服要搭配刺绣茶花包，茶色小手链，茶叶原叶制作的香包、香囊，用废弃茶末提取茶叶精油做成的耳坠等，以及将茶提取物茶多酚（儿茶素）、咖啡碱、芳香油、水分、矿物质、色素、碳水化合物、蛋白质、氨基酸、维生素等制作的茶保健品、茶化妆品；等等。

（2）茶产品消费者的高度差异性。茶产品消费者是高度差异化的。在大数据时代，这种差异性又会随着人们对茶叶的品质、功能等方面的了解逐渐深入而进一步扩大。关于茶产品的消费，品质与健康、文化与底蕴、自制与定制等成为消费者重点关注的内容，口味、品质、包装、代言人、价格、广告、尝鲜、优惠等因素都会对消费者的选择产生重要的影响，因而形成了由原生茶叶衍生出来的原生即饮茶饮、养生茶类、分装茶包、调制即饮茶饮、水果茶、养生茶、奶茶饮品、果茶饮品等多层次多类别的茶产品。在此基础上，不同年龄段的消费者对茶饮的需求不同，年龄较大的注重享受过程、"以茶养生"和茶产品的高性价比，年轻人则对功能性茶饮需求较大、更易于接受新的茶产品；不同性别的消费者对茶饮的需求不同，女性消费者更注重浓烈的口感，男性消费者更注重温和的口感和养生习惯；不同收入水平的消费者对茶产品的需求不同，高收入者注重茶产品的品质，中低收入者注重茶产品的性价比；同一消费者在不同时段，对茶产品可能有不同的功能诉求，比如心情愉悦缓解工作学习压力、调节体内菌群平衡有助于消化系统、燃脂、口味独特、醒目提神、养生养目护肝等等，从而会对茶产品有不同的需求。

（3）福建各区域茶产品的融合发展。福建各区域茶产业的融合发展，一方面要在茶产品多样性的基础上，注重各区域茶产品的精准市场定位，依托茶博会平台形成相关信息发布机制，形成福建各地区统一的茶产品市场定位目标体系，作为各地区茶产业发展、茶产品企业产品生产和品牌培育的指标，避免各区域相同或相类似茶产品因市场定位不清或相互较差而产生激烈的市场竞争。另一方面是融合福建红茶、岩茶、白茶、绿茶和水仙茶等主要的茶叶品种，依托于茶博会期间各地区茶产品生产企业、茶产业主馆部门、专家学者甚至是与消费者的直接沟通下，形成和发布组合产品，以满足同一消费者因不同时间、不同场合、不同对象下对茶产品的不同需求。

2.以万里茶道促进福建各地区的茶文化融合

（1）武夷山茶文化发展与传播。茶叶在中国有四千多年的发展历史，中国茶文化源远流长，"千载儒释道，万古山水茶"，茶叶成为中国传统文化传承、延续发展的载体之一。随着公众消费水平和消费理念的转变，人们开始重视旅游活动的文化内涵。在长期的实践中茶叶与经济、哲学、民俗、节庆、保健、食品、园艺、诗画、陶瓷工艺等融为一体，从而形成了别具特色的茶文

化,茶艺、茶诗、茶画、茶具、茶俗、茶食等内容丰富的茶文化,以及具有特殊
开发价值的旅游资源。①

　　武夷山茶产业发展与茶文化密不可分,茶产业发展衍生茶文化,茶文化
发展又推动茶产业升级。武夷山茶文化内涵十分丰富。武夷山是乌龙茶、
红茶的发源地,是"万里茶道"的起点,享有"中国茶文化艺术之乡"的美誉。②
因此,武夷山市注重茶史、茶俗、茶艺等茶文化资源挖掘,丰富茶文化内涵,
打造茶文化品牌,提升茶产业价值。武夷山茶文化资源分为有形资源和无
形资源。有形资源主要包括:外显器物,如茶具、茶器等;历史遗迹,如下梅
村、赤石渡口等;当代景观,如武夷香江名苑、中华武夷山茶博园等;历史文
献,如《武夷茶说》《崇安县新志》等;历代名茶,如大红袍、白鸡冠等。无形资
源主要包括:茶文化,如茶政制度、茶德哲学;茶叶制作工艺,如武夷岩茶制
作工艺;茶俗,如敬茶、擂茶、斗茶、祭茶等;知名茶叶品牌,如武夷星、钦品
等。这些内涵丰富、类型多样的茶文化资源为武夷山茶文化资源的产业化
奠定了基础。③

　　武夷山茶文化传播措施主要包括:一是深挖历史文化。持续提升中国
武夷茶博物馆,加强母树大红袍等遗址保护开发,编著《茶韵文脉》等书籍,
编排《武夷茶香飘万里》等茶歌舞,形成了一批茶文化成果。二是讲好文化
故事。坚持举办国际茶日、喊山祭茶仪式、武夷岩茶(大红袍)传统技艺制茶
大会拜师仪式、世界遗产大会百企茗茶品鉴等活动,推出一批茶文化的书
籍、影视等文化艺术精品。三是打响文化品牌。注重品牌宣传推广,坚持每
年开展大型展销活动,组织茶企参加各类农产品交易会、茶博会,常态化开
展制茶大师赛、技能赛、斗茶赛,冠名精品文体赛事等各类茶事活动,不断扩
大对外影响。④ 四是依托茶叶产业发展,开展各种茶赛事活动,积极培育有

①　陈秀美.武夷山茶文化旅游发展思考[J].茶博览,2018(12):62-67.
②　刘源隆.福建省武夷山市:茶区变景区[N].中国文化报,2022-07-26(4).
③　杨珊,谢向英,李令群."一带一路"视野下的武夷山茶文化资源产业化研究[J].福建农林
　　大学学报(哲学社会科学版),2017,20(4):59-64.
④　福建省武夷山市茶产业发展中心.武夷山市:以"三茶统筹"实现保护与发展双赢[EB/OL].
　　(2022-05-10)[2023-01-13].http://www.crnews.net/zt/xczxkfj/zxbd/947232_2022051
　　0060218.html.

武夷山特色的茶文化，并结合茶旅游进行整合营销，给茶文化注入新的内涵和活力。[①]

融入"一带一路"，加快茶文化传播。一是连续 14 年在武夷山举办海峡两岸茶业博览会，设置"一带一路"展区，备受马来西亚、日本、韩国、斯里兰卡等国家茶企或代理商追捧；二是与法国波尔多市签署友好合作交流备忘录，与法国梅多克大区凯阳市互设产品交流推广中心，扩大双向市场开放；三是在马来西亚、我国香港等地成立"武夷山大红袍品牌推广中心"；四是设立中欧班列装卸点，方便武夷岩茶出口；五是设立"万里茶道总部小镇"，打造集茶旅、文化、基金为一体的特色小镇，主动融入"一带一路"倡议。[②]

（2）福建各地的饮茶文化。乌龙茶的饮茶文化。乌龙茶的饮茶流程包括备具候用、恭请上坐、焚香静气、活煮甘泉、叶嘉酬宾、高山流水、乌龙入宫、百丈飞瀑、玉液移壶、乾坤倒转、敬奉香茗、鉴赏汤色、初品奇茗、二探兰芷、三斟石乳、自斟慢饮等数十道程序。同样是乌龙茶，安溪和武夷山的饮茶文化又略有不同。安溪是乌龙茶的故乡，十分讲究品饮艺术：品饮乌龙茶，茶叶选用茗茶铁观音、黄金桂、本山、毛蟹等名茶；茶具用精致的瓷质、陶质等小壶、小盅；冲泡选用山泉水、井水和纯净水；沏泡讲究款款有序，动作优美，真正达到纯、雅、礼、和的品茶意境。因此有"谁人寻得观音韵，不愧是个品茶人"之说。而武夷山的饮茶文化则深刻地融入了我国的传统文化。理学集大成者朱熹在武夷山生活近 50 年，并在此著书立说，创建武夷精舍，授徒讲学的过程中，也常聚友斗茶品茗，以茶促人，以茶论道，并以采茶为乐。因此武夷山一千多年的茶文化历史中，与儒释道都有着深刻的历史渊源。武夷山茶道不仅体现在制作工艺上，而且融入传统文化的内涵：由"中"与"和"的儒家思想精髓，衍生而来的"和""静""怡""真"深刻地体现了武夷山茶文化的思想精髓，同时也是武夷山茶道的基本精神所在。同时，武夷山茶道还注重品饮环境的营造，"插花、挂画、点茶、焚香"为茶道四艺，在武夷山茶艺表演中，"焚香静气"是必不可少的一道程序；武夷茶道同样注重与自

① 叶元高，徐斌.浅谈武夷山市茶产业发展的现状和展望[J].中国茶叶，2009(6)：38-39.
② 中国人民银行南平市中心支行课题组.金融助推武夷山茶产业融入"一带一路"发展研究[J].福建金融，2021(2)：73-79.

然为友,共同演译人与自然和谐相处的精神。

白茶的饮茶文化。白茶分为白毫银针、白牡丹、贡眉和寿眉三个等级,白茶的冲泡技艺也相应地根据等级而有所不同。白茶的饮茶流程相对简单,一般包括温具(用沸水烫洗茶盏)、投茶(最多为盖碗的1/3)、摇盏闻香、润茶(即洗茶)、注水(开水凉至85℃左右,沿着盖碗边缘低缓地注入)、出汤(注水后5秒立即出汤)、品饮(小口慢酌)。福鼎白茶则在上述过程之外,还有煮茶的程序。煮福鼎白茶的过程需要注意以下事项:首先,水要煮沸之后才能投入茶叶;其次,一般用冲泡三四次后的茶叶来煮茶;最后,煮茶时间一般一两分钟为宜。

福建红茶的茶文化。福建的红茶包括武夷山的正山小种、金骏眉,以及闽北、闽南的工夫茶。以工夫茶为例,其品饮方法一般经过泡饮、斟饮等五个步骤,如表9-12所示。武夷山的红茶饮茶方法与工夫茶差距较大。武夷红茶的饮茶方法一般包括置具洁器(准备好壶、杯或盏等茶具)、量茶入杯(每杯放入3~5克的武夷红茶)、烹水沏茶(冲入八分满的开水,高档武夷红茶以选用白瓷杯为宜)、闻香观色(武夷红茶经冲泡5~6秒后,即可先闻其香,再观察茶的汤色)、品饮尝味(待茶汤冷热适口时,即可举杯细细品味,品出武夷红茶的醇味)等五道程序。

表 9-12　福建工夫茶的品饮方法

程序	步骤	方法
泡饮	步骤一	以净水洗涤茶具,再以沸水烫茶壶、茶盏
	步骤二	置茶于壶中,高注沸水,或满或稍溢,以壶盖沿壶口刮去表面污沫
	步骤三	加盖,取沸水缓慢淋壶以保温
斟饮	步骤一	茶盏盏口对接,来回斟注,周而复始,俗称"关公巡城"
	步骤二	余汤分杯斟入,点滴不遗漏,俗称"韩信点兵"
第二泡		一泡之后,重新烫洗茶盏,再如法冲泡数次

资料来源:养生之家.福建工夫茶的冲泡程序_福建工夫茶的泡法步骤流程[EB/OL].(2017-11-20)[2023-01-13].https://www.ys991.com/shiliao/jiakang/592.html.

(3)万里茶道与福建的茶文化。万里茶道起点在武夷山的下梅村,开辟者主要有山西茶商乔氏、常氏等。万里茶道是继"丝绸之路"和"海上丝绸之路"又一条横跨亚欧大陆的国际古商道。[①] 清代初年，山西茶商进入武夷山茶区，利用武夷山得天独厚的自然条件、上千年的茶叶种植历史和便捷的水路运输等条件，在武夷山投资茶业，将武夷山发展成为中国茶叶出口的茶源区。由此，下梅村的茶市在乾隆初年就初具规模。到清代中叶，武夷山更是形成了下梅村、赤石、星村三个茶叶市场，崇安县城则成为茶叶集散地。晋商雇佣"崇安担"翻越位于闽赣交界长达 120 千米的分水关，到达万里茶道水运起点的江西铅山县河口镇信江码头。之后，运茶船队从河口出发，入鄱阳湖，出湖口，在九江进入长江，逆水而上西行到达被誉为东方茶叶港的汉口。[②] 后经河南、山西、河北、内蒙古进入蒙古国境内，再经乌兰巴托到达中俄边境的通商口岸恰克图。万里茶道在俄罗斯境内进一步延伸，从恰克图经伊尔库茨克、新西伯利亚、秋明、莫斯科、圣彼得堡等十几个城市，传入中亚和欧洲其他国家，全长约 1.3 万千米。据统计，1842—1851 年，从恰克图总计出口武夷红茶约33 136吨。万里茶道是"一带一路"倡议的重要历史支撑。[③]

（4）依托茶博会以万里茶道促进福建茶产业文化融合发展。历届茶博会虽然在诸多活动中注重宣扬万里茶道对于武夷山茶文化的重要作用，但却缺乏以万里茶道增进福建区域茶产业文化融合发展的内在含义。依托武夷山举办的海峡两岸茶叶博览会，福建茶产业发展应注重以万里茶道促进福建茶文化融合发展：一是包容，即福建各种茶叶种类不同的饮茶文化、福建各地区不同的饮茶文化要相互尊重，彼此欣赏对方的饮茶文化优点。二是吸纳，即各种茶文化应相互吸纳对方的优点，不断丰富提升自身的饮茶文化内涵，形成既各具特色又相互关联的福建特色茶文化。三是相互促进，即要在相互借鉴的基础上，在茶博会等平台上，结合对方茶文化、茶产品、区域人文和经济特性提出丰富提升的建议，促进彼此的茶文化和茶产业的发展。

3.茶科技融合

（1）武夷山茶科技发展现状。武夷山市坚持科技赋能，深化产学研用协

① 杨珊,谢向英.武夷山茶文化资源产业化开发研究:基于"一带一路"倡议考量[J].安徽农业大学学报(社会科学版),2017(3):131-135.

② 刘晓航.万里茶道源头:福建武夷山[J].茶文化研究,2019(10):20-23.

③ 中国人民银行南平市中心支行课题组.金融助推武夷山茶产业融入"一带一路"发展研究[J].福建金融,2021(2):73-79.

同创新,为茶产业升级提供强有力的科技支撑。在国家、省、市各级科技特派员的帮助下,武夷山市的茶园,无公害茶园覆盖率达到100%,机械化修剪采摘比例达到94%以上,挖掘记录茶树品种280种,科技保护可用品种70多个。[①]

在茶科技方面,一是深化关键技术攻关。与高等院校合作,建立茶产业"6·18"虚拟学院、茶产业研究院,积极开展新型生产技术、农机农艺融合、产地品质识别、茶类功能性成分分析等,在全国率先推进并顺利完成"武夷岩茶品质安全评价研究",通过分子标记建立的指纹图谱可以有效鉴别武夷岩茶不同的品种。依托福建省茶产业工程技术研究中心、福建省茶产业科技重点战略联盟等,从茶树的品种繁育、标准化种植、初加工与精深加工,到茶机具制造与包装、茶叶贮运销售、茶文化休闲旅游等产业链各个环节,不断开发新产品、新技术、新工艺,形成集成果研发、示范推广、农技培训等相结合的研学产推模式,推进茶产业的新一轮发展。[②] 二是加快发展数字茶业。实施智慧茶园、智能茶仓等项目,加快茶叶生产基地、加工设备、销售平台、品质监管等全程数字化智能化改造提升。三是大力培养高素质人才。通过高校学科培养、选派科技人员下乡、选送茶农入校和开展评审活动、职业技能竞赛等多种方式,推动制茶工程师、评茶员、茶艺师等队伍不断发展壮大。

(2)福建茶产业的科技发展现状。茶文化、茶科技、茶产业统筹发展,对福建茶相关产业的发展至关重要。因此,福建省对于茶科技发展给予了充分的关注。采取的措施主要包括以下两个方面:

第一,注重茶科技平台建设,强化对福建茶产业发展的科技支撑。一是建设"一院多中心"。依托福建省武夷山生物研究所筹建福建省茶科技研究院(武夷山),采取"一院多中心"模式,在全省范围内征集和选认一批在茶科技领域具有较强创新能力和示范带动性的机构作为分中心。二是搭建公共

① 佚名.科技支撑,崛起全国首个千亿级茶产业[EB/OL].(2022-02-08)[2023-01-13].https://weibo.com/ttarticle/p/show? id=2309404734714857784181.
② 佚名.科技支撑,崛起全国首个千亿级茶产业[EB/OL].(2022-02-08)[2023-01-13].https://weibo.com/ttarticle/p/show? id=2309404734714857784181.

服务平台。通过集聚政府、高校、科研院所与企业的项目、产业、技术、资金资源，以解决制约茶产业发展的关键核心技术问题为目标，以承担重大科技项目为主要任务，以市场机制为纽带，组建若干茶科技创新公共服务平台。三是攻关关键技术。开展茶科技相关重大理论和关键技术研究，为茶产业可持续发展提供技术支撑，促进科研成果产业化规模化应用，带动创新链产业链融通发展，全面提升全省茶产业自主创新能力和核心竞争力，促进茶产业、茶文化高质量发展。[①]

第二，强化茶科技在茶园、茶企业和茶产业链中的应用。茶科技在茶园应用方面，主要建设推广茶的优良品种，建设生态茶园、智慧数字茶园，推动数字技术与茶园的生产、经营、管理和服务深度融合，以科技支撑茶园高质量发展[②]；扩大生态茶园建设与管理技术应用，集成有机肥替代化肥、绿色防控等先进技术，推广套作大豆、油菜等茶园土壤生境优化技术，以及窄波天敌友好型杀虫灯、天敌友好型色板和"以螨治螨""以螨携菌治虫""以虫治虫"等生物防治措施，扩大病虫害专业化统防统治面积，保障茶叶产品质量安全。[③] 茶科技在茶企业的应用方面，主要是实施茶企软硬件水平提升。鼓励茶叶企业对照食品生产企业安全卫生要求，对工厂硬件设施进行改造，规范生产流程，完善生产工艺，提升加工环节的技术水准；引入国际先进标准体系，提高企业管理水平，鼓励企业建立 ISO 9000、22000，HACCP 等质量体系，规范管理，按标准生产，确保产品质量和食品安全；引入现代化生产技术和设备提升品质，积极推进生产方式转变，引入清洁化流水线、色选机等设备，实现茶叶生产加工方式从粗放型加工向清洁化、标准化、精细化生产转变，实现制茶清洁化，保证产品品质。[④] 在茶产业链方面，不断培育茶叶优

① 福建省科技厅.强化茶科技 支撑茶产业 引领茶文化[EB/OL].(2021-12-23)[2023-01-13].https://www.most.gov.cn/dfkj/fj/zxdt/202112/t20211223_178715.html.

② 林先昌."茶文化、茶科技、茶产业"这篇大文章如何做？听听这些大咖这样说播[EB/OL].(2022-06-30)[2023-01-13].https://baijiahao.baidu.com/s?id=17370276444540 65073&wfr=spider&for=pc.

③ 福建省农业农村厅.关于统筹做好"茶文化、茶产业、茶科技"这篇大文章推动茶产业高质量发展的若干意见（闽农规〔2021〕7 号）[EB/OL].(2021-08-02)[2023-01-13].http://nynct.fujian.gov.cn/xxgk/zfxxgk/fdzdgknr/nyww/nyzc/202108/t20210831_5678463.htm.

④ 李向安.试论用现代科技助推武夷山茶产业发展[J].商业文化,2011(12):236.

质新品种,2021 年以来,瑞茗、福萱、春萱、春闺、瑞香、九龙袍等 6 个茶树新品种通过国家非主要农作物品种登记,以及韩冠、皇冠茶、0309B、茗铁 0319 等 4 个茶树新品种取得植物新品种权证书,其中春闺、瑞香、九龙袍 3 个品种已在茶区得到较大面积推广并取得显著效益[①];建设福建特色茶产业综合服务平台"福茶网",上线不到 6 个月交易额突破 10 亿元,成为全国茶业垂直领域增速最快的产业互联网综合服务平台之一[②];支持茶叶企业建设连续化自动化精制加工生产线等,提高标准化生产水平,发展茶叶深加工,提取利用茶多酚、茶多糖、茶色素、茶氨酸等有效成分,鼓励开发新式茶饮、茶日用品和茶功能性产品,提高茶叶资源综合利用率[③],反向助推加工体系向生产现代化、标准化转变,从而打造完整茶产业链,形成产业集群。

(3)福建茶产业科技融合发展路径。福建茶产业科技融合发展,一是依托共性的平台,利用共性的研究机构,开发福建茶产业的共性技术。共性平台重点作为福建各茶叶品种、各主要茶产业发展地区交流、探索和发布茶产业发展技术的场所,促进福建各茶叶主产区联合开展茶叶科技研发,推动茶叶优质高产、茶叶精深加工、茶产业链的纵向与横向延伸。共性研究机构由福建各茶产业主要地区、主要企业共同选择或设立、共同资助的,以解决福建茶产业发展中共性技术问题的研究机构。而共性技术则主要包含优质茶叶品种的培育、茶叶制作、茶叶提取以制作衍生产品等方面的技术。二是依托共性平台,利用适应各茶叶品种、各主要产茶地区需求的科研机构,开发更加突出各茶叶细分种类特色、更加符合各地区茶叶市场精准定位需求的茶产业发展专有技术。但这些专有技术的开发,虽然适用的对象不同,但却需要在福建茶产业融合发展的总体框架下,由相关管理机构、相关茶叶品种和主要茶叶产区的协会展开协调,从福建茶产业发展的总体需求出发做出

---

① 连锦添,施钰.茶科技赋能茶产业,福建发布多个茶树新品种播[EB/OL].(2022-08-15)[2023-01-13]. https://baijiahao. baidu. com/s? id ＝ 1741191263033789136&wfr ＝ spider&for＝pc.

② 董建国.福建力促茶文化、茶产业、茶科技"三茶"融合发展[EB/OL].(2022-05-23)[2023-01-13].http://m.xinhuanet.com/fj/2022-05/23/c_1128675784.htm.

③ 福建省农业农村厅.关于统筹做好"茶文化、茶产业、茶科技"这篇大文章推动茶产业高质量发展的若干意见(闽农规〔2021〕7 号)[EB/OL].(2021-08-02)[2023-01-13].http://nynct.fujian.gov.cn/xxgk/zfxxgk/fdzdgknr/nyyw/nyzc/202108/t20210831_5678463.htm.

相应的规划。

4.茶旅融合

(1)武夷山茶旅融合发展。武夷山市坚持以茶带旅、以旅促茶,打造茶庄园、茶园生态游、茶乡体验游、茶事研学游等精品线路,推动茶文旅融合发展。在茶旅融合发展的情况下,武夷山旅游业快速发展,旅游收入快速增长,如表 9-13 所示。到 2021 年,武夷山市实现旅游总收入 241.90[①] 亿元,带动茶业增加值 52.17 亿元。

表 9-13   1998—2021 年武夷山旅游人次与旅游收入演变趋势

年份/年	旅游接待人次		旅游总收入	
	总量/万人次	增长率/%	总量/亿元	增长率/%
1998	165.15	12.76	6.62	16.34
1999	192.01	16.26	7.47	12.84
2000	220.00	14.58	9.09	21.69
2001	250.30	13.77	10.36	13.97
2002	290.50	16.06	12.14	17.18
2003	272.63	−6.15	11.06	−8.89
2004	305.35	12.00	13.37	20.89
2005	335.89	10.00	47.59	16.01
2006	372.84	11.00	57.62	21.08
2007	428.20	14.85	71.64	24.33
2008	496.83	16.03	82.75	15.51
2009	580.58	16.86	95.16	15.00

---

① 依据 2022 年《武夷山统计年鉴》,武夷山市 2021 年的旅游总收入为 141.90 亿元。但该数据疑似错误,应为 241.90 亿元。因为笔者查阅了 2021 年、2020 年《武夷山统计年鉴》,显示 2020 年、2019 年武夷山市旅游总收入与 2022 年《武夷山统计年鉴》中的数据是一致的。依据 2022 年《武夷山统计年鉴》,2021 年武夷山市旅游总收入比 2020 年增长了 4.9%,而 2020 年武夷山市旅游总收入为 228.89 亿元,由此计算得到 2021 年武夷山市旅游总收入为 240.10 亿元,接近于 241.90 亿元。此外,《2021 年武夷山市国民经济和社会发展统计公报》中同样提到,武夷山市旅游总收入"恢复至 2019 年的 70%",而 2019 年武夷山市的旅游总收入为 359.11 亿元,则由此计算武夷山市 2021 年的旅游总收入为 250 亿元左右。综合上述两方面的数据,2022 年《武夷山统计年鉴》中关于 2021 年武夷山市旅游总收入的数据,应为 241.90 亿元。

续表

年份/年	旅游接待人次		旅游总收入	
	总量/万人次	增长率/%	总量/亿元	增长率/%
2010	635.25	9.42	106.57	11.98
2011	724.39	14.03	123.54	15.92
2012	874.00	20.65	150.30	21.66
2013	731.59	8.20	116.24	8.70
2014	847.53	15.85	136.56	17.48
2015	975.81	15.14	158.83	16.31
2016	1 093.88	12.10	192.63	21.28
2017	1 283.11	17.30	240.66	24.93
2018	1 514.69	18.05	308.19	28.06
2019	1 625.66	7.33	359.11	16.52
2020	1 078.57	−33.65	228.89	−36.26
2021	1 047.00	8.90	241.90	4.90

资料来源：整理自《武夷山统计年鉴（2022）》。

在茶旅融合发展方面，武夷山的主要措施包括：一是茶区变景区。在武夷山茶叶主产区，出现了众多茶旅馆、茶演出、茶庄园、茶博园、茶主题公园。游客不仅能参观生态茶园，还可以观看完整的传统手工制茶工艺，了解制茶器具和工序，亲身参与学习制茶、观看斗茶，感受非遗的魅力。茶旅融合不仅让茶叶销售突破了传统市场的瓶颈，当地旅游市场也因茶园美景和茶文化而吸引了更多的游客。二是通过建设茶文旅综合体项目"武夷茶世界"实现"景区、园区、社区"三区融合，"印象建州"实现（武夷山大红袍）茶饮文化与闽北美食饮食文化的结合，武夷山首个温泉度假村项目"茶汤温泉"将茶文化与温泉文化相结合，嘉叶山舍、茶汤温泉、皇龙袍茶庄园等一批茶主题精品酒店、民宿则通过营造"住有茶香"氛围满足游客的多元化需求。此外，武夷山市还将建设中国武夷茶博物馆等43个茶文旅融合重点项目，鼓励茶叶龙头企业建设休闲茶庄园，推出皇龙袍、皇山润涧、桃渊茗等一批"三茶"融合主题茶庄园，推动八马茶文化研学体验园开工建设。[①]

① 刘源隆.福建省武夷山市：茶区变景区[N].中国文化报，2022-07-26(4).

(2)福建省茶旅融合发展现状。在福建,除武夷山之外,其他茶产业主要地区以茶促旅或以旅促茶,实现茶旅融合发展方面仍有较大发展空间。

在宁德,见诸报道的主要是寿宁县按照"生态＋观光旅游"模式,高标准建设生态观光茶园 60 个,面积达 2 万亩,实现茶旅融合发展和茶农增收致富同频共振[①];寿宁县竹管垅乡立足万亩茶园资源,推进主题公园建设,拥抱"茶旅融合"产业,探索出一条集生态观光、专项体验、宜居康养、健康运动、研学休闲为一体的山乡茶旅融合发展之路。如今,到竹管垅"观茶园、品香茗、赏茶艺"已成为游客的假日新选择[②];福鼎市白琳镇白琳老街,作为福鼎茶叶贸易发祥地、白琳工夫红茶发源地、新工艺白茶诞生地,于 2018 年借势全域旅游发展启动风貌恢复与建筑修缮工作,以挖掘历史文化为背景,福鼎白茶和白琳工夫为主角,白琳老街的古风、民俗文化为配角,整合境内旅游资源,唱响"红、白"双品牌,打造一条茶旅结合的文化街,使之恢复成白琳重要的茶旅结合旅游休闲地标[③]。

在泉州市安溪县,主要包含"中国茶叶第一镇"感德镇,融合了国家级茶叶合作社庆芸茶业、省级非遗传承项目两固茶业,以及东方美茶庄园、旧寨制茶大师陈双算茶行和创兴合作社开展体验茶艺表演、闽南话茶歌献唱等茶旅内容[④];作为国家级文物保护、农业文化遗产及非物质文化遗产、铁观音发源地西坪镇,拥有皇帝赐名说、观音托梦说、苏龙创艺说等重要历史典故,45 座与茶相关的土楼古寨,对应 20 余个古茶号,连接厦门、漳州港口的"海丝茶路"茶马古道,"茶禅一味"的中国第一座茶信仰主题茶禅寺,海外侨亲寻根谒祖及闽台"五缘"的历史文物映宝楼、聚斯楼等重要文物资源,在茶旅融合方面充分挖掘生态人文底蕴禀赋,扶持铁观音发源地核心区茶园等基地建设,并整合西坪涉茶社团、组织、企业、名人等资源,策划举办历年"铁观

① 林辉,吴苏梅,叶寿长.茶旅融合助农增收[EB/OL].(2022-04-04)[2023-01-14].https://baijiahao.baidu.com/s? id=1729139876601500064&wfr=spider&for=pc.
② 尹小兵.宁德寿宁探索山乡茶旅融合发展之路[EB/OL].(2022-06-30)[2023-01-14].https://fj.cri.cn/20220630/68072f40-8c7b-5adf-aa3c-dc6645bca925.html.
③ 王婷婷.宁德福鼎白琳:茶旅融合让绿叶变"金叶"[N/OL].(2022-03-07)[2023-01-14].http://www.fujiansannong.com/info/71182.
④ 陈洪亮.泉州安溪:打造茶旅融合特色品牌[EB/OL].(2022-10-19)[2023-01-14].https://fj.cri.cn/20221019/dc937aae-9f81-b48e-d6e3-932067179003.html.

音发源地杯"茶王赛和传承农业文化遗产,以及"茶香农遗——驻华使节走进遗产地"暨安溪开茶节国际交流系列活动,推动西坪镇茶旅融合发展①。

无论是宁德还是泉州,尽管茶叶产量比武夷山更大,但在茶旅融合方面跟武夷山市相比都有极大的差距。与此同时,泉州、宁德以及福建其他产茶地区,都拥有丰富的旅游资源,因而在茶旅融合发展方面仍有较大的开发空间。

(3)福建茶旅融合发展路径。福建茶旅融合发展,重点是形成以武夷山为核心,整合包括南平其他地区(建阳、建瓯)、泉州(市区涉茶景观、安溪县的茶产业文化和景观资源)、宁德(涉茶景观及福鼎福安白茶、工夫茶等资源)等福建茶叶主产区,以及福州的永泰,三明的大田县和尤溪县,漳州的诏安县、平和县和华安县,龙岩的漳平市等主要产茶县域的涉茶文化和旅游资源,推出多个区域层次、多个茶旅资源方位、多个茶旅时间轴线和多个茶旅偏好取向的茶旅产品,形成福建茶叶主产区茶旅大循环发展态势,在共同促进福建各县域茶旅融合发展的同时,提升武夷山在福建茶旅发展中的地位与作用。

---

① 林颖杰,曾勇,黄靖淇.泉州市安溪县西坪镇:聚焦茶旅融合"破题"乡村振兴[EB/OL].(2022-09-06)[2023-01-14].https://www.cnr.cn/fj/qzcspd/zb/20220906/t20220906_526000687.shtml.

参考文献

[1]王保伦,王蕊.会展旅游产业链的本质分析[J].北京第二外国语学院学报（旅游版）,2006(5):76-80.

[2]余向平.会展产业链的结构与效应[J].经济论坛,2008(1):67-69.

[3]蒋兆岗.县域经济综合竞争力:以云南省为例[M].北京:经济科学出版社,2005.

[4]王清光.县域经济发展的理论与实践[N].中国经济时报,2005-07-11(6).

[5]郭京福,毛海军.民族地区特色产业论[M].北京:民族出版社,2006.

[6]杨玲丽.政府转型理论视野下的上海产业转移升级[J].华东经济管理,2013(1):8-12.

[7]王岱,蔺雪芹,司月芳,等.县域特色产业形成和演化机理研究进展[J].地理科学进展,2013,32(7):1113-1122.

[8]王雪梅,李江涛.河北县域特色产业电子商务发展路径研究[J].企业家天地,2013(11):25-16.

[9]戴宏伟,等.区域产业转移研究:以"大北京"经济圈为例[M].北京:中国物价出版社,2003:103.

[10]熊必琳,陈蕊,杨善林.基于改进梯度系数的区域产业转移特征分析[J].经济理论与经济管理,2007(7):45-49.

[11]廖萌.海外华侨华人与"海丝"核心区互动研究[J].经济视角,2019(1):99-108.

[12]闫兴.人类命运共同体视阈下闽籍华人华侨参与海丝核心区建设研究[J].中共福建省委党校学报,2019(4):163-168.

[13]闫兴.推进华侨华人参与海丝核心区建设研究[J].亚太经济,2019(3):125-128,152.

[14]王海峰.新时期福建21世纪海上丝绸之路核心区建设思路探析[J].国际贸易,2019(5):76-81.

[15]吴崇伯.福建构建21世纪海上丝绸之路战略的优势、挑战与对策[J].亚太经济,2014(6):109-113.

[16]黄茂兴,季鹏.福建积极融入21世纪海上丝绸之路建设的现实基础与战略方向[J].福建论坛(人文社会科学版),2015(7):160-166.

[17]吴娟,黄茂兴.福建"海丝"核心区建设及战略思考[J].东南学术,2017(5):138-145.

[18]吴巍巍,林金水.明清之际的福建与中西文化交流:"海上丝绸之路"的历史契机与当代启示[J].海交史研究,2015(2):98-116.

[19]金秋蓉.海上丝绸之路与福建近代中西文化的撞击[J].重庆交通大学学报(社会科学版),2016(4):18-22.

[20]叶飞文.海上丝绸之路铸就福建"丝路精神"[J].宏观经济管理,2017(8):67-70,92.

[21]蔡勇志.以国际产能合作为重点推进"海丝"核心区建设[J].发展研究,2020(4):70-74.

[22]福建省人民政府发展研究中心课题组.以21世纪海丝核心区建设为主线加快福建各市开放型经济错位发展、协调发展[J].发展研究,2017(4):21-29.

[23]王明惠,庄佩芬.福建自贸区融入21世纪海上丝绸之路的对策研究[J].福建农林大学学报(哲学社会科学版),2017(6):66-70.

[24]何军明.发挥厦门独特优势推进"海丝"核心区建设[N].厦门日报.2018-05-07(B07).

[25]骆文伟.文化线路视域下的"海上丝绸之路:泉州史迹"申报世界遗产探索[J].湖南医科大学学报(社会科学版),2009(4):69-71.

[26]叶钦地."海丝"战略下"海上福州"船文化产业发展研究[J].福州党校学报,2014(6):59-63.

[27]欧长胜.厦门领跑"海上丝绸之路"的文化资源优势研究[J].厦门特区党校学报,2015(2):20-24.

[28]全毅,林裳.漳州月港与大帆船贸易时代的中国海上丝绸之路[J].福建

行政学院学报,2015(6):107-112.

[29]陈祖芬."海丝"中国段妈祖文化遗存的产生历史及其价值[J].中国海洋大学学报(社会科学版),2018(1):62-67.

[30]刘义杰.福船源流考[J].海交史研究,2016(2):1-12.

[31]陈容凤."万里茶道"福建段史迹调查及初步研究[J].福建文博,2017(1):41-46.

[32]黄柏权,平英志.以茶为媒:"万里茶道"的形成、特征与价值[J].湖北大学学报(哲学社会科学版),2020(11):69-80,167.

[33]司徒尚纪,许桂灵.中国海上丝绸之路的历史演变[J].热带地理,2015(5):628-636.

[34]韩湖初,杨士弘.关于中国古代"海上丝绸之路"最早始发港研究述评[J].地理科学,2004(6):738-745.

[35]欧阳钟辉,马瑾玉.泉州港口发展模式的探究[J].泉州师范学院学报(自然科学),2010(11):33-36,50.

[36]郑廼辉,高香凤,江铃.历史上福建港口的茶贸之路[J].福建茶叶,2015(6):48-52.

[37]徐心希.试论福建地区闽越族的汉化与古代中原文化[C].炎帝与汉民族国际学术研讨会论文集.西安:三秦出版社,2002.

[38]陈瑞统.一方水土养一方人:高甲戏与泉州人的性格[C].论闽南文化:第三届闽南文化学术研讨会论文集:上.厦门:鹭江出版社,2005.

[39]连宏.泉州海上丝绸之路[J].华夏地理中文版,2014(7):5-9.

[40]周建标.泉州发展海上丝绸之路文化旅游的形式和途径[J].福建省社会主义学院学报,2016(02):71-79.

[41]张镒,柯彬彬,苏欣慰.海上丝绸之路遗产廊道构建设想及原理:基于"21世纪海上丝绸之路"战略背景[J].云南地理环境研究,2015(5):20-27.

[42]朱梦影.福建"海丝"文化遗产旅游廊道构建研究[J].广西经济管理干部学院学报,2018(1):48-56.

[43]曲金良.环中国海文化共同体重建大战略:"21世纪海上丝绸之路"的文化精义[J].学术前沿,2014(12):54-65.

[44]李金明.闽南文化与漳州月港的兴衰[J].南洋问题研究,2004(3):75-81.

[45]陈祖芬."海丝"中国段妈祖文化遗存的产生历史及其价值[J].中国海洋大学学报(社会科学版),2018(1):62-67.

[46]刘义杰.福船源流考[J].海交史研究,2016(2):1-12.

[47]张玉强,李育林,彭亮.广东推动海上丝绸之路建设的海洋渔业合作研究[J].中国渔业经济,2015(3):21-26.

[48]厦门市会议展览业协会.厦门市会议展览业发展报告(2019年度)[R].2020年4月.

[49]蒋升阳,颜珂,王崟欣.福建因地制宜建设特色现代农业[N].人民日报,2022-08-02(1).

[50]杨莹.德化陶瓷的历史发展研究[J].收藏与投资,2020(10):46-49.

[51]徐佳佳.光泽县农产品加工业现状及对策研究[J].商业经济,2019(3):121-123.

[52]项开来,林超.从"薄利多销"到"再领风骚":沙县小吃的前世今生[EB/OL].(2021-06-18)[2022-08-06].http://fj.people.com.cn/BIG5/n2/2021/0618/c181466-34782109.html.

[53]刘水清.建窑建盏的造型文化探析[J].中国陶瓷,2008(1):80-82.

[54]段文华,王莺,吴潇楠,等.建盏之初探[J].中国茶叶,2018,40(1):66-68.

[55]陈凯,赵君.建盏文化审美特征探析[J].美术教育研究,2022(7):45-47.

[56]詹彦福.浅析当代建盏艺术的发展与现状[J].东方收藏,2020(8):45-47.

[57]范周.文旅融合的理论与实践[J].人民论坛(学术前沿),2019(11):43-49.

[58]高峰.第六届海峡渔业博览会在福州隆重开幕[J].当代水产,2011(9):36.

[59]李明爽.2012海峡(福州)渔业周暨第七届渔博会开幕[J].水族世界,2012(5):148-155.

[60]辛华."2015福州渔博会"突出"海丝""海峡"特色[J].台声,2015(19):76.

[61]吴侃侃,陈克亮.福建省连江县海岸带生态保护修复的现状、问题和对策[J].海洋开发与管理,2021,38(6):46-50.

[62]何广顺,周秋麟.蓝色经济的定义和内涵[J].海洋经济,2013,3(4):9-18.

[63]姜旭朝,张继华,林强.蓝色经济研究动态[J].山东社会科学,2010(1):105-109.

[64]赵炳新,肖雯雯,佟仁城,等.产业网络视角的蓝色经济内涵及其关联结构效应研究：以山东省为例[J].中国软科学,2015(8):135-147.

[65]杨薇,孔昊.基于全球海洋治理的我国蓝色经济发展[J].海洋开发与管理,2019(2):33-36.

[66]李剑,金伟伟,姜宝."蓝色"经济战略的"绿色"贡献研究：以"山东半岛蓝色经济区"战略为例[J].华东经济管理,2019(1):19-25.

[67]宿墨,顾小丽,张智敏,等.创建智慧渔业水产养殖模式[J].中国水产,2018(9):41-42.

[68]冯俊,黄玲莉.餐饮连锁企业营销要素标准化对顾客忠诚影响研究[J].北京工商大学学报(社会科学版),2014,29(5):96-102.

[69]李金田.沙县小吃：不起眼的传奇制造者[J].中国连锁,2011(11):47-50.

[70]吴海贵.南越与东越的诸侯王陵墓[J].华夏考古,2006(4):61-67.

[71]杨成鉴.瓯越人和东瓯国[J].宁波大学学报(人文科学版),1998(6):8-12.

[72]葛剑雄.福建早期移民史实辨正[J].复旦学报(社会科学版),1995(3):165-171.

[73]王宜强,赵媛.封建社会福建外省移民开发时空演进与特征分析[J].南京师大学报(社会科学版),2014(4):76-82.

[74]高爱仙,谢松明.试论沙县地方饮食文化资源的旅游开发[J].三明学院学报,2005(4):474-477.

[75]吴勇毅."沙县小吃"何以做成大产业[J].广告主,2012(2):56-57.

[76]张苑.区域饮食文化的动画推广与传播研究：以沙县小吃为例[J].常州工学院学报(社科版),2014(8):46-49.

[77]林英灶.沙县小吃产业发展与金融支持[J].发展研究,2010(3):81-85.

[78]马健鹰,杜莉.沙县小吃行天下,中有黄钟大吕音：上[J].中国食品,2006(3):10-11.

[79]林霞,叶子.利用"五缘文化"推动沙县小吃发展[J].中国食品,2008(12):18-20.

[80]朱邦耀.地方饮食到全国小吃：兰州拉面和沙县小吃空间扩散的案例研究[J].地理科学进展,2021(6):991-999.

[81]熊爱华.区域品牌与产业集群互动关系中的磁场效应分析[J].管理世界,2008(8):176-177.

[82]王望波.试析晋江侨乡经济发展中的人文因素[J].南洋经济研究,2002(4):62-70,96.

[83]陆学艺.晋江模式新发展:县域现代化道路的探索[J].中国发展,2008(1):103-109.

[84]吕振奎."晋江模式"新内涵与晋江民企品牌发展策略[J].福建论坛(人文社会科学版),2007(8):107-110.

[85]陈智深.鞋材专业市场发展研究:以晋江国际鞋纺城为例[J].全国流通经济,2022(8):7-10.

[86]金立刚.十字路口上的"晋江鞋企",向左还是向右?[J]中国商界,2021(Z1):130-133.

[87]李杰.对会展产业带动系数的理性分析[J].经济纵横,2007(10):41-43.

[88]王文坤.石狮市服装产业的发展与融资方式的演进[J].银行家,2012(6):116-118.

[89]李俊鹏.石狮市纺织服装业行业协会在产业集群升级中的作用研究[D].泉州:华侨大学,2016.

[90]陈铭勋.海峡西岸崛起 华夏闽台共赢[J].发展研究,2005(5):84-86.

[91]郭庆宾,许泱,刘承良.长江中游城市群资源集聚能力影响因素与形成机理[J].中国人口(资源与环境),2018(2):151-157.

[92]李敏,唐晓中.服装品牌定位及多元化品牌策略[J].纺织导报,2003(2):49-52.

[93]胡大立.产业关联、产业协同与集群竞争优势的关联机理[J].管理学报,2006(6):709-714.

[94]徐力行,高伟凯.产业创新与产业协同[J].中国软科学,2007(6):131-135.

[95]纪良纲,晓国.京津冀产业梯度转移与错位发展[J].河北学刊,2004(6):198-201.

[96]王崇举.对成渝经济区产业协同的思考[J].重庆工商大学学报(西部论坛),2008(3):1-5.

[97]李优树,冯秀玲.成渝地区双城经济圈产业协同发展研究[J].中国西部, 2020(4):35-45.

[98]张明之.区域产业协同的类型与运行方式:以长三角经济区产业协同为 例[J].河南社会科学,2017(4):79-85.

[99]眭文娟,张昱,王大卫.粤港澳大湾区产业协同的发展现状:以珠三角9 市制造业为例[J].城市观察,2018(5):24-30.

[100]李江涛.产业深化理论:一个新理论框架[D].北京:中共中央党 校,2004.

[101]詹友生,宋发友,周上青,等.金融助推武夷山茶产业融入"一带一路"发 展研究[J].福建金融,2021(2):73-79.

[102]程长琴.武夷山市茶产业发展特征及对策研究[J].经济师,2013(3): 225-226.

[103]叶元高,李远华.武夷山茶产业发展现状与措施[J].台湾农业探索, 2016(8):59-63.

[104]张锡友.武夷山市茶产业发展研究[J].现代农业科技,2011(10): 382-383.

[105]宋磊,郑清华."一带一路"背景下武夷山茶文化旅游业发展研究[J].四 川旅游学院学报,2018(6):43-46.

[106]张磊.第三届海峡两岸茶叶博览会即将在宁德举行[J].茶叶科学技术, 2009(2):48.

[107]厉无畏.产业融合与产业创新[J].上海管理科学,2002(4):4-6.

[108]周振华.产业融合:产业发展及经济增长的新动力[J].中国工业经济, 2003(4):46-52.

[109]肖建勇,郑向敏.模块化与产业融合:耦合、机理及效应[J].科技管理研 究,2012(14):13-16.

[110]王洪波.产业技术进步在IT产业融合中的作用探究[J].华东经济管 理,2009(3):149-153.

[111]陈秀山,张若.中部地区省际产品贸易流量估算与空间分析[J].华中师 范大学学报,2007(5):36-42.

[112]陈秀美.武夷山茶文化旅游发展思考[J].茶博览,2018(12):62-67.

[113]刘源隆.福建省武夷山市:茶区变景区[N].中国文化报,2022-07-26(4).

[114]杨珊,谢向英,李令群."一带一路"视野下的武夷山茶文化资源产业化研究[J].福建农林大学学报(哲学社会科学版),2017,20(4):59-64.

[115]叶元高,徐斌.浅谈武夷山市茶产业发展的现状和展望[J].中国茶叶,2009(6):38-39.

[116]中国人民银行南平市中心支行课题组.金融助推武夷山茶产业融入"一带一路"发展研究[J].福建金融,2021(2):73-79.

[117]杨珊,谢向英.武夷山茶文化资源产业化开发研究:基于"一带一路"战略考量[J].安徽农业大学学报(社会科学版),2017(3):131-135.

[118]刘晓航.万里茶道源头:福建武夷山[J].茶文化研究,2019(10):20-23.

后　记

　　尽管笔者曾于1992—2007年于厦门大学学习、工作、再学习达15年之久，也曾于2001—2007年在厦门大学经济学院攻读硕士和博士学位，其间参与了厦门市的一些规划项目研究，但彼时对福建经济社会发展问题的观察和探索都还很有限。在2007年博士毕业离开厦门、离开福建近12年之后，2019年，笔者来到了福建商学院。这是重新认识和研究福建经济社会发展问题的开始。

　　然而，会展这样一门偏重于实践性的学科，与笔者之前长期从事更多侧重于理论性的教学科研工作相比，差别确实很大。因此，只能在教学科研工作实践中不断探索新的学科、新的规律。在这个过程中，笔者曾应杂志社的约稿写过几篇与会展经济相关领域的论文，也曾在指导本科生毕业论文的过程中尝试从某一展会促进某一产业发展的机制与路径、某一展会发展过程中存在的多层次问题及其解决方案、某一产业促进某一地区产业发展的机制与路径等角度研究会展经济问题。但总体上来说，上述工作仅限于会展经济方面研究的探索性工作。最终，三年多的探索汇聚成了这本书。

　　实证性的研究，数据获取最为重要。但福建省内的诸多展会，无论是始于20世纪90年代末期的晋江鞋博会、石狮服装博览会还是近年来才开始举办的福州渔博会、菌博会，都没有系统而完整的数据发布，因而只能从历届展会的相关报道中获取微乎其微的数据信息。因此，本书中关于福建省诸多展会的数据获取是极为不易的，也是在完成本书过程中耗费时间最多的部分工作。

　　因此，本书首先是对会展促进县域经济发展的探索性研究工作的成果。尽管不够完善，但本书在第四章关于会展对于福建县域产业发展的意义部分内容中探讨了漳州花博会与漳州各县域花卉产业、菌博会与古田县食用菌产业、瓷博会与德化陶瓷产业、仙游红博会与仙游红木家具产业、林博会与三明各县域林业产业、文旅康养产业博览会与龙岩各县域文旅康养产业的发展问题,在第五章到第九章分别专题探讨渔博会与连江渔业、沙县小吃旅游文化节与沙县小吃产业、鞋博会与晋江鞋业、服装博览会与石狮纺织服装产业、茶博会与武夷茶产业的发展问题,总共 11 个展会 11 个展业,内容已经较为丰富。但因为展会和产业面都较广,因而也就难以做更加深入的研究和探讨。笔者相信,本书出版之后,会带动更多相关领域的学者在会展与县域经济,尤其是福建省的县域经济、区域经济、产业发展等领域发表更多更高水平的论文,出版更多更具理论深度和实践参考价值的著作。其次,本书的出版,对于有志于探讨福建会展经济问题的学者而言,亦可以算是一次系统的资料和数据整理。尽管书中的数据仍然不够完整,甚至某些展会的某些数据仍然相当零散,但这已经是笔者尽阅查到的该展会的相关新闻资料所能获取的最为完整的数据,而且这些数据对于探索相关展会发展历程及未来发展趋势,相关展会对于地方经济发展,相关展会对于其所涉及的目标产业发展等问题,都极具参考价值。

　　尽管最终本书稿中已经几乎没有近几年福建商学院会展经济与管理专业本科毕业生按照笔者关于会展促进产业发展、会展促进县域经济发展等主题布置而完成的诸多本科毕业论文的痕迹,但他们在毕业论文撰写过程中所做的工作,确实对笔者完成本书做了一定有益的探索。在此对他们表示感谢。

秦敬云

2023 年 2 月 1 日